Designed to Impress

Guido Mazenta's Plans for the Entry of Gregoria Maximiliana of Austria into Milan (1597)

With an edition of Madrid MS 2908

Janis Bell
Stefano Bruzzese
Silvio Leydi
Elisa Ruiz Garcia

 Bridging Languages and Scholarship

Series in World History

Copyright © 2024 Vernon Press, an imprint of Vernon Art and Science Inc, on behalf of the author.

All rights reserved. No part of this publication may be reproduced, stored in a retrieval system, or transmitted in any form or by any means, electronic, mechanical, photocopying, recording, or otherwise, without the prior permission of Vernon Art and Science Inc.

www.vernonpress.com

In the Americas:
Vernon Press
1000 N West Street, Suite 1200
Wilmington, Delaware, 19801
United States

In the rest of the world:
Vernon Press
C/Sancti Espiritu 17,
Malaga, 29006
Spain

 Bridging Languages and Scholarship

Series in World History

Library of Congress Control Number: 2023930714

ISBN: 978-1-64889-889-1

Also available: 978-1-64889-622-4 [Hardback]; 978-1-64889-731-3 [PDF, E-Book]

Cover design by Vernon Press.
Cover image: Guido Mazenta, The First Arch (Arco I). BNEM MS 2908, fol. 22r, pen & ink with light gray wash on rag paper, 30 x 21.5 cm. (credit: courtesy of the Biblioteca Nacional de España). Background image designed by aopsan / Freepik.

Product and company names mentioned in this work are the trademarks of their respective owners. While every care has been taken in preparing this work, neither the authors nor Vernon Art and Science Inc. may be held responsible for any loss or damage caused or alleged to be caused directly or indirectly by the information contained in it.

Every effort has been made to trace all copyright holders, but if any have been inadvertently overlooked the publisher will be pleased to include any necessary credits in any subsequent reprint or edition.

Table of contents

List of Figures	vii
List of Tables	ix
Contributors	xi
Abstract	xiii
Prefazione and Preface *Rossana Sacchi*	xv
Acknowledgments *Janis Bell*	xxv
Introduction *Janis Bell*	xxvii

    Why Guido Mazenta?
    Overview of this volume
    Works Cited

Chapter 1   **Guido Antonio Mazenta (c. 1561-1613)**   1
Janis Bell

    Childhood, career, and family
    Friendships with men of learning and prestige
    Self-identify as Architect
    Prominent collector of art
    Owner of Leonardo manuscripts
    Works Cited

Chapter 2   **Guido Mazenta, erudito e architetto "specolativo"**   39
Stefano Bruzzese

    Appendice
    Works Cited

Chapter 3 **Asburgo a Milano. Trionfi, feste, tornei, balli e fuochi artificiati (1549-1599)** 77
Silvio Leydi

- 1548-1551: Arciduchi e principi a Milano
  - 6-10 luglio 1548: arciduca Massimiliano d'Asburgo
  - 19 dicembre 1548 – 7 gennaio 1549: Filippo d'Asburgo, principe di Spagna
  - Fine ottobre – 5 novembre 1549: arciduca Ferdinando II d'Asburgo
  - 22 - 26 giugno 1551, principe Filippo d'Asburgo
  - 28 novembre – 2 dicembre 1551: arciduca Massimiliano d'Asburgo e infanta Maria d'Asburgo, principi di Boemia
- 1563-1576: Arciduchi a Milano
  - 29 dicembre 1563 – 7 gennaio 1564: arciduchi Rodolfo e Ernesto d'Asburgo
  - Agosto 1571: arciduchi Rodolfo e Ernesto d'Asburgo
  - 8 maggio – 27 luglio 1574 e 26 giugno – 16 agosto 1576: don Giovanni d'Austria
- 1581-1598: l'imperatrice Maria, l'arciduchessa Gregoria Massimiliana e la regina Margherita
  - Autunno 1581: imperatrice Maria d'Asburgo, vedova di Massimiliano II
  - 30 novembre 1598 – 2 febbraio 1599: Margherita d'Asburgo
  - 5 – 22 luglio 1599: arciduca Alberto d'Asburgo e infanta Isabella Clara Eugenia
- Works Cited
  - Manuscripts
  - Printed Books and Journals

Chapter 4 **Estudio arqueológico del manuscrito 2908. La entrada real de Gregoria Maximiliana en Milán: un proyecto fallido de Guido Mazenta** 151
Elisa Ruiz García

- Hacia un nuevo iconismo
- Vicisitudes de una boda real
- Dominio estratégico del espacio urbano

Análisis del lenguaje arquitectónico
de Guido Mazenta

Técnica compositiva de Guido Mazenta
- Lemas del arco primero
- Lemas del arco segundo
- Lemas del arco tercero
- Lemas del arco cuarto
- Lemas del arco quinto

Itinerario de descodificación de los programas iconográficos
- Ático
- Cuerpo sustentante

Estudio monográfico de los cinco arcos triunfales
- Descripción logo-iconográfica del arco primero
- Descripción logo-iconográfica del arco segundo
- Descripción logo-iconográfica del arco tercero
- Descripción logo-iconográfica del arco cuarto
- Descripción logo-iconográfica del arco quinto
- Coda final

Works Cited
- Manuscripts
- Printed Books and Journals

Chapter 5	**Edición Paleográfica del BNEM MS 2908**	207
	Eliza Ruiz Garcia, transcripción y notas	

- Datos de identificación del manuscrito
- Tipología gráfica
- Criterios de presentación gráfica
- Works Cited

Transcripción del texto de la obra	213
Abbreviations	229
Index of Names	231

List of Figures

Figure 1.1 Antonio Campi, *Portrait of Christina of Denmark*, from *Cremona fedelissima citta et nobilissima colonia de Romani rappresentata in disegno col svo contado et illvstrata d'vna breve historia delle cose piv notabili appartenenti ad essa et de i ritratti natvrali de dvchi et dvchesse di Milano e compendio delle lor vite / da Antonio Campo pittore e cavalier cremonese*, Cremona, 1585, Book IV, page 107 (credit: The Getty Research Institute, Los Angeles [3027-567]). 8

Figure 1.2 Vincenzo Catena, *Christ Delivering the Keys to St Peter*, Madrid: Museo del Prado, oil on panel, ca. 1520, 84 cm. x 135 cm., inv. P000020 (credit: Art Resource, New York). 23

Figure 2.1 Leone Pallavicino, *Arco "delle legationi,"* from Publio Fontana, *Il sontuoso apparato fatto dalla magnifica città di Brescia nel felice ritorno dell'illustrissimo Vescovo suo il Cardinale Morosini con la espositione de'sensi simbolici che in esso si contengono*. Brescia, 1591, page 18 (credit: The Getty Research Institute, Los Angeles). 49

Figure 3.1 Antonio Tempesta, *The Entry of Margherita, Queen of Spain, into Milan*, from Giovanni Altoviti, *Essequie della Sacra Cattolica e Real maestà di Margherita d'Austria regina di Spagna, Celebrate dal Serenissimo Don Cosimo II, Gran Duca di Toscana IIII*, Florence: Bartolommeo Sermartelli e fratelli, 1612, page 21, etching, 28.5 x 20 cm. (credit: The Metropolitan Museum of Art, New York, Harris Brisbane Dick Fund). 113

Figure 3.2 *Silver Medal Minted on the Occasion of the Entry of Margherita, Queen of Spain*, 1598. (credit: Gabinetto Numismatico e Medagliere, Castello Sforzesco - ©Comune di Milano). 127

Figure 3.3 *Silver Medal Minted by Senator Galeazzo Visconti for Margherita, Queen of Spain*, 1599. (credit: Gabinetto Numismatico e Medagliere, Castello Sforzesco - ©Comune di Milano). 127

Figure 4.1 Guido Mazenta, *The First Arch* (Arco I). BNEM MS 2908, fol. 22r, pen & ink with light gray wash on rag paper, 30

	x 21.5 cm. (credit: courtesy of the Biblioteca Nacional de España).	167
Figure 4.2	Guido Mazenta, *The Second Arch* (Arco II). BNEM MS 2908, fol. 23r, pen & ink with light gray wash on rag paper, 30 x 21.5 cm. (credit: courtesy of the Biblioteca Nacional de España).	175
Figure 4.3	Guido Mazenta, *The Third Arch* (Arco III). BNEM MS 2908, fol. 24r, pen & ink with light gray wash on rag paper, 30 x 21.5 cm. (credit: courtesy of the Biblioteca Nacional de España).	183
Figure 4.4	Guido Mazenta, *The Fourth Arch* (Arco IV). BNEM MS 2908, fol. 25r, pen & ink with light gray wash on rag paper, 30 x 21.5 cm. (credit: courtesy of the Biblioteca Nacional de España).	190
Figure 4.5	Guido Mazenta, *The Fifth Arch* (Arco V). BNEM MS 2908, fol. 26r, pen & ink with light gray wash on rag paper, 30 x 21.5 cm. (credit: courtesy of the Biblioteca Nacional de España).	196
Figure 4.6	Juan van der Hamen y León (attr.). *Margarita de Austria–Estiria*. Madrid, Instituto Valencia de Don Juan, oil on canvas, early seventeenth century, 198 x 117 cm., inv. 5998 (credit: courtesy of the Institute Valencia de Don Juan).	201
Figure 5.1	Letter of Guido Mazenta, (*Epístola de Guido Mazenta*), BNEM MS 2908, fol. IIr.	208
Figure 5.2	Signature of Guido Mazenta (*Firma de Guido Mazenta*), BNEM MS 2908, fol. IIv.	211

List of Tables

Table 3.1	Genealogy of the Austrian and Spanish Habsburgs and their Marriages, by Silvio Leydi.	136
Table 4.1	Arrangement of Iconographic Elements in the Five Arches (Distribución de los elementos logo-icónicos), by Elisa Ruiz Garcia.	163
Table 4.2	Diagram of Elements in Triumphal Arches (Esquema arquitectónico de un arco triunfal), by Elisa Ruiz Garcia.	165
Table 4.3	Arrangement of Iconographic Elements in Arch I in the Text (Disposición logo-iconográfica del arco I segun el texto), by Elisa Ruiz Garcia.	168
Table 4.4	Arrangement of Iconographic Elements in Arch I in the Drawing (Disposición logo-iconográfica del arco I según el dibujo a pluma), by Elisa Ruiz Garcia.	173
Table 4.5	Arrangement of the Iconographic Elements on the Anterior Façade of Arch II (Disposición logo-iconográfica de la fachada anterior del arco II según el texto y el dibujo a pluma), by Elisa Ruiz Garcia.	176
Table 4.6	Arrangement of the Iconographic Elements on the Posterior Facade of Arch II (Disposición logo-iconográfica de la fachada posterior del arco II según el texto), by Elisa Ruiz Garcia.	180
Table 4.7	Arrangement of Iconographic Elements on the Anterior Façade of Arch III in the Text (Disposición logo-iconográfica de la fachada anterior del arco III según el texto), by Elisa Ruiz Garcia.	185
Table 4.8	Arrangement of the Iconographic Elements on the Anterior Facade of Arch III in the Drawing (Disposición logo-iconográfica de la fachada posterior del arco III según el dibujo a pluma), by Elisa Ruiz Garcia.	185
Table 4.9	Arrangement of the Iconographic Element on the Posterior Façade of Arch III in the Text (Disposición logo-iconográfica de la fachada posterior del arco III según el texto), by Elisa Ruiz Garcia.	187
Table 4.10	Arrangement of the Iconographic Element on the Anterior Facade of Arch IV in the Text (Disposición logo-iconográfica de la fachada anterior del arco IV según el texto), by Elisa Ruiz Garcia.	191

Table 4.11	Arrangement of the Iconographic Elements on the Anterior Façade of Arch IV in the Drawing (Disposición logo-iconográfica de la fachada anterior del arco IV según el dibujo a pluma), by Elisa Ruiz Garcia.	193
Table 4.12	Arrangement of Iconographic Elements on the Posterior Facade of Arch IV in the Text (Disposición logo-iconográfica de la fachada posterior del arco IV según el texto) by Elisa Ruiz Garcia.	194
Table 4.13	Arrangement of Iconographic Elements on the Anterior Facade of Arch V (Disposición logo-iconográfica de la fachada anterior del arco V), by Elisa Ruiz Garcia.	198

Contributors

Janis Bell is an independent scholar living in the United States. She received her Ph.D. in Art History from Brown University, and fellowships from the ACLS, Villa I Tatti, the American Academy in Rome, and the National Endowment for the Humanities before leaving her position as Associate Professor at Kenyon College. She has published widely on Leonardo da Vinci, Matteo Zaccolini, and seventeenth-century painting and theory. She is currently completing an edition and translation of Zaccolini's *Prospettiva del colore* and will then return to the draft of a volume examining the diffusion of Leonardo's ideas on aerial perspective in Italy and France.

Stefano Bruzzese majored in Philosophy and received his Ph.D. in Art History and Criticism from the University of Studies in Milan. He has written numerous studies on art and literature from the fifteenth to the twentieth centuries. He edited an edition of the letters of Guido Cagnola, a Lombard collector who was close to Bernard Berenson (2012), and a critical edition of the earliest history of the Milanese school by Antonio Francesco Albuzi (written in the late 1700s). He has completed a monograph on the Mazenta family in the Milan of Federico Borromeo and is currently preparing a study of the correspondence between Austen Henry Layard and Giovanni Morelli.

Silvio Leydi, Ph.D. studied in Bologna, Turin and Florence (Villa I Tatti). His main interests lie in the social and material history of the sixteenth century, with a focus on Lombardy and Northern Italy. He has collaborated on miscellaneous volumes and international exhibitions, in which he has contributed essays and entries on the workshops of Milanese armorers, sculptors, medalists, crystal makers. He has published books on the imperial image in Milan in the sixteenth century (1999) and on the Milanese families d'Adda di Sale (2008) and Annoni (2015). He is currently preparing an edition of the *Memorie* of the Milanese notary Giovan Pietro Fossano (1512-1559).

Elisa Ruiz Garcia is Professor at the University of Madrid. She received her Ph. D. in Classic Philology at UCM (1974), served as Professor of Greek in INEM, and is currently Emeritus Professor of Paleography and Diplomacy at UCM. In 2007 she became a member of the Spanish Royal Academy of History, and in 2017 she received the medal of Les Palmes Académiques of France. She has organized numerous exhibitions, and has published articles in professional journals and fourteen books, the most recent of which are *Cartas a una mujer. Mathilde Pomès* (2017), *Devocionario cisterciense de Herrenalb* (2017), *El sueño del gran pájaro. Estudio del Códice sobre el vuelo de los pájaros de la Biblioteca Real de Turín* (2019), *El monasterio de Guadalupe y la Inquisición* (2019), and *Artemidoro de Éfeso. La interpretación de los sueños* (2021). Her study of BNF (Paris) MS Fr. 2929 is currently in press.

Rossana Sacchi received her Ph. D. in Art History and Criticism from the University of Studies in Milan (1990), where she has taught History of Art for the past 25 years. Her main interests lie in social history of the sixteenth and seventeenth centuries, with a focus on Piedmont and Lombardy, but sometimes she conducts research on more recent eras. She has published articles on Gaudenzio Ferrari, Sofonisba Anguissola, Giovanni Paolo Lomazzo, Francesco Melzi and others, and three books: on Francesco II Sforza and Massimiliano Stampa (*Il Disegno incompiuto*, 2005), *Gaudenzio Ferrari a Milano* (2015), and on Paolo Morigia and the fifth book of the *Nobiltà di Milano* (*Artisti industriosi e speculativi*, 2020).

Abstract

Soon after celebrating the appointment of their native son, Federico Borromeo, to Archbishop of Milan (1595), the city of Milan began planning another, more elaborate celebration. Prince Philip, son of Philip II, King of Spain, had been betrothed to Gregoria Maximiliana, daughter of Archduke Charles II of Austria and cousin of Emperor Rudolph II. She would pass through Milan in 1597 on her journey to Spain. The plans for this celebration involved the construction of five triumphal arches in strategic locations throughout the city. An illustrated manuscript signed by Guido Mazenta, a private citizen, was given to Juan Fernández de Velasco y Tovar (henceforth Juan de Velasco), the Spanish governor of Milan, and now resides in the Biblioteca Nacional de España as MS 2908. The triumphal celebration never materialized because Gregoria died, but many features were quickly transferred to the celebration that was held the next year, in which the late Gregoria's younger sister, Margherita, entered Milan as the Queen of Spain. Margherita was betrothed to the Spanish prince soon after her sister's death, but since Philip II died before her scheduled visit, she married before she arrived in Milan and her visit celebrated the royal marriage while mourning the death of the late King. Guido Mazenta published a detailed account of Margherita's entry which also involved the construction of triumphal arches, one of which left a permanent mark on the city of Milan as the rusticated stone Porta Romana.

In recent years, there has been more interest in ephemeral decorations as a major part of the production of Italian sixteenth-century artists and as an interdisciplinary field incorporating theater design, architecture, painting, and sculpture. The project of 1597 occupies a transformative place as one of the first major projects undertaken after Federico Borromeo was appointed Archbishop of Milan and began to reconstruct the city as a center of modern art and architecture to rival Rome.

The core of the monograph is a transcription of MS 2908 by Elisa Ruiz Garcia. Her introduction to the manuscript focuses on the iconography of the project as she identifies the emblematic and allegorical sources used by Guido Mazenta to construct the program.

This central core is amplified in two directions. Janis Bell and Stefano Bruzzese focus on the author, Guido Mazenta, examining his involvement in Milanese cultural activities and his identity as an architect. Bell examines Guido's reputation as one of the most important collectors of art and antiquities in turn of the century Milan and the scandal that his family did its best to suppress. Bruzzese focuses on his reputation as *"architetto specolativo,"* explores the meaning of that concept, and reproduces his archival finding of an inventory of Guido's book collection that demonstrates the breadth of his humanist education.

Silvio Leydi explores the relationship of this project to earlier and later entries into Milan by members of the Austrian and Spanish Habsburgs. He also examines—with a focus on expenses—the later entries of Margherita of Austria in 1598-99 and the entry of Isabella Clara Eugenia and Archduke Alberto in the summer of 1599, both of which made use of the triumphal arches first envisioned by Guido Mazenta.

The importance of Mazenta's program, particularly its triumphal arches, has not gone unnoticed, although earlier scholars gave credit to Guido's younger brothers and attributed the Madrid manuscript to better-known Milanese architects.

Prefazione and Preface

Rossana Sacchi

Nonostante i secoli trascorsi, e nonostante la ricca bibliografia accumulata negli ultimi cent'anni, il profilo della geografia artistico-culturale dei centri dell'Italia del maturo XVI secolo dipende ancora dal disegno vasariano che— come è noto—non ha riservato a Milano e al suo circondario un posto apicale. Quando la capitale lombarda recupera qualche posizione, la guadagna sulla scia di Leonardo o di Caravaggio e non per la sua intrinseca importanza, tanto che un posto fisso tra i grandi poli artistici italiani è ancora di là da venire. Il nuovo tassello presentato in questo libro offre ora ulteriori spunti per confermare Milano nelle sue giuste coordinate anche artistiche, ribadendone il ruolo ancora allo scorcio del Rinascimento nel momento della transizione verso i nuovi linguaggi barocchi.

Inizialmente, proprio le orme di Leonardo hanno guidato Janis Bell, fino a Guido Mazenta (c. 1561-1613), appartenente a una nota famiglia milanese ma celebrato dalle fonti quasi solo come raccoglitore di manoscritti del maestro di Vinci. Incontrato fortuitamente Mazenta, Bell si è accorta che il percorso si poteva in realtà smarcare dal vincolo riguardante l'eredità leonardesca per seguire nuovi indirizzi, ed è entrata dritta dritta entro le mura spagnole di Milano, la popolosa città che era un'attrattiva provincia di Filippo II e poi di suo figlio Filippo III. Giureconsulto di grido, scrittore e consulente per conto di numerose istituzioni milanesi, architetto dilettante, collezionista, Guido Mazenta si mostra nella sua poliedrica personalità, permeata tanto dalla cultura cortese ed emblematica cara alla tradizione lombarda, quanto dal fervore religioso peculiare della città di Carlo e poi di Federico Borromeo quanto, infine, da un senso dell'onore così radicato (e così tipico di quel tempo violento, lo stesso in cui si era formato il giovane Caravaggio) da trasformarlo in uxoricida e da costringerlo a trascorrere l'ultimo lustro della sua vita in esilio.

Il cuore del libro si sviluppa intorno alla trascrizione commentata del progetto elaborato nel 1597 da Guido Mazenta per accogliere a Milano la promessa sposa del futuro Filippo III, Gregoria Massimiliana d'Asburgo, con un trionfo effimero e grandioso; conservato a Madrid nella Biblioteca Nacional de España (MS 2908), il codice che riporta il piano è noto da tempo ma non è mai stato considerato per esteso, né mai è stato contestualizzato e ricollocato come fanno ora Bell e gli studiosi da lei convocati per affrontare, da più punti di vista, l'argomento.

Il percorso ideato da Mazenta avrebbe dovuto condurre la futura sposa dall'entrata della città al suo centro, Piazza del Duomo, attraversando una Milano internazionale che all'epoca si considerava una "seconda Roma," nucleo antichissimo e glorioso, consacrato dalle presenze di Sant'Agostino, Sant'Ambrogio e infine dei cardinali Borromeo. Il condizionale sottolinea che,

Despite the passing centuries and the rich bibliography accumulated over the last hundred years, Vasari's profile of the artistic and cultural geography of Italian centers in the mid-16th century still dominates and—as is well known—did not reserve a high place for Milan and its surroundings. Whenever the Lombard capital does gain some attention, it does so in the wake of Leonardo or Caravaggio and not because of its intrinsic importance. Consequently, it has not yet garnered a fixed place among the great Italian artistic centers. The new work presented in this book offers insights that confirm Milan's proper coordinates, including its artistic ones, to reaffirm its place at the end of the Renaissance during the period of transition to the new language of the Baroque.

Initially, Leonardo's footsteps guided Janis Bell to Guido Mazenta (c. 1561-1613), a member of a well-known Milanese family but celebrated by the sources principally as a collector of manuscripts by the master from Vinci. Having fortuitously encountered Mazenta, Bell realized that the path could be freed from the constraint of Leonardo's legacy to lead in new directions and went straight to the Spanish walls of Milan into the populous city that was an attractive province of Philip II, and later his son Philip III. Guido Mazenta shows himself in his multifaceted personality as a distinguished jurist, writer and consultant on behalf of numerous Milanese institutions, amateur architect, and collector, imbued as much with the courtly and emblematic culture dear to the Lombard tradition as with the religious fervor peculiar to the city of Carlo Borromeo, and then Federico, to finally, with a sense of honor so deeply ingrained (and so typical of that violent time, the same one in which the young Caravaggio was formed) that it turned him uxoricidal and forced him to spend the last glow of his life in exile.

The heart of the book revolves around the annotated transcription of the plan drawn up in 1597 by Guido Mazenta to welcome Gregoria Maximiliana of Austria to Milan, betrothed to the future Philip III, with an ephemeral and grandiose triumph; preserved in Madrid in the Biblioteca Nacional de España (MS 2908), the codex that lays out the plan has long been known but has never been considered in full, nor has it ever been contextualized and relocated as the scholars here address from multiple points of view.

The route devised by Mazenta was supposed to lead the bride-to-be from the entrance of the city to its center, Piazza del Duomo, passing through an international Milan that at the time was considered a "second Rome," an ancient and glorious nucleus, consecrated by the presences of St. Augustine, St. Ambrose and finally the Borromeo cardinals. Due to the unforeseen and untimely death of the weak and ill Gregoria Maximiliana, this project remained on paper, although it was later reused, almost immediately, as a starting point to remount, in December 1598, the Milanese entry of Gregoria's more energetic

a causa di un imprevisto—la prematura morte della debole e malata Gregoria Massimiliana,—questo progetto rimase sulla carta, sebbene poi sia stato riutilizzato come punto di partenza per riallestire quasi all'impronta, per il dicembre 1598, il nuovo ingresso milanese della più energica sorella di Gregoria, Margherita d'Asburgo, destinata a sua volta a sposare l'erede al trono subito diventato detentore dello stesso, stante la morte di Filippo II avvenuta nel settembre del medesimo 1598.

Posti a cavallo tra storia del teatro e storia della scenografia, tra antiquaria e storia dell'architettura, tra urbanistica e storia delle arti congeneri (così Giorgio Vasari appellava tutte le "arti minori," dignitose figlie e sorelle di pittura, scultura e architettura), gli studi sugli ingressi trionfali dei sovrani europei si arricchiscono ora di un nuovo tassello che, se da un lato si riallaccia alla consolidata prassi milanese di accoglienze germogliate dall'allestimento predisposto con la regia di Giulio Romano per Carlo V nel 1541, dall'altro dimostra la didascalica attualizzazione del linguaggio iscritto nelle tabelle degli archi e da trasformare in architettura, pittura e scultura effimere immaginato da Guido Mazenta, poco incline a mettere in atto e in scena divinità dell'Olimpo o leggendarie per privilegiare invece tematiche storiche, allegoriche ed encomiastiche inneggianti alle virtù e alla fede cattolica. Come ha notato Bruzzese, nella ricca biblioteca di Mazenta (la cui consistenza viene pubblicata per la prima volta nelle pagine che seguono), accanto a uno scelto florilegio di trattati architettonici antichi e moderni, figurava anche il libretto bresciano riferito al poeta e umanista Publio Fontana per ricordare *Il sontuoso apparato fatto dalla magnifica città di Brescia nel felice ritorno dell'illustrissimo Vescovo suo il Cardinale Morosini con la espositione de' sensi simbolici che in esso si contengono* del 1591, una fonte erudita che aveva già restituito il profilo di quell'ingresso trionfale memore di molti precedenti internazionali ma ormai convertito in chiave moralizzata e controriformistica. Se, da un lato, Guido Mazenta tiene in evidente considerazione quel recente modello in una situazione locale ancora tesa (a Milano la frattura tra l'autorità ecclesiastica cittadina e il potere centrale era ancora aperta), dall'altro sa presentare nel suo progetto un repertorio antico-moderno che compendia la città nella *Via Triumphalis* immaginata per Gregoria Massimiliana: nonostante l'esplicito riferimento a Vitruvio inserito nel programma relativo al secondo arco ("gli quattro termini saranno ignudi dal mez[z]o in sù, con catene alle mani, significando con questi i popoli ribelli soggiogati, come narra Vitruvio che si figurorno in un trionfo certi popoli del Peloponesso, detti Carpati"), è impossibile non notare che la struttura, dedicata a Filippo II ed eretta presso il Naviglio interno, con i prigioni colossali, richiama agli occhi dei milanesi di allora e di oggi il prospetto monumentale della Casa di Leone Leoni (morto da poco, nel 1590), nota in città come "degli Omenoni." Il quinto arco, dedicato

Prefazione and Preface xix

sister, Margherita of Austria. Margherita was destined to marry the heir to the throne who would soon, after the death of Philip II in September of that same year, 1598, reign as king.

Placed between the history of theater and the history of stage design, between antiquarianism and the history of architecture, between urban planning and the history of related, congeneric arts (Giorgio Vasari called all the "minor arts" dignified daughters and sisters of painting, sculpture, and architecture), studies on the triumphal entrances of European sovereigns are now enriched by a new contribution. Harkening back, on the one hand, to the well-established Milanese practice of welcoming that arose from the staging prepared under the direction of Giulio Romano for Charles V in 1541, on the other, it reveals the didactic realization of the language inscribed on arches transformed into ephemeral architecture, painting, and sculpture as imagined by Guido Mazenta. Guido was little inclined to stage a theater of legendary, Olympian deities, instead favoring historical, allegorical, and encomiastic themes that praised virtue and the Catholic faith. As Bruzzese noted, Mazenta's rich library (the contents of which are revealed in this volume), contained a select florilegium of ancient and modern architectural treatises alongside the Brescian booklet by the poet and humanist Publio Fontana recording *The Sumptuous Apparatus Made by the Magnificent City of Brescia upon the Joyous Return of the Most Illustrious Bishop Cardinal Morosini with an Exposition of the Symbolic Meanings contained therein*, from 1591, an erudite source that already, having restored the triumphal entrance to the remembrance of many international precedents, converted it into a moralizing, Counter-Reformation key. If, on the one hand, Guido Mazenta clearly takes that recent model into account in a tense local situation in which the rift between Milan's ecclesiastical authority and its centralized power was still open, on the other hand, he knowingly presents Milan in a modernized, antique-inspired performance as the *Via Triumphalis* imagined for Gregoria Maximiliana: despite the explicit reference to Vitruvius included in the program for the second arch ("the four *terme* shall be bare from the waist up with chains in their hands to signify the subjugation of these rebellious peoples, as Vitruvius narrates, in which they figured certain peoples of the Peloponnesus, called Carpathians, in the triumph"), it is impossible not to notice that the structure dedicated to Philip II and erected along the inner canal, with its colossal prisons, would recall to the eyes of the Milanese of the past and present the monumental facade of the house of Leone Leoni (recently deceased in 1590), known in the city as "degli Omenoni." On the other hand, the fifth arch, dedicated to the bride-to-be, like the first, in leaning against the unfinished facade of the cathedral, seems to reflect an issue then at the center of heated city debates:

come il primo alla futura sposa, addossato all'incompiuta facciata del Duomo, pare invece riflettere sul tema che allora era al centro di accesi dibattiti cittadini: come realizzare la vera facciata dell'infinita cattedrale, guardando magari a modelli romani.

Se il progetto di Mazenta non è stato messo in opera così come era stato delineato, ha tuttavia avuto il privilegio di generare la reificazione in muratura dell'unico arco trionfale milanese superstite di tanti apparati eretti per tre secoli, fino al Settecento almeno: ancora nel cuore di Porta Romana, prescelta per l'accesso in città di entrambe le sorelle nubende, l'Arco qui eretto—pur spogliato dalle statue che l'adornavano—e recentemente restaurato (2008-2009) con le sue "bugne alla rustica," racconta molto della Milano spagnola a chi lo sa o lo vuole interrogare, e resta, insieme con il Palazzo dei Giureconsulti dell'attuale piazza dei Mercanti (pure privato—ma in epoca napoleonica—della statua di Filippo II che arricchiva il basamento della torre), e il Palazzo del Capitano di Giustizia (in piazza Beccaria, oggi sede del comando dei vigili) una delle pochissime testimonianze di architettura civile manieristica cittadina. Guido Mazenta avrà percorso mille volte gli spazi tra l'Arco, sotto il quale deve aver sperato di guadagnarsi l'imperituro ricordo dei concittadini, e il Palazzo dei Giureconsulti, dove erano passati altri dottori dalla cultura non troppo diversa dalla sua, come quel Bartolomeo Taegio (c. 1520-1573), la cui opera risulta ben documentata nella sua biblioteca. Non risulta che Taegio fosse un architetto speculativo, cioè teorico, come Mazenta, ma certo aveva pubblicato numerosi scritti testimonianti la sua passione classicista e antiquaria, in parte collezionati appunto anche da Guido, che possedeva almeno *L'Humore* (Milano 1564), un dialogo riguardante la viticoltura e il buon bere, ben radicato su fonti antiche e moderne, *L'Officioso* (1572), in cui l'autore aveva dato espressione alla *pietas* estrema, cioè al conforto cristiano da prestare ai condannati a morte in un dialogo dedicato a Carlo Borromeo, e soprattutto *Il Liceo, dove si ragiona dell'arte di fabricare le imprese conformi a' i concetti dell'animo, et si discorre intorno al poetico figmento delle Muse* (Milano 1571), da annoverare tra le fonti di ispirazione per formulare le invenzioni delle imprese e degli emblemi proposti per Gregoria Massimiliana. Come sarebbe accaduto più volte in séguito anche a Guido Mazenta, pure il giureconsulto Taegio era stato chiamato come consulente per valutare fatti artistici: nel 1564 è lui il terzo perito a pronunciarsi, accanto a Francesco Melzi e Gerolamo Figino, per assegnare al pittore milanese Giuseppe Meda l'esecuzione delle ante dell'organo del Duomo di Milano.

I saggi di Janis Bell e di Stefano Bruzzese, Elisa Ruiz García e Silvio Leydi illustrano il progetto di Mazenta e lo proiettano nella Milano fin-de-siècle, pulsante di relazioni anche internazionali e di intrecci tra passato (remoto e prossimo) e presente, e tra letterati, giureconsulti, segretari, artisti e artigiani:

how to design the actual facade of the never-ending cathedral, perhaps looking to Roman models.

If Mazenta's project was not put in place as planned, it nevertheless retains the privilege of generating a masonry construction of the only surviving Milanese triumphal arch among the many erected for three centuries, until the eighteenth century: still in the heart of Porta Romana, chosen for the access into the city of both marriageable sisters, the Arch erected here and recently restored (2008-2009) with its "rustic-style ashlars," albeit stripped of the statues that adorned it, tells much about Spanish Milan to those who know or want to question it. It remains, along with the Palazzo dei Giureconsulti in what is now Piazza dei Mercanti (also stripped, but in the Napoleonic era, of the statue of Philip II that enriched the base of the tower), and the Palazzo del Capitano di Giustizia (in Piazza Beccaria, now the headquarters of the police command), one of the very few examples of the city's Mannerist civil architecture. Guido Mazenta must have walked a thousand times through the spaces between the Arch, under which he must have hoped to earn the imperishable memory of his fellow citizens, and the Palazzo dei Giureconsulti, where other doctors with a culture not too different from his own had passed, such as Bartolomeo Taegio (c. 1520-1573), whose work is well documented in his library. It does not appear that Taegio was a speculative, that is theoretical, architect like Mazenta, but he certainly published numerous writings testifying to his classicist and antiquarian passions, some of which were collected by Guido, such as *L'Humore* (Milan 1564), a dialogue concerning viticulture and good drinking grounded in ancient and modern sources, *L'Officioso* (1572), in which the author gave expression to extreme pieties such as the Christian comfort to be given to those condemned to death in a dialogue dedicated to Carlo Borromeo, and above all *Il Liceo, dove si ragiona dell'arte di fabricare le imprese conformi a' i concetti dell'animo, et si discorre intorno al poetico figmento delle Muse*[1] (Milan 1571), to be counted among the sources of inspiration for formulating the inventions of the mottos, imagery, and emblems proposed for Gregoria Maximiliana. The jurisconsult Taegio had also been called in as a consultant to evaluate artistic projects, as would happen several times later to Guido Mazenta: in 1564, Taegio was the third expert, beside Francesco Melzi and Gerolamo Figino, to assign the Milanese painter Giuseppe Meda the execution of the doors of the organ of Milan Cathedral.

The essays by Janis Bell, Stefano Bruzzese, Elisa Ruiz García, and Silvio Leydi illuminate Mazenta's project and project it into fin-de-siècle Milan, which

---

[1] *Imprese* are the personal equivalent of modern trademarks and logos in businesses today. Families chose imagery and sometimes a motto that could be placed on a coat-of-arms, or used in other ways to indicate their patronage.

forniranno molti spunti per ulteriori percorsi, dato che la lettura non si esaurisce nelle vicende di Guido Mazenta, nel mancato ingresso di Gregoria Massimiliana e nel trionfo di sua sorella Margherita, ma si può allargare anche ad altri ambiti. Per esempio, temi di storia sociale, innescati dalle umanissime considerazioni di Elisa Ruiz García, che in un paio di occasioni abbandona l'erudita esegesi delle fonti letterarie, emblematiche e iconografiche di Mazenta per notare che l'infelice Gregoria Massimiliana viene celebrata negli archi solo come "fattrice" di eredi reali senza essere mai oggetto di considerazioni che la riguardino sul piano personale. Ci si può soffermare a latere anche sul tragico tema dell'uxoricidio, che nella Milano del 1608 scorre via con la lieve pena dell'esilio e della confisca dei beni comminata al Mazenta, ma che contava un precedente non troppo lontano perfino in casa Borromeo, dato che nel 1590—in una Napoli altrettanto spagnola—il nipote del futuro San Carlo (morto da poco, nel 1584), il madrigalista Carlo Gesualdo da Venosa, che portava quel nome di battesimo per onorare lo zio, fratello della madre, aveva ammazzato la prima moglie—Maria d'Avalos—e il suo amante per questioni di onore. Oppure, seguendo Silvio Leydi, dalla lettura del libro si ricavano spunti per trattare di storia economica, o per ricostruire l'aspetto organizzativo-politico degli accoglimenti dei reali in città e nello stato di Milano, formalmente un feudo imperiale concesso, dalla metà del Cinquecento, agli Asburgo di Spagna.

pulsated with relations, including international ones, with the intertwining of the remote and recent past, and the present, and with *literati*, jurisconsults, secretaries, artists and artisans. It will inspire further study, as the story does not end with the events of Guido Mazenta, the non-entry of Gregoria Maximiliana, and the triumph of her sister Margherita, but can be expanded to other areas as well. For example, themes of social history, triggered by the very human considerations of Elisa Ruiz García, who on a couple of occasions abandons the erudite exegesis of Mazenta's literary, emblematic, and iconographic sources to note that the unfortunate Gregoria Maximiliana is celebrated in the arches only as a "broodmare" of royal heirs without ever being the subject of considerations of her person. One can explore the tragic theme of uxoricide, which in Milan of 1608 was given the mild penalty of exile and confiscation of property, as imposed on Mazenta, and which counted a not-too-distant precedent even in the Borromeo household where, in 1590, in Spanish-ruled Naples, the madrigalist Carlo Gesualdo da Venosa, nephew of the future Saint Charles (d. 1584) whose first name honored his maternal uncle, murdered his first wife—Maria d'Avalos—and her lover over a matter of honor. Or taking up the path cut by Silvio Leydi, reading the book provides insights for dealing with economic history or for reconstructing the organizational-political aspect of the royal visits in the city-state of Milan, an imperial fiefdom formally granted to the Habsburgs of Spain in the mid-sixteenth century.

Acknowledgments

Janis Bell

I wish to acknowledge the help of many individuals and institutions. Victoria Echegaray alerted me to the existence of Vernon Press through an invitation to prepare an anthology; Claire Farago and Elisa Spataro provided feedback as I attempted to formulate my ideas on the scope of the book; Constance Moffatt provided abundant advice on editing and formatting and shared her paper for RSA before delivering it orally; Elisa Ruiz Garcia invited me to write something on Guido Mazenta; Luis Rueda Galán facilitated communications in Spanish; Elizabeth Bernick, Claire Farago, and Barbara Tramelli read drafts of my chapter.

Among the institutions I gratefully acknowledge, the Kunsthistorisches Institute in Florence opened its wonderful library to me, and its former director, Alessandro Nova, connected me with Mandy Richter for guidance on editing a multi-lingual volume; the University of Colorado, Boulder provided library access; archive.org made accessible digitalized copies of old books and, during the pandemic, lent digitalized copies of books still in copyright; Facebook hosted an international group of scholars who shared pdfs and photographs of research materials when libraries were closed.

Above all, thanks to my husband, David Puppel, for his patience, forgiveness, and unconditional support of my work, even when I put off chores to attend to writing and editing.

Introduction

Janis Bell

Why Guido Mazenta?

In Milan at the turn of the sixteenth century, nearly everyone had heard of Guido Mazenta, but today he is known only to a handful of scholars. In the specialized world of Leonardo da Vinci studies, he is the older brother of the Barnabite father who wrote a memoir about the vicissitudes of Leonardo's autograph manuscripts: Giovanni Ambrogio Mazenta. In that memoir, Guido was praised for his magnanimity in giving gifts of Leonardo's autograph manuscripts to Archbishop Federico Borromeo, to the painter Ambrogio Figino, and to the Duke of Savoy. The gilded inscription on the leather cover of Paris MS C—a beautifully illustrated volume on light and shadow—confirms the accuracy of this detail by identifying the donor as Guido Mazenta of Milan and the recipient as Federico Borromeo.

Outside of this specialized field, Guido Mazenta is known to historians as a man with a successful career in government who followed the path of his father; he became one of sixty oligarchs governing Milan and soon thereafter, one of four vicars. He was noted in Paolo Morigia's monumental history of Milan (1595), an account of Milanese art and culture as well as political and ecclesiastical events, for his ownership of several important paintings and his collection of antique marbles, coins, and inscriptions.[1] A quarter century later, in a re-edition of that volume with a supplement written by Gerolamo Borsieri from Como, Guido appeared again as a supporter of the arts through his efforts to establish art academies and for his contributions to Milanese architecture. Yet compared to his better-known contemporaries—patrons and collectors from the Borromeo, Visconti, and Trivulzio families, architects such as Giovanni Meda, Aurelio Trezzi, and Francesco Maria Richino—Guido hardly seems to merit a volume of studies for his accomplishments. So why a book on Guido Mazenta?

---

[1] For Morigia's account of artists, Sacchi 2020b; on Guido's collecting, see Chapter 1 in this volume. In general, references discussed in the chapters are not noted in this introduction and can be readily consulted by checking the index at the back.

First, there is a need to know more about the activities of collectors and influencers such as Guido Mazenta. As the study of art history broadens its scope beyond its early focus on great men—a tradition with its roots in ancient history, iconographical collections of portraits, and Vasari's *Lives*—the role of networks, economics, trading zones, and social status have become more important. The few "greats" were held aloft by the many, mostly anonymous, whose work, financial support, and sacrifices made it possible for some exceptionally talented or ingenious individuals to perform in ways that made history. But what is history if not collective memory, recorded or transmitted orally, selected in accord with criteria to which we can no longer subscribe? That is to say that the practice of recording the deeds of a few men has ignored those of women, children, and men of lower social status, whose contributions, like the orchestra in an opera, provide support and enhancement to the vocalists. A citizen from an untitled, patrician family like Guido Mazenta had the potential to be an influencer whose impact went far beyond the material objects he collected and the two short volumes he published. Through his involvement in politics and art, he had a lasting impact on the development of Milan at the turn of the century, including but not limited to his design for the rusticated Porta Romana at the southeastern entry to the old city wall.[2]

Serendipity provides a second reason this book came into existence: Elisa Ruiz Garcia had already decided to transcribe and edit Guido's manuscript in the Biblioteca Nacional de España when we met during the 2019 Leonardo da Vinci quincentenary at the conference *De-Coding Leonardo's Codices*, organized by the Museo Galileo and the Kunsthistorisches Institut in Florenz. As we were both interested in the vicissitudes of Leonardo's notebooks and their readership, and both trying to fill gaps in the accepted narrative, we exchanged contact information. Ruiz Garcia was studying the Spanish annotations in codices that Pompeo Leoni had transported to Madrid when he left Milan in 1589.[3] Debates about the location of Leonardo's Codex Atlanticus arose with one group defending the prevalent view that it remained in Milan while Ruiz Garcia argued for its presence in Madrid. A Ph.D. student in attendance, Luis Rueda Galán, showed me evidence that a Jesuit polymath, Juan Bautista Villalpanda, was inspired by drawings in the Codex Atlanticus in the years between Pompeo Leoni's return to Madrid (1589) and that Jesuit's departure

---

[2] Della Torre 2007, 224, n. 8, lists the many officials involved in the decision and suggests the omission of Guido Mazenta's name arose because it was the beginning of his career, unaware that the proposal was at the beginning of BNEM 2908.
[3] Ruiz Garcia 2021.

for Rome (1596). He soon had the opportunity to publish his research in an exhibition in Madrid on Pompeo Leoni.

Soon thereafter at a conference in Rome on Leonardo da Vinci's *Trattato della pittura*, Rossana Sacchi informed me that a former student from her university was researching the Mazenta family, which led to my establishing a correspondence with Stefano Bruzzese while eagerly awaiting the publication of his archival findings. Thus, when Elisa invited me to write something on Guido Mazenta to introduce her study and transcription of MS 2908 in the Biblioteca Nacional de España in Madrid, I began to think about the value of presenting these findings within a broader context. I learned that Vernon Press had offices in Spain and the US, making it seem to be an ideal venue for our small volume of interest to Spanish, Italian, and English readers. I invited Stefano Bruzzese and Silvio Leydi to contribute chapters on their new archival findings in related areas of interest—the inventory of Mazenta's book collection at the time of the confiscation of his goods, and the broader role of ephemeral decorations and triumphal entries in the history of Milan.

My own interest in Mazenta arose from my study of Matteo Zaccolini, author of a four-volume treatise on perspective and color written between c. 1610 and 1622.[4] Since early biographers called Zaccolini's *Prospettiva del colore* a "commentary" on Leonardo's writings and remarked that Zaccolini's admiration for Vinci led him to imitate Leonardo's backward writing, scholars working on the reception of Leonardo, including this author, had established his access to copies of the abridged treatise on painting in Rome.[5] But the only autograph Leonardo manuscript known to have been in Rome was the Codex Leicester, a small notebook unknown even to Teodoro, the son of its owner, Guglielmo della Porta, who had stored it with other memorabilia from his late father. The only other documented owner of Leonardo manuscripts during this time were the heirs of Pompeo Leoni, compiler of the Codex Atlanticus and the Windsor volume of anatomical drawings. Pompeo had spent the last two decades of his life working in Madrid and at El Escorial for the Spanish king. The history of his collection after his death in 1608 was known from multiple postmortem inventories and estate sales; yet the references to "books" by Leonardo were usually too vague to identify anything more

---

[4] On the date of these treatises, see my forthcoming edition of *Prospettiva del colore*, to be published by Brepols-Harvey Miller in late 2023 or 2024.
[5] Barone 2015; Farago, Bell, & Vecce 2018; Bell 2019. Bell 2020 takes up the issue of mirror script. The biography by Cassiano dal Pozzo was first published by Pedretti as an addendum to Steinitz 1958, 230-32; their early hypothesis was that Zaccolini informed Dal Pozzo about the Milanese manuscripts.

precisely than the Windsor codex of anatomical drawings.[6] Thus, in trying to track down the location of Leonardo's autograph manuscripts between 1610 and 1617, I returned to the history of the manuscripts written by Giovanni Ambrogio Mazenta to discover that he had skipped over this decade; either Giovanni Ambrogio was very confused, or he had deliberately obfuscated the relationship between the former Mazenta manuscripts and those owned by Pompeo Leoni.[7]

Once I found evidence that Zaccolini had been to Milan, but not to Madrid, the likelihood of his access to autograph manuscripts was assured, given that he had befriended Mutio [Muzio] Oddi, who, after arriving in Milan in 1610, developed relationships with Milanese aristocrats including Galeazzo Arconati, the documented owner of 13 Leonardo notebooks whose donation to the Ambrosiana in 1637 preserved these treasures for posterity.[8] Yet many questions remained: what evidence was there that Pompeo Leoni's son Miguel Angelo had brought the Leonardo manuscripts to Milan? Could Arconati have obtained his manuscripts before the payment and promissory note on 28 August 1622 to Pompeo's grandson? And why did Giovanni Ambrogio relate that the manuscripts owned by his late brother, Guido, found their way to Pompeo Leoni when his brother died five years later than Pompeo in 1613?

The research of Laura Giacomini and Carmen Bambach provided crucial clues. In working on the renovations of the Mazenta family palace on via Amedei, Giacomini found a note in the *fondo Finanza-Confische* from 1608 listing 20 paintings in the Mazenta palace.[9] In the same *fondo* on a different sheet, she found a reference to a *denuncia* from August 1608 in which one of Guido's sons, in his appeal to the Senate, stated that his father had been exiled for killing his mother.[10] Shortly thereafter, Carmen Bambach delivered a lecture summarizing her conclusions about Leonardo's autograph notebooks in the Institut de France (Paris) and other libraries: many of these notebooks showed signs of Leoni ownership, but seven of the Paris manuscripts and the

---

[6] Di Dio 2011.
[7] I presented these findings in 2019 at the conference "De-coding Leonardo's codices," now published as Bell 2022.
[8] On Oddi's activities, see Marr 2011. On Zaccolini's connection to Oddi, see Bell 2019. Among the many accounts of the donation, Marani 2010 provides a concise, accessible history. On Arconati's purchase of the Codex Atlanticus from the heirs of Leoni, see the payment and promissory note transcribed in Mazenta & Gramatica 1919, np (n4 to the name Galeazzo Arconati).
[9] Giacomini 2006, 217, n12.
[10] Giacomini 2006, 218, n14.

Codex Leicester did not.[11] This left open the possibility that the manuscripts owned by Guido Mazenta had passed directly to the Arconati collection in the 1610s, when Arconati was building his regal villa at Castellazzo, before he purchased the Codex Atlanticus and other Leonardo manuscripts from Leoni's heirs.[12] As I delved further into Giovanni Ambrogio's account, it became obvious that he had deliberately obfuscated things to hide his brother's ignominy and, perhaps also, the illegal transfer of Leonardo manuscripts to Arconati when all mobile goods had been officially confiscated by the authorities of Milan.[13]

The Mazenta family saga explains why there was no detailed description of the Mazenta art collection in Gerolamo Borsieri's 1619 supplement to Morigia's cultural history of Milan: Borsieri could not discuss Guido's noteworthy collection without mentioning its owner's downfall and the dispersion of his treasures. Borsieri's letters to Guido in Venice show that he knew his friend had been exiled for uxorocide. They also provide clues to Guido's life in exile: he was giving away some of his precious antique medals; he was still actively involved in efforts to establish art academies in Milan. Other studies provide evidence that Guido was still commissioning paintings for his collection. Clearly, he lived an aristocratic lifestyle in Venice but hoped to receive a pardon to return to Milan.

Giovanni Ambrogio saw the opportunity to rewrite the family history in 1635 when Cassiano dal Pozzo asked him to supplement Vasari's Life of Leonardo for a publication of Leonardo's writings that cardinal Francesco Barberini intended to support. Giovanni Ambrogio had just been appointed Vicar, a reward for some twenty-five years of courting favor with princes and the papal curia. Having befriended Maffeo Barberini a decade before he became Pope Urban VIII, Giovanni Ambrogio served the Barnabite order in administrative capacities and his high-powered ecclesiastical friends (Borromeo and the Barberini) as an architectural and hydraulic consultant. He even took on some diplomatic missions as the Barnabites expanded across the Italian peninsula and into France and Spain. Writing the memoir gave him the opportunity to refashion his own image and that of his family as he corrected Vasari's account of Leonardo's extra-pictorial activities, presenting Leonardo as a transformative figure in Milanese history for his ingenuity in technology, architecture, and

---

[11] Bambach 2009, 44-45 (Appendix I); this has been supplanted, but not altered, in Bambach 2019, 3:606-617. Only six of the seven manuscripts in Paris may have gone to Arconati because one of those, MS C, had been given to Federico Borromeo.

[12] For an extensive history of this building project, see Ferrario 2000. For further studies of Arconati's collecting, see Cadario 2007, Cadario 2008, and the fundamental study of collecting by Agosti 1996.

[13] See further on this thesis, Bell 2019, 326-331.

hydraulics. He viewed Leonardo as a true polymath who deserved acclaim for inventions that were in use by Milanese artisans as well as for his thoughtful and bold attempts to solve hydraulic challenges that later engineers were still struggling to resolve. His account of the contents of the manuscripts reveals a familiarity with their breadth and depth that could have come only from extended opportunities to peruse them. He made the Mazenta family the saviors who prevented Leonardo's manuscripts from being exported to Spain and from being exploited for profit by the Leoni heirs, setting the stage for cardinal Francesco Barberini to be lauded for his perspicacity in publishing Leonardo's writings for the benefit of posterity.

As it turned out, Barberini did not end up financing the publication for reasons that have never been fully understood. Seven years after the death of Urban VIII (1644), Leonardo's treatise on painting was published in Paris in two editions, one in the original Italian and the other in a French translation. Mazenta's memoir had a sadder fate: it went unpublished until the late nineteenth century, but the information in it was used by the editor, Raphaël Trichet du Fresne, to prepare his own Life of Leonardo as an introduction to the Italian *editio princeps*.[14] Du Fresne's account of the autograph manuscripts helped lead Napoleon's army to the Ambrosian library in Milan from which they were carried off to Paris along with other bounty of Italian culture; only the Codex Atlanticus was returned to Milan at the end of the war.[15]

Giovanni Ambrogio also worked his contacts to secure Federico Borromeo's place in history through the publication of his many writings and the diffusion of his vision of public education. After Borromeo's death in 1631, he pestered Cassiano dal Pozzo to appeal to his Cardinal-*Padrone*, Francesco Barberini, to take up the costs of publishing Borromeo's manuscripts and finding an income for their editor, the canon Luigi Alfieri. G.A. Mazenta failed to raise the funds, but Barberini used his descriptions of the Ambrosian Library to plan his own library in the Barberini palace, and then rewarded Giovanni Ambrogio personally with advancement to the position of Vicar of Rome in 1635. Giovanni died before he could use that advancement to benefit the mission of the Ambrosiana and found a similar center in Rome. Thus, many of Borromeo's writings remained unpublished, and the Bibliotheca Ambrosiana remained the first and only "public" library. Its collection of 15,000 manuscripts and nearly 30,000 printed books were arranged in accessible cases along the walls and open to qualified scholars—as it still is today—and its collection of paintings, sculptures, drawings, and gesso casts

---

[14] Govi 1873-78; on Du Fresne's life of Leonardo, see Soussloff 2009; Barone 2013.
[15] This history is recounted in most editions of Leonardo's manuscripts but see Marani 2010 for details of the agreement.

were available to young men interested in pursuing careers in the visual arts. The Mazenta played a role in helping formulate and in supporting this vision of accessible education and professional training that integrated *scienzia* (knowledge founded in the study of nature) with *techne* (the skills and experience of craft), bringing into existence a vision first expressed by Leonardo da Vinci in Milan.

Leonardo had argued that painting is a branch of philosophy because it is a noble activity based upon geometry and perspective, the science of vision.[16] Giovanni Paolo Lomazzo articulated a similar vision of painting in his 1590 treatise, *Idea del tempio della pittura*, distinguishing between the old approach to practice based upon copying drawings of one's teacher until a student can imitate it perfectly, and the modern approach of mastering the theoretical principles underlying art and nature.

> He who operates by practice, not knowing the basis and reason of what he does, possesses only a specific ability acquired through long exercise, or manages solely by following some examples. Yet he who operates by theory knows how to demonstrate rationally the effects of diminishing proportions, the torsions of bodies, and everything painted with a brush. In addition, he can explain these in words and teach them to others methodically, clearly, and easily.[17]

Guido's program in Madrid MS 2908 shows the fruits of that approach, for although he did not "practice" as an artisan, he worked by theory and example to construct images of power and beauty, designed to impress the citizens of Milan and their royal guests.

Overview of this volume

This volume is divided into five chapters, four of which serve as introductory essays to Mazenta's illustrated manuscript in the Biblioteca Nacional de España transcribed for the first time in this volume and published with its illustrations. The first two chapters discuss the author, Guido Mazenta. Bell provides a general overview of the Mazenta family and the trajectory of Guido's career, giving emphasis to Guido's broad interests in art and architecture as well as his connections with literary circles and the famous, anti-elite Accademia dei Facchini della Val di Blenio led by Gian Paolo

---

[16] Frosini 2020, 19.
[17] Lomazzo 1590, 271; English translation by Julia Chai in Lomazzo 2008, 70. On Lomazzo's debt to Leonardo, see Rosci 1984, 71-74; and for discussion of this passage in relation to Lomazzo's admiration for Gaudenzio Ferrari, see Sacchi 2020a, 19.

Lomazzo. Stefano Bruzzese then takes up the thread of his identity as a theoretical architect, examining his education and his extensive collection of books on architecture, history, and culture. Silvio Leydi shares his vast knowledge of Milanese events celebrating the Habsburg ruling family, and presents an abundance of new archival research documenting the financial burden of these celebrations as well as the great number of artisans, hosts, and performers involved in their planning and execution. He reminds us that these guests had multiple needs throughout the course of their visit, from the stabling of their horses to keeping the royals and their servants housed, fed, and entertained, regardless of the brevity or length of their visit. Elisa Ruiz Garcia demonstrates that Guido relied upon his broad knowledge of classical texts and modern emblem books in designing five triumphal arches and their decorations. Thus, while this volume does not develop a linear argument step by step, it presents a three-dimensional picture with views from four sides to enrich our knowledge of Guido Mazenta and turn-of-the-century Milan.

The importance of Mazenta's program of five triumphal arches to mark significant urban spaces as the royals proceeded to their destination has not gone unnoticed by scholars. However, it has suffered the fate of suppression. Scholars tended to attribute Guido's accomplishments to his younger brothers, particularly Giovanni Ambrogio, who has long been acknowledged as an architect of some significance, or to Alessandro, who rose through the support of their family friend, Archbishop Federico Borromeo, to positions of prominence in the world of ecclesiastical government and was frequently given oversight of architectural projects. The Madrid manuscript with its magnificent architectural drawings was attributed to Milanese architects of known competence, such as Martino Bassi and Aurelio Trezzi.[18] Now that authorship of the program and booklet have been restored to Guido Mazenta—although Ruiz Garcia cautiously considers the possibility that the drawings are not autograph—the Madrid MS demonstrates the importance of his role as "*architetto specolativo*," an architect steeped in theory who supplemented Vitruvius with his study of antique fragments and antique structures represented on medals, who imagined on paper how modern buildings might compete with those legendary edifices of antiquity to serve the needs of a Christian society. Guido was also inspired by modern gates and triumphal arches in Northern Italian cities as well as Serlio's discussion of the rustic style.[19]

---

[18] Della Torre 2008, 89, shows that the Bassi attribution was based on a 1738 guidebook to Milan, while the Trezzi attribution (arising in 1936) was based upon documents of payments discovered in ACSMi (Località Milanese, 281).

[19] See Bruzzese in Chapter 2 on his borrowing from an arch in Brescia; for recollections of Serlio and Giulio Romano, Della Torre 2008, 91-92.

Guido designed the program of ephemeral decorations, which was approved by the Spanish official serving as governor of Milan, Juan de Velasco, to whom the volume was devoted. As Ruiz Garcia demonstrates in her analysis, his program was built upon a traditional iconography of emblems and allegorical references inspired by well-known Cinquecento texts, reference volumes now considered standard such as Andrea Alciati and Cesare Ripa. Gregoria's path into and through the city was to be decorated with five triumphal arches, each containing allegories and inscriptions at strategic places along the route of the royal procession, each arch celebrating a different individual: the virtues of the young bride-to-be, the glory of King Philip II, the promise of his son Philip, and the beneficence of Governor Juan de Velasco. Ruiz Garcia's chapter was completed long before Stefano Bruzzese joined our project with evidence of Guido's tutoring at home by a university-educated scholar in Greek and Latin. Their independent work comes together in this volume to present a well-rounded portrait of Guido's humanist culture.

Guido's family ties to artists and artisans also promoted his considerable interest in architecture, a mastery gained from the study of history and texts rather than the traditional route of apprenticeship with an engineer and architectural mason. Bruzzese shows that he kept abreast of events in neighboring cities such as Brescia, from which he borrowed some specific designs and motifs as he developed his own program for the triumphal entry.

After Gregoria's early death, Prince Philip chose to marry her youngest sister, Margherita, who was in robust health; the program then had to be redesigned to replace references to Gregoria with references to Margherita, and then altered once again when Philip II died and Margherita became Queen, wife of the new King Philip III. As Silvio Leydi shows in his diachronic study of triumphal entries, Margherita thus arrived in Milan as the Queen dressed in mourning. What was to have been a festive occasion became a tempered, funereal event that tried to navigate between celebration and respectful memory.

Milan had a history of welcoming illustrious visitors with processions, decorations, and theatrical spectacles. When Milan was an independent state ruled by Ludovico Sforza, before the French invasion, Sforza ordered his court artists—including Leonardo da Vinci and myriad armorers, goldsmiths, textile weavers, and carpenters—to transform the urban space into a grand theater displaying his dynastic power.[20] Years later, on a map of 1515, Leonardo showed a newly cleared piazza in front of the *Castello* with a proposed artery leading to the cathedral.[21] During the period of Sforza rule, events were staged

---

[20] Moffat 2022.
[21] *Ibid.*

with theatrical scenery, sometimes fabrics "clothing" the facades of buildings and sometimes wooden and fictive painted architecture, and in some cases, permanent architectural modifications that involved the construction of straight streets and the clearing of houses to form open spaces. After its conquest by the French, followed by two additional Sforza rulers before the Spanish established their claim, the city of Milan remained a center of wealth and ostentatious display. Its artisans produced luxury items for all the courts of Europe: fabrics woven with silver and gold threads, silks, engraved crystals, and carved cameos and many other small objects in precious materials, recovered and documented by Paola Venturelli.[22] Leydi shows that the royalty who visited the city witnessed a spectacle of processions and temporary decorations after which they were directed to quarters where all the best artisans were brought together to make "shopping" easier and to increase the markets for exports. The royal guests were also presented with gifts of enormous value due to their workmanship and materials. For example, a special coin was minted by Leone Leoni in 1549 for Prince Philip II, presented in a silver vase covered with crimson velvet fringed in gold.

Mazenta's decorative program was one of many prepared in the second half of the sixteenth century for Milan's Habsburg rulers. Leydi begins his account of the Habsburg entries with the events of 1548 and carries this forward to events that took place through 1599, after the planned visit of Gregoria: the entry of Queen Margherita, the widow of Maximilian II, and the daughter of Philip II who married her first cousin, Alberto of Austria. He records every entry for which there were documented expenses, grouping them chronologically and in accord with their titles and relationships, to include the sons of Charles V's brother Ferdinand I, and his own illegitimate son Don Giovanni. A genealogical tree at the end of Chapter 3 clarifies the complex relationships among the many intermarried Habsburg cousins. By examining well-known events in the context of those less studied, he provides a richer picture of the role these events played in Milan, socially, financially, and as visible displays of fealty to the royals. The documentation of these events shows the enormity of expenses incurred by the city of Milan, who even ending up paying for dresses and fabrics "purchased" by the royals. If the aristocracy gained honor by hosting these events, the artisans gained fame but suffered economic losses when their productions went unpaid.

Although Guido's program for Gregoria did not take place, it played a role in the decorations the following year for Philip's marriage to her sister, Margherita. Leydi shows that Mazenta's original project was amplified considerably, starting with the decision of the Vicar to appoint six citizen representatives, one for

---

[22] Venturelli 2002; Venturelli 2013.

each gate into the city to make decisions about the temporary decorations. Work on apartments to house Margherita, her mother, and her courtiers began shortly thereafter, while Giovanni Battista Clarici from Urbino was given responsibility "for the invention of the said arches" even though he admitted that "a gentleman has spent many years thinking about and making designs and inscriptions for this purpose." Leydi suggests that the arches designed by Mazenta, before word of Gregoria's death reached Milan, created an incentive to make use of them—perhaps due to expenses already incurred—and that Clarici may have designed the sixth arch. Guido's younger brother, Alessandro, was also involved, having been elected by the deputies of the *Fabbrica del Duomo* to work with two other men on the decorations for the Duomo.

If Guido's involvement was thus "behind the scenes" in the revised program for Margherita, he placed himself front and center after the events took place by publishing, perhaps at his own expense, a small volume devoid of illustrations with the title *Apparato fatto dalla città da Milano per ricevere la Serenissima Regina D. Margherita d'Austria sposata al Potentissimo rè di Spagna D. Filippo III nostro signore*. He dedicated his account to Iñigo, son of Governor Velasco, whom he addressed as his patron. Narrating in Italian, he described each of the arches, their inscriptions and images, their antique derivation, or their departure from antique precedent: for example, he included a crown composed of sprigs of quince (*cotogne*), roses, lilies, and scepters because he did not consider those sculpted by the Romans above Doric cornices appropriate for modern times or for that particular occasion.

Since Mazenta's varied activities as iconographer, designer, political leader, and private patron cross disciplinary boundaries, our purpose in this volume is to connect and interweave activities in fields too often studied individually. The authors provide different viewpoints from which to approach Guido's activities, all of them providing insights that help construct a broad picture of his historical role. But there are still many things we do not yet know about his activities and his relationships with prominent members of the Milanese government. Certainly, some things were missing from the Mazenta family archive when it became part of the *Archivio Storico Civico* of Milan and Ettore Verga raked through its contents to prepare his important publication on the family history and their art collection in *Archivio Storico Lombardo* (1918). He found documentation of the honors granted to Senator Lodovico and went into considerable details on the achievements of Giovanni Ambrogio. But he did not learn much about Guido from the family archives nor from the panegyric on the Mazenta family delivered by a Barnabite father shortly after Giovanni Ambrogio's death. Consequently, we can conclude that Giovanni

Ambrogio's memoir, and private efforts of Mazenta family members to erase an embarrassing part of their history, were successful for nearly four centuries.

While the chapters in this volume bring to light activities previously not widely known, the essays do not attempt to answer every question raised. Rather, we hope to encourage others to look further into these questions, to the factors that contributed to the transformation of the architectural profession in Seicento Milan; to expand knowledge of Guido Mazenta's collection; and to better understand his role in contributing to Federico Borromeo's collection, the core of the Pinacoteca Ambrosiana. As interest in cultural exchange between the Italian and Iberian peninsulas continues to grow, we hope this volume can contribute in its own small way to the "big picture" of European and pan-European history.

Works Cited

Agosti 1996
  Barbara Agosti. *Collezionismo e archaeologia cristiana nel Seicento. Federico Borromeo e il Medioevo artistico tra Roma e Milano*. Milan: Jaca Book, 1996.
Barone 2013
  Juliana Barone. "The 'Official' *Vita* of Leonardo: Raphael Trichet Du Fresne's Biography in the *Trattato della Pittura*." In *The Lives of Leonardo*. Edited by T. Frangenberg and R. Palmer, 61–82. London: Warburg Institute, 2013.
Barone 2015
  Juliana Barone. "... 'et de' suoi amici': the Early Transmission of Leonardo's *Treatise on Painting*." In *Leonardo da Vinci: 1452–1519: The Design of the World*. Edited by P. Marani, and M. T. Fiorio, 450–61. Milan: Palazzo Reale and Skira, 2015.
Bell 2019
  Janis Bell. "Zaccolini, dal Pozzo, and Leonardo's Writings in Rome and Milan." *Mitteilungen des Kunsthistorischen Institutes in Florenz* 61 (2019): 309-333.
Bell 2020
  Janis Bell. "Zaccolini e Milano: nuove indagine ed attribuzioni." In *L'eredità culturale e artistica di Matteo Zaccolini*. Edited by M. Mingozzi, 43-72. Quaderni della Biblioteca Malatestiana, 3. Cesena: Biblioteca Malatestiana, 2020.
Bell 2022
  Janis Bell. "Giovanni Ambrogio Mazenta's Memorie: Document or Deception?" In *De-Coding Leonardo's Codices*. Edited by A. Nova and P. Galluzzi, 163–177. Venice: Marsilio, 2022.
Borsieri 1619
  Gerolamo Borsieri. *Il supplimento della nobiltà di Milano*. Milan: Gio. Battista Bidelli, 1619.
Cadario 2007
  Matteo Cadario. "Galeazzo Arconati, un collezionista di antichità nella Milano

di Federico Borromeo." *Studia borromaica. Accademia di San Carlo* 22 (2008): 319–64.

Cadario 2008
Matteo Cadario. "'Ad arricchire la Lombardia con uno de' più preziosi avanzi dell'antichità': il Tiberio colossale del Castellazzo degli Arconati." *Archivio storico lombardo* 12/133 (2007): 11–50.

Della Torre 2007
Stefano Della Torre. "'Non di legno, ma di pietre': la Porta Romana di Milano, apparato non effimero." In *Architektur und Figur. Das Zusammenspiel der Künste. Festschrift für Stefan Kummer zum 60. Geburtstag.* Edited by N. Riegel and D. Dombrowski, 216-25. Munich and Berlin: Deutscher Kunstverlag, 2007.

Di Dio 2011
Kelley Helmstutler Di Dio. *Leone Leoni and the Status of the Artist at the End of the Renaissance*. Farnham and Burlington: Ashgate, 2011.

Farago, Bell, & Vecce 2018
Claire Farago, Janis Bell, and Carlo Vecce. *The Fabrication of Leonardo da Vinci's* Trattato della pittura *with a scholarly edition of the editio princeps (1651) and an annotated English translation*. Leiden and Boston: Brill, 2018.

Ferrario 2000
Patrizia Ferrario. *La 'Regia villa': Il Castellazzo degli Arconati fra Seicento e Settecento*. Dairago: Edizioni Studio Archivolto di Patrizia Ferrario, 2000.

Frosini 2020
Fabio Frosini. *"Artefiziosa natura." Leonardo da Vinci, della magia alla filosofia*. Rome: Edizioni di storia e letteratura, 2020.

Giacomini 2005
Laura Giacomini. "*La 'lauta' dimora dei Mazenta a Milano: trasformazione di un modello abitativo tra Cinquecento e Seicento*." In *Aspetti dell'abitare e del costruire a Roma e in Lombardia tra XV e XIX secolo*. Edited by A. Rossari, 205-219. Milan: Unicopli, Politecnico Milano, 2005.

Govi 1873-1878
Gilberto Govi. "Alcune memorie di Giovanni Ambrogio Mazenta intorno a Leonardo da Vinci." *Il Buonarroti* 8 (1873), 341-50; 9 (1874), 164ff; 12 (1877–78) 45ff.

Lomazzo 1590
Gian Paolo Lomazzo. *Idea del tempio della Pittura di Gio. Paolo Lomazzo Pittore, nella quale si discorre dell'origine e fondamento delle cose contenute nel suo trattato dell'Arte della Pittura*. Milan: Ponzio, 1590.

Lomazzo 2014
Gian Paolo Lomazzo. *Idea of the Temple of Painting*. Edited and translated by J. Chai. University Park: The Pennsylvania State University Press, 2014.

Marani 2010
Pietro C. Marani. "Leonardo's Manuscripts in Paris." In *Leonardo da Vinci & la France: Château du Clos Lucé, Amboise, Parc Leonardo da Vinci*. Edited by C. Pedretti with the assistance of M. Melani, 161–68. Campi Bisenzio: Cartei & Bianchi, 2010.

Marr 2011
  Alexander Marr. *Between Raphael and Galileo: Mutio Oddi and the Mathematical Culture of Late Renaissance Italy.* Chicago: University of Chicago Press, 2011.
Mazenta & Gramatica 1919
  [Giovanni] Ambrogio Mazenta. *Alcune memorie dei fatti di Leonardo da Vinci a Milano e dei suoi libri.* Edited by L. Gramatica. Milan: Alfieri and Lacroix, 1919.
Moffatt 2022
  Constance Moffatt. "Spokes and Voids: Controlling Traffic in Renaissance Milan." Paper presented at the Renaissance Society of American conference in Dublin, Ireland, April 1, 2022.
Morigia 1595
  Paolo Morigia. *La Nobiltà di Milano.* Milan: Pacifico Pontio, 1595.
Rosci 1984
  Marco Rosci. "Leonardo 'filosofo'. Lomazzo e Borghini 1584: due linee di tradizione dei pensieri e precetti di Leonardo sull'arte." In *Fra Rinascimento, Manierismo e Realtà. Scritti di storia dell'arte in Memoria di Anna Maria Brizio.* Edited by P. Marani, 53–77. Florence: Giunti Barberà, 1984.
Ruiz Garcia 2021
  Elisa Ruiz Garcia. "Estudio de las anotaciones adicionadas a mss. vincianos de Madrid." *Titivillus* 7 (2021): 11–53.
Sacchi 2020a
  Rossana Sacchi. "'Oh Blessed, excellent mind and hands!' Lomazzo's admiration for Gaudenzio Ferrari. In *Lomazzo's Aesthetic Principles Reflected in the Art of His Time.* Edited by L. Tantardini and R. Norris, 18-39. Leiden: Brill, 2020.
Sacchi 2020b
  Rossana Sacchi. *Artisti industriosi e speculativi. Paolo Morigia e il Quinto Libro della 'Nobiltà di Milano.'* Milan: LED, 2020.
Steinitz 1958
  Kate Trauman Steinitz. *Leonardo da Vinci's Trattato della Pittura.* Copenhagen: Munksgaard, 1958.
Soussloff 2009
  Catherine M. Soussloff. "The Vita of Leonardo da Vinci in the Du Fresne Edition of 1651." In *Re-Reading Leonardo.* Edited by C. Farago, 175–96. Burlington, VT: Ashgate, 2009.
Venturelli 2002
  Paola Venturelli, "Arti preziose e lusso nella Milano spagnola." In *Grandezza e splendori della Lombardia spagnola 1535–1701.* Edited by M. Cannella and A. Gradellini, 95–105. Milan: Skira (exh. cat. Musei di Porta Romana), 2002.
Venturelli 2013
  Paola Venturelli. *Splendidissime gioie. Cammei, cristalli e pietre dure milanese per le Corti d'Europa.* Florence: Edifir, 2013.

Chapter 1

Guido Antonio Mazenta (c. 1561-1613)

Janis Bell

Fate intervened twice in the life of Guido Mazenta to dramatically alter his destiny. On 24 November 1565, when Guido was a young child, his uncle Melchiorre, first son of Simone Mazenta and Lucia Visconti, lay on his death bed. Melchiorre's last will and testament bequeathed his estate to his younger brother Ludovico, who thus became head of the Mazenta family with little Guido positioned as primogenitor to become one of Milan's most important personages.[1] This charmed life was severed when, in 1608, he killed his wife while "disciplining" her and was charged with the felony of uxorocide. Avoiding death himself, the punishment entailed confiscation of his fixed and mobile goods, exile from Milan, and a prohibition against his heirs *in perpetuity* from inheriting real and mobile goods.[2] Thus, one of the leading stars of Milan was dimmed by a cloud of ignominy, and his important contributions to Milanese culture were nearly lost to posterity.

During his lifetime, Guido was renowned for his knowledge of art and antiquities, and played an importance role in late Cinquecento Milanese society. He was committed to reviving the style of antiquity in architecture, he amassed a large collection of paintings and sculptures, and he contributed to the formation of art academies in Milan. Gerolamo Borsieri, a poet from Como, honored him after his death by mentioning him in his *Supplimento* to Paolo Morigia's classic history, *La nobiltà di Milano*, a volume originally published in 1595 but in such demand that a second, expanded edition was

---

[1] Giuliani & Sacchi 1999, 324.
[2] The court case and other details of this abominable act have not yet been uncovered; what little we know has been pieced together from isolated references in later documents; the principal bibliography is Comincini 1999 (for references to the prohibition in documents relating to Faustino Mazenta); Giacomini 2005, who brought this fact into the ambient of Guido; and Bell 2019 and Bell 2022, who pieced together documents with references in letters to construct a picture of the presumed cover-up. Corporal punishment of wives and children was legal in Milan and most other places with judicial systems, but the line was usually drawn at causing serious physical harm or death.

published in 1619.[3] This placed Guido on the historical map for his role in the formation of art academies, his art collection, his Leonardiana, and his importance as a "speculative" architect.

Guido's family was one of the richest in Milan at the turn of the century, as Laura Giacomini discovered in studying the architectural renovations and expansions undertaken by aristocratic Milanese families in the late 1500s and early 1600s.[4] The Mazenta were not titled aristocrats but did have substantial property in the town of Magenta, now a suburb of Milan, from which their family name derives. Since 1477, the family had owned a small house in the city in the contrada degli Amedei. By 1576-7, Guido's father, Senator Ludovico Mazenta purchased two small houses adjacent to it, one at the left towards the street, the other facing the garden, with the intention of combining them into a prestigious residence (*una lauta dimora*).[5] This house passed to Guido Mazenta when his father died, but even before that, he had begun to take an active role in planning home improvements, with purchases for marble recorded in his name beginning in 1582.[6] After the confiscation edict in 1608, the renovations continued, although his brothers had to rent the house to provide an income for his children; the records of these requests and settlements provide information about the Mazenta's neighbors, the Arconati on the garden side, the D'Adda on the street side, and suggest that the family's connections to Federico Borromeo and other prominent officials protected Guido's heirs from the harsh consequences of their father's crime.

Childhood, career, and family

Guido was born before the registry of baptismal records in 1563, and on the basis of his documented activities and a census from 1590, his birth has been estimated as 1561.[7] His two sisters, Lucia and Margherita, are known because they married well: Lucia to Ottaviano Barbavara, Signore of Gravellone (d.

---

[3] Morigia 1595; reissued with Borsieri's additions in a Supplement with its own pagination, here cited as Borsieri 1619.
[4] Giacomini 2007, 24.
[5] Giacomini 2007, 35, n.49; see also Giacomini 2005.
[6] For the death date of Senator Ludovico on 13 July 1586, see ASMi, Popolazione p.a. 102 (death register for the city of Milan), formerly cited as "1588" and now corrected by Silvio Leydi (email communication October 2022). On payments for house renovations, see Giacomini 2007, 110.
[7] Verga 1918, 270, estimated it at 1560, and his brothers Giovanni (1565), Alessandro (1566), and Francesco (1570). Rossana Sacchi found the family listed in the Stato d'Anime of 1590 (ASDMi, sezione X, Sant'Alessandro XXI, parrocchia di San Fermo, fascicolo 9) with Guido's age as 29, Giovanni as 23, Alessandro as 21. Francesco had already joined the monastery of S. Maria della Passione.

1597), Margherita to Giovanni Battista Arconati, Palatine Count.[8] Giovanni, who took on the name Ambrogio when he joined the Barnabites, a reform order officially known as the Clerics of San Paolo, is known for his role in designing and renovating many churches for his order in Bologna, Macerata, Milan, Naples, and Rome, where he resided during his tenures as Father Superior, Superior General, and eventually, as Vicar of Rome.[9] Alessandro remained in Milan serving the *Fabbrica del Duomo* and doing many favors for Archbishop Federico Borromeo, especially in regard to projects in architecture for the city and in building the Ambrosiana as a public library, academy of art, and study collection.[10] Guido also cultivated his connection to Federico Borromeo, since the young Federico had been a frequent visitor to their house throughout their childhood—a connection Guido used advantageously to help his family as Federico rose to become Cardinal and then Archbishop of Milan.

Guido's career path followed the example of his father in jurisprudence.[11] He received his degree in 1584 and two years later, in 1586, was admitted to the Collegio di Giureconsulti.[12] His father had been involved in government, having served as Senator (from 1556), as *Podestà* of Cremona (1557), and as President of the *Magistrato staordinario* (from 1581).[13] Guido had similarly high aspirations and was rewarded in 1600 with a place on the governing council of Milan, the *Sessanta Decurioni*. This followed his involvement with the senate on the navigability of the Adda river, which he published in the form of a pamphlet.[14] Five years later, he became *Vicario di provisione*, and King Philip III of Spain appointed him as one of four vicar generals for the state of Milan.[15] One of his first acts as Vicar was to approve Ericio Puteano's request to install a plaque on the wall in Piazza Mercanti on the Palatine school.[16] He also seems to have revitalized plans to decorate the *Palazzo dei Giureconsulti*, plans that had stalled since the death of Aurelio Luini (6 August 1593), who had painted the ceiling but not the walls. Within days of recording the decision made on 25 August 1605 to finish the decorations, nine paintings

---

[8] Ferrario 2000, 30, cites unpublished documentation of the marriage in the Arconati-Visconti family archives in Gaasbeck Castle, Lennick, Belgium, cart. 3 and cart. 12, doc. 18.
[9] For a full bibliography on Mazenta's career, see Milano 2008 and n.10 in Chapter 2, this volume.
[10] Repishti 2008.
[11] Verga 1918, 268, found that the preferred profession of his ancestors had been medicine.
[12] Verga 1918, 273.
[13] Verga 1918, 270, n. 2.
[14] Mazenta 1599.
[15] Verga 1918, 273; see also the overview in Milano 2001, 67.
[16] Ferro 2007, 161.

were commissioned from Giovanni Battista Crespi (il Cerano) and ten from Giulio Cesare Procaccini.[17]

Guido married Elena Rajnoldi in 1589.[18] She bore him two sons, Ludovico (b. 1590-1623) and Faustino (b. 1591-1658). Their first born, Ludovico, was hit hardest by the confiscation prohibition in the very year that he reached maturity. This is made clear from Guido's unpublished letter to Federico Borromeo dated 29 February 1611, where, after thanking Borromeo for helping his younger son, Faustino, he apologized for not writing two years earlier. He described Ludovico's lack of piety and the fierceness of his response to the events: "*mantenendomi nell'essere nel quale piùtosto mor[t]o che vivo non procurasse da iddio et da suo padre la confirmatione delle maledittioni che sua madre gli diede.*"[19] Guido's own lack of contrition and his faith that, with time, his son would recognize the benefits he received from his father, give us an idea of the arrogance with which he viewed his own privilege and the importance of his friendship with Archbishop Borromeo.

Ludovico received a degree at the *Collegio dei Giureconsulti* and, with the help of his uncle Monsignor Alessandro, retained sufficient status among the Milanese gentry to marry Bianca Lucia Castiglioni in 1620; they had two children before Ludovico's premature death in 1623 at age 33. Their first-born son was named Guido Antonio in memory of his grandfather. We will meet him again in the section on art collecting.

Faustino joined the church and had a successful career in ecclesiastic administration, thanks to the connections of his well-placed uncles, Giovanni Ambrogio, friend of the Barberini pope Urban VIII, and Alessandro, who served as Federico Borromeo's right-hand man. He taught canon law at Pavia after receiving his degree in 1616, became *Protonotario Apostolico* in 1623, and later *Canonico* of the Duomo of Milan, in addition to receiving several income-producing benefices.[20] He used his family connections and benefices to restore and decorate the local churches of Santa Maria Vecchia and San Biagio in Magenta.[21] Although Faustino was 16 or 17 when his father was exiled (he was born in 1591), he spent time growing up at the family estate in

---

[17] Marani 2006. The document in ASMi, *Località milanesi,* cart. 223, are summarized in Terzaghi 2013 and excerpted in the chronology by Odette d'Albo in Brigstocke & d'Albo 2020, 424.

[18] Their date of marriage is currently unknown. Elena's father, Faustino Rajnoldo, was nominated to the governing council of Sixty, the *Sessanta Decurioni* in 1569.

[19] BAMi MS G 208 inf., fol. 291r. Thanks to Barbara Parenti for help transcribing many Mazenta letters.

[20] Comincini 1999, n. 97.

[21] Ibid. *passim.*

Magenta, for two letters Guido wrote to Federico Borromeo in 1595 were signed and dated from Magenta.[22]

Friendships with men of learning and prestige

Just as he took charge of the house renovation before his father Senator Ludovico passed away, Guido also took responsibility as head of the household for his younger brothers. When Giovanni and Alessandro decided to study jurisprudence at the University of Pisa, Guido wrote to Aldo Manuzio, the younger, grandson of the famous Manuzio printer from Venice, who had settled in Pisa in August 1586 after the Grand Duke of Tuscany, Ferdinando I, rewarded him for his biography of Cosimo I with a chair at the University of Pisa.[23] On January 1, 1588, Aldo Manuzio wrote to let Guido know that Alessandro and Giovanni had safely arrived at his home. Although Manuzio was now teaching at the University, he thanked Guido for the honor of serving him—a typical formality—and praised Guido's judgment in choosing his house (*nell'elettione della casa mia per servigio loro*).[24] The formal tone (compared to the many other letters Manuzio published) reveals that the two men were not friends but acquaintances, perhaps having met briefly when Aldo was hosted in Milan by Carlo Borromeo.

Guido Mazenta and his brothers owed much to the success of Federico Borromeo, their childhood friend and a great source of support for the Mazenta family throughout their adult lives. Soon after Federico was appointed Cardinal deacon of SS. Cosma e Damiano in Rome, Giovanni wrote a letter from Pisa to congratulate his old friend and, after expressing his commitment to serving the cardinal in language standard at the time, reminded him of their childhood visits: "*che puo dire d'essere di molt'anni vinuto nelle case sue, et fra suoi servittori, nel numero de quali desidero et desideraro sempre d'havervi luogo.*"[25] By June of that year, however, the two Mazenta brothers returned to Milan, apparently after having decided not to follow the path of jurisprudence.[26] Alessandro went to the *Collegio Borromeo* in Pavia, following in the footsteps

---

[22] BAMi, MS G 168 inf., fol. 248r, letter of Guido Mazenta to Federico Borromeo, 5 May 1595, and MS G 169 inf., fol. 356r, 11 October 1595.
[23] Russo 2007.
[24] Manuzio 1592, 210, letter 235. This appointment, which Manuzio began cultivating in 1577, is documented in letters in ASF, *Miscellanea Medicea*, filza 45, inserto 2, cc. 46-69, and filza 28, inserto 29, cc. 38-45.
[25] BAMi, G 141 inf, fol. 417r, letter of Giovanni Mazenta to Federico Borromeo, 19 January 1588.
[26] Although Giovanni Ambrogio claimed in his memoir that he had completed his studies, I have not found evidence that either Mazenta received a University degree of *juris doctor.*

of Federico, who had attended school there and taken his vows there from his illustrious uncle Carlo Borromeo. By August 1589, a year after returning from Pisa, Alessandro had completed his study at the *Collegio* and in a letter from Giovanni to Federico Borromeo, he let their old friend know that his brother "now wants to serve the church," drawing Federico's attention to an opening for *canonico ordinario* at the Duomo which he thought Alessandro could easily be persuaded to accept.[27] Apparently, Federico obliged, for shortly thereafter, Guido wrote Federico thanking him on behalf of his brother. Protesting the impossibility of ever meeting the increased obligation he now had incurred, Guido's comfort with his old friend emerges in the humorous tone of his protest: "*il signore Alessandro resterebbe aggravato non solo nella pensione, quale eccede il valore della prebenda, mà ancora sarebbe necessitato a tuorre altra casa a pigione, sè pure non volesse andare per Milano di notte nell'hore del matutino.*"[28] When the *protonotario* died four years later, Guido did not hesitate to write again on Alessandro's behalf, asking that he be promoted to that now vacant post.[29] Clearly, while Guido, Giovanni, and Alessandro worked together to maintain ties with Federico Borromeo, Guido took the lead as the family patriarch and the only one of the four brothers who did not choose a career in the clergy.

Alessandro spent his entire career serving Milan, and soon his own letters to Federico Borromeo would outnumber those written by his brothers.[30] Giovanni Ambrogio made the decision to join the Barnabite order a year after his brother graduated from the *Collegio*; he spent a decade serving his order in Milan, and then was sent to Pisa, where he served as Father Superior of San Frediano; after that, he went to Bologna, then to Rome, Naples, and other cities. In addition to working as an administrator for his order, he served as an architect for the renovation of existing churches as well as the design of new churches; he also served his order as ambassador (frequently at the request of the Barberini Pope, Urban VIII), but long before that involvement, he offered his architectural services to the Medici, submitting a design in the informal competition organized by Giovanni de'Medici (half-brother to Ferdinando I) for the *Cappella dei Principi* in Florence, and contributing designs for the port

---

[27] BAMi, G 145 inf., fol. 85r, letter of Giovanni Mazenta to Federico Borromeo, 3 August 1589.

[28] BAMi, G 143 inf., fol. 454r, letter of Guido Mazenta to Federico Borromeo 27 September 1589.

[29] BAMi, G 159 inf., fol. 457r, letter of Guido Mazenta to Federico Borromo 24 February 1593.

[30] For a list of 25 letters from Alessandro to Federico, see the index on file at the BAMi, p. 223; for a detailed study of their relationship, see the forthcoming monograph of Stefano Bruzzese.

of Livorno.³¹ Despite Giovanni's success in a mere decade of service to his order, Guido still took an active role in advancing his brother's career: he sent a portrait of Christina of Denmark to the Grand duke on 27 January 1604, explaining that he was thanking the Grand duke for his kindness and favors shown to his brother:

> I am sending Your Highness a portrait of the Most Serene Christina, Queen of Denmark, your sister-in-law, and grandmother to the most serene Grand Duchess, which was painted by Titian on the order of Duke Francesco Sforza at the time he brought her as his wife to Milan; and with even greater readiness, I offer you this small gift, always very dear to me, in hopes that it will also be dear to Your Highness and to the Most Serene Grand Duchess. (*Mando a V.A.S. il ritratto della Ser^ma Madama Christierna Reina di Dania suocera di V.A.S., et avola della Ser^ma Gran Duchessa dipinto da Tiziano, d'ordine del Duca Francesco Sforza, nel tempo, che la condusse sposa in Milano; et con tanto maggiore prontezza le offerisco questo picciolo dono, quanto che a mè fù sempre carissimo, sperando che caro ancora saria stato a V.A.S. et alla Ser^ma Gran Duchessa [...]).*³²

At the time, Giovanni Ambrogio was serving as the Father Superior for the church of San Frediano in Pisa, and thus under the control of the Grand duke of Tuscany. Guido may have hoped to influence the decision of the *concorso* given that sending gifts to a prince of the stature of grand duke Ferdinando was not something undertaken casually. Gifts usually involved expectations of some kind of reward, even though the language of exchange focused on faithful

---

³¹ The Livorno work is undocumented other than in autobiographical accounts by Giovanni Ambrogio, but his drawing for San Lorenzo survives in the National Museum of Sweden in Stockholm, Inv. NMH CC 2258, viewable online at www.europeana.eu.

³² ASF, *Mediceo del Principato*, filza 1395, fols. 2r-v. The letter was partially published in Gaye 1872, 3: 531, letter No. 426 cited as "Arch. e Lettere al Cioli filza 53." I thank Barbara Parenti for her transcription and photographs of this document. The letter continued: "*et perche favorendomi V.A.S. di accettarlo le havrebbe talvolta rappresentato al vivo l'ardente desiderio mio, et l'obligo ch'io tengo di servirla con quello affetto medesimo, ch'ella suole spesso scorgere nel padre Don Gio. Ambrogio mio fratello il quale se rifflettendo gli favori fatti alla persona sua sopra la sua, e mia famiglia, m'hà fatto chiaramente conoscere quanto risplenda la grandezza, e benignità di V.A.S. ne devoti suoi servitori, mi hà ancora posto in obligo di mostrami tale a V.A.S. quale faccio professione di essere. La supplico dunque ricevere mè, et miei figli sotto la benigna sua protettione, mentre con loro vicino priegando Sua divina M.^ta che a V.A.S. conceda ogni desiderata felicità et a mè occasione di puoterle mostrare con ogni riverenza la prontissima volontà ch'io tengo di servirla sempre. Humilmente mèlè inchino. Di Milano alli 27 di Genaio 1604.*"

service.³³ Guido seems to have had great hopes for his brother's architectural ambitions.

Figure 1.1 Antonio Campi, *Portrait of Christina of Denmark*, from *Cremona fedelissima citta et nobilissima colonia de Romani rappresentata in disegno col svo contado et illvstrata d'vna breve historia delle cose piv notabili appartenenti ad essa et de i ritratti natvrali de dvchi et dvchesse di Milano e compendio delle lor vite / da Antonio Campo pittore e cavalier cremonese,* Cremona, 1585, Book IV, page 107 (credit: The Getty Research Institute, Los Angeles [3027-567]).

---

³³ Biagioli 1993, 18, showed that Galileo endeared himself to the Medici in this way, offering gifts of scientific instruments and dedications until he obtained the ultimate appointment of Court Mathematician.

Since Guido clearly stated that the painting sent to Ferdinando was made when Christine of Denmark (1522-1590) was a young bride in Milan, it may have been the Titian portrait engraved by Antonio Campi (Figure 1.1) for his volume on the history of Cremona that he claimed was from that time of Christina's life, made from the portrait hanging in the house of Don Antonio Londonio, President of the Magistrates of Milan.[34] Guido was an avid art collector who took advantage of every opportunity he could, and although no purchase of the portrait has been documented, it is likely that his career in jurisprudence and his involvement in cultural circles of poets provided him the opportunity to obtain the painting upon Londonio's death in 1592.[35]

His association with the *Accademia dei Facchini della Val di Blenio* led Gian Paolo Lomazzo, its founder, to publish a sonnet dedicated to Guido in his collection entitled *Rabisch* (1589).[36] Guido also associated with the informal literary academies in which Gherardo Borgogni participated, for three poems in Borgogni's volume, *Muse Toscane di Diversi Nobilissimi Ingegni* (Bergamo, 1594), were dedicated to Guido.[37] Borgogni was a native of Alba who had settled in Milan in 1572 and ingratiated himself to Milanese aristocrats in hopes of dedicating himself to poetry through their patronage; he published several anthologies of contemporary poets, including Torquato Tasso, as well as his own verses.[38] We will return to the poems dedicated to Guido in the section on his art collecting.

Guido's literary and antiquarian interests as well as his love of art formed the bonds of his friendship with Gerolamo Borsieri, a talented young man from Como (b. 1588) with whom he carried on a lively correspondence during his years in exile. In a series of letters published by Luciano Caramel, and further analyzed by Paolo Vanoli, they discussed the iconography of medals, the merits of various painters, and plans for an academy of painting for which Federico

---

[34] Campi 1585, Libro Quarto, 107. I thank Lisa Goldenberg Stoppato for her invaluable help. The painting in question has not been traced in Medici inventories. I wrongly suggested in Bell 2019 that Guido's painting might be identified with the portrait of Christine of Denmark now in the National Museum of Serbia in Belgrade which Titian painted during a visit to Augsburg in 1548, and which has a Florentine provenance from the Contini Bonacossi collection. For a thorough discussion of the date and authorship of the lost portrait, see Sacchi 2005, 282-88, who concluded, based upon appearances, that the portrait engraved by Campi was done in Christina's mature years at Augsburg. Mazenta, however, would have based its date and attribution on Campi's history.
[35] On Antonio Londonio as a musician, collector, and patron, see Di Cintio 2017.
[36] Lomazzo 1589, 72; see ahead for the translation into Tuscan by Dante Isella in Lomazzo 1993. On the culture of *Rabisch*, see the exhibition catalogue edited by Kahn-Rossi 1999.
[37] The poems are by Gherardi and Borgogni, part 2: 22-23.
[38] Ballistreri 1971.

Borromeo promised to be the *protettore* and—if the academy survived—to donate all his paintings to it.[39] The academy never got off the ground because the third member involved in the plans, Giovan Battista Galliani, a painter from Lodi, was implicated in a homicide and escaped Milan to Crema before he could be apprehended.[40] Borsieri wrote soon afterward to Mazenta in Venice: "If every academy were to be left in this way, we could talk about gladiators rather than painters and students of painting! (*S'ogni academico la lascia in questa guise, può più tosto dirsi di gladiatori che di pittori e di studiosi della pittura)*" Then, only half-jokingly, he chastised Guido for having set a bad example in his own life: "You cut this path with the fierce resentment you took out against your wife. (*Mala strada v'ha cominciato aprir Vosta Signoria con quello suo risentirsi con la moglie sì fieramente.*)" Thus, Borsieri knew that Guido was in exile for a crime against his wife. This explains why, in an earlier letter, he joked about penalties and laws, beginning his letter with "And where is our Dr. Mazenta now? Milan isn't listening to me, Oh hostile homeland, you're not enough of a friend to your most illustrious sons! (*E dove è il nostro dottor Mazenta? Milano non mi ascolta. O patria nemica, se non troppo amica dei tuoi più illustri figlioli).*" After promising to stop joking around, he nevertheless added another joke: "*Amo la legge civile per la canonica, non la canonica per la civile, e conosco le pene nelle leggi, non le leggi nelle pene.*"[41] Borsieri had graduated with a degree in jurisprudence before deciding to follow an ecclesiastic path, and he would later, sadly, suffer financial consequences due to an accidental homicide committed by a member of his family.[42]

Guido's correspondence with the Vincenzi brothers of Urbino also gives clues to the contacts that he managed to make with high-ranking officials and princes. Guidubaldo Vincenzi was confessor to Carlo Borromeo, served as President of the *Collegio Borromeo* of Pavia, and as chief of the *Fabbrica del Duomo* in Milan. His brothers in Urbino were brokers for Federico Barocci, perhaps the most sought-after painter in Italy, and Simone Barocci, the most famous maker of scientific instruments in Europe at the time.[43] Ludovico Vincenzi, a theologian and mathematician, was the rector of S. Bartolo of Urbino, while Francesco Maria Vincenzi was *Revisore generale* to the Duke of Urbino. Guido interacted with the Vincenzi as a civic representative for the *Fabbrica del Duomo* to procure a painting by Barocci for one of the altars. The

---

[39] Caramel 1966, letters IX–XIII, XV, XX1; Vanoli 2015, 47-86.
[40] On Galliani, see Vanoli 2015, 49-50.
[41] Caramel 1966, 117, letter X. Playing on double meanings, it loosely translates as "I love civil law for the diocese but not canon law for its civility, and I know the penalties of the law but not the law of pain.
[42] Caramel 1966, 93.
[43] Bedini 2001, 4-5.

story has been told many times in relation to the date and subject of the altarpiece, but not regarding Guido's role, which we will now elucidate.

Sometime before the first surviving letter dated 8 April 1597, Guido had apparently represented Milan in their effort to order paintings from Federico Barocci for the cathedral.[44] Francesco Maria Vincenzi, writing from Pesaro to Ludovico in Urbino, stated that he had just received a letter from Guido Mazenta, identifying him as "the Milanese who ordered the paintings for the Duomo hoping to get a Nativity," and who stated he would be leaving Milan the next day for Pesaro with money to leave in Pesaro as an advance payment for the painting. He pleaded with his brother to get Barocci to agree to do the work for the Milanese and assured him the Milanese would pay well. Five days later, Francesco Maria wrote again, complaining to his brother about the stress of the Milanese visit; because he had not heard back from Ludovico in time, one imagines that he was under a lot of pressure to accept money from the Milanese to secure a painting by Barocci. When Guido returned to Milan, he pressured Guidubaldo Vincenzi, who wrote that very day (23 April) to his brother Ludovico in Urbino, urging him to get a commitment from Barocci.[45] He poured out compliments about Guido: he is knowledgeable about art; he thinks Barocci is the top painter in all of Italy; he saw Barocci's *Circumcision* in Pesaro and thought Barocci's portrait of the Duke in the *guardaroba* of the Ducal Palace was the most beautiful thing he had ever seen. Barocci eventually agreed to do a painting for Milan but would not accept payment until he was ready to begin.[46] Known to be a notoriously slow worker due in part to chronic illness as a result of being poisoned as a youth in Rome, Barocci had several qualified assistants who were trained to imitate his style, and by 1600, his studio was turning out replicas of his altarpieces in smaller sizes as well as single figures and heads.[47] Ian Verstegen showed how Barocci was able to do this efficiently with a new scientific instrument called the reduction compass in order to make replicas of different sizes from his cartoons.[48]

Three years later, we learn that the Milanese had lowered their expectations and were now trying to get a copy of an existing work. Between April and the summer of 1600, they tried to find an existing painting that had the correct proportions for the standardized altarpiece in the Duomo because Alessandro Mazenta, now Prelate of the Duomo, was not willing to accept a disproportioned

---

[44] Sangiorgi 1996, 22, letter VI. All the letters are in the Biblioteca Universitario di Urbino, busta 37 and 38.
[45] Sangiorgi 1996, 24-25, letter VIII.
[46] Sangiorgi 1996, 25-27, letters IX, X, XII and XIII.
[47] Spear 2018 documents Barocci's reputation for delays.
[48] Verstegen 2019, 52-58 and, on the perfection of the reduction compass, 31-33.

painting, that is, a painting designed for a taller or wider space which, if reduced proportionally, would be too short or too narrow for the space.[49] Alessandro Mazenta's name appears in most of the subsequent letters, having taken over responsibility for the project.

Guido was now a member of the *Sessanta Decurioni*, a committee of 60 in charge of local government chosen from members of some 235 Milanese families. Nevertheless, his name appeared again in a letter of 19 December 1601 after he had gone to visit Guidubaldo, where he mobilized his charm to get the ecclesiastic into prodding his brothers in Urbino to inspire Barocci to deliver. The tone of Guidubaldo's letter suggests the two men had formed a personal friendship, and we learn that Guido wanted the copy of a head to be made by Alessandro Vitali, one of Barocci's principal assistants.[50] He also wanted two copies for his own painting collection, another copy of the head (which Sangiorgi thinks was a head from *SS. Ambrogio e Teodosio* in the course of execution for Milan) and a copy of the [Last] *Supper* in Urbino Cathedral.[51] Guido Mazenta apparently imagined that now, with Guidubaldo Vincenzi's support, he could merit a place in the queue for studio copies and further enrich his private collection. He also hoped to finally receive the scientific instruments he had ordered from Simone Barocci, whose services were also in high demand. Unfortunately, Guido was not treated well by Simone, a man infamous for his rude treatment of customers.[52] The Vincenzi brothers privately complained about Simone and considered involving the Duke of Urbino, but as far as we know, Guido was still waiting for his instrument case and instruments when Simone Barocci passed away in 1608 and Guido shattered his life with an act of violence.

Self-identify as Architect

Guido identified himself as an architect. Chapter 2 will explore Gerolamo Borsieri's definition of him as a "speculative architect," a concept based upon the traditional Aristotelian distinction of methods: speculation was the method of discerning the truth of the subject (as opposed to the practice in which the intellect directed truth to action) and described the necessary and universal principles that must apply everywhere. Here we will focus on Guido's self-identification as architect, without making any distinction between

---

[49] Sangiorgi 1996, 29-31, letters XV and XVI.
[50] Sangiorgi 1996, 34-35, letter XX. On Vitali's importance as the principal author of replicas, who worked from Barocci's cartoons, see Verstegen 2019, 172-73.
[51] The *Pardon by St. Ambrose of Theodoric* in Milan cathedral was painted by Vitali and quite well paid, see Verstegen 2019, 173.
[52] Bedini 2001, 20-25.

theory and practice, to better understand how Guido viewed himself and his role in Milanese culture. Although Guido has not been enshrined in the pantheon of architects who transformed the appearance of Milan in the age of Borromeo, nevertheless, the drawings published in this volume attest to his competence in design. He understood and applied the principles of structure and order enshrined in ancient texts and in the writings of Renaissance theorists such as Leon Battista Alberti and Andrea Palladio. His activities were, however, limited by his class: aristocrats and nobles were discouraged from working for any kind of financial gain. The stigma was so great that the art dealer, Ercole Bianchi, failed in his petition to be admitted to the oligarchy of families eligible for the *Sessanta Decurioni* (despite the support of Gonzalo Fernández, Spanish governor of Milan) because the Milanese oligarchs said Ercole's father had been involved in business and that Ercole himself had bought and sold paintings from Flanders and Germany.[53] Yet business transactions did take place among aristocrats, usually as gifts and favors offered as service to those in positions of greater power, who then rewarded their sycophants with income-producing properties or gifts of value.[54]

Guido's involvement in architecture can be documented in several projects before he undertook the designs of five triumphal arches in Madrid MS 2908, but his role was limited to tastemaker and consultant. He first appeared in a public role in 1589 as an ally of the Roman architect, Tolomeo Rinaldi, opposing the project of Martino Bassi to rebuild the collapsed dome of the early Christian church of San Lorenzo in Milan. Bassi had been the official architect of the rebuilding since 1577 and was ready to begin work on the dome when Archbishop Gaspare Visconti (1584-1595) nominated a committee of lay and religious deputies to oversee the restoration on 21 March 1588, appointing Guido Mazenta as Prefect. [55] Guido took his advisory role seriously: Aurora Scotti Tosini concluded that he encouraged Rinaldi to formulate reservations about Bassi's project.[56] Rinaldi's three proposals, submitted between 1589 - 1590, emphasized the need to reinforce the internal pilasters and one included a note in Mazenta's hand.[57] Despite having a theoretical focus on the principles of design, Mazenta had enough education in mathematics to raise questions

---

[53] Comincini 2010, 9.
[54] On gifting strategies, see Warwick 1997.
[55] Scotti Tosini 2004, 175.
[56] Scotti Tosini 2004, 176,
[57] Scotti Tosini 2004, 174-77 emphasized Mazenta's role in commenting upon Rinaldi's designs; see fig. 19, 177.

about the engineering statics to ensure that the weight of the dome would be adequately supported.[58]

However, we see already how Guido's temperamental personality was creating friction. Apparently, he had conveyed doubts about Bassi's competence to enough people that Bassi heard about it and was understandably upset; Bassi then wrote letters to the *Capitolo*, to Visconti, and directly to Guido Mazenta, in which he complained bitterly at how he was being treated, stating he had been subjected to rumors undermining his competence, and offered to resign.[59] Guido responded twice, explaining his objections to the ongoing project and outlining the values of classical architecture that he believed the project should uphold. His first letter to Bassi reveals not just a familiarity with published treatises on architecture but also his extensive reading of history, for he cited the domes of Florence cathedral and St. Peters as examples of large crossings that had to wait many years for the right solution to be proposed.[60] Yet, with a patronizing and sarcastic tone that could only offend, he failed to move Bassi towards a more classically oriented design.

In this correspondence, one sees the clash of the professional builder who necessarily sullied his hands with field dirt and stone dust and the aristocratic theoretician who devised plans and elevation drawings in the comfort of his studio. The distinction of roles, while familiar today as a division of labor between design and construction, was unfamiliar enough in Cinquecento Milan that Bassi attacked Guido for his facility with drawing—as if drawing had little or nothing to do with architecture! Traditional medieval architecture had relied on wooden models rather than plan and elevation drawings, which is why Bassi defended his hands-on approach of using lines, angles, and marks to put together a structure, writing, "I will follow briefly in the best way that I know how, *not with drawings because I am an architect* [...] and I will leave aside codices and the like for the lines, angles and marks that the Doctor never talks about."[61] He was equally defensive in his reply to Guido's second letter, directly attacking Guido's reliance on the principles of Vitruvius:

---

[58] Borsieri 1619, 60-1, emphasized his competence in mathematics, on which see Chapter 2, this volume.
[59] The letters concerning San Lorenzo are published in Baroni 1940, 143-193, especially 155-182.
[60] Baroni 1940, 173, doc. 173, Guido Mazenta to Martino Bassi.
[61] Baroni 1940, 169, doc. 177, Martino Bassi to the Capitolo della Fabbrica, "*Seguirò dunque brevemente nel miglior modo che saprò, non con disegni per essere io architetto, non essendovi chi possa d'architettura giudicare, e perché [...] dovrei parlare di codici o di digesti poiché, lasciati questi da parte, d'altro che di linee, d'angoli e di segni non ha mai parlato il signor dottore, e più in cio a lui si è creduto che a me stesso.*"

However, your Lordship should be able to get what you want from other citizens and architects, of which there are many talented ones in our city—as long as you don't walk around with a compass in your hands acting superior to all architects because you have the idea of an architect who distinguishes barbarous things from Roman ones as described by Vitruvius.[62]

In addition to the clash of humanist and artisan cultures, the Bassi-Mazenta correspondence provides information about Guido's attitudes and character. Not a man with a calm temperament, Guido's fury at being criticized for his aristocratic education and competence in classical theory spurred him to write a biting reply the very next day. In addition to defending his identity as an architect, he criticized Bassi for acting superior to the deputies, as the only person allegedly qualified to discuss architectural issues. Then, he launched into an attack on Bassi's ignorance about decorum and failure to distinguish between the barbarous and the admirable. Significantly, Guido's arguments followed the same line of reasoning that guided Leonardo da Vinci's remarks on the decorum of membrification and Leon Battista Alberti's guidance on composition—writings he clearly knew well.[63] He owned numerous Leonardo autograph notebooks by 1588, and his arguments indicate he had managed to read them.[64]

Guido lost this specific battle because the *Capitolo* reaffirmed Bassi's leadership of the renovation in a formal letter dated 10 April 1591, but he won the war in securing a place for classically-inspired architecture in Milan under the archbishopric of Federico Borromeo (1595–1631).[65] Before the "war" ended, however, Guido paved the way for his preferred architect, Tolomeo Rinaldi, to become the favorite of an educated group of noblemen which included Cardinal Federico Borromeo and Archbishop Gaspare Visconti. He became involved in projects to renovate S. Maria della Passione, San Vittore al

---

[62] Baroni 1940, doc. 178: "*Potrà però Vostra Signoria da altri cittadini ed architetti, mentre che ve ne sono di valenti nella nostra Città, averne quello che desidera (quando non voglia con il compasso in mano far vedere ch'Ella sola sia a tutti gli architetti superiore) per averne l'idea dell'architetto descritta da Vitruvio, colla quale va discernendo le cose barbare delle romane.*"

[63] Bruzzese presents evidence that Guido Mazenta received his education in architecture and practical mathematics from a university-educated tutor, and that his library holdings testify to his continuing study of the principal works printed in the Cinquecento by Vitruvius, Alberti, Serlio, Palladio, and Scamozzi.

[64] Bell 2019 and Bell 2020. On Leonardo's theory of membrification and the decorum guiding the combining of body parts, see Farago, Bell, & Vecce 2018, 995-96.

[65] Baroni 1940, 180-81, doc 182.

Corpo, Santa Caterina alla Chiusa, the sanctuary of the Blessed Virgin at Treviglio, the parish of Gorgonzola, S. Maria Nuova at Abbiategrasso, the sanctuary at Rho, and the Sala Regia and Camera Ducale at Palazzo Ducale.[66] Cardinal Borromeo referred to Tolomeo Rinaldi affectionately in a letter as "my dearest Magnificent" ("*magnifico mio carissimo*").[67] Guido's continuing competence in the field was confirmed in 1603 when he was called to Brescia, along with Alessandro Beccaria, Lelio Buzzi, and Giovan Francesco Sitoni, to give his opinion on projects presented for the new Duomo. The memorandum of the Brescian representative, Agostino Como, who was sent to accompany the Milanese consultants, referred to all the members as "*Signore*" but to Guido alone he reserved the superlative "*il molto illustre e eccellentissimo.*"[68]

After Guido was elected Vicar in 1605, he took up the cause of San Lorenzo once again, convened a meeting of the twelve deputies of the *Provisione*, and proposed that they do something to stabilize and preserve the ancient marble columns outside the church. The notes of that meeting are permeated by the ideals of magnificence and grandeur that Elisa Ruiz Garcia underlines in her study of Guido's plan to transform the city into a theatre *alla romana*.[69] He emphasized that the antiquity of the marble columns conferred great ornament to the city and were a great wonder not only to the citizens of Milan but also to foreigners. This time Guido had the power to carry out his idea, for the deputies agreed that the stabilization of the columns would be done in whatever way and form Vicar Guido ordered, and the funds would be paid by the city treasurer.[70] A pastoral visit was scheduled because the holy building of San Lorenzo was widely regarded as one of Milan's great ancient treasures.[71] Nevertheless, Guido managed to anger the working architect, Gian Giacomo Terzaghi, who in 1607 complained to Federico Borromeo that Guido was meddling by acting as an architect when he was supposed to be a Vicar.[72] Guido clearly thought of himself as knowledgeable enough to be worthy of the title "architect." Had he not been restricted by his noble status, he

---

[66] Repishti 2008, 66.
[67] Repishti 2008, 66 (letter of Borromeo to Rinaldi, 29 September 159, BAMi, G260 Inf, f.81).
[68] Milano 2001, 67–72, n.14.
[69] See Chapter 4 in this volume. Studies of Giovanni Ambrogio Mazenta as architect also reveal his concern with magnificence and grandeur. For a thorough bibliography of his architectural work, see Chapter 2, n10.
[70] Baroni 1940, 183, doc. 184, 9 August 1605.
[71] Baroni 1940, 183, doc. 185, n.d.: "*riesce sopra modo riguardevole e maestosa con incredibile applauso et sodisfattione e del clero et di tutta la città.*"
[72] Baroni 1940, 183, doc 186, 21 September 1607: "*il signor Guido rispose che quello faceva era sotto nome d'un studioso dell'antichità et non come vicario di Provisione.*"

probably would have contributed more to the modernization of Milan than the renovation of his family palace.

In exile in Venice, little is known of Mazenta's activities other than through correspondence with his Milanese friends. From these letters, we learn that he continued to be involved in Milanese cultural projects, perhaps hopeful that he would eventually get a pardon and return. When he died in 1613, he left funds to the *Fabbrica del Duomo* for the education of sculptors.[73]

Nevertheless, Guido's competence has been questioned by modern scholars, perhaps due to the paucity of information about him compared with the abundant successes of his brothers, particularly Giovanni Ambrogio, who designed churches for the Barnabites, worked as a hydraulic engineer, consulted with princes and popes (including the Barberini), and wrote reports on renovating the Lateran and the Pantheon.[74] Both Giovanni Ambrogio and Alessandro were involved in some capacity in the decorations that transformed Milan for the Austrian Habsburgs; these were public events involving many artisans, government, and church officials. Two letters to Cardinal Borromeo in Rome attest to Alessandro's involvement.[75] The first, dated 12 July 1598, from Bartolomeo Giorgi, reports that Monsignor Mazenta said the magistrates and city government were preparing for the arrival of the princess (so-named because she was engaged to Prince Philip of Spain), and the *Fabbrica del Duomo* had already taken on some expenses.[76] The second letter by Alessandro Mazenta stated that he was including "the drawing of the door of the church made for the arrival of the Queen from which you can discern its beauty and meaning."[77] In the publication after the event, Guido proudly acknowledged Giovanni Ambrogio's role as designer and executor of two paintings of *imprese*, explaining that he included them—although they

---

[73] Caramel 1966, 181, n. 11 (citing *Annali Duomo* 1891, 4:221, but the reference is on 219); see also Agosti 1996, 160; and Vanoli 2015, 49 n 133, ch. 2 online at books.openedition.org.

[74] Milano 2008; Ranaldi 2006; and the many contributions to the conference on Barnabite architect Lorenzo Binago (Gatti Perer 2002).

[75] Della Torre 2008, 91-2, suggested that the design for Porta Romana was a collaboration between Guido, Giovanni, and Alessandro, based largely upon the younger brothers' reputations in architecture. His analysis [p 93] of the architectural features found most of them in the volumes owned by Mazenta, but not the close relationship to the city gates in the Veneto and Genoa which must have involved travel.

[76] Della Torre 2008, 94.

[77] Della Torre 2008, 99, quoted from BAMi, G 181 inf., letter of Alessandro Mazenta to Federico Borromeo 2 December 1598.

were not his—because Giovanni was his brother.[78] This makes clear Guido's claim to be the inventor of the rest of the program, including the architectural designs of the arches and theatrical approaches, although there were significant changes between the 1597 program and the realized apparatus in 1598.[79]

Yet does Guido deserve full responsibility for the beautiful drawings in Madrid MS 2908? Since we have no other evidence of his skill as a draftsman, we might be tempted to conclude that he employed a competent artist to execute these masterful drawings, especially since they do not match the verbal descriptions in several instances that Ruiz Garcia elucidates. However, the possibility that they are autograph cannot be excluded since drawing was often a part of a nobleman's education. In Milan, the Procaccini family taught drawing to noble youths, exempting them from activities required by their regular assistants, and in Genoa, Giovanni Battista Paggi (1554-1627) taught drawing to the sons of financially independent fathers and was himself of noble birth.[80] Right in Mazenta's backyard, count Francesco D'Adda was (in the words of Borsieri) "*studiosissimo della pittura, anzi pur anch'egli pittore*" and would readily be accepted in the Academy for painters that Borsieri, Mazenta, and Galliani hoped to form.[81] Even Carlo Emmanuele I, Duke of Savoy (1562-1630), was known as a competent "*disegnatore.*"[82] In Rome, Cardinal Camillo Massimo (1620-1677) was sufficiently competent to study with Nicolas Poussin.[83] In the previous century, Niccolò Gaddi (1537–1591) from Florence, known as a collector, musician, and art patron, left a drawing for the Niccolini chapel with sketches of figures and a competent use of chiaroscuro.[84] Thus, there are precedents for Guido's mastery of drawing skills. In BNE MS 2908, the awkwardness of faces and limbs in the figures contrasts to the precision and competence of the architectural elements, a disparity suggesting that a professional artist was not employed to copy Guido's

---

[78] Mazenta 1599, np for Giovanni's contribution to the final apparatus for Margherita; for his acknowledgment of Giovanni's role in the proposed apparatus for Gregoria, see Chapters 4 and 5, this volume, where Guido wrote: *Sopra le dette due nicchie si sono dipinte due imprese, le quale ho voluto inserire in quest'op[e]ra benché non siano mie, parendomi molto belle, & essendone l'autore il P.D. Gio. Ambrogio mio fratello."*
[79] Della Torre 2008 enumerates the differences between the two projects; see also Della Torre 2007, 221 on the Porta Romana.
[80] Lo Conte 2021, 73.
[81] Caramel 1966, 119, letter XIII. See the volume on the D'Adda di Sale family by Leydi & Mattarozzi 2008.
[82] Gabotto 1891, 188. See also Pedretti 2002, 94-95.
[83] Beaven 2003.
[84] Gabinetto delle stampe e dei disegno degli Uffizi, inv. 4340 A, Plan and elevation of the Niccolini Chapel.

models. Thus, I suggest we consider these drawings autograph, executed before writing out the final copy of the text.

Prominent collector of art

In his comprehensive history of Milan published in 1595, Paolo Morigia made brief mention of the art collectors in that city who included Guido Mazenta, writing that he displayed objects of Trojan, Etruscan, Greek, and Roman origin, as did Prospero Visconti and Count Giorgio Trivulzio.[85] Having opened his chapter on antiquities (*anticaglie*) in the city of Milan and its diocese with the claim that *anticaglie* convey great nobility, he lamented that Rome had many more than Milan, although Milan was also very ancient. Nevertheless, no ancient statues, inscriptions, or medallions have been identified as having a Mazenta provenance.

Ettore Verga's publication in 1918 of the inventory of the art collection of Guido's grandson, Marchese Guido Antonio Mazenta (1620-1677), brought attention to the importance of the Mazenta family as collectors.[86] The inventory had been compiled in 1672, but the copy Verga published from the family archives dated to 1762 and listed about 200 paintings. Recently, Mauro Comincini found an early copy of the inventory attached to a notarial document dating from the Marchese's lifetime;[87] and Laura Giacomini published notice of a post-mortem inventory from 1677 that lists 1555 objects.[88] These lists give insight into the size and quality of the art collection towards the end of the Seicento. It was substantial enough to lead many to speculate that the collection was increased by Guido's brothers and heirs as well as by the Marchese. Verga wondered why Borsieri overlooked the Mazenta collection and suggested that perhaps it had not yet been formed or did not include noteworthy objects.[89] However, we now know that Borsieri overlooked the Mazenta collection for the very good reason that it had been confiscated, that its treasures had been distributed to family and friends, and therefore any discussion of it would

---

[85] Morigia 1595, 336.
[86] He received the title Marchese in 1676 according to Verga 1918, 275; in 1645, he obtained permission to occupy the family palace in contrada dei Amedei on which see Giacomini 2005, 206.
[87] Comincini 2017. A note at the front states that the essay was previously published in 2004 at Abbiategrasso, Società storica abbiatense; in the *Quaderni delle Geradadda*, Treviglio 2005, 1-55; and in *Studi per la storia dell'arte nel Milanese*, Ed. "Il ponte", 2006, 136-173. I have only seen the 2017 edition which does not contain a transcription of the inventory attached to *Notarile*, 32635, 30 dicembre 1677, which the author claimed is more complete than the later copy.
[88] Giacomini 2005, 217, n.12 citing ASMi, *Notarile* Paolo Antonio Visconti, 32655.
[89] Verga 1918, 276.

have been a dishonorable *exposé* of the family's misfortune.[90] The contents of Guido's collection—at least the objects abandoned in 1608 before the court officials took inventory for the confiscation—will soon become public knowledge when Bruzzese's forthcoming study of the Mazenta brothers appears. In this section, we will look at published notices of Guido's various activities as a collector.

Guido seems to have inherited a substantial core collection due to his family's connections with artisans over several generations. His maternal grandmother, Laura Visconti, was the daughter of Gaspare Ambrogio Visconti, the patron of Bramante.[91] His uncle Melchiorre left 50 scudi in his will to Francesco Tortorino, and his great uncle served as a witness to the dowry for Tortorino's wife.[92] Melchiorre's last will and testament was also witnessed by the father of Gian Paolo Lomazzo as we saw earlier, placing the Mazenta family in the position of being aristocrats with close connections to some of Milan's most prominent artisans. One of the objects Guido presumably inherited was an engraved jasper with the *Beheading of St. John the Baptist* by Tortorino; it was listed in the 1672 inventory, and Rossana Sacchi has been able to identify it with the jaspar Melchiorre Mazenta left to his sister-in-law in 1565.[93]

As a collector, Guido has fallen under the shadow of his illustrious friend, Federico Borromeo, whose founding of the Ambrosiana transformed the history of painting and collecting in Milan. Barbara Agosti, who brought Guido and his family to our attention as collectors in the age of Borromeo, opened her discussion with a parallel between the focus of that private collection and the Ambrosiana.[94] Morandotti likewise wrote that Guido followed the origins of the Ambrosiana as a trusted advisor to Federico, particularly after Federico's definitive transfer back to Milan in 1601; he proposed that as early as 1595, when Federico was in Milan, the two collectors began a "*gara di emulazione in fatto di scelte artistiche.*"[95] Borromeo's taste is

---

[90] On this dispersal, see Bell 2019, 327-331.
[91] Venturelli 2013, 34.
[92] Giuliani & Sacchi 1999, 323-4, 327, n. 16 cited references to payments on behalf of *"il Regio Senatore Lodovico Mazenta"* (9 and 27 Sept 1566, 13 Feb. and 3 May 1567 in ASMi N: 11274, notaio Gaspare Rejna).
[93] Giuliani & Sacchi 1999 (n.1), 327, n. 17; Venturelli 2013, 37, n. 10 expressed doubts but I would not be surprised to learn that Guido got it from his aunt, or her heirs, when he started building his collection.
[94] Agosti 1996, 157: "*La raccolta dei Mazenta tenta consapevolmente di approssimarsi alla struttura storicizzante di quella Ambrosiana. Anche qui opere di Leonardo, di Gaudenzio, del Lanino, del Luini, del Giampietrino […].*"
[95] Morandotti 2012, 28.

very well known with his preference for Leonardo and the Leonardeschi, particularly Luini, as well as modern devotional paintings which included Northern landscapes and flower paintings.[96] Despite sparse documentation, it seems that Guido Mazenta was simultaneously building up the Mazenta family collection and was a leader in the collecting of Leonardeschi in those early years. By 1590, Guido's collection of Leonardiana was cited by Lomazzo; by 1635, his brother claimed in his biased memoir (*Alcune memorie dei fatti di Leonardo da Vinci*) that Guido's gifts of Leonardiana to Borromeo were the most important to the formation of the Ambrosiana.[97] Guido was also a significant force behind the success of il Cerano and Giulio Cesare Procaccini in the early 1600s due to his central role in giving them commissions for the Palazzo dei Giureconsulti in 1605.[98]

Gian Paolo Lomazzo provides the earliest references to Mazenta's art collection. In his *Idea del tempio della pittura* (1590), in the chapter "On ancient and modern writers on art," he described the Leonardo manuscripts he saw at the home of Francesco Melzi and argued for their importance, adding the following remark on their new owners:

> However, none of these many things has been published, existing only in his hand. And these have, in good part, come into the hands of Pompeo Leoni, sculptor to the Catholic king of Spain, which he received from Francesco Melzi's son; and still other of these books have come into the hands of the most brilliant doctor Signor Guido Mazenta, who cherishes them dearly.[99]

As we saw earlier, Lomazzo knew Guido from his participation in the *Accademia dei Facchini della Val di Blenio*, an organization he founded in 1560 which celebrated literary and artistic freedom, setting itself in opposition to both counter-Reformation restrictions and the growing hegemony of the Tuscan language. Its members included artisans, poets, nobles, doctors, lawyers, musicians, engineers, and astrologers.[100] The poem Lomazzo published in *Rabisch* (1589) tells us about Guido's ownership of Cesare da Sesto's *Penitent St. Jerome* and Perino del Vaga's *Council of the Gods*—two works he apparently considered the highlights of the Mazenta collection. Lomazzo also informed

---

[96] The classic study is Jones 1993 but see also Jones 1992 and Jones 2004.
[97] Bell 2022, and see ahead.
[98] Mazenta & Gramatica 1919, 49: "*Le più certi sono le datte da miei fratelli al S.r Card. Borromeo hoggi pure fra disegni e pitturi della libraria Ambrosiana riposte.*"
[99] From the translation of Julia Chai, Lomazzo 2014, 58 (from Chapter 4).
[100] Tramelli 2011, 124. For a broad overview, see the exhibition catalogue edited by Kahn-Rossi 1999.

us that Guido recognized opportunity when it arose, for upon Annibale Fontana's early death in 1587, Guido accumulated whatever he could—items that could have included drawings, terracotta models, wax marbles, and even marble sculptures. There was more in the collection that he did not mention but hinted at in the last two lines of the poem: "But I'll shut up because I don't know about the paintings, marble, and waxes he owned; all I know is how to carry hay."[101]

Additional evidence that Guido's collection impressed his contemporaries can be deduced from the three poems dedicated to him in *Le muse toscane di diversi nobili ingegni*, published in Bergamo, 1594.[102] Two of these poems describe the majesty and magnificence of his house, and all refer to the treasures he displayed there—his antiquities worth more than gems and gold ("*Di via più stima, che le Gemme, e l'Oro, |A cui dal Ciel l'alto Fattor arride*"); celestial voices emanating from the white marbles on display ("*Queste voci scolpi fra chiari marmi*"). A reference to the lusters on precious objects incised with diamonds recalls the engraved crystals for which Milanese artisans, including Annibale Fontana, were renowned: "*E questi accenti in bel diamante scrisse.*" Another poem refers to the beautiful friezes in his house ("*Come di sì bei fregi ogn'hor più vago*") and compares his dwelling to Parnassus, a mountain in Greece that evoked a place where poetry and learning were sacred ("*E d'un Parnaso è l'tuo pregiat'albergo*"). Thus, although these poets used poetic license, all esteemed Guido's virtue as the outcome of the splendid collection he displayed in his abode—a judgment more evident in comparison to verses dedicated to princes for their magnanimity and to women for their beauty and chastity. Years later (1635), the memoir of his brother Giovanni Ambrogio would confirm this ostentatious display and blame it for the dispersal of their Leonardo notebooks.[103]

---

[101] In the translation into Tuscan by Dante Isella (in Lomazzo 1993, 144-45) the poem reads: "*Vidi già, dipinto dal Vaga per il dotto Mazzenta, un quadro con il Concilio degli dei, e uno del Sesto con un santo che si tormenta battendosi forte il petto con le pietre. E anche del compare Ribeaud [Fontana], che, per esser stato stitico, mangiò il pan di miglio, questo sapiente Dottore volle avere tutte le sculture che si lasciò dietro morendo. Ma taccio perché io non so delle pitture, di marmi e delle cere che egli possiede, la mia scienza essendo quella di portar fieno.*"

[102] Verga 1918, 273.

[103] Mazenta & Gramatica 1919: "*quali facendone troppo pomposa mostra, e ridicendo a chi li uedeuano il modo e la facilità dell'acquisto… Mosso da tali speranze il Melzi uolò a mio frattello, e ginocchiato lo prego à ridonarli li donatoli, come collega del collegio di Milano.*" See the discussion in Bell 2022, 175.

Figure 1.2 Vincenzo Catena, *Christ Delivering the Keys to St Peter*, Madrid: Museo del Prado, oil on panel, ca. 1520, 84 cm. x 135 cm., inv. P000020 (credit: Art Resource, New York).

Other than the few specific works mentioned in Lomazzo and Morigia, only a few paintings today can be traced to Mazenta's collection.[104] Agosti identified a *Madonna and Child* by Titian (Rome, collection Luigi Albertini), the *Still Life with Peaches* by Ambrogio Figino (Bergamo, coll. Lorenzelli), and the *Archangel Michael* by Cerano (Milan, Musei Civici).[105] Among the many sculptures, only the *Plato* by Giovanni Antonio Piatti in the Ambrosiana is definitely from Guido's house.[106] Paola Venturelli proposed that Fontana's engraving in crystal of the *Flagellation of Christ*, a work listed in the Marchese's 1672 inventory, was obtained by Guido.[107] To this short list, I can

---

[104] See Borsieri 1619, 418. Since Cesare painted two versions of this work, the Mazenta holding has been variously associated with both: Marani 1990, 130, identified Mazenta's painting with the version in Stockholm, but Morandotti 1991. 167 and 178, n. 34, connected it with the painting in the Brera. Bernick 2020, 51-53, pointed out that the description matches both versions, which were developed simultaneously, but neither has a traceable provenance back to the early seventeenth century.
[105] Agosti 1996, 157-58.
[106] Agosti 1996, 157, note 60. Giacomini 2007, 68 citing ASMi, *Notarile* Cart. 24782, [3.10.1608, riconsegna Mazenta-Garofolo].
[107] Venturelli 2013, 130. Also see Venturelli 2005, 217, for discussion of other Fontana objects once owned by Mazenta. Many thanks to the author for making these writings available to me during the pandemic.

add a painting once attributed to Giovanni Bellini and treasured by Faustino, who willed it to Archbishop Borromeo when he feared dying from the plague that was ravaging Milan in 1630.[108] The description of its subject and dimensions identify the work as Vincenzo Catena's *Christ Giving the Keys to St. Peter before Faith, Hope, and Charity*, which entered the Prado in 1857 as a work of Bellini (Figure 1.2). Faustino outlived Federico Borromeo, and his nephew, the Marchese Guido Antonio the younger, went to court to recover the goods that had once belonged to his father and grandfather.[109]

A major misconception about the Mazenta collection is that Guido's brothers and children continued to build it. Since the 1608 confiscation edict was unknown and Marchese Guido Antonio had a large collection of Cinquecento paintings, it was assumed that the entire family amassed the collection over seven decades. This was not the case, however. Guido continued to build his collection in exile, but after his death, his brothers and sons failed to collect (and pay for) the *Mary Magdalene* on marble he had ordered from Jan Brueghel. Correspondence between Brueghel and his broker Ercole Bianchi between 1613 to 1618 reveals the sad history of repeated pleas for Guido's heirs to receive the painting and Bianchi's empty reassurances. In 1617, Brueghel was still waiting for payment from the Mazenta family, writing:

> I would be grateful if you would also remember to do the same with that marble for Mr. Guido Mazenta since a lot of time has passed and I can't do anything about it. *(Et me sarebbe grato se V. S. ancora si ricordasse di far l'istesso di quel marmo del sig. Guido Massenti, poi che in tanto tempo non s'è ne potuto far altro).*[110]

A year later, on 15 June 1618, he begged Bianchi to take the painting from him for 50 or 60 florins or to send it back to Flanders:

> You also should remember that marble, a marble with the Magdalene painted on it for Mr. Guido Mazenta which, as it seems from your letters, you have wished me to donate more than once; however, if you would be kind enough to take it for 60, or 50 florins, I will be happy, and truly it should be easy enough for you to send me [that payment]. *(Se deve ricordar ancora V.S. di un marmo, marmo con la Madalena, depinto gia per il sig. Guido Massenti che come appare per le sue lettere me la voluto*

---

[108] Comincini 1999, citing ASMi, *Notarile* 26887.
[109] Comincini 1999, (on Guido the younger's lawsuit to recover belongings from Faustino).
[110] Crivelli 1869, 244.

donare più di una volta; percio se VS e servita di tenerlo per 60 o 50 fiorini mi contento; o vero potra con qualq. Comodità mandarmelo).[111]

Bianchi must have known of Guido's exile and subsequent death, but he might not have known why the heirs were ignoring the commissioned painting. If he did, he was never honest with Brueghel, held onto the painting, and passed it on to his heirs.[112] Considering the close relationship between Borromeo and Jan Brueghel, the Mazenta family must have suffered considerable embarrassment at leaving a creditor of such stature unpaid, so we must conclude that their hands were tied in such matters by the courts.

Indeed, it was all they could do to hang on to the works they valued most by moving them into their private living quarters in church seminaries or passing them over to friends and relatives. The distribution of small works, and Guido's intentions to give away more of them, is documented in Guido's correspondence with Borsieri.[113] His brother Alessandro, however, had a significant number of paintings in his possession when he died from the bubonic plague in 1630. The sparse documentation implies that Alessandro held these items *in loco parentis* for Guido's sons—at least this is what Faustino and the marchese Guido argued in court—but willed them to the Duomo. Since the primogenitor Ludovico died seven years before his uncle Alessandro, his brother Faustino became the guardian of his young nephew and the inheritance became messy. Faustino, now an ecclesiastic administrator in Magenta, went to court to stop Alessandro's donation of the paintings to the Duomo because he had been using his own funds and donations to restore churches in Magenta. He had built a successful ecclesiastical career from his family connections to Federico Borromeo and his uncle Giovanni Ambrogio's favors for the Barberini (the benefices granted to Faustino are gratefully acknowledged in Giovanni's letters to Cassiano dal Pozzo). [114] Like Padre Resta, Faustino valued the paintings as another source of income to support his good works for local churches.[115]

After Faustino won his case in court, he set out to sell those treasures for profit to the Duke of Savoy. The duke, who was savvy in artistic matters and had a good working relationship with the Milanese painter Francesco Cairo,

---

[111] Crivelli 1869, 246.

[112] Comincini 2010, 30. The *Magdalene* appeared in the inventory compiled 12 March 1633 and was sold to Carlo Bonomino in 1661 for a substantial price.

[113] Vanoli 2015, Appendix 1, letters §8 and 9.

[114] The letters are in Lumbroso 1874, 245-58.

[115] On Padre Resta's method of gifting drawing albums in exchange for large donations to charitable projects, see Warwick 1997.

hired Cairo and three other Milanese painters to verify the quality and authenticity of the works for sale.[116] As a result, we have rather extensive documentation of paintings once owned by the Mazenta that were undoubtedly purchased by Guido, the elder. These paintings include six works by Jan Brueghel, one by Cerano, and two by Morazzone, all of which must have been commissioned by Guido because these artists emerged after his brothers joined religious orders.[117] In addition, there were three Venetian paintings (one Veronese, one Bellini, one unidentified) that may well have been purchased by Guido during his five years in Venice. That they were considered authentic and of high quality comes out in the correspondence between the Duke and his ambassador to Milan where, on 3 May 1652, the honorable Chiassi wrote:

> *Da tre insigne pittori di q.sta Città, Panfilo il Giovane, Maurilio, e Chignolo Pittore qui residenti del Duca di Modena, ed anco dal d[ott]o Cav[alie]re Caijro proposto da V. R. A., ho fatto riconoscere detti quadri conforme al suo comando, quali tutti assertivam[en]ti dicono essere veri orig[ina]li né vi è che dubitare.*

He advised the Duke that, even if he did not wish to purchase everything, he should not miss out on the six small coppers of Brueghel "which the aforesaid painters greatly esteem as very rare and inimitable things" (*quali da detti Pittori sono stimate cose rarissime e inimitabile*)."[118] In an attachment, he listed more details:

> Six small landscapes by Brueghel on copper, four of which are framed in ebony, one of which represents *The Adoration of the Magi*, the other *The Flight into Egypt*; the other two are pendant ships in the harbor measuring 8 ½ *once* high x 5 ¼ wide. The last two are landscapes on copper 6 *once* high, width 4 ½.[119]

The two Cerano paintings represented a "Virgin playing with the child as she receives him from the arms of St. Joseph amidst a Glory of Angels," and

---

[116] Colombo 1983, 219-249 contains the documents with the inventory. The story of the proposed sale was first related by Valsecchi 1973, 71.

[117] Brueghel's letter to Borromeo of 27 January 1606 (Crivelli 1867, 62) testifies to Guido's patronage of Brueghel as he already had a close enough rapport to send a work for Federico via Guido: "*Questo tempi passato mandave per VS Ill.mo un quadret, consinmate in man de sig. Guidi Masenti.*"

[118] Colombo 1983, 235.

[119] A Milanese *oncia* is 1/12 of a *braccia*.

"Christ taken down from the cross held by two small angels," while the two paintings by Morazzone represented "the Infant Christ holding a little cross" and "Christ on the way to calvary." The Giovanni Bellini was described as being on walnut in an oblong shape depicting the "Virgin and Child with the Magdalene, St. Joseph, and other figures." The painting by Paolo Veronese represented *Adam and Eve Expelled from Paradise*, and an anonymous Venetian painting represented *Calvary*. Since dimensions and support are included for all the works given, the path from provenance archives to museum records may soon permit the identification of these paintings.

The sale did not go through. Guido Antonio, the younger, now a grown man, had been fashioning the restoration of his family honor and his future role in society. He had received permission to return to the palace on via Amedei and later, after taking his uncle to court, received his grandfather's paintings that Faustino had won in court from Alessandro's bequest to the Duomo.[120]

Guido collected liberally and liberally gave gifts, especially to his friend and fellow art lover, Federico Borromeo. In most cases, these works cannot be identified. Although several letters mention gifts of small paintings by Luini, (Lovino), none provide sufficient detail to permit identification with paintings in the Ambrosiana. It has also been difficult to track any donations of Leonardo drawings, even though Giovanni Ambrogio's memoir claimed they were "the most important" core of the collection.[121] All of such gifts would have taken place before the 1608 confiscation edict and exile, since Borromeo would not have accepted confiscated property. Thus, mystery surrounds the whereabouts of the objects found in Guido's house on via Amedei as well as the many objects that were missing when the authorities entered.

Alessandro and Giovanni Ambrogio Mazenta supported the Ambrosiana in other ways. Alessandro went to Venice to help his brother Guido identify numerous Venetian paintings for purchase that he arranged to ship back to Milan.[122] Giovanni Ambrogio did his part by writing repeatedly to Francesco Barberini through his secretary, Cassiano dal Pozzo, to encourage support of the Ambrosiana and to finance the publication of Borromeo's numerous treatises.[123]

---

[120] On Padre Resta's method of gifting drawing albums in exchange for large donations to charitable projects, see Warwick 1997. On Faustino's lawsuit, see Comincini 1999, 161 and 190, nn. 117-119 and 122-123, citing a lost inventory of paintings in the late Faustino's office and home deriving from his father and uncle Alessandro.

[121] Agosti 1996, 157.

[122] Agosti 1996, 163 includes an excerpt of the letter first cited in Verga 1918, 274.

[123] Giuliani 2008, *passim*.

Tradition has it that Mazenta was the patron of Figino's famous *Peaches on a Metal Platter* (Bergamo: Coll. Lorenzelli), but no evidence of its commission has been found.[124] It has been argued that Michelangelo Merisi da Caravaggio saw this painting in the Mazenta collection when he spent time in Milan, and that it inspired him to paint his *Basket of Fruit*, now in the Ambrosiana.[125] One archival finding seems to substantiate Guido's connections to Caravaggio, but it is circumstantial: Comincini found that Mazenta regularly used the notary Cesare Pirzio and that same notary was used by Caravaggio in 1591, even though Caravaggio was domiciled on the other side of town and would have been expected to use the same Milanese notary as his parents.[126] Comincini thus speculated that Guido met Caravaggio, recommended this particular notary to him, and showed him Figino's *Peaches*. The uncertain date of the Figino painting leaves this as a possibility but not a certainty.[127] What is certain, however, is that Guido had formed a friendship with Ambrogio Figino, who was close to him in age; gifting the artist with a Leonardo manuscript may well have been reciprocated with the gift of a painting or a book of drawings.[128] Due to their friendship, there has been speculation that Guido was involved in getting Figino to paint the *Agony in the Garden* for the presbytery of Santa Maria della Passione, a church administered by the Canonici Regolari di Sant'Agostino (known as the Lateranensi).[129] Guido's youngest brother Francesco had joined that order in 1586 at the age of 16, and Figino's painting is dated stylistically between 1587-1591, leaving open the possibility that Guido, as the head of an aristocratic family, arranged for the painting as part of his brother's dowry to the church.[130] More certain is Guido's involvement in the high altar of the church, a lavish structure of

---

[124] Pavesi 2017, 412.

[125] Morandotti 2012, 18-21 discusses Longhi's discovery of the Figino and initial hypothesis. I agree with his suggestion, p. 25, that the Caravaggio is a polemical response to the Milanese "accademie."

[126] Comincini 2017, 41-43.

[127] Berra 1989; and Berra 2016, cat. #3 set the earliest possible date at 1590 and the latest possible date as 1594, because the painting is not mentioned in Cominini's *Il Figino* of 1591, and there is a poem inscribed on the back.

[128] Giuliani & Sacchi 1999, 323 on family ties of Mazenta, Lomazzo, and Figino. A volume of drawings by Ambrogio Figino in the inventory of Guido the younger was acquired in 1811 by Giuseppe Bossi from the Mazenta heirs and may have entered the collection during Guido's lifetime, as suggested by Morandotti 2008, 268, n.36.

[129] Pavesi 2017, 212, plates 21–25.

[130] This was common practice, but another possibility, suggested by Pavesi 2017, 417, is that Padre Comanini, author of a panegyrical treatise on Figino, encouraged the donation as he lived at Santa Maria della Passione in 1589. Comincini was also friends with Lomazzo, Figino's teacher.

colored marbles believed to have been constructed and decorated by Francesco, who took on the name Ludovico when he professed.[131] The high altar included a small *Deposition from the Cross* by Giulio Cesare Procaccini, painted on onyx and dated stylistically to 1606, a date that fits well with Guido's patronage of Giulio Cesare at the Palazzo dei Giureconsulti and his interest in the purported permanence of paintings on stone.[132]

An unpublished volume of poetry dedicated to Figino, Kings MS 323, includes an unpublished sonnet by Mazenta on fol. 101r praising Figino's *Crossing of the Red Sea*.[133] This completes our portrait of Mazenta as a man who supported the arts and contributed to their development in turn-of-the-century Milan.

Owner of Leonardo manuscripts

Before closing, we must say a few words about the autograph notebooks of Leonardo da Vinci that became Mazenta property in 1588. Giovanni Ambrogio Mazenta related in his memoir *Alcune memorie dei fatti di Leonardo da Vinci a Milano e dei suoi libri* (1635) that he gave thirteen manuscripts to his older brother Guido when he returned from his studies in Pisa. He told the story that he planned to return the manuscripts to their rightful owner, Horatio [Orazio] Melzi, but upon arriving at the Melzi villa, Melzi told him to keep them and invited him to take anything else by Leonardo that he wished. When he renounced his inheritance to join a religious order, Guido then became the sole owner. The story told in the memoir is a convoluted mix of fact and fiction.

Documentation and careful examination of the autograph manuscripts has revealed that Guido owned at least nine of the surviving autograph manuscripts by Leonardo, three of which he gave as gifts, and six of which passed to Galeazzo Arconati, a Milanese nobleman who would soon become

---

[131] Agosti 1966, 162.

[132] This undocumented panel is dated 1606 by Brigstocke & D'Albo 2020, 77, 305, cat. 19. For a recent history of paintings on stone, see Mann 2022.

[133] Cited in Lomazzo 1993, 144, note. Many thanks to Mauro Pavesi for a photograph of fol. 101r, a clean copy which reads: "*Del Sig.re Guido Mazenta sopra il canto delle donne hebree doppo la sommerzione di Faraoni, dipinto sopra le porte dell'organo del Duomo di Milano/ Quando Figin contemplo il vago manto/ Che copri, e infiora il musico istromento; / Veggio del tuo pennel nuovo concento/ D'angelica armonia rapirgli il vanto./E mente de la bella Egittia il canto / Ch'ecced ogni alto suono ammiro intento,/ Ecco che'l gran Mosè, del popol spento /M'invita l suo stupor, stupendo tanto./ Dunq[ue] se'ldotto stil l'azzuro, e l'ostro, / Vincon natura, e da voi prende essempio,/ Non più livor tinga all'invidia il nostro,/ He fiel verdeggi il petto crudo, et empio, /Sommerso anch'ci nel mar del valor vostro,/Eterno honor del grande insubre tempio.*"

famous for the rich decorations of his villa at Castellazzo. Federico Borromeo had accepted responsibility for the young Galeazzo and his brother when their father died, and his tutelage included guidance in artistic taste and civic duty. Arconati, who married into considerable wealth, followed Borromeo's devotion to the Ambrosiana by donating to the library those six manuscripts as well as additional Leonardo manuscripts he had purchased from the heirs of Pompeo Leoni, and a copy of Pacioli's *Divina Proportione* with Leonardo's autograph drawings; his total bequest consisted of 13 manuscripts.[134] Today, all but the Codex Atlanticus are in the Institut de France in Paris, where they were carried off by Napoleon's army during the occupation of Milan.

The notebook Guido gave to Federico Borromeo in 1603 has survived, bound in leather with an inscription identifying it as a gift of Guido Mazenta; Pedretti believed the binding formerly contained the lost book on light and shadow which Francesco Melzi listed among the eighteen notebooks he used to compile the *Libro di pittura* now in the Vatican Library.[135] The notebook donated to the Duke of Savoy has not been identified and is probably lost, as is the one given to Figino.[136]

Guido, despite his shortcomings, had the foresight to recognize that the notebooks were something of value, worthy of being preserved and precious enough to be given as gifts. Apparently, he did not put a collector's mark on his items, nor cut and paste them into drawing albums, as did Pompeo Leoni and Giorgio Vasari. Because they do not show up in the 1608 confiscation inventory of Guido's books, our only evidence that he showed them to friends is Borsieri's statement in the *Supplimento* to Morigia about seeing manuscripts by Leonardo written "in a French script in the Italian language."[137] Yet the portrait of Guido that we have constructed here is not that of a modest, humble man who kept his treasures private, but rather of an ambitious and erudite individual who had the personal skills to charm his way into power. From the scattered documentation of his activities, he seems to have left his mark in two principal ways: by encouraging Milan to value its own cultural history, particularly its heritage of Leonardo as a polymath and its own local

---

[134] On the history of the Mazenta manuscripts, see Bell 2019, 327-331; Bell 2020, 51-55; and Bell 2022, 163-177. For the determination that some notebooks were never owned by Pompeo Leoni, see Bambach 2019, 3:606-617 and 4: 29-34, who first published her findings in Bambach 2009.
[135] Pedretti 1964, 147, n. 110, proposed that the current leather binding, larger than needed for MS C, once included Libro W, now lost. I thank Carlo Vecce for his assistance.
[136] Pedretti 2002, 86-95, brings together all the sources and documents on this manuscript.
[137] Borsieri 1619, 59.

talent, and by doing his part to transform Milan into a humanist center worthy of competing with the city of Rome.

Works Cited

Agosti 1996
 Barbara Agosti. *Collezionismo e archeologia cristiana nel Seicento. Federico Borromeo e il Medioevo artistico tra Roma e Milano.* Milan: Jaca Book, 1996.

Annali Duomo 1891
 Annali della Fabbrica del Duomo dall'origine fino al'presente. volume 4. Milan: Brigola, 1891.

Ballisteri 1971
 Gherardo Ballistreri. "Borgogni, Gherardo." *Dizionario biografico degli Italiani* 12 (1971), online at www.treccani.it.

Bambach 2009
 Carmen Bambach. *Un'eredità difficile: i disegni ed i manoscritti di Leonardo tra mito e documento.* Lettura vinciana. Florence: Giunti, 2009.

Bambach 2019
 Carmen Bambach. *Leonardo da Vinci Rediscovered.* 4 vols. New Haven: Yale University Press, 2019.

Baroni 1940
 Costantino Baroni. *Documenti per la storia dell'architettura a Milano nel Rinascimento e nel Barocco.* Vol. 1. *Edifici sacri.* Florence: Sansoni, 1940.

Beaven 2003
 Lisa Beaven. "Cardinal Camillo Massimi: Amateur Draftsman and Pupil of Poussin." *Master Drawings* 41, no.1 (Spring 2003):14-29.

Bedini 2001
 Silvio A. Bedini. "The Barocci Dynasty: Urbino's Artisans of Science 1550–1650." In *The Science of the Dukedom of Urbino.* Edited by F. Vetrano, 7-98. Urbino: Accademia Raffaello, 2001.

Bell 2019
 Janis Bell. "Zaccolini, Cassiano dal Pozzo, and Leonardo's Writings in Rome and Milan." *Mitteilungen des Kunsthistorisches Institutes in Florenz* 61, no. 3 (2019): 309-333.

Bell 2020
 Janis Bell. "Zaccolini e Milano: nuove indagine ed attribuzioni." In *L'eredità culturale e artistica di Matteo Zaccolini.* Edited by M. Mingozzi, 43-72. Quaderni della Biblioteca Malatestiana, 3. Cesena: Biblioteca Malatestiana, 2020.

Bell 2022
 Janis Bell. "Giovanni Ambrogio Mazenta's Memorie: Document or Deception?" In *De-Coding Leonardo's Codices.* Edited by A. Nova and P. Galluzzi, Venice: Marsilio, 163–177.

Bernick 2020
 Elizabeth Bernick. "Drawing Connections: Cesare da Sesto's Sketchbook and the Production of Style Between Milan and Messina." Ph.D. diss., The Johns Hopkins University, 2020.

Berra 1989
Giacomo Berra. "Contribuito per la datazione della Natura morta di pesche di Ambrogio Figino." *Paragone* 40, n.s. 469, no. 14 (1989): 3-13.

Berra 2016
Giacomo Berra. "Scheda 3. Giovan Ambrogio Figino, Piatto metallico con pesche e foglie di vite." In *L'Origine della natura morte in Italia. Caravaggio e il maestro di Hartford.* Edited by A. Coliva and D. Dotti, 212–15. Rome and Milan: Skira, 2016.

Biagioli 1993
Mario Biagioli. *Galileo, Courtier. The Practice of Science in the Culture of Absolutism.* Chicago: University of Chicago Press, 1993.

Borgogni 1594
Gherardo Borgogni. *Rime di diversi illustri poeti de' nostri tempi.* Venice: Minima Compagnia, 1599.

Borsieri 1619
Gerolamo Borsieri. *La nobilità di Milano di r.p.f. Paolo Morigia de' gesuati di San Girolamo, ...Aggiuntovi il supplimento in questa nova impressione del sig. Gerolamo Borsieri.* Milan: Gio. Battista Bidelli, 1619.

Brigstocke & D'Albo
Hugh Brigstocke and Odette d'Albo. *Giulia Cesare Procaccini. His Life and Work.* Milan: D'Allemandi, 2020.

Campi 1585
Antonio Campi. *Cremona Fedelissima.* Cremona: in casa dell'istesso autore, 1585.

Caramel 2015
Luciano Caramel. *Arte e artisti nell'epistolario di Gerolamo Borsieri.* Milan: Vita e pensiero, 1966.

Cavalieri 2010
Federico Cavalieri. "Episodi e protagonisti della pittura a Lodi tra la fine del Cinquecento e la metà del Seicento." In *Oltre i Piazza. La cappella del Rosario in S. Domenico e altri episodi dell'arte a Lodi tra fine '500 e metà '600.* Edited by F. Cavalieri and M. Cominicini, 11-79. Quaderni del Museo Civico di Lodi, 1. Cenate sotto (BG): Bolis Edizioni, 2010.

Colombo 1983
Silvano Colombo. *Francesco Cairo 1607–1665.* Varese: Bramante Editrice, 1983.

Comincini 1999
Marco Comincini. "Spigolature d'archivio." In *Pittura nell' Abbiatense e nel Magentino opere sul tavola e tela XV – XVIII,* 141-191. Edited by F. Cavalieri and M. Comincini. Abbiategrosso: Società storica abbiatense, 1999.

Comincini 2010
Mario Comincini. *Jan Brueghel accanto a Figino: La quadreria di Ercole Bianchi.* Sant'Angelo Lodigiano: In Curia Picta, 2010.

Comincini 2017
Mario Comincini. *Il Caravaggio e il periodo Milanese (1571-1592).* Treviglio: Centro studi storici della Geradadda, 2017.

Cominini 1591
Gregorio Cominini. *Il Figino, ovvero la fine della pittura,* Milan, 1591 (available online at www.memofonte.it).

Crivelli 1869
Giovanni Crivelli. *Giovanni Brueghel. Pittor Fiammingo o sue lettere e quadretti esistenti presso l'Ambrosiana*, Milan: Boniardi Fogliani di Ermeneg. Besozzi, 1869.

Del Monte 1984
Guidobaldo del Monte. *I sei libri della prospettiva di Guidobaldo dei Marchesi Del Monte*. Edited, translated, and commentary by R. Sinisgalli. Rome: L'Erma di Bretschneider, 1984.

Della Torre 2007
Stefano Della Torre. 'Non di legno, ma di pietre': la Porta Romana di Milano, apparato non effimero." In *Architektur und Figur, Das Zusammenspiel der Künste. Festschrift für Stefan Kummer zum 60. Geburtstag*. Edited by N. Riegel and D. Dombrowski, 217-225. Munich and Berlin: Deutscher Kunstverlag, 2007.

Della Torre 2008
Stefano Della Torre. "Gli Apparati Trionfali del 1598," *Studia Borromaica* 22 (2008): 81-99.

Di Cintio 2017
Eleonora Di Cintio. "'Princeps Musicorum Mediolani': Antonio Londonio e il mecenatismo musical nel Milano spagnola," *Il Saggiatore musicale* 24/1 (2017): 23-56.

Farago, Bell, & Vecce 2018
Claire Farago, Janis Bell, and Carlo Vecce. *The Fabrication of Leonardo da Vinci's* Trattato della pittura. 2 vols. Leiden and Boston: Brill, 2018.

Ferrario 2000
Patricia Ferrario. *La 'Regia' villa: Il Castellazzo degli Arconati fra Seicento e Settecento*. Dairago: Edizioni Studio Archivolto di Patrizia Ferrario, 2000.

Ferro 2007
Roberta Ferro. *Federico Borromeo ed Ericio Puteano. Cultura e letterature a Milano agli inizi del Seicento*. Milan: Bulzoni, 2007.

Gabotto 1891
Ferdinando Gabotto. *Un principe poeta*. Turin: Fratelli Bocca,1891.

Gatti Perer 2002
Maria Luisa Gatti Perer, editor. *Lorenzo Binago e la cultura architettonica dei Barnabiti*, Special issue of *Arte Lombarda* 134 (2002).

Gaye 1872
Giovanni Gaye. *Carteggio inedito d'artisti dei secoli XIV, XV, XVI, pubblicato ed illustrato con documenti pure inediti*. Florence: Giuseppe Molini, 1872.

Giacomini 2005
Laura Giacomini. "La 'lauta' dimora dei Mazenta a Milano: trasformazione di un modello abitativo tra Cinquecento e Seicento." In *Aspetti dell'abitare e del costruire a Roma e in Lombardia tra XV e XIX secolo*. Edited by A. Rossari and A. Scotti, 205–19. Milan: Unicopli, Politecnico Milano, 2005.

Giacomini 2007
Laura Giacomini. *Costruire una lauta dimora. Milano nell'età dei Borromeo 1560–1631*. S. Benevento: Hevelius, 2007.

Giuliani 2008
Marzia Giuliani. "La fortuna di Federico Borromeo nella Roma dei Barberini.

Note in margine al carteggio Dal Pozzo-Mazenta." *Studi in memoria di Cesare Mozzarelli*, 327-350. Milan: Vita e Pensiero, 2008.

Giuliani & Sacchi 1999
Marzia Giuliani and Rossana Sacchi. "Per una lettura dei documenti su Giovan Paolo Lomazzo, istorito pittor fatto poeta'." In *Rabisch. Il grottesco nell'arte del Cinquecento. L'Accademia della Val di Blenio*. Edited by M. Kahn-Rossi, 323-335. Exhibition catalogue, Museo Cantonale d'Arte. Milan: Skira, 1999.

Jones 1992
Pamela Jones. "Defining the Canonical Status of Milanese Renaissance Art: Bernardino Luini's Paintings for the Ambrosian Accademia del Disegno." *Arte Lombarda* 100, no. 1 (1992): 89–94.

Jones 1993
Pamela Jones. *Federico Borromeo and the Ambrosiana: Art Patronage and Reform in Seventeenth-Century Milan*. Cambridge and New York: Cambridge University Press, 1993.

Jones 2004
Pamela Jones. "Italian Devotional Paintings and Flemish Landscapes in the *Quadrerie* of Cardinals Giustiniani, Borromeo, and Del Monte." *Storia dell'arte* 107 (2004): 81–104.

Kahn-Rossi 1999
Manuela Kahn-Rossi, editor. *Rabisch. Il grottesco nell'arte del Cinquecento. L'Accademia della Val di Blenio*. Exhibition catalogue, Museo Cantonale d'Arte. Milan: Skira, 1999.

Leydi 2008
Silvio Leydi. *La famiglia D'Adda di Sale. Storia e arte tra XVI e XVIII secolo*. Milan: Nexo, 2008.

Lo Conte 2021
Angelo Lo Conte. *The Procaccini and the Business of Painting in Early Modern Milan*. New York: Routledge, 2021.

Lomazzo 1589
Giovanni Paolo Lomazzo. *Rabisch*, Milan: per Paolo Gottardo Pontio, 1589.

Lomazzo 1993
Giovanni Paolo Lomazzo. *Rabisch*. Edited by D. Isella. Torino: Einaudi, 1993.

Lomazzo 2014
Giovanni Paolo Lomazzo. *Idea of the Temple of Painting*. Edited and translated by J. Chai. University Park: The Pennyslvania State University Press, 2014.

Lumbroso 1874
Giovanni Lumbroso. *Notizie sulla vita di Cassiano dal Pozzo*. Miscellanea di Storia Italiana. Torino: Fratelli Bocca Librai di S. M., 1874.

Mann 2022
Judith Mann, editor. *Paintings on Stone: Science and the Sacred, 1530-1800*. Exh. cat., St. Louis: St. Louis Art Museum, 2022.

Manuzio 1592
Aldo Manuzio. *Lettere Volgari*. Rome: Al Santi & Compagni a S. Biagio dell'Anello, 1592.

Marani 1990
Pietro Marani. *Leonardo e i leonardeschi nei musei della Lombardia.* Milan: Electa, 1990.

Marani 2006
Pietro Marani. "Luini, Aurelio." In *Dizionario biografico degli italiani* 66 (2006). Online at www.treccani.it.

Marr 2011
Alexander Marr. *Between Raphael and Galileo: Mutio Oddi and the Mathematical Culture of Late Renaissance Italy.* Chicago: University of Chicago Press, 2011.

Mazenta 1599
Guido Mazenta. *Discorso del Sig. Gvido Mazenta, vno delli Signori Sessanta del Consiglio generale della Città di Milano, intorno il far navigabile il fiume Adda.* Milan: Pacifico Pontio, 1599.

Mazenta & Gramatica 1919
Giovanni Ambrogio Mazenta. *Le memorie su Leonardo da Vinci di Don Ambrogio Mazenta.* Edited by L. Gramatica. Milan: Alfieri and Lacroix, 1919 (reprint edited by M. Rodella. Milan: La vita Felice, 2008).

Mazenta & Gramatica 1991
Giovanni Ambrogio Mazenta. *Alcune Memorie dei fatti di Leonardo da Vinci a Milano e dei suoi libri.* Introduction by Gianfranco Ravasi; transcription by Pietro Cigada. Milan: Philobybion, 1991.

Milano 2001
Valentina Milano. "I fratelli Mazenta negli episcopati di Gaspare Visconti e Federico Borromeo." *Arte Lombarda* 131, no. 1 (2001): 67-72.

Milano 2008
Valentina Milano. "Mazenta (Magenta), Giovanni Ambrogio." in *Dizionario biografico degli italiani* 72, 2008 (online at www.treccani.it).

Morandotti 1991
Alessandro Morandotti. "Il revival Leonardesco nell'età di Federico Borromeo." *I leonardeschi a Milano: fortuna e collezionismo.* Edited by M. T. Fiorio and P. Marani, 166–82. Milan: Electa, 1991.

Morandotti 2008
Alessandro Morandotti. *Il collezionismo in Lombardia: Studi e ricerche tra '600 e '800.* Milan: Officina Libraria, 2008.

Morandotti 2012
Alessandro Morandotti. *Caravaggio e Milano. La canestra dell'Ambrosiana.* Milan: Scalpendi, 2012.

Morigia 1595
Paolo Morigia. *La nobiltà di Milano, divisa in sei libri.* Milan: Pacifico Pontio, 1595.

Pavesi 2017
Mauro Pavesi. *Giovanni Ambrogio Figino pittore.* Cantarano: Arachne, 2017.

Pedretti 1964
Carlo Pedretti. *Leonardo da Vinci on Painting: A Lost Book (Libro A).* Berkeley: University of California Press, 1964.

Pedretti 2002
   Carlo Pedretti. "Un codice di Leonardo in casa Savoia: Distrutto o perduto?" In *Lezioni di metodo. Studi in onore di Lionello Puppi*. Edited by L. Olivato and G. Barbieri, 87–95. Vicenza: Terra Ferma, 2002.
Ranaldi 2006
   Antonella Ranaldi. "Il controverso progetto di Giovanni Ambrogio Mazenta per la chiesa del S. Salvatore a Bologna." *Palladio* 37, n.s. 19 (June 2006): 39-64.
Repishti 2008
   Francesco Repishti. "Federico Borromeo e gli architetti milanesi. La 'scarseggia che hoggidì si trova di simili [valenti] suggetti'." *Studia Borromaica* 22 (2008): 63-79.
Russo 2007
   Emilio Russo. "Manuzio, Aldo, il Giovane." *Dizionario biografico degli italiani* 69 (2007). Online at www.treccani.it.
Sangiorgi 1996
   Fert Sangiorgi. *Committenze milanesi a Federico Barocci e alla sua scuola nel carteggio Vincenzi della Biblioteca Universitaria di Urbino*. Collana di studi e testi 10. Urbino: Accademia Raffello Urbino, 1996.
Scotti Tosini 2004
   Aurora Scotti Tosini. "La ricostruzione cinquecentesca di San Lorenzo attraverso testimonianze e disegni." In *Il Costruzione della Basilica di San Lorenzo a Milano*. Edited by L. Fieni, 167-184. Milan: Silvana, 2004.
Spear 2018
   Richard Spear. "'God Knows When He'll Finish.' Barocci and the Art Market." In *Federico Barocci. Inspiration and Innovation in Early Modern Italy*. Edited by J. W. Mann, 138–53. Abingdon and New York: Routledge, 2018.
Terzaghi 2013
   Maria Cristina Terzaghi. *Le cappelle di Palazzo dei Giureconsulti. Un patrimonio riconsegnato alla memoria della città*, Milan: Camera di commercio, 2013.
Tramelli 2011
   Barbara Tramelli. "Artists and Knowledge in Sixteenth Century Milan: the Case of Lomazzo's Accademia de la Val di Blenio." *Fragmenta* 5 (2011), 121-128.
Valsecchi 1973
   Marco Valsecchi. *Il Seicento Lombardo. Dipinti e Sculture*. Milan: Electa, 1973.
Vanoli 2015
   Paolo Vanoli. *Il 'libro di lettere' di Gerolamo Borsieri. arte antica e moderna nella Lombardia di primo Seicento*. Milan: L'edizione, 2015.
Venturelli 2005
   Paola Venturelli. "Raro e divino': Annibale Fontana (1540–1587), Intagliatore e scultore milanese (Fonti e documenti, con l'inventario dei suoi beni)." *Nuova rivista storica* 89 (April 2005): 203–26.
Venturelli 2013
   Paola Venturelli. *Splendidissime gioie. Cammei, cristalli e pietre dure milanese per le Corti d'Europa*. Florence: Edifir, 2013.

Verga 1918
Ettore Verga. "La famiglia Mazenta e le sue collezioni d'arte." *Archivio Storico Lombardo* 45, (1918): 267-295.

Verstegen 2019
Ian Verstegen. *Federigo Barocci and the Science of Drawing in Early Modern Italy*. Heidelberg: Arthistoricum.net, 2019.

Warwick 1997
Genevieve Warwick. "Gift Exchange and Art Collecting: Padre Sebastiano Resta's Drawing Albums." *Art Bulletin* 79 (1997): 630–46.

Chapter 2

Guido Mazenta, erudito e architetto "specolativo"

Stefano Bruzzese

Il profilo di Guido Mazenta tracciato per questa occasione da Janis Bell aiuta a farci un'idea delle conoscenze e dei molteplici interessi maturati dal giureconsulto milanese nel corso della sua vita. Resta ora da porsi qualche domanda sulle possibili competenze che lo hanno portato a guadagnarsi la sostanziale regia di un evento tanto importante e complesso: l'organizzazione di apparati effimeri straordinariamente grandiosi per accogliere nel 1597 l'entrata nella città di Milano di quella che sarebbe dovuta diventare la futura regina di Spagna, Gregoria Massimiliana d'Austria. Sappiamo che le cose non andarono così. Alla morte di Gregoria Massimiliana, il 20 settembre 1597, segue la scomparsa di Filippo II, il 13 settembre 1598. Tutto è da rimettere di nuovo in macchina quando, poco dopo, si prevede un nuovo ricevimento per accogliere in città, il 30 novembre 1598, Margherita d'Austria, sorella della defunta Gregoria Massimiliana e sposa di Filippo III.[1]

I festeggiamenti devono svolgersi un po' sottotono, rispetto a quanto programmato per il 1597: si deve rispettare il lutto. Ma non si rinuncia ovviamente allo sfarzo dell'ingresso trionfale, con l'apparato straordinario di archi, dipinti, architetture e statue effimere progettato in gran parte da Mazenta, costretto a rimettersi al lavoro per ampliare il numero delle strutture previste, anche seguendo indicazioni giunte dal governatore Velasco e da suo figlio Iñigo, e soprattutto per rivedere tutti gli emblemi, le iscrizioni e le imprese che costellano gli archi, da adattare alla nuova situazione rappresentativa.

Tanti mesi di rinnovato impegno che rendono ragione a quanto si legge in una lettera di Giovanni Battista Clarici scritta al duca di Urbino, Francesco Maria II della Rovere, il 4 agosto 1598. L'ingegnere e cartografo urbinate, di stanza a Milano dal 1570, è coinvolto con un ruolo che definiremmo di

---

[1] Per un inquadramento generale rimando ai saggi di Elisa Ruiz García e di Silvio Leydi in questo volume.

sovrintendenza in quasi tutte le operazioni apparecchiate per dare il degno benvenuto alla sovrana. Riguardo gli archi previsti lungo il percorso che la condurrà dalle porte della città fino al Duomo informa il suo signore che "un gentiluomo principale che ha consumato alcuni anni nell'andar pensando e facendo disegni et inscrizioni per un tal bisogno, et fattone di tutto un libro" lo "ha presentato al signor Contestabile supplicando gli facesse gratia che con questa occasione si mettessero in opra."[2] I disegni approntati, certamente nuovi rispetto a quelli proposti nel manoscritto del 1597, sono presentati alla congregazione predisposta per l'evento, e infine approvati dallo stesso Clarici, che non sembra riservare parole di particolare stima per questo "gentiluomo," cioè Guido Mazenta. Nel sottofondo amaro pare però di leggere questioni di risentimento da primo attore da parte di un personaggio che a queste date vantava fama ormai consolidata con anni di lodevole servizio in una pratica ingegneristica dalle variegate sfaccettature.

Sulla presenza di Clarici a Milano e soprattutto sul rapporto della città con il colto ambiente urbinate si dovrà tornare. Ma qui il punto che importa è proprio questo: chi era, invece, Guido Mazenta? Quali referenze poteva presentare per guadagnarsi un lavoro tanto complesso e importante—un lavoro che presuppone competenze in campo architettonico e quantomeno una chiara visione delle possibilità offerte dalle arti suntuarie e dalla statuaria di supportare apparati figurativi sofisticati e di alto impatto visivo, anche se per occasioni effimere?

Guido non ha nessuna formazione specifica alle spalle, nessuna particolare scuola. Il suo sapere si fonda su un'erudizione a tutto campo che comprende studi ingegneristici di natura diversa affrontati insieme ai fratelli nell'ambiente squisitamente colto e raffinato della casa paterna, dove, secondo ricordi più tardi di Giovanni Ambrogio Mazenta, "furono frequentissimi li più periti, e virtuosi architetti di Milano."[3] Ma non solo: nel palazzo da nobile del padre, Ludovico Mazenta, in via Amedei—impreziosito da una collezione composta di oggetti di lusso, sculture, dipinti e marmi antichi, alimentata poi dai figli—

---

[2] Mara 2020, 214.
[3] La citazione è tolta dalla lettera agli "Illmi Ssri Vicario, e LX del Consiglio generale di Milano" che apre il *Secondo discorso dell'Adda navigabile in confirmatione del primo*, un manoscritto di Giovanni Ambrogio Mazenta, non datato, ma probabilmente degli ultimi anni di vita del barnabita, morto nel 1635, e pensato in difesa e a promozione del più antico lavoro del fratello (si conserva, in copia autografa e in bella copia, in BAMi, Ms. Trotti 148, 9).

dovevano essere di casa artisti di ogni sorta.[4] Ludovico, che si era fatto ritrarre da Antonio Campi, aveva un fratello, Melchiorre, dai rapporti documentati con la famiglia di Giovanni Paolo Lomazzo e con l'*entourage* artistico che ruota intorno alla sua stravagante Accademia della Val di Blenio. Era cugino, per esempio, dell'intagliatore di pietre dure Francesco Tortorino, il "Compà Tortorign" dei *Rabisch* di Lomazzo, citato nel testamento di Melchiorre Mazenta e probabile autore di un diaspro legato in oro con la raffigurazione a rilievo sui due versi della *Decollazione del Battista* e della *Veronica con il sudario*, destinato per legato alla cognata Caterina, la moglie di Ludovico.[5] La collezione di anticaglie, marmi e iscrizioni avviata da quest'ultimo, celebrata a stampa fino dalla *Nobiltà di Milano* di Paolo Morigia (1595), è già ammirata negli anni precedenti da Francesco Ciceri, eruditissimo antiquario, cultore di classici greci e latini in rapporto con politici, studiosi e letterati tra i più in vista del suo tempo, che in una lettera del 1580 si dichiara orgoglioso precettore, insieme al fratello Cesare, dei giovani fratelli di Guido, Alessandro e Giovanni Ambrogio Mazenta.[6]

Un altro frequentatore di casa Mazenta era Giovanni Battista Rasario, letterato di origini valsesiane, rinomato interprete—tra le altre cose—di Aristotele e

---

[4] Mi prometto di ritornare con uno studio più appropriato, di cui si avverte la mancanza, su Ludovico Mazenta, che è stato Senatore di Milano, Podestà di Cremona tra il 1557 e il 1559 e Presidente del Magistrato Straordinario milanese nel 1581. Ludovico muore nel 1586 (ed: si vede capitolo 1, n. 6.)

[5] Giuliani & Sacchi 1998, 323-24, 327, n. 17; Venturelli 2005, 225-226; Venturelli 2019. Il diaspro compare ancora nell'inventario dei beni di casa Mazenta in via Amedei steso nel 1672, insieme al ritratto di Ludovico attribuito—e non c'è motivo di dubitare della veridicità del ricordo—ad Antonio Campi (Bruzzese c.d.s.). Dalla generazione di Ludovico derivano anche i contatti della famiglia Mazenta con quella da cui discende Giovanni Ambrogio Figino, in sicuri rapporti con Guido, suo ammiratore e collezionista. Il Vincenzo Figino citato, insieme al suo "figliolo" per un "instrumento" di vendita "al già senatore Mazenta" rogato nel dicembre 1565 (vedi *Appendice*), dovrebbe essere il padre di Giovanni Ambrogio, rinomato armaiolo e ageminatore morto nel 1572, su cui Leydi, in Pyhrr & Godoy 1998, 216-224; Leydi 2012a, 177-201; Leydi 2012b, 181-95; Pavesi 2017, 103-8. Il Francesco Figino citato in altri due istrumenti (v. sempre *Appendice*) potrebbe essere il figlio, fratello di Giovanni Ambrogio. Altri documenti, che sto studiando, accertano il legame tra le famiglie Mazenta e Figino negli anni di Ludovico.

[6] Ciceri & Casati 1782, 2:163-65; Ciceri 2013, 918-19. Alcuni dei marmi antichi di via Amedei sono già ricordati nel manoscritto, di cui si conoscono più copie, degli *Antiquorum monumentorum*, tentativo di continuazione delle collazioni di epigrafi del territorio di Milano avviato da Alciato (Ricciardi 1972), portato a termine entro il 1591 (l'*ante quem* si desume dalla dedica in apertura a Galeazzo Brugora, avvocato, uomo politico e letterato milanese morto il primo dicembre quell'anno: Peyronel 1972; la data precisa di morte mi è suggerita da Silvio Leydi). Per la consultazione degli *Antiquorum monumentorum* mi sono avvalso dell'esemplare manoscritto della Biblioteca Braidense di Milano: MS. AD.XII.29.

pubblico lettore a Pavia.⁷ È la sua presenza ad attirare nel palazzo di via Amedei il giovane Federico Borromeo, che qui soggiorna per periodi di studio, ospite in camera di Giovanni Ambrogio, restando ammirato anche di fronte alla scelta biblioteca messa a sua disposizione, dove trova "le opere di Marco Tullio legate in oro, e così ben all'ordine" da fare venire il sospetto che non fossero mai state lette.⁸

Sembra insomma configurarsi, più che un nobile ricetto privato, una specie di scuola fornita di tutti i materiali e degli insegnanti adatti a coltivare la passione, così dilagante nella Milano di secondo Cinquecento, per l'antiquaria e l'interpretazione delle fonti classiche. Quel connubio virtuoso tra analisi di testi e immagini che trova la più alta forma di espressione nelle imprese, genere che ha nel milanese un campione d'eccezione come Andrea Alciato e nel quale Guido Mazenta si mostrerà particolarmente versato proprio con la messa a punto delle maschere epigrafiche per gli archi trionfali del 1597 e del 1598.⁹

È in questo ambiente, così ricco di stimoli, che tutti e quattro i figli maschi di Ludovico (Guido, Alessandro, Francesco e Giovanni Ambrogio) sono punti, tra mille interessi, anche dal tarlo per lo studio dell'architettura, che ognuno declina a suo modo. Solo Giovanni Ambrogio ne farà una vera e propria professione, esercitata a un livello altissimo, e con forza d'urto innovativa soprattutto nei diversi centri dell'ordine barnabita sparsi in tutta Italia in cui è richiesto il suo intervento. Manca ancora uno studio complessivo del suo lavoro, per il quale possediamo ormai numerose testimonianze, tali da rendere ragione alle considerazioni di Rudolf Wittkower, che analizzandone l'attività bolognese lo ha definito "il più vigoroso talento" attivo nella città felsinea "durante il primo quarto del secolo."¹⁰

Per gli altri fratelli, Francesco, nato nel 1570 ed entrato nel 1586 nell'ordine dei canonici regolari con il nome di Ludovico, si era fatta una ristretta fama come intagliatore di pietre dure, cristalli e oggetti suntuari. Sono suoi il

---

[7] Sul Rasario, nato a Valduggia nel 1517 e morto a Pavia nel 1578, professore di lettere greche a Venezia e Pavia: Savino 2012, 413-45.
[8] Rivola 1656, 115. Sulla casa dei Mazenta: Giacomini 2005, 205-19.
[9] Non è questo il luogo per affrontare una comparazione dettagliata tra gli archi presentati nel manoscritto del 1597 e quelli messi in opera nel 1598, descritti nel testo a stampa di Guido Mazenta (una disamina più approfondita in Bruzzese c.d.s.). A parte problemi di numero, ovviamente, e strutturali, emerge comunque con chiarezza nei cinque archi sopravvissuti, tra le modifiche, al progetto iniziale, una crescita rilevante delle imprese e delle iscrizioni celebrative.
[10] Wittkower 1993, 102. Su Giovanni Ambrogio come architetto cfr. almeno: Mezzanotte 1961; Gauk-Roger 1977; Repishti 1996; Gatti Perer 2002; Ricciardi 2002, 147-160; Repishti 2002; Ranaldi 2006; Stabenow 2011.

progetto e la parziale realizzazione del tabernacolo della chiesa di Santa Maria della Passione, forse il più bello e innovativo nella Milano del primo decennio del Seicento.[11] E non doveva essere a digiuno di nozioni di ingegneria idraulica, come Guido. Per la chiesa conventuale di Santa Maria Bianca a Casoretto aveva "congegnata, e fatta" una "vaga, ed ingegnosa" peschiera, della quale non resta nulla. Mentre ci rimane il progetto per una fontana a edicola, forse pensata a complemento della stessa peschiera, con una lapide dedicatoria in bei caratteri capitali che è l'unico elemento superstite, murato su un fianco della chiesa.[12]

Anche tra gli innumerevoli interessi di Alessandro Mazenta, impelagato praticamente in tutti i cantieri di carattere artistico in cui è coinvolto Federico Borromeo, non mancano le certificazioni di competenza su vari livelli in architettura, che a volte lo collocano a lavorare a fianco del fratello Guido. Nel 1598 è Alessandro a occuparsi del progetto dell'ultimo arco trionfale per l'ingresso di Margherita, la macchina forse più impressionante per grandezza e decoro, voluta dalla Fabbrica metropolitana a coprire interamente la facciata in via di costruzione del Duomo.[13] E come prefetto della stessa Fabbrica, Alessandro segue almeno dal 1597 i lavori più importanti, anche dal punto di vista progettuale, del grande cantiere, promuovendo nel 1598 l'assunzione di Aurelio Trezzi come ingegnere metropolitano. Nel 1599 avanza un progetto di ripubblicazione delle importanti *Instructiones Fabricae et Suppellectilis Ecclesiasticae* di Carlo Borromeo, corredate di disegni esplicativi. Un'idea capace di suggerire le conoscenze teoriche e pratiche al contempo del canonico, frenata a lavori già avviati da Federico Borromeo, conscio dell'importanza dell'operazione, da compiersi sotto il suo stretto controllo.[14] E ancora, è Alessandro a tenere aggiornato durante le sue assenze il cardinale Borromeo sui più importanti cantieri ecclesiastici aperti in città, dalla chiesa di Sant'Alessandro a quella di San Lorenzo, al San Fedele. Al Sacro Monte di Varese affianca da comprimario l'architetto Giuseppe Bernasconi, con

---

[11] Picinelli 1670, 391; Argelati 1745, col. 899; Agosti 1996a. I pochi dati biografici in nostro possesso su Francesco, alias Ludovico, sono raccolti da Verga 1918, 273; Milano 2001, 67, 69, n. 8.

[12] La peschiera è ricordata da Picinelli 1670, 391. Per ricordi della fontana cfr. Cazzani 1977, 54, 61, 249, con la trascrizione dell'epigrafe. Il disegno si conserva nell'ASBMi, dove sono varie carte e progetti di Giovanni Ambrogio, che forse ha affiancato il fratello nei lavori di Casorate (cfr. Bruzzese c.d.s.).

[13] Si veda qui, per questo, anche il saggio di Silvio Leydi.

[14] Per tutte queste informazioni rimando per comodità a Bruzzese c.d.s.. Francesco Repishti ha individuato, tra i materiali d'archivio della Fabbrica Metropolitana, una serie di fascicoli con annotazioni e disegni riferibili al progetto di Alessandro: Repishti 2004, 114.

funzioni di controllo sulla progettazione delle cappelle e proponendo anche disegni propri. Si potrebbe continuare, radunando i diversi progetti che si trova ad approvare, se non a modificare o proporre ex novo, nel suo ruolo di prefetto delle Fabbriche Ecclesiastiche.[15]

Quando, al principio del secondo decennio del Seicento, Agata Sfondrati d'Este, superiora del convento di San Paolo a Milano, è in cerca di un architetto per i lavori di ricostruzione della chiesa conventuale, si rivolge ad Alessandro Mazenta in quanto "prattico d'architettura;" ed è quest'ultimo a suggerire il nome di Cerano, suo artista prediletto.[16] Ma di che tipo ti "pratica," di quali conoscenze stiamo parlando per il caso di Alessandro e, soprattutto, di Guido Mazenta?

Qui ci soccorre Gerolamo Borsieri, che nel suo *Supplimento* alla *Nobiltà di Milano* del Morigia, pubblicato nel 1619, elenca gli architetti milanesi che "hoggi" hanno "gran nome": Giuseppe Meda, Martino Bassi, Pietro Antonio Barca, Lelio Buzzi, Antonio Maria Corbetta, Aurelio Trezzi e Francesco Maria Richino. "Segue," scrive l'autore, "ciascun di questi architetti la maniera del Pellegrino," cioè di Tibaldi, "quanto maggiormente può, anzi pur quella, ch'egli medesimo ha tratta dalle fabriche fatte in Roma da' Gentili, non avendo fra essi chi più cerchi le minutie degli Alemani, né le spesse cornici de i Bramantini, ma più tosto la sodezza, e la maestà degli antichi." Tanto che "a torto hoggi si chiama ancora Milano seconda Roma potendo anzi chiamarsi prima, o almeno un'altra assolutemente." "Questi architetti," precisa Borsieri,

> sono stati operarij prattici. Altri ancora n'ha avuti Milano, che sono anzi stati speculativi, attendendo più tosto a conoscere i segreti dell'architettura per la via della mathematica inferiore, che per quella della prospettiva, che suol ridursi alla prattica ordinaria. Fra essi può degnamente annoverarsi Guido Mazenta [...] curioso di quelle cose, le

---

[15] Alessandro interviene con modifiche di propria mano ai disegni per l'oratorio di San Francesco a Treviglio, entro il 1614 (Santagiuliana & Santagiuliana 1965, 336). Approva almeno i progetti per l'erezione dell'altare per i corpi dei Santi Aimo e Vermondo nella chiesa di San Vittore a Meda, quelli per gli oratori di Castelnegrino ad Aicurzio presso Vimercate, di Bienate presso Dairago, di Chignolo, dell'oratorio originariamente dedicato a San Carlo a Macconago, realizzato entro il 1623 in solvenza a un lascito testamentario di suo fratello Guido, e per la cappella maggiore della parrocchiale di Gorgonzola, progettata da Tolomeo Rinaldi (Milano 2001, 71; Benati & Roda 2003, 69; Bruzzese c.d.s.). Sul progetto di Mazenta, e con un intervento in facciata di Francesco Maria Richino, è conclusa nel 1614 la chiesa di San Bernardino ad Abbiategrasso (Comincini, De Alessandri & Pertusi 1980).
[16] Cfr. Giuliani 1998, 179, con bibliografia precedente. Sul rapporto tra Alessandro Mazenta e Cerano rimando ancora a Bruzzese c.d.s..

quali non lasciano dormir lo ingegno di chi si sia, che n'abbia buona copia. Ha egli composto un discorso intorno il modo di far navigabile il fiume Adda, con alcune regole appartenenti a quella scola di specolativa architettura, che suole aprirsi nel campo Santo, sotto la disciplina di Mutio Odi da Urbino, dotto, e buon professore di tal'arte.[17]

Quindi, non solo Guido è inserito in questa nuova genìa di architetti "specolativi," ma sembra anzi meritarsi un ruolo di primo piano, come autore di un testo in cui si dovrebbero trovare *in nuce* le "regole" di questa architettura, fattasi scuola con l'avvio nel 1613 dell'insegnamento di matematica, geometria e prospettiva da parte di Muzio Oddi per i giovani lapicidi al Campo Santo della Fabbriceria milanese.[18] Un tracciato idealmente ricostruito a posteriori e, come vedremo, con un senso ben preciso.

Proviamo allora a scorrerlo il testo di Guido citato da Borsieri, il *Discorso intorno il far navigabile il fiume Adda*, un libro pubblicato nel 1599 in difesa del grandioso progetto di Giuseppe Meda per risolvere l'annosa questione della navigabilità del fiume Adda nel tratto più impervio del suo percorso, all'altezza di Paderno d'Adda. Come è noto, l'idea del virtuoso pittore e architetto era di realizzare nel canale parallelo previsto lungo il tratto impercorribile del fiume—quello che sarebbe diventato, solo nel Settecento, il Naviglio di Paderno—unicamente due grandi conche con un salto gigantesco di 18 e 6 metri per superare il forte dislivello. L'avventuroso progetto era stato descritto nel dettaglio dallo stesso Meda nei *Capitoli dell'impresa della nova navigazione del fiume Adda*, editi anonimi nel 1574 e rivendicati nel 1580.[19] Ci si è lavorato per qualche anno, a partire dal 1590, fino a che problemi di natura diversa, tecnici, politici, e di conflitti con colleghi ingegneri e operai, portarono alla sospensione del cantiere, e all'arresto del suo direttore, per presunti difetti di esecuzione dell'opera. Meda è scarcerato nel 1599, con una parziale riabilitazione del suo lavoro. Ormai stanco e profondamente segnato da questa esperienza, muore nell'agosto dello stesso anno. Il testo di Guido Mazenta è datato in calce qualche mese dopo, il 3 novembre 1599, ed è

---

[17] Borsieri 1619, 61-63.
[18] Si chiama comunemente "Campo Santo" la zona prospiciente l'abside del Duomo, occupata fino dal 1395 da un cimitero, e dove si era installato anche il cantiere con i depositi, le abitazioni e le botteghe degli scalpellini e dei mastri vetrai impiegati al servizio della Fabbriceria della Cattedrale. Il complesso, denominato "Cassina," arrivò a occupare un intero quartiere. Aveva anche una piccola cappella, che poi è diventata la chiesa di Santa Maria in Camposanto, tutt'oggi esistente inglobata nel palazzo della Veneranda Fabbrica del Duomo, realizzato a partire dal 1839.
[19] Per una visione d'insieme sull'attività di Meda, come pittore e scultore, cfr. Resmini 2009, da dove si recupera la bibliografia relativa al progetto per la navigabilità dell'Adda.

orientato a difendere la straordinaria invenzione dell'"architetto stimato molto pratico, e giudizioso" appena scomparso, che l'autore ha certo avuto modo di conoscere e frequentare di persona.[20] Di "regole," in realtà, non se ne trovano per nulla. L'attuabilità dell'idea di Meda è sostenuta con l'introduzione delle necessarie modifiche per ovviare al problema della forza delle acque che si riversano nel canale, soprattutto nei momenti di piena, rovinando le fondamenta dei lavori impostati. Attraverso sommari calcoli sulla portata del fiume e del canale, Guido arriva a proporre di modificare gli argini di entrambi, restringendo il letto del fiume per fare alzare l'acqua alla bisogna, e dirigerla verso gli scolmatori. Al contempo, si deve costruire una chiusa diagonale senza troppa spesa prima del tratto più impervio, sopra il punto cosiddetto dei Tre Corni. Nessun particolare tecnicismo, qualche grafico esplicativo molto elementare, ma soprattutto, continui rimandi a quanti scrittori antichi hanno parlato di navigabilità dei corsi d'acqua e dei sistemi delle chiuse, da Plinio con il canale di Nicomedia, a Seneca, che "ancora ammira l'invenzione delle Conche del Nilo." Fino ad affermare che bisogna infine rifarsi alla "forma delle chiuse de gl'antichi," perché "è la buona."[21] Insomma, è chiaro che anche in un lavoro come questo, di pratica ingegneria idraulica, è buona garanzia di riuscita potersi appoggiare alle fonti classiche, discrimine con il quale Borsieri, come abbiamo visto, discerne i buoni architetti: quelli che ricercano "più tosto la sodezza, e la maestà degli antichi," anche attraverso la mediazione delle fonti o l'insegnamento di chi, come Tibaldi, ha potuto abbeverarsi alla fonte delle "fabriche fatte in Roma da'Gentili." Ed ecco, oltre a solide basi di matematica e geometria, l'altra competenza necessaria anche all'architetto "specolativo." Con queste armi Guido Mazenta, in qualità di fabbriciere della Fabbrica di San Lorenzo, aveva potuto tenere testa, nel 1589, a Martino Bassi, uno degli architetti più in vista di Milano.

Anche in questo caso i fatti sono noti, e sono note le lettere con le quali Guido mette in dubbio la bontà dei progetti per la ricostruzione della cupola laurenziana proposti dall'architetto, dopo il crollo subito nel 1573. La materia del contendere è la leggerezza con la quale Bassi avrebbe mischiato nei suoi disegni gli ordini dell'architettura classica, cosa che a Mazenta non piace, e citando Vitruvio vuole sapere

---

[20] Mazenta 1599, 4. Nello scusarsi di ardire a parlare, nella sua "professione di legista," di ingegneria idraulica, Guido sostiene la legittimità delle sue conclusioni sulla bontà degli insegnamenti ricevuti dal suo illustre genitore, che a quanto pare doveva capirci anche lui qualcosa. L'autore (Mazenta 1599, 19) scrive infatti di avere "Spesse volte sentito il Presidente mio padre ragionare di simili moti dell'acque, mentre che sedeva nel Magistrato, che ne ha cura."
[21] Mazenta 1599, 21.

se in questo tempio vi sia quella purità, grandezza, sodezza, maestà ed euritmia antica, la quale si richiede alle regole, poiché si vede l'ordine suo variato; si veggono capitelli sopra capitelli con cartelle in mezzo sopra i pilastri del portico superiore, cornici doriche intagliate senza triglifi, e dove vi sono, si veggono messi fuori degli angoli, ed altre cose, le quali, per essere di nuova invenzione, si dubita che si possano usare secondo l'arbitrio dell'architetto, ovvero se facciano che le opere di romane diventino barbare.[22]

Eccola qua, la distinzione tra le opere "romane" e le "barbare" che diventa poi norma, con un altro vocabolario, nelle parole di Borsieri. Ma a queste date Bassi ancora può rispondere, piccatissimo, a Mazenta, ammonendolo a volersi accontentare d'essere "uno de' signori prefetti e non l'architetto," "quando non voglia," continua la lettera, "con il compasso in mano far vedere ch'ella sola sia a tutti gli architetti superiore, per averne l'idea dell'architetto descritta da Vitruvio, colla quale va discernendo le cose barbare dalle romane."[23]

Sulla ricostruzione di San Lorenzo pesa la tradizione che già dal Quattrocento almeno è arrivata a mitizzare il "tempio" milanese come esempio preclaro della grandezza della Milano romana. E questo nonostante la cupola fosse già rovinata altre volte e ricostruita nel XII secolo senza un'assoluta fedeltà alle forme primigenie. Occorre quindi tornare a confrontarsi con gli ordini incorrotti dell'architettura antica, fosse pure anche attraverso il solo recupero di Vitruvio. E qui, nelle parole di Mazenta, si avverte uno stacco netto dalle preoccupazioni prime dei precetti di Carlo Borromeo, a cui si deve la scelta di Bassi per la fabbrica di San Lorenzo. C'è il seme di una consapevolezza della riedificazione, diciamo così, "in stile," che se anche posa su fondamenta sbagliate è già in linea con il consapevole recupero dell'antico che guiderà le scelte negli interventi di restauro o ricostruzione architettonica comandati da Federico Borromeo.[24] Ed evidentemente, già nel 1589, Guido ha i requisiti per imporsi come garante di una buona condotta sotto la bandiera di queste nuove tendenze antiquarie, nonostante la relativa giovane età e la formazione da giurista. Merito, in gran parte, dell'educazione ricevuta nel colto ambiente

---

[22] Le lettere e i documenti a riguardo sono pubblicati da Baroni 1940, 158-184 (e cfr. Agosti 1996a, 159-160; Agosti 1996b, 10, anche per il peso che deve avere avuto la lettura del Vitruvio di Cesariano nelle risposte di Mazenta, con citazioni quasi alla lettera). Sono stati ripercorsi più volte, e forse vale la pena rilasciare solo una voce significativa dove recuperare l'ampia bibliografia disponibile sui dibattiti riguardo la ricostruzione della cupola laurenziana: Fieni 2004.

[23] Le lettere di Bassi sono del 19 e del 25 dicembre 1589. Quella di Mazenta, non datata, si colloca nel mezzo; cfr. Baroni 1940, 155-172.

[24] Agosti 1996a; Balestreri 2005; Rovetta & Repishti 2008.

familiare che abbiamo delineato, degli studi perseguiti nella biblioteca di casa, già indicata come esemplare per quanto riguarda la presenza di testi classici dai ricordi del giovane Federico Borromeo.

Un'idea parziale di questa biblioteca possiamo averla da un inventario del patrimonio di casa Mazenta steso nel 1608, a seguito dell'uxoricidio commesso da Guido ai danni della moglie, Elena Rainoldi, e della relativa confisca dei suoi beni.[25]

L'inventario è redatto sotto il controllo di Giovanni Battista Figino, il coadiutore del Magistrato milanese che conduce l'inchiesta, convinto che nelle ore successive al fattaccio il padrone di casa, prevedendo la confisca, sia riuscito fare sparire quantomeno "quadri," "suppellettili" e perfino mobili, dei quali il palazzo si mostra in effetti stranamente povero. Sembra intatta invece la straordinaria biblioteca regestata nello studio di Guido, con l'aiuto di Egidio Sacchetti, dottore in legge, collegiato e oratore vigevanese chiamato in causa probabilmente per la preponderanza di testi legislativi presenti tra gli oltre 400 titoli del catalogo. Bisogna infatti considerare che questa è la biblioteca privata di Guido, in cui qualcosa è certamente fluito del patrimonio librario acquisito a suo tempo dal padre, che potrebbe comunque essersi diviso nel momento in cui gli altri fratelli, intrapresa la carriera ecclesiastica, hanno abbandonato l'avita dimora. Alla morte di Alessandro per esempio, nel 1630, nel suo appartamento all'interno del Palazzo Vescovile si trovano altri 200 volumi, per lo più di materia ecclesiastica, ma anche di interesse diverso, come i "due libri di disegni di architettura" o la copia delle *Instructiones Fabricae* che il prelato avrebbe voluto ripubblicare, e tanti titoli di letteratura classica.[26] E sono questi ultimi a farla da padrone anche nella libreria di Guido così come è fotografata nel 1608, tolta l'ampia fetta di materiale giuridico accumulato per ovvie ragioni professionali: traduzioni scelte da Lucrezio, Senofonte, Seneca, Aristotele, Plutarco ...; trattati sulla lingua latina come il *Thesaurus linguae latinae* di Celio Secondo Curione, edito a Basilea nel 1561; strumenti per coltivare la passione per le iscrizioni antiche e la predisposizione alla confezione di emblemi e imprese dimostrata in occasione dell'allestimento degli archi per Gregoriana e poi per Margherita d'Austria: gli scritti dell'Alciato, di Giovio, testi sulle antichità romane come il *Delle antichità della città di Roma* di Lucio Fauno, uscito in cinque libri per la prima volta a Venezia nel 1548 e ristampato in più occasioni; l'importantissimo *Inscriptiones antiquae totius*

---

[25] ASMi, Finanza-Confische, cart. 1709. L'elenco del patrimonio librario stimato nello studio di Guido è qui trascritto in *Appendice*. L'inventario è discusso nel suo insieme in Bruzzese c.d.s..

[26] ASMi, Notarile, 28204, notaio Carlo Bianconi. Per i dipinti, una trentina, inclusi nell'inventario, e per una contestualizzazione del documento: Bruzzese c.d.s..

orbis Romani in corpus absolutissimus redactae dell'olandese Joan Gruytère, apparso per la prima volta nel 1602, con un apparato iconografico di estremo interesse per l'evoluzione della scienza epigrafica. Per arrivare a un manoscritto, "inscritioni antiche scritte a mano su carta bregamina," cioè pergamena, forse dello stesso Mazenta.

Figure 2.1 Leone Pallavicino, *Arco "delle legationi,"* from Publio Fontana, *Il sontuoso apparato fatto dalla magnifica città di Brescia nel felice ritorno dell'illustrissimo Vescovo suo il Cardinale Morosini con la espositione de' sensi simbolici che in esso si contengono.* Brescia, 1591, page 18 (credit: The Getty Research Institute, Los Angeles).

Sono senz'altro serviti da esempio per l'allestimento degli apparati del 1597-1598 il *Trattato del'Intrar in Milano di Carlo V* di Giovanni Antonio Albicante del 1541 ("del'entrata di Carlo quinto"), il libretto con il resoconto "della entrata di Filippo II in Anversa" del 1549, uscito sempre ad Anversa nel 1550 con un ricco apparato illustrativo realizzato da Pieter Coecke van Aelst, il pittore, incisore e architetto imperiale che dovette coordinare la realizzazione degli allestimenti.[27] E infine "il ritorno in Brescia del cardinale Morosino," ovvero *Il sontuoso apparato fatto dalla magnifica città di Brescia nel felice ritorno dell'illustrissimo Vescovo suo il Cardinale Morosini con la espositione de' sensi simbolici che in esso si contengono*, stampato a Brescia nel 1591, l'anno dopo l'ingresso in città dell'amato vescovo, di rientro da un lungo soggiorno in Francia dove aveva svolto cruciali incarichi diplomatici. Un episodio di recente rivalutato nella sua importanza, anche per l'imponenza degli apparati effimeri realizzati sotto la direzione di Publio Fontana, sacerdote erudito e accademico, pratico dilettante di pittura e scultura, con il concorso di alcuni dei migliori architetti e pittori attivi sulla piazza bresciana.

A sfogliare il bel libretto, sembra davvero che Guido lo abbia attentamente studiato, per l'ideazione degli archi come per la redazione del suo resoconto sugli apparati milanesi, che certo nelle intenzioni dell'autore doveva presentarsi così, con le lunghe didascalie esplicative alle iscrizioni e alle imprese seguite da incisioni tratte dai disegni degli archi (Figure 2.1).[28] Lo si dichiara nella lettera introduttiva che l'edizione milanese, "la quale viene a trattar d'ornato," si pubblica per mancanza di tempo "priva a punto di quelli ornamenti, senza li quali non dovrebbe lasciarsi vedere."[29] Stupiscono poi le coincidenze precise con gli archi bresciani, che dovevano essere cinque, come nel progetto di Mazenta nel manoscritto del 1597. Sono simili le riflessioni generali sugli ordini dell'architettura classica, impiegati a Brescia tutti e cinque, con l'idea che il "moderno architetto" possa avvalersene con coscienza, e senza essere

---

[27] Schrijver 1550.
[28] Fontana 1591. Le incisioni si devono per gli apparati a Leone Pallavicino; il frontespizio è di Giacomo Franco. Per la realizzazione degli archi furono chiamati Giulio Todeschini, architetto bresciano, e Tommaso Bona, insieme a Pietro Marone e Pier Maria Bagnadore. Gli apparati si svolgevano dall'antica porta di San Nazaro, ingresso principale da Venezia all'epoca, fino in Duomo. Gli archi erano in legno, rivestiti di stucchi a imitazione del marmo e decorati con scritte, pitture e guarnizioni plastiche indorate, con statue rivestite di drappi e stoffe colorate. Oscillavano tra i 18 e i 20 metri di altezza più le statue, più altre sette statue monumentali accompagnate all'arco del Duomo, elementi residui di una grandiosa galleria colonnata, rimasta irrealizzata, che avrebbe dovuto innestarsi nello stesso arco e disporsi trasversalmente nella piazza antistante la Cattedrale: Giustina 2015; Giustina 2016; Baccanelli 2019.
[29] Mazenta 1598, p.n.n.

"biasimato," in archi "di opera toscana, over composita, con doppio ordine giudiziosamente, et leggiadramente" costituiti.[30] Un passo da leggere accanto a quanto Guido scrive a proposito dell'arco in muratura di Porta Romana, fatto "di ordine dorico quanto più si potesse, conforme alla quadratura delli Archi antichi Romani; ma però tale, che rispondesse alla forma che oggidì si usa nelle Porte delle città fortificate alla Moderna."[31] E sono quasi sovrapponibili alcune scelte figurative: le stesse medaglie sfruttate, in modo diverso, per alcune allegorie e soprattutto l'insistenza sulla rappresentazione dei fiumi, un motivo ripreso dalla statuaria romana e replicato anche da Guido sui suoi archi, con l'importazione di una tradizione figurativa che sembra senza precedenti a Milano, se si esclude la discussa identificazione dell'Elba e della Schelda nei rilievi bronzei del monumento a Giangiacomo Medici detto il Medeghino di Leone Leoni, nel Duomo.[32] Alla raffigurazione del fiume Doria sugli archi bresciani, "con il capo di toro, coronato di canne," fa eco l'immagine sull'arco di Porta Romana del Po, una "mezza figura d'un vecchio coricato col capo di bue incoronato, con un'urna versante acqua, attorno al quale si fanno alcune spiche di grano," con il richiamo alle stesse fonti per giustificare che "così gli antichi finsero i fiumi."[33]

Nella biblioteca di Guido non manca una scelta di libri dedicati alla pittura e, ovviamente, all'architettura. Si tratta di un nucleo ridotto ma estremamente significativo di volumi: due versioni dell'amato Vitruvio, il *De architectura* dell'Alberti, i libri del Serlio, di Palladio, il *Del modo di fortificar le città* del pesarese, ma di origini bergamasche, Giovanni Battista Zanchi, dato in prima edizione a Venezia nel 1554, la "Fabbrica di Sisto V" di Domenico Fontana, cioè, probabilmente, *Della trasportatione dell'obelisco Vaticano et delle fabriche di nostro Signore Papa Sisto V fatte dal Cavallier D. F. architetto di Sua Santità* (Roma 1590), "li dispareri di architettura" di Martino Bassi, che un probabile errore del compilatore assegna a un autore "Aretino."[34]

E ancora, troviamo libri di astronomia, cartografia, scienze matematiche e geometriche. Tra questi spiccano il *Del modo di misurare le distanze* di Cosimo Bartoli (Venezia 1564), l'oggi raro opuscolo *De circuli quadratura* di Carlo Mariani (Cremona 1599), il *Liber de centro gravitatis solidarum* di Francesco

---

[30] Fontana 1591, 11.
[31] Mazenta 1598, p.n.n.
[32] Su cui, da ultimo: Repishti 2011.
[33] Mazenta 1598, p.n.n.; Fontana 1591, 19. Nel manoscritto di Mazenta del 1597 il particolare della testa bovina manca, e infatti il vegliardo posto a raffigurare il Po nel disegno dell'arco ha sembianze in tutto umane (si veda Fig. 4.1)
[34] Il secondo volume degli scritti di Fontana, di pubblicazione più recente, non sembra presente: *Libro secondo in cui si ragiona di alcune fabriche fatte in Roma et in Napoli*, Napoli, Costantino Vitale 1604.

Commandino (Bologna 1565) e, di quest'ultimo, la sua traduzione delle *Mathematicae Collectiones* di Pappo d'Alessandria, pubblicate a Pesaro nel 1588 dopo la morte del traduttore, urbinate, umanista matematico e assiduo traduttore delle opere dei grandi maestri dell'antichità, che nella sua città natale aveva fondato una rinomata scuola di matematica.

Con queste presenze arriviamo a chiudere un primo cerchio del nostro discorso. Credo infatti che la nobilitazione dell'architettura come scienza teorica, distinta dalla pratica di cantiere, attraverso lo studio delle matematiche, della geometria, e il recupero delle fonti classiche, trovi la sua incubazione nella fucina di quell'"umanesimo matematico" felicemente delineato da André Chastel che è la Urbino di metà Cinquecento.[35] Solo un esempio, tra i tanti possibili per un discorso ovviamente complesso, che esula dai fini di questo intervento, con qualche passo dal *Trattato delle fortificazioni dei nostri tempi* del pesarese Giovan Giacomo Leonardi, per anni stanziato a Venezia al servizio dei duchi di Urbino, di Francesco Maria I Della Rovere e, alla sua morte, di Guidubaldo II.[36] L'architettura militare è un osservatorio d'eccezione per considerare l'evoluzione del ruolo dell'architetto nelle corti italiane del Cinquecento. Se ne discute molto perché, data l'evoluzione delle tecniche militari, è l'unica branca dell'architettura per la quale sembra impossibile affidarsi al recupero dei precetti dei testi antichi, *in primis* Vitruvio. Nel suo *Trattato*, composto nel 1553 e rimasto manoscritto, Leonardi dal proprio canto rivendica al comandante d'eserciti, il "Principe cavalliero," l'idea progettuale delle fortificazioni, e all'ingegnere l'attuazione pratica, così com'era, scrive, nell'antichità. Al "principe" fattosi architetto teorico non devono quindi mancare conoscenze matematiche e geometriche, e all'ingegnere la pratica degli strumenti e delle misurazioni.[37] Si delinea quindi una precisa gerarchia che riserva "a una ristretta *élite* nobiliare, pratica nell'arte militare e sottoposta a patti feudali col principe, il ruolo di ingegnere-architetto."[38] Riportato ad altri settori dell'architettura, dall'ingegneria idraulica alla civile, il discorso aiuta forse a comprendere meglio l'identità dell'"architetto speculativo" delineato da Borsieri, con in testa l'esempio del nobile giureconsulto Guido Mazenta.

Abbiamo già anticipato quanto sia stato importante il rapporto che si crea alla fine del Cinquecento tra Milano e la corte di Urbino, anche per la crescita esponenziale dell'interesse per le scienze applicate di ogni genere, che raggiungerà i suoi vertici di diffusione dopo l'apertura dell'Accademia Ambrosiana da parte di Federico Borromeo, fortemente coinvolto in questo

---

[35] Chastel 1965, 41, 46-50.
[36] Su Leonardi cfr. almeno Mandelli 2005.
[37] Leonardi 1975, 63-65.
[38] Mara 2020, 53-54.

processo, che lo vede comparire tra i corrispondenti di Galileo Galilei. Si è anche già ricordata la lunga presenza nel milanese, a partire dal 1570, dell'ingegnere e cartografo urbinate Giovanni Battista Clarici, la cui rilevanza è ora messa in evidenza nel bel libro pubblicato da Silvio Mara.[39]

E pure negli scambi Milano-Urbino sullo scorcio del secolo, Guido—che mantiene contatti duraturi con la corte dei Della Rovere—occupa un ruolo di primo piano. Insieme al fratello Alessandro è uno dei referenti principali, per esempio, per i rapporti con la richiestissima bottega di Federico Barocci, dalla quale grazie anche all'impegno dei due Mazenta giungono a Milano diverse opere, al di fuori delle ben note richieste ufficiali per il Duomo.[40] Nel 1597 Guido commissiona anche a Simone, il fratello di Barocci celebre costruttore di orologi, strumenti meccanici e astronomici all'avanguardia, uno "stuccio," cioè uno dei ricercati astucci dell'urbinate, contenente almeno "venti pezzi" di strumenti "di quelli più principali," probabilmente squadre e compassi e altre specialità utili alla pratica ingegneristica.[41]

Chiudiamo così un altro cerchio: quando scrive Borsieri, questi percorsi di evoluzione del ruolo dell'architetto e in generale degli uomini di cultura nella società milanese sono giunti a maturazione e hanno trovato direzioni normative nell'erigenda Accademia Ambrosiana, per le cui prime fasi di gestazione sono direttamente implicati lo stesso Borsieri accanto a Guido Mazenta. Dal suo esilio veneziano seguito all'uxoricidio del 1608 e fino alla morte, nel 1613, il giurista continua infatti anche a distanza a esercitare la sua influenza sull'*entourage* federiciano. Anzi, si deve a un lavoro di concerto tra Borsieri e Guido, che sembra esserne stato l'ideatore, l'apertura in Milano di una prima accademia. "Non ha molto tempo," si legge nel *Supplimento* di Borsieri del 1619, "ch'un'altra Accademia per l'architettura fu istituita in Milano da Gio. Battista Galliani pittore di somma aspettazione, che cominciolla indotto dall'affeto che Guido Mazenta mostrava per quest'arte. Pubblicò egli alcune conchiusioni per le regole della prospettiva, e v'introdusse il nome dell'Aurora, ma questa Accademia giunse alla notte prima che passasse per lo meriggio, e per la sera."[42]

---

[39] Mara 2020. Mi chiedo anche se il "Libro scritto a mano delli confini dello Stato di Milano" rubricato nell'inventario della biblioteca di Mazenta (v. *Appendice*) non abbia qualcosa a che fare con le ricerche cartografiche di Clarici.

[40] La questione è ora affrontata con tutti i dettagli in Bruzzese c.d.s. Guido continua a mantenere rapporti con la corte di Urbino anche dal suo esilio veneziano, dopo il 1608, come confermano alcune lettere datate tra il 1610 e il 1612 citate da Sangiorgi 1982, 22-23, e Gronau [1936] 2011, 256-57.

[41] Sangiorgi 1982, 18, 22-23.

[42] Borsieri 1619, 61.

Che l'accademia fosse aperta all'insegnamento dell'architettura lo si apprende da questo passo. Nelle lettere di Borsieri in cui se ne parla, a partire almeno dalla fine del 1609, gli insegnamenti nominati sono la pittura e la scultura. L'Aurora ebbe vita breve se non brevissima, a causa anche del forzato allontanamento da Milano con un'accusa di omicidio di Giovanni Battista Galliani, il pittore lodigiano che avrebbe dovuto reggerne le sorti. Ma per qualche tempo è stata aperta, con le sue "regole" pubblicate e con i primi iscritti, tra i quali sappiamo, ed è un fatto da tenere in considerazione, che a volerne fare parte erano anche alcuni gentiluomini che si dilettavano di pittura, come Francesco II D'Adda, colto collezionista, con la casa confinante a quella dei Mazenta a Milano, e indicato come protettore dell'operazione.[43] Altro entusiasta sostenitore è Federico Borromeo, che si era dichiarato disposto, qualora l'istituzione fosse rimasta in vita, a donare le sue raccolte artistiche, cosa che farà poi per la sua Ambrosiana.

Da qui, a mettere insieme i pezzi, si capisce che l'Aurora non è stata, come spesso si ripete, solo un esperimento fallito, ma il primo banco di prova per l'apertura dell'accademia federiciana, alla quale si comincia a lavorare esattamente nel momento in cui smette o sta per finire l'esperienza guidata da Galliani, Borsieri e, a distanza, da Mazenta.[44] Guido non può essere a lungo della partita, muore nel 1613; mentre Borsieri compare fino dalle prime sedute ufficiose, nello stesso anno, tra i "consultori" dell'Ambrosiana.[45] E a lui il cardinale si rivolge, l'anno dopo, per avere anche "i Capitoli," cioè le regole dell'Aurora, accanto a quelle delle accademie di Firenze e di Bologna, per stendere i precetti della sua creazione, che sarà aperta anch'essa all'architettura, a differenza delle altre accademie italiane.

Considerati questi orizzonti si capiscono un po' di più le macchinose scansioni temporali del *Supplimento* di Borsieri, portato a estendere anche sul passato della città questa visione accademizzante. Fino a mitizzare due improbabili "Accademie di molto nome per l'architettura" che si sarebbero viste a Milano. La prima, aperta "verso l'anno 1380, mentre Gio. Galeazzo Visconte nipote di Bernabò andava pensando di gettar le fondamenta del Duomo," attese "a quella maniera di fabbricare, che i moderni chiamano Alemana." La seconda

---

[43] Per tutte queste informazioni, e la bibliografia relativa alla nota impresa dell'Accademia dell'Aurora, si veda da ultimo Vanoli 2015, 117-123. Su Francesco II D'Adda: Leydi 2008, 94-104. È il "Francesco Dada" citato in due istrumenti registrati tra i documenti di Guido nell'inventario dato qui in *Appendice*.
[44] Bora 1992.
[45] Jones 1997, 41-42, 126, 223-24.

> cominciò verso il MCDXL sotto il Ducato di Francesco Sforza, il quale non contento di quel progresso, che s'era fatto nella prima, benché si servisse pur di Bramante, v'introdusse Leonardo da Vinci, il quale lasciò quasi perciò lo attender'alla pittura, ancorché dopo facesse quel cenacolo delle Gratie.[46]

Qui i pasticci, di tempi e di nomi, si fanno evidenti, ma c'è da notare che gli architetti che "riuscirono" da questa scuola erano anche tutti "pittori eccellenti," a partire da Giovanni Antonio Boltraffio, che ne avrebbe guidato le sorti, e per il quale non resta traccia di una qualsiasi compromissione con il mondo dell'architettura. In questa accademia "cominciò lasciarsi la minuta architettura, e ripigliarsi la soda," e si dice che anche il Tibaldi ne "avesse beneficiato," "ma egli divenne eccellentissimo in quest'arte per lo studio fatto in Roma sopra i tempij antichi," e "mentre dimorò in Milano ammaestrò molti in questa professione, lavorando a molti dei cantieri principali." A questo punto Borsieri dichiara di avere egli stesso "vedute già nelle mani di Guido Mazenta diverse lettioni di prospettiva, di macchine, e di edificij, scritte in caratteri Francesi, benché in favella italiana, che erano già uscite da questa Accademia, e s'attribuivano anzi al medesimo Leonardo."[47] E alla fine dei discorsi sui risultati, in ogni campo, di questa accademia, attacca il discorso sull'Aurora, seguito dalla distinzione tra architetti "prattici" e "specolativi" da cui siamo partiti.

Cosa fossero le carte che Borsieri ha visto "nelle mani" di Guido non possiamo saperlo. "Scritte in caratteri Francesi," benché in volgare, sembrano qualcosa di diverso, o almeno qualcosa in più, rispetto ai famosi codici leonardeschi fuoriusciti da casa Melzi e fortuitamente recuperati da Giovanni Ambrogio Mazenta a Pisa da Aldo Manuzio, nipote omonimo dell'eccelso

---

[46] Borsieri 1619, 57

[47] Borsieri 1619, 58-59. Sulla cosiddetta accademia che Leonardo avrebbe impiantato a Milano, l'ampia letteratura prodotta nel tempo è ora affrontata da Pederson 2020. Continuo a credere che gli indizi a nostra disposizione, dalle incisioni con il motto variamente abbreviato "Academia Leonardi Vinci" alle fonti letterarie, si riferiscano a libere associazioni di individui riuniti con lo scopo di promuovere le lettere, le scienze e le arti. Come il consesso dei principali artisti, letterati e musicisti attivi alla corte di Ludovico il Moro—da Leonardo a Caradosso a Bramante, da Gaspare Ambrogio Visconti a Lancino Curzio—rievocato nell'*Isola beata* di Enrico Boscano, un manoscritto datato nel secondo decennio del Cinquecento di cui si è anche supposta un'antica provenienza da Giovanni Ambrogio Mazenta (Pederson 2008, 251; Pederson 2020, 198-99). È la cultura degli scrittori tra fine Cinquecento e inizio Seicento, a seguito dell'apertura delle prime accademie artistiche italiane, a riversare un'immagine normativamente didattica su queste associazioni umanistiche.

stampatore veneziano.[48] Forse trascrizioni di alcuni di quei perduti studi sulla prospettiva dei quali secondo le fonti, a partire da Lomazzo, sarebbero stati autori i principali fondatori di quella che si verrà poi a delineare come la scuola della pittura milanese, da Vincenzo Foppa al Bramantino.

Da qui risulta del tutto legittima la tracciatura a posteriori e a tavolino di quel filo che avrebbe unito, nelle parole di Borsieri, le ipotetiche "regole" dell'"architettura specolativa" denunciate da Mazenta con l'esperienza dell'insegnamento della matematica e della geometria avviato nel Campo Santo del Duomo tra il 1613 e il 1615 sotto la guida di Muzio Oddi, altro urbinate d'eccezione, le cui lezioni erano aperte, come dimostrano gli ultimi studi, oltre agli artisti anche a tanti nobili pronti ad aderire al nuovo *identikit* degli uomini di cultura che si era affermato.[49]

L'esperienza di Oddi sembra del resto un ripiego, in vista dell'apertura dell'Ambrosiana, del fallimento dell'Accademia dell'Aurora. Così come, alla fine del 1615 e grazie al sostegno di Alessandro Mazenta, l'avvio sempre nel Duomo di una scuola di scultura diretta da Giovanni Andrea Biffi. È l'ultimo lascito, finalmente realizzato, di Guido Mazenta, che nel suo testamento, rogato a Venezia il 24 novembre 1612, aveva destinato "scudi cinquecento per una volta tanto" da "impiegare in tirreni e non altrimenti, e della rendita di quelli si dia tutta al miglior statuario che servi quella Chiesa il quale sia eletto per protostatuario detta Fabbrica."[50] E così arriviamo a chiudere, per ora, un ultimo cerchio sulla figura di questo eruditissimo "architetto specolativo."

---

[48] La storia di questi codici è stata ripercorsa infinite volte, a partire dai ricordi autografi di Giovanni Ambrogio Mazenta. Ne parla in questo contesto anche Janis Bell, che se ne è occupata più diffusamente in altra occasione (Bell 2019). Per un consuntivo sugli studi e la bibliografia di riferimento: Bambach 2019, 607, 622-623.

[49] Muzio Oddi approda a Milano, secondo recenti ricostruzioni, prima dell'11 agosto 1610, e vi resta fino al 15 maggio 1625 (Marr 2005). Durante il suo lungo soggiorno si dedica prevalentemente all'insegnamento delle scienze matematiche, della geometria e della prospettiva, con un'attività pubblica presso le Scuole Palatine e la Fabbrica del Duomo, e lezioni private alle quali erano soliti partecipare membri della nobiltà milanese (Gatti Perer 1997, 16-17; Scotti & Soldini 1999, 57-58; Spiriti 1999, 36-37; Marr 2006, 165-192; Marr 2011).

[50] Una copia del testamento di Guido, rogato a Venezia dal notaio Giovan Francesco Crivelli il 24 novembre 1612, si conserva in ASMi, Finanza-Confische, cart. 1709, testimone il figlio Ludovico, che dichiara di abitare in questo momento a Venezia. Sulla scuola di scultura del Duomo, e il coinvolgimento di Alessandro Mazenta: Scotti & Soldini 1999, 57-58; Benati & Roda 2003, 69.

Appendice

Si trascrive di seguito l'elenco del patrimonio librario (compresi pochi manoscritti e documenti) di Guido Mazenta, rinvenuto nella casa milanese di via Amedei in occasione della confisca dei beni imposta al proprietario, condannato di uxoricidio. Questa parte dell'inventario generale (conservato in ASMi, Finanza-Confische, cart. 1709) è redatta l'8 agosto 1608, "nello studio" di Mazenta, alla presenza di Giovanni Battista Figino, coadiutore del Magistrato milanese che conduce l'inchiesta, "del dott. Colegiato di Vigevano Egidio Sachetto che habita nella casa del Ill. Sig. Presidente Pollo, et ancora alla presentia di Gabriele Proserpio huschiero dil S.tto Ill. Magistrato, et de Ieronimo Merato Antiano della parocchia di Sta Eufemia p. R. et prima."

Le voci sono redatte con la storpiatura dei titoli e dei nomi consuete negli inventari librari dell'epoca, soprattutto per quel che riguarda gli autori stranieri. Si è solo normalizzato l'uso della maiuscola, almeno per i nomi propri e di città. I fogli sono estremamente rovinati dall'umidità nella parte alta: è impossibile leggere intere voci, di cui si intuisce solo l'entità, restituita, per completezza, con tre trattini compresi tra parentesi quadre. Le parole illeggibili all'interno degli altri lemmi sono sostituite da tre puntini tra parentesi tonde. Le parole dubbie sono integrate tra parentesi quadre. I fogli non sono numerati: li separa nella trascrizione un a capo.

    Le Istorie del Natale latine in folio
    Il tesoro della teologia morale latino del Saino in folio
    Li consegli del Costa primo volume in folio
    Li consegli del p.tto secondo volume in folio
    Li consegli del istesso primo volume in folio
    Li consigli del Inriquez con altre opere volume uno in folio
    Il catalogo della gloria del mondo del Cassano in foglio
    Li comentari simbolici del Riciardo volume secondo in foglio
    L'altro volume dell'istesso in foglio
    Dell'ordine del iuditio del Morandio in quarto
    Il quarto volume delli consegli del Rolando Della Valle in foglio
    Li statuti di Milano con il commento del Carpano volumi doi in foglio
    L'indice dell'istesso volume uno in folio

    [...]
    [...]
    Li statuti de Milano in foglio
    Li comentari del Carpano sopra il Capitolo collegiale penis in foglio piccolo
    La constitutione de Milano in quarto
    Li consigli del Navarra volume uno in foglio

Del matrimonio del Sanchez e altro volume in folio
La resuretione criminale del Cavallo volume uno in foglio
Delle clausole del Bertazzolo volume uno in folio
Del recuperare il possesso del Menochio volume uno in folio
Delli testimonii del Farinazo volume doij in folio
Uno altro volume dell'istesso, in folio
I consegli dell'istesso volume uno in foglio
L'indice de tratati universali volume uno in foglio
Le dicisione del Roberto volume uno in foglio piccolo p.o
Le comuni opinioni del Gabriello volume uno in foglio, Venetia
Dell'emphiteosi del Corbulo volume uno in foglio, Urbino
Delli pegni de diversi volume uno in folio Francoforte
La decisione del Surdo volume uno (in foglio)

[…]
[…]
Dell'affitto del (…) in folio Venetia
Del significato delle parole del Brisson volume uno in foglio Parigi
Il manuale de confessori del Navaro in foglio picolo volume uno (…)
De i fidecomissi del Peregrino volume uno in folio (…)
Il dicionario da Albericho in foglio secondo volume uno, Venetia
Li consegli del s.r Signorolo volume uno in foglio, Lione
La pratica criminale del Damuderio volume uno in mezo foglio Lovagno
Somario de li ordini de li offitiali de Milano in foglio volume uno Milano
Le oppere del Claro volume uno in foglio Venetia
Il thesoro della lingua latina volume uno in foglio Basilea
Le istorie romane de diversi volume primo in foglio Francoforte
Del thesoro della lingua latina volume terzo in foglio et secondo volume dell'istesso Basilea
L'opera del Bosso volume uno in foglio Lione
La poliantea in foglio volume uno Lione
Li inforciato in foglio grande volume uno Lione

[…]
Il digesto vecchio volume uno in foglio Lione
Il codice volume uno in foglio Lione
Il digesto novo volume uno in foglio Lione
Il compendio delle cride della città di Milano sopra la vittovaglia volume uno in foglio piccolo Milano
Inscrittioni antiche del Grutero in foglio grande volumi doi Lione
La notte delli antichi romani del Grutero volume uno in foglio
Delle istorie romane volume terzo in foglio de diversi Francoforte

Dell'istesso volume secondo in foglio
(…) tratati diversi volumi vintinovi in foglio grande Venetia
Le sentenze varie del Tepasto volumi doi in foglio (…)
La institutta in quarto Venetia
Le letture dell'Abasto volumi otto in foglio Lione
Consegli dell'istesso volume uno in foglio grande Lione
Le letture dell'Albericho volumi novi in foglio Lione
La somma de Azzoni volume uno in foglio Lione
Il decretto di Gratiano volume uno in foglio piccolo Venetia

[…]
[…]
Le letture di Bartholo volume uno in foglio Lione
Li consigli questioni et (…) dell'istesso volumi doij in foglio Lione
Li consigli del Isano volumo doij in foglio Lione
Le letture dell'istesso in foglio volume deci Lione
Li consegli di Ronaldo avalle volumi tre in foglio Venetia
Il Menochio de arbitraris indicione volume uno in foglio Venetia
Li consigli dell'istesso volumi sette in foglio Francoforte
Li consigli del Surdo volumi quattro in foglio Venetia
Il [metato] del Vigellio mezo foglio volume uno Venetia
Il Fanuchio de iure iurando in litem volume uno mezo foglio Ve.a
La pratica criminale del Biancho volume uno in quarto Venetia
Lino de regulis iuris volume uno in quarto
Il Detio de regulis iuris in quarto Lione
Del Festasio de estimo et colectis Venetia in quarto
De antiquitate tempor del Cravetta
Del modo de legere le breviature in quarto
Le espositioni de titoli regali del Piotto

[…]
[…]
Li consigli del (…) volumi quattro in foglio
La somma silvestrina volumi doi in mezo foglio Venetia 1601
Sforzia Oddio de restitutione in integrum
Tiraquello de nobilitate volume uno in foglio Venetia
Tiraquello de legibus connubilibus volume uno in foglio Lione
Processo informativo del Ambrosino in quarto
Praticha criminale canonicha del Coliacio in quarto
Consigli criminali e fiscali del Gramatica in quarto
La pratica del Palazo in quarto
Le letture del Baldo volumi sei civille in foglio Lione

Le letture canoniche dell'istesso volumi doi in foglio
Li consigli del Gozadino volume uno Venetia
Li consigli di Paulo da Castano volumi doi Venetia o Milano
Le lettere dell'istesso volumi quattro in folio Milano
Delle congieture dell'ultime volontà del Mantica Venetia volume uno, in foglio

[...]
[...]
Il metodo di studiare in lege in ottavo
La topicha de Verardo in quarto
Il concilio di Trento in quarto
Borgnino de tutore, et curatore in quarto
Il Medici de sepulturis in quarto
Il Merzaro de fideicommisso in quarto
L'Alciato sopra li titoli in quarto canonici
L'Alciato sopra il digesto novo in quarto
L'Alciato de verborum significatione in quarto
L'istesso de verborum obligationibus in quarto
L'indice dell'istesso sopra il codice in quarto
Il thesoro de principi di Michele Eitznighero in quarto Colonia
L'Alciato sopra l'inforciato in quarto
Dell'origine potestà de principi del (...)
La praticha criminale de Angelo in quarto
Il formulario dell'(...) del Cavalino
Il comento del Rebuffo sopra (...) quod fussit in quarto de re iudicata
Il Negusantio de pignoribus in quarto
Il Vinfeldio de iuris in quarto
Il Francho de appellatonibus in folio volume uno
Le letture del Romano volumi doi in foglio
Le letture del Cino sopra il codice volume uno in foglio
Le letture del Rippa civile volumi dui in foglio
L'opera di Marsilio volume uno in foglio
Prepositus de appellatione volume uno in foglio

[...]
Le letture del Salizeto Volumi quattro in foglio
Le letture del Soncino canonico volume uno in foglio
La somma ostiensa volume uno in foglio
Il Capicio de feudis volume uno in foglio
Il Galio de statutis volume uno [...] foglio
Spechio de principi del Borello in foglio volume uno, et del Belugho
Le dispute del Bellarminio

La repitione del Zancha sopra la lege heredes mei volume uno in foglio
Il Francho in canonico volume uno in foglio
Inocentio in canonico volume uno in foglio
Le letture del Curtio (...) volume uno in foglio
Le letture del Cumano volumi due in foglio
De alvionibus del Cravetta volume uno in foglio
Plancarano in canonico volumi cinque
La pratica de Asinio in foglio n.o uno
Alesander ab Alessandro genialium dierum volume uno in foglio
Il Galina de verborum significatione volume uno in foglio
Tratati criminali del Deciano in foglio volumi doi
Lanfrancho de oriano repitione n.o uno in foglio

Li consigli (...)
Li consigli del Cumano et del (...) volume uno in foglio
Li consigli del Romano, e del Aretino volume uno in foglio
Consigli del Mantova et de Gioanni de Amicis in foglio volume uno
Consigli del Gratto volumo doi in foglio
Consiglio del Ruino volumo cinque in foglio
L'affitto sopra la constitutione del regno volumo uno in foglio
Consiglio del Caldarino padre, et del figlioli (...) S.to Giminiano volume uno in foglio
L'Aratino sopra la institiua in foglio
L'affitto de pheudis volumi doi in foglio
Tratati del Bruno volume uno in foglio
Il Piotto nella lege siquando Volume uno in quarto
Consigli criminali de diversi n.o uno in mezo foglio
Gratiano sopra l'inforciato volume uno in foglio
La retentione atq. insistentia bonorum del Molignato volume uno in foglio
De abonitionibus et indultis del Catelano volume uno (...) in folio
De citatione reali del Gianino padova volumo uno in folio
L'Alciato de rebus creditis et prepositi volumo uno in folio
Villagut de usuris volumo uno in folio

[...]
[...]
Le letture de Alessandro volumi sei in folio
Le letture del Socino il Vecchio volumo uno in folio
Brederodio de appellationibus volume uno in folio
Le letture de Angelo volumi quattro in folio
Consigli del Alessandro volumi quattro in folio
Consigli del Decio volumi dui in folio

Consigli di [Fedriandro] da senesi volume uno in folio
Consigli del Rosso volume uno in folio
Coaruias volumi quattro in quarto
Dell'istesso de regulis juris volume uno in quarto
De mercatura del Stracca volume uno in quarto
Instituta canonica del Cucho in quarto volume uno
Tratati del Lancilotto volume uno in quarto
Vancio de nullitantibus in quarto volume uno
Tiraquello in lege bones in quarto volume uno
Tiraquello de iure constituti volume uno in quarto
Tiraquello de causa cessante volume uno in quarto
L'istesso (…) in quarto
L'istesso nella lege si onguam

[…]
Le regule del Decenna in quarto volume uno
Allegatione del Suarez volume uno in quarto
Zavatario de foro mediolanense n.o uno
Repititioni del Suarez volume uno in quarto
L'opere di Bovetio volume uno in folio
L'opera di (…) di pena volume uno in folio
La instituta grecha set latina volume uno in quarto
L'Alciato de presuntionibus volume uno in quarto
Vocabulario del Nebrisenso in quarto
Il Plaucio sopra li lege (…) certum petatur
Le vitte de iuraconsulti n.o uno antiche et moderne in quarto
La decisione della capella tolesana n.o uno in quarto
Le comune opinione del Vilano (…) n.o uno
Il Contardo nella lege unicha volume uno in mezo foglio Roma
Concilio provinciale de Milano volume uno in mezo foglio
La instituta in quarto volume uno
Nicasso sopra la instituta volume uno in quarto
La decisione di (…) papa in quarto n. uno
Le decisioni nove dil regno del Capicio in quarto
Catullo con il commento dil Moretto in quarto
L'instituta volume uno
Consigli criminali volumo uno
Consigli del Garatto dil Cacia et del Piotto volume uno in quarto

[…]
Consegli de Angelo volume uno in foglio
Consigli del Socino volume uno in foglio

Baldo de singularibus volume uno in foglio
Il Claro de testamentis volume uno in foglio piccolo
Singulari de romani et altri volume uno in foglio
Consigli de Giovanno Annaia del Caldarino et del Sangiminiano volume
    uno in foglio
L'Alvarotto de pheudis volume uno
L'Alberico de statutis con altri in foglio volume uno
Il preposito sopra feudi volume uno
De primogenijs del Molina volume uno in foglio Colonia
Consigli di Mariano Socino volume uno in foglio
L'institutta volume uno in ottava
Bredarodio cautella volume uno in quarto
Decisione del Marco volume uno in foglio
Le letture dil Cagnola volume uno in foglio
Le dicisione del Boverio volume uno in foglio
Delle streghe del Binsfeldio volume uno
Della simonia del Binsfeldio volume uno
Disquisitione imagiche del delirio, Magonza in folio piccolo volume uno
Consiglio del Cravetta volume uno in foglio
Consigli feudali del Bruna
Budeo de asse
Uno altro dell'istesso de asse in folio
Le decisioni pisane del Roda

[...]
Le comuni opinioni (...)
Tratato del Bruna sopra il statuto della prelatione de maschi volume uno
    in folio
Le decisioni dilla rotta romana del (...) volume uno in foglio
Le decisioni del Gramatica volume uno in foglio
Le decisioni del'Aflitto volume uno in folio
Li consigli del Lavizano volume uno in folio
Li memoriali dil Cotta volume uno in folio
L'opera del'Alciato ultime volume uno in folio
Comento del Torniello sopra la lege gallus volume uno in folio
Consigli del Mandello volume uno in folio
Consigli del Socino Vechio volume uno dui
Consigli del'Alciato volume uno in folio
Consigli del Parice volumi cinque in folio
Consigli del Calcagno volume uno
Consigli del Soncino giovane volumi doij in folio
Consigli del Zepero volumi doi in folio

Consigli del Corneo volumi quatro in folio
Letture del Corneo sopra il codice volume uno
Castiglio de usufructu volume uno
Caldes in lege sicuratorem habens volume uno in quarto
Iustituta canonicha del Cazalotto in quarto
Decisione nella causa de Girardi in quarto
Consilio per il serenissimo di Parma del Zoboro In folio
Il Torniello nell'(…) et terze, de legatos

[…]
[…]
Le (…) canoniche del Rippa volume uno in folio
Motivo contra i conti Boromeij con la resolutione de esso foglio picolo
Allegatione del Zobora per la altezza di Parma
Le letture civile dil Decio in folio
L'età del mondo in foglio grande
Somario delli errori, et abusi nelle (…) volume uno in folio
Privilegii de dottori colegiati de Milano n.o uno
Un altro volume delli herrori, et abusi sopra detto
La tragedia Tancrede del Camerano in quarto
Il Carcano la peste
Marco Aurelio in lingua Castiliana in folio
La prima et seconda parte delle Istorie generale delle Indie, in lingua
    Castiliana, Medina dil Campo
La prima parte delle croniche del Peru in lingua Castiliana in folio
Vitte delli imperatori romani de Svetonio et altri in folio
La architettura del Paladio in folio piccolo
Il theatro del mondo del Ortelio
La architettura del Serlio in mezo folio
La fabrica di Sisto quinto del Fontana in folio R.a
L'architettura dil Vitruvio in foglio
Il terzo libro dell'architettura del Serlio in folio

Cremona [fidelissima] in folio […]
Il Vitruvvio […]
Le istorie […]
La Sforzia dil Simonetta […]
Carlo Cigognia de regno italie in folio
La antichità giudaica di Gioseffo
Il Malaspina sopra la epistola de Cicerono ad atticum in quarto
L'humore dil Taegia in quarto
L'agricoltura del Crescentio In quarto

Li dispareri di architetura del Aretino in quarto
Li annali latini del Iansonio volumi quattro in quarto Colonia
De Re rusticha de diversi in quarto de Aldo
L'oppere del Boscano in lingua Castiliona in ottavo Lione de Spagna
Il Platina delle vitte de pontefici (...) in quarto
Le antichità di Roma del Fauno
Vitta de Cosimo primo de Medici del Manutio Bologna in folio
Il Thevero del Baccio in quarto
L'Euripide greco in quarto
La prima parte della vitta di Plutarco mezo foglio
Della virtù poetica in quarto del Mancinello
L'Idea della pittura del Lomazzo in quarto
L'Eutropio latino in folio con Paulo Diacono, et Damiano Marcelino, et altri
Il Fabrino sopra le epistole familiari de Cicerono inp.fetto[?]
Libro de (...) de sonare in carta
Lucretio della natura delle cose latino P.o in quarto

[...]
[...]
[...]
Il Panvinio della repubblica romana in quarto
Della guerra di Rodio del Fontana in folio
Capitulatione della città di Milano con il (...)
La grammatica grecha del Clenardo
Li ordini delli offitiali de Mediolano in folio
Il suplimento delle croniche di fra Gio Jacobo Filippo in folio
L'opere di Senofonte greche b.a volumi doi
L'opera di Demostene greche parte terza
La pratticha de Aristotolo grecha mezo folio
Il Breventano delli alimenti in quarto
Il liceo dil Taegia
L'offitioso dil Taegia
Il Catachisimo romano
L'Alberto Magno de secretti delle donne
L'institutioni del ben vivere del Matulo
Fatti de Milano contra la peste
Uno offitio della setimana santa
L'Arcadia di San Magno
Il compendio delle Vitte de Plutarcho
La conversatione civile del Guazzo
Il discorso delle bellezze del Vieri
La seconda parte delle Vitte de Plutarco

Il modo di misurare le distanze del Bartoli
Fragmenti de autori antichi
La modulata pallas del Puteano
Li ordini del cavalcare del Grisono
La matematicha del Pappo latina con commenti folio
Cornelio Nepote Istorie latine in quarto
Il compendio della gramaticha del Spauterio
Pomponio Melli et altri della antichità in quarto

[…]
[…]
Le machine (…) del (…) in quarto
Statuti di Milano vechio
Il pomario dil Porta
L'historia et analli di Cornelio latino in folio
La terza parte delle prediche del Musso
La Gramaticha greca de Urbano
Della perfetione cristiana del Rosignolo in (…) de mezo folio
Li discorsi del Matiolo in folio
L'opera di Vergilio con l'annotatione diverse in folio
Libro scritto a mano delli confini dello Stato di Milano
Libro scritto a mano la questione filosofica
La Vitta del Lombardo pittore brugia
Del parlare figurato del Dolze
Vegetio et altri dell'arte militare
Le rimme del Capello in quarto
Statio del Cruce basilea in ottavo
Il discorso del Romei
Le retoriche del Cipriano
Il compendio de Aristotile de natura Colonia
Il pianto della città di Milano del Panizone
La gramaticha grecha del Cleandro parigi
L'antichità di Pavia del Breventano
De l'origine e de le imprese del Re di Spagna del Taraffa latine Anversa
L'arte della pittura del Lomazzo
Delle acque del (…)
Le omelie di San Basilio
Il re Torismondo tragedia dil Tasso
Tucidide Istoricha tradotto in volgare

[…]
La chronicha de li Re di Francia coi loro ritratti naturali

L'hospidale de pazzi del Garzoni
Il cavalarizzo dil Corte mezo folio
Le epistole di Ovidio con breve commento
Le Vitte de prencipi Visconti latino del Giovio Parigi
Delle contratte di Roma di Pietro Vittore in carta pecora
Le orationi del Speroni
La cronicha del Bosso latina in folio
La Philosofia naturale latina del Porta in folio Napoli
La sphera di Giovanni di Sacrobosco
Le rimme burlesche del Ferario
Spechio di guerra del Panigarola mezo folio
Le Varie letione del Mercuriale latine
L'architettura latina dell'Alberto in quarto
Dell'origine della Casa Sfondratta del Morigia
Del cavare sangue del fisicho Constantino in quarto
La Gimenasticha di Mercuriale mezo folio
La Militia Romana delle machine, et arme militarie, del Lipsio in folio con gionto volume uno Ancona
Il Vida de la dignità della repubblica
Modulata pallas in tre volumi
La Vitta dil Marchese di Malegnano latina
Dialogho delle vachanze del picinello
La Agricoltura del Bonardo in quarto
La Magia de amore del Casoni in quarto
Sonetti del Reijnero
Discorsi dell'Ammirato sopra Taciti

[…]
Comento di (…) Aristotile (…)
Del fabricare li (…)
La quadratura del circolo del Mariano
Ragionamenti del Panigarola sopra la Passione di Nostro Signore
Di reconciliare li inimici del'(…) in mezo folio
L'età del mondo del Bardi mezo folio parte prima
Le opere di Senofonte, tradotte in italiano dal Gandino in mezo folio
L'età del mondo del Bardi parte seconda
Dell'istesso parte quarta
L'amoroso sdegno favola pastorale del Bracciolino in ottavo
L'offitio della sanità di Milano
Madricali del Scalia
Il Comandino de centra
Dell'Isola tremitte del Cocarella

De cavalieri di Sto Stefano ordini, et (…) statuti
La Cosmografia latina dil Barozzo
Le prose del Bengho
La Cinthia del Noce
Li epigrami del Remondo ottavo
Rime de diversi raccolte dal Borgogna
Il Petrarcha con la (…)
Le oppere di Rugante ottavo
Casorino de die natale ottavo
Lettere dil Mutio ottavo
Rimme del Lomazzo in quarto
Le Rimme del Golosino in quarto
La seconda parte delle lettere del Borgharo

[…]
[…]
(…) della republica del Gregorio (…) in ottavo
La seconda dell'istessa
Gramatica grecha di Urbano in quarto
La seconda parte dell'Istoria dil Giovio latine in quarto
Le epistole familiare de Cicerono ottavo
Nomi de luoghi del regno et altre cosse notevoli ottavo
La terza parte delle lettere de principi in mezo folio
La prima parte dell'istesso
La seconda parte dell'istesso
L'opera di Senecha mezo folio Basilea
La Vida dil picolo cioè de (…) in quarto
Li ordini dil senato di Milano
Il thesoro ciceroniano dil Nizolo in folio
Discorsi tre dil Rusello in quarto
Tucidide tradotto dal Valle in latino in folio
Quinto Curtio della vitta di Alessandro Magno tradotto in italiano dal Procacio
L'hortografia del Manacio in quarto
L'epistole del Manacio in quarto stampa dell'istesso
De spiritali di Herone tradotto in latino dal Comandino in quarto
Dialoghi del Sperono in quarto con l'apologia
Del fortificare le città del Zanchi in ottavo
Le comedie di Plauto in quarto Basilea
Senofonte dell'imprese di Ciro minore tradotto dal Amaseo
L'istoria dell'imperio ocidentale del Rigovvia

[...]
L'apologia (...) et re di Francia
Delle passioni delle (...) latina in quarto
Le noze della regina Maria Medici di Francia e Navarra
Il panagirico del Maioragio in quarto
Le opinioni del Macio in quarto
Opere dila Accademia fidata de Pavia mezo folio
La institutione del'Equicola in quarto
Il funerale del granduca Cosimo in quarto
L'horatione del Maioragio in quarto ne le nozze del presidente sacho
L'esequie del Re Filippo nostro signor in Fiorenza in quarto
Ragioni de presidentia in folio
Difesa della libertà ecclesiasticha contra venetiani del [Guevara] Roma in quarto
Del'entrata di Carlo quinto
Le phitafie del Pola in quarto
Brisonio de formentis in mezo folio de Francoforto
Doi discorsi dell'andata di San Gio Jacobo in Ispagna (...) in quarto
Oratione funebre del Labenzio (...)
Tratati diversi del Afaitato latine
Sonetti del Balbi in quarto lingua castiliana
Della Vitta di Manuello Filiberto del Toso in mezo folio
Le lodi del regente Caimo in quarto di Lucilio Terzagho
Il Genuidano de pulchretudine animi in quarto parigi

[...]
[...]
[...]
[...]
Delle noze di Biancha Capello duchessa di Fiorenza in quarto
Della entrata di Filippo secondo in Anversa in folio
Il ritorno in Brescia del cardinale Morosino in folio
Il Ferario de sermonibus exotericis in quarto de Aldo
De conscribendo historia del Ventura in quarto
Relationi della morte del principe Carlo di Spagna in quarto
Compendio de alcuni titoli di lege civille altra oratione del Comanino ottavo
Simboli divini et humani de pontifici imperatori et regi in folio primo volume
Della guerra dacicha del Giachono latina
L'imprese di Philippo secondo de Austria quarto
Le vitte di Sto Pietro et Paulo latine in quarto Roma
Le Reliquie del Putheano in mezo folio
Inscritioni antiche scritte a mano su carta bregamina in folio

Della lege et contratti del banco di Sto Ambrosio in quarto
Ordini della Casa delle Vergine spagnole in quarto
Lista dil patrimonio de detti Sri Mazenta
Gelologia dili signori Rho in folio

[...]
Della peste (...)
Oratione delle (...) da Rho latine (...)
Alegationi [giuditiari] delle (...) contra la città
Instrumento di conventione fra il dotore Guido Mazenta et conte Francesco Dada del 1603
Uno instrumento de mandato del conte Francesco Dada in Theodoro Dada per l'acordio con il dotore Guido Mazenta
Uno instrumento profesione fatta da Guido Mazenta a Giulio Basso, et Daria Lugnana rogato da Gio Pietro Modona [o Modora] adi 21 marzo 1600
Un pateat rogato da Gio Ambrosio Cardano di uno legato fatto al dotto Guido Mazenta et fratelli da Paulo Maria Visconte delle ragioni sue, contra Hippolita Visconta
Testamento di Impolita Bilia adi 8 decembrio 1523 rogato da Antonio Maria Besozo
Instrumento di confessione dil dottor Guido Mazenta verso Francesco Figino rogato da Gio Iacobo Cribello 29 luglio 1591
Instrumento de vendita fatta da Vincentio Figino et suo figliolo al già senatore Mazenta rogato da Giuseppe Reijna adi [5] decembrio 1565
Uno instrumento de obligatione di Francesco Figino verso il già fu senatore Mazenta adi 23 decembrio 1572 [o 1577] ma non è autentico
Statuti de li tessitori di Milano in quarto
Il Carpano de iure privilegio fischi in quarto
L'eloghi deli homini ilustri latino in folio
L'opere de Homero grecho in mezo folio

[...]
[Discorsi] sopra le antichità di Roma del Scamozia in folio con le figure
La fabrica del mondo del Alumo in folio
Li elogi de li homini illustri in guerra dil Giovio latine in folio
Discorso scritto a mano circa il vivere in corte in folio
L'epistole di Cassiodoro al lanziliero del Re de gotti scritto a mano in folio
Libro scritto a mano di letture Civille in folio
Repertorio scritto a mano in folio grande nella professione di lege
Una tavola delle figure celeste stampa di ramo
Una altra de tutte le parte de la terra

Uno libro de figure antiche sacre profane stampe di rame
Uno libro da scrivere grande
Nonio Marcello de proprietate sermonum n. I
Uno libro de intavolatura
Compendium pax civilis scritto a mano
Novi tavolini tutte a bofette senza feramenti con sopra le sue scancie de libri longhi braza due per cadauna, usate

Works Cited

Agosti 1996a
Barbara Agosti. *Collezionismo e archeologia cristiana nel Seicento. Federico Borromeo e il Medioevo artistico tra Roma e Milano.* Milan: Jaca Book, 1996.

Agosti 1996b
Barbara Agosti. *Cesare Cesariano. Volgarizzamento dei libri IX (capitoli 7 e 8) e X di Vitruvio,* De Architectura, *secondo il manoscritto 9/2790 Secciòn de Cortes della Real Academia de la Historia, Madrid.* Pisa: Centro di Ricerche Informatiche per i Beni Culturali, Accad. della Crusca, 1996.

Argelati 1745
Filippo Argelati. *Bibliotheca Scriptorum Mediolanensium. Seu acta, et elogia virorum omnigena eruditione illustrium, qui in Metropoli Insubriae, oppidisque circumjacentibus orti sunt [...].* II, 1, Milan: In aedibus Palatini, 1745.

Baccanelli 2019
Francesco Baccanelli. "Un frontespizio sconosciuto di Tommaso Bona." *Civiltà Bresciana* 2, no. 2 (2019): 169-179.

Balestreri 2005
Isabella Balestreri. *Le fabbriche del Cardinale. Federico Borromeo, 1595-1631. L'arcivescovado e l'Ambrosiana.* Benevento: Hevelius, 2005.

Bambach 2019
Carmen C. Bambach. *Leonardo da Vinci Rediscovered,* 4 vols. New Haven: Yale University Press, 2019.

Baroni 1940
Costantino Baroni, *Documenti per la storia dell'architettura a Milano nel Rinascimento e nel Barocco,* vol. 1. Florence: Sansoni, 1940.

Bell 2019
Janis Bell. "Zaccolini, dal Pozzo, and Leonardo's Writings in Rome and Milan." *Mitteilungen des Kunsthistorischen Institutes in Florenz* 61 (2019): 309-333.

Benati & Roda 2003
Giulia Benati and Anna Maria Roda. "De sacrae aedis fronte. Note per l'iconografia della facciata." In *... e il Duomo toccò il cielo. I disegni per il completamento della facciata e l'invenzione della guglia maggiore tra conformità gotica e razionalismo matematico 1733-1815.* Edited by E. Brivio, F. Repishti, 49-72. Milan: Skira, 2003.

Bora 1992
Giulio Bora. "L'Accademia Ambrosiana." In *Storia dell'Ambrosiana. Il Seicento,* 335-346. Cinisello Balsamo (MI): Cariplo-Amilcare Pizzi, 1992.

Borsieri 1619
Gerolamo Borsieri, *Il Supplimento della Nobiltà di Milano*. Milan: Gio. Battista Bidelli, 1619.

Bruzzese c.d.s.
Stefano Bruzzese. "Quattro maschi, tutti degni di lode." *I Mazenta e le arti nella Milano di Federico Borromeo*. Forthcoming (in corso di stampa).

Cazzani 1977
Eugenio Cazzani. *La parrocchia di Santa Maria Bianca della Misericordia in Milano*. Saronno: Lambro, 1977.

Chastel 1965
André Chastel. *I centri del Rinascimento*. Milan: Feltrinelli, 1965.

Ciceri 2013
Francesco Ciceri. *Epistole e lettere (1544-1594)*. Edited by S. Clerc, vol. 2. Locarno: Armando Dadò, 2013.

Ciceri & Casati 1782
Francisci Cicereii Epistolarum Libri XII et Orationes Quatuor[...]. Edited by P. Casati. Milan: Imp. Monast. Sant'Ambrosii Majoris, 1782.

Comincini, De Alessandri, & Pertusi 1980
Mario Comincini, Giovanni De Alessandri, and Chiara Pertusi. *Habiate, La chiesa di San Bernardino*. Milan: Società Storica Abbiatense, 1980.

Fieni 2004
Laura Fieni, editor. *La costruzione della Basilica di San Lorenzo a Milano*. Cinisello Balsamo (MI): Silvana, 2004.

Fontana 1591
Publio Fontana. *Il sontuoso apparato fatto dalla magnifica città di Brescia nel felice ritorno dell'illustrissimo Vescovo suo il Cardinale Morosini con la espositione de' sensi simbolici che in esso si contengono*. Brescia: Vincenzo Sabbio, 1591.

Gatti Perer 1997
Maria Luisa Gatti Perer. "Nuovi argomenti per Francesco Borromini." *Arte Lombarda* 121 (1997): 16-17.

Gatti Perer 2002
Maria Luisa Gatti Perer, editor. *Lorenzo Binago e la cultura architettonica dei barnabiti*. Special issue of *Arte Lombarda* 134, 2002.

Gauk-Roger 1977
N[igel] Gauk-Roger. "The Architecture of the Barnabite Order 1545-1659: with special reference to Lorenzo Binago and Giovanni Ambrogio Mazenta." Ph.D. diss., University of Cambridge, 1977.

Giacomini 2005
Laura Giacomini. "*La 'lauta' dimora dei Mazenta a Milano: trasformazione di un modello abitativo tra Cinquecento e Seicento.*" In *Aspetti dell'abitare e del costruire a Roma e in Lombardia tra XV e XIX secolo*. Edited by A. Rossari, 205-219. Milan: Unicopli, Politecnico Milano, 2005.

Giuliani 1998
Marzia Giuliani. "Gli Sfondrati committenti al tempo di Carlo e Federico Borromeo." *Bollettino Storico Cremonese* 4 (1998): 157-198.

Giuliani & Sacchi 1998
Marzia Giuliani and Rossana Sacchi. "Per una lettura dei documenti su Giovan Paolo Lomazzo, 'istorito pittor fatto poeta'." In *Rabisch. Il grottesco nell'arte del Cinquecento. L'Accademia della Val di Blenio. Lomazzo e l'ambiente milanese*. Edited by M. Kahn-Rossi, 323-335. Exhibition catalogue Museo Cantonale d'Arte, Milan: Skira, 1998.

Giustina 2015
Irene Giustina. "'L'edizione è magnifica, in bel carattere incisa.' Un esemplare festival book a stampa del tardo Cinquecento per l'ingresso trionfale del vescovo Morosini a Brescia." In *Libri d'architettura a Brescia. Editoria, circolazione e impiego di fonti e modelli a stampa per il progetto tra XV e XIX secolo*. Edited by I. Giustina, 41-104. Palermo: Caracol, 2015.

Giustina 2016
Irene Giustina. "'Un arco grande, e magnifico, che tutto marmo parea.' Ingressi trionfali, apparati effimeri e cultura architettonica a Brescia nel pieno Cinquecento." In *Brescia nel secondo Cinquecento. Architettura, arte e società*. Edited by F. Piazza and E. Valseriati, 163-188. Brescia, Morcelliana, 2016.

Gronau [1936] 2011
Georg Gronau. *Documenti artistici urbinati* [1936]. Facsimile edition. Urbino: Accademia Raffaello, 2011.

Jones 1997
Pamela Jones. *Federico Borromeo e l'Ambrosiana. Arte e riforma cattolica nel XVII secolo a Milano*. Translation of *Federico Borromeo and the Ambrosiana*, 1993. Milan: Vita e Pensiero, 1997.

Leonardi 1975
Giovan Giacomo Leonardi. *Libro delle fortificazioni dei nostri tempi*. Edited by T. Scalesse. Quaderni dell'Istituto di Storia dell'Architettura 115/16. Rome: Istituto di storia dell'architettura, 1975.

Leydi 2008
Silvio Leydi. *La famiglia D'Adda di Sale. Storia e arte tra XVI e XVIII secolo*. Milan: Nexo, 2008.

Leydi 2012a
Silvio Leydi. "The Swordsmiths of Milan, c. 1525-1630." In *The Noble Art of the Sword: Fashion and Fencing in Renaissance Europe*. Edited by T. Capwell, 177-201. Exhibition catalogue, Wallace Collection. London: Paul Holberton, 2012.

Leydi 2012b
Silvio Leydi. "A693a: la rotella con la Medusa di Vienna riconsiderata." In *L'utilizzo dei modelli seriali nella produzione figurativa lombarda nell'età del Mantegna*. Edited by M. Collareta and F. Tasso. *Rassegna di Studi e di Notizie* 25-29 (2012): 181-195.

Mandelli 2005
Vittorio Mandelli. "Leonardi, Giovan Giacomo." In *Dizionario Biografico degli Italiani* 64. Rome: Treccani, 2005. Online at www.treccani.it

Mara 2020
Silvio Mara. *Arte e scienza tra Urbino e Milano. Pittura, cartografia e ingegneria nell'opera di Giovanni Battista Clarici (1542-1602)*. Padua: Il Poligrafo, 2020.

Marr 2005
Alexander Marr. *Muzio Oddi architetto del Duca di Urbino*. In *I Gheribizzi di Muzzio Oddi*. Edited by S. Eiche. Urbino: Accademia Raffaello, 2005.

Marr 2006
Alexander Marr. "The Production and Distribution of Mutio Oddi's *Dello Squadro*." In *Transmitting Knowledge. Words, Images, and Instruments in Early Modern Europe*. Edited by S. Kusukawa and I. MacLean, 165-192. Oxford: Oxford University Press, 2006.

Marr 2011
Alexander Marr. *Between Raphael and Galileo. Mutio Oddi and the Mathematical Culture of late Renaissance Italy*. Chicago: University of Chicago Press, 2011.

Mazenta 1598
Guido Mazenta. *Apparato fatto dalla città di Milano per ricevere la Serenissima Regina D. Margarita d'Austria sposata al Potentiss. Re di Spagna D. Filippo III, Nostro Signore*. Milan: Pacifico Pontio, 1598.

Mazenta 1599
Guido Mazenta. *Discorso intorno il far navigabile il fiume Adda*. Milan, s.i.t., 1599.

Mezzanotte 1961
Gianni Mezzanotte. "*Gli architetti Lorenzo Binago e Giovanni Ambrogio Mazenta.*" *L'Arte* 4 (1961): 231-294.

Milano 2001
Valentina Milano. "I fratelli Mazenta negli episcopati di Gaspare Visconti e Federico Borromeo." *Arte Lombarda* 131 (2001): 67-72.

Pavesi 2017
Mauro Pavesi. *Giovanni Ambrogio Figino pittore*. Cantarano: Aracne, 2017.

Pederson 2008
Jill Pederson, "Henrico Boscano's *Isola beata*: new evidence for the Academia Leonardi Vinci in Renaissance Milan." *Renaissance Studies* 22, no. 4 (2008): 450-475.

Pederson 2020
Jill Pederson, *Leonardo, Bramante, and the* Academia. *Art and Friendship in Fifteenth-Century Milan*. Turnhout (Belgium): Brepols - Harvey Miller, 2020.

Peyronel 1972
Susanna Peyronel. "Brugora, Galeazzo." In *Dizionario Biografico degli Italiani* 14. Rome: Treccani, 1972. Online at www.treccani.it

Picinelli 1670
Filippo Picinelli. *Ateneo dei letterati milanesi*. Milan: Francesco Vigone, 1670.

Pyhrr & Godoy 1998
Heroic Armor of the Renaissance. Filippo Negroli and His Contemporaries. Edited by S.W. Pyhrr and J.A. Godoy. Exhibition catalogue, The Metropolitan Museum. New York: Abrams, 1998.

Ranaldi 2006
Antonella Ranaldi. "*Il controverso progetto di Giovanni Ambrogio Mazenta per la chiesa del S. Salvatore a Bologna.*" *Palladio* 37 (2006): 39-64.

Repishti 1996
F. Repishti. "'... ma il men che porti l'arte.' *Norma e prassi nell'architettura dei*

chierici regolari di S. Paolo." In *L'architettura del collegio tra XVI e XVIII secolo in area lombarda.* Edited by G. Colmuto Zanella, 37-54. Milan: Guerini, 1996.

Repishti 2002
Francesco Repishti, editor. *La pianta centrale nella Controriforma e la chiesa di S. Alessandro in Milano (1602).* Edited by G. M Cagni and F. Repishti. Rome: Chierici, 2002 (Barnabiti Studi 19).

Repishti 2004
Francesco Repishti. "La facciata del Duomo di Milano (1537-1657)." In *I dibattiti per la facciata del Duomo di Milano 1582-1682. Architettura e Controriforma.* Edited by F. Repishti and R. Schofield, 13-124. Milan: Electa, 2004.

Repishti 2011
Francesco Repishti. "Pio IV e il monumento di Giangiacomo Medici nel Duomo di Milano (1560-1565)." *Nuovi Annali* 2 (2011): 153-161.

Resmini 2009
Monica Resmini. "Meda, Giuseppe." In *Dizionario Biografico degli Italiani* 73. Rome: Treccani, 2009. Online at www.treccani.it.

Ricciardi 1972
Roberto Ricciardi. "Ciceri, Francesco." In *Dizionario Biografico degli Italiani* 14, 147-160. Rome: Treccani, 1972. Online at www.treccani.it

Ricciardi 2002
Emilio Ricciardi. "I barnabiti a Napoli: Giovanni Ambrogio Mazenta e la chiesa di S. Caterina Spina Corona." *Ricerche sul '600 napoletano* 20 (2002): 147-160.

Rivola 1656
Francesco Rivola. *Vita di Federico Borromeo.* Milan: Dionisio Gariboldi, 1656.

Rovetta & Repishti 2008
L'architettura milanese e Federico Borromeo: dall'investitura arcivescovile all'apertura della Biblioteca Ambrosiana. Edited by A. Rovetta and F. Repishti, Milan: Bulzoni, 2008 (Studia Borromaica 22).

Sangiorgi 1982
Fert Sangiorgi. *Committenze milanesi a Federico Barocci e alla sua scuola nel carteggio Vincenzi della Biblioteca Universitaria di Urbino.* Urbino: Accademia Raffaello, 1982.

Santagiuliana & Santagiuliana 1965
Tullio Santagiuliana and Ildebrando Santagiuliana. *Storia di Treviglio.* Bergamo: Bolis, 1965.

Savino 2012
Christina Savino. "Giovanni Battista Rasario and the 1562-1563 Edition of Galen. Research, Exchanges and Forgeries." *Early Science and Medicine* 17 (2012); 413-445.

Scotti & Soldini 1999
Aurora Scotti and Nicola Soldini. "Borromini milanese." In *Il giovane Borromini. Dagli esordi a San Carlo alle Quattro Fontane.* Exhibition catalogue Lugano 1999. Edited by M. Kahn-Rossi and M. Franciolini, 53-75. Milan: Skira, 1999.

Schrijver 1550
Cornelius Schrijver. *Spectaculorum in susceptione Philippi Hispaniae principis divi Caroli V Caesaris filii anno MDXLIX.* Antwerp: Petrus Alostenus, 1550.

Spiriti 1999
Andrea Spiriti. "I committenti: da Bartolomeo III Arese a Renato III Borromeo Arese." In *Il palazzo Arese Borromeo a Cesano Maderno*. Edited by M. L. Gatti Perer, 17-42. Cinisello Balsamo (MI): Silvana, 1999.

Stabenow 2011
Jörg Stabenow. *Die Architektur der Barnabiten. Raumkonzept und Identität in den Kirchenbauten eines Ordens der Gegenreformation, 1600-1630*. Berlin: Deutscher Kunstverlag, 2011.

Vanoli 2015
Paolo Vanoli. *Il 'Libro di lettere' di Gerolamo Borsieri: arte antica e moderna nella Lombardia di primo Seicento*. Milan: Ledizioni, 2015.

Venturelli 2005
Paola Venturelli. "'Raro e divino." Annibale Fontana (1540-1587), intagliatore e scultore milanese. Fonti e documenti (con l'inventario dei suoi beni)." *Nuova Rivista Storica* 89 (2005): 205-226.

Verga 1918
Ettore Verga. "La famiglia Mazenta e le sue collezioni d'arte," *Archivio Storico Lombardo* 45 (1918): 267-295.

Wittkower 1993
Rudolf Wittkower. *Arte e architettura in Italia 1600-1750*. Translated by L. Monarca Nardini. Turin: Einaudi, 1993.

Chapter 3

Asburgo a Milano. Trionfi, feste, tornei, balli e fuochi artificiati (1549-1599)

Silvio Leydi

> "Qui s'attende a mettere insieme cartoni, picture, prospettive, archi et trofei."
>
> Francesco Vinta, 1548[1]

Nel 1535, alla morte di Francesco II, l'ultimo duca Sforza, lo stato di Milano (o, come impropriamente è anche chiamato, il ducato di Milano) tornò sotto il diretto controllo asburgico—e di Carlo V in particolare—in quanto feudo imperiale. Il nuovo duca è dunque l'imperatore in prima persona fino al 1540, quando segretamente suo figlio Filippo venne infeudato di Milano, portando così il milanese almeno formalmente nell'orbita spagnola pur necessitando di una cerimonia di infeudazione imperiale ad ogni successione; ed infatti sia Filippo, sia i suoi discendenti ed eredi riceveranno tutti una formale cessione del milanese da parte dell'imperatore cui dovranno giurare fedeltà.[2] Inoltre, lo stato di Milano era formato da numerose entità territoriali formalmente indipendenti: il ducato propriamente detto, con Milano come capitale; il principato di Pavia, il marchesato di Novara (infeudato ai Farnese dal 1538 al 1603), i contadi circostanti le altre città dello stato, numerose terre separate e altri piccoli feudi imperiali e camerali che costellavano il territorio dello stato,

---

[1] Così Francesco Vinta, oratore fiorentino a Milano, in una lettera a corte, 5 ottobre 1548 (ASFi, MP 3101a) relativa agli apparati per l'accoglienza di Filippo d'Asburgo.

[2] L'investitura al principe Filippo venne reiterata nel giugno 1546, registrata dalla cancelleria imperiale il 13 gennaio 1547 e confermata dal re dei Romani Ferdinando d'Asburgo il 9 luglio; Filippo aveva giurato fedeltà all'impero il 13 settembre 1546 e il giuramento venne accettato personalmente da Carlo V l'8 dicembre 1549 a Bruxelles. Per le infeudazioni a Filippo III (l'ultima, a opera dell'imperatore Mattia d'Asburgo, è dell'ottobre 1613) si vedano i documenti in ASMi, PS, 1.

e tutte queste entità dovettero giurare fedeltà al nuovo duca nel 1554, quando Filippo prese ufficialmente possesso dello stato di Milano.[3]

Tale doppia dipendenza, fattuale dal trono di Spagna ma istituzionale da quello imperiale, comportò che le entrate trionfali, per diritto e consuetudine riservate ai regnanti (e, in seconda battuta, ai loro più stretti famigliari), a Milano venissero organizzate sia per gli Asburgo di Spagna, sia soprattutto per gli Asburgo del ramo austriaco, più spesso presenti in città. Certo, nel corso del Cinquecento solo in cinque occasioni vennero eretti archi trionfali per accogliere regine, infante, duchesse o duchi, ma in non pochi altri momenti la presenza di personaggi strettamente legati agli Asburgo o Asburgo loro stessi comportò la necessità di organizzare festeggiamenti particolari per onorare gli augusti ospiti.[4]

Qualunque occasione festiva che avrebbe visto protagonista un ospite straniero, dalle più fastose alle più semplici, richiedeva in ogni caso un'accurata regia e un impegno finanziario molto elevato, a volte clamorosamente elevato, per far fronte a tutte le spese necessarie. Non si trattava infatti solamente di pagare gli addobbi, gli archi, le divise, le feste, i doni elargiti o comunque tutte le spese per organizzare il lieto trascorrere del tempo in città degli altolocati ospiti; il grosso delle uscite era in realtà rappresentato da ciò che non si percepiva immediatamente, e cioè dal mantenimento delle corti al seguito, centinaia di persone tra dignitari, servitori ma anche uomini di scorta, soldati, mulattieri, cocchieri, cuochi, preti, eccetera, oltre che dal foraggiamento di tutti gli animali del seguito, muli, cavalli (e in un'occasione perfino un elefante) per settimane o mesi.[5]

In più l'intera corte del governatore doveva adattarsi al protocollo imposto dall'ospite, a volte molto distante dalle abitudini locali; nel 1551, ad esempio, i

---

[3] Leydi 2003.
[4] Le cinque entrate trionfali furono quelle dedicate a Cristina di Danimarca (3 maggio 1534: entrò come duchessa di Milano, sposa dell'ultimo Sforza Francesco II, ma anche come nipote dell'imperatore, essendo figlia di Isabella d'Asburgo, sorella di Carlo V); all'imperatore Carlo V (22 agosto 1541); al principe Filippo d'Asburgo (19 dicembre 1548, come figlio dell'imperatore ma solo segretamente duca di Milano, sebbene ne fosse già stato investito); a Margherita d'Asburgo (30 novembre 1598, come regina di Spagna e quindi duchessa di Milano); e infine all'infanta Isabella Clara Eugenia e a suo marito arciduca Alberto d'Asburgo (5 luglio 1599, lei come infanta di Spagna, lui come figlio e fratello di imperatori; e entrambi come principi sovrani asburgici dei Paesi Bassi meridionali).
[5] Un'idea delle dimensioni delle corti personali dei principi europei si può intuire vedendo quella organizzata dall'arciduca Alberto d'Asburgo per il suo trasferimento nelle Fiandre nel 1593 per assumere la carica di governatore: ben 411 persone: Hortal Muñoz 2013.

pranzi a cui presenziava l'arciduca Massimiliano si svolgevano secondo l'uso della corte imperiale, che seguiva il cerimoniale borgognone:

> il suo servitio li apparecchiò la zaina o per dire meglio il bicchiere dove bere et tutte le altre cerimonie sono le medesime che si usano all'imperatore: né parla mai li sia dato bere, né si levi o ponga qui una vivanda che l'altra se non con cenni, come costuma Sua Maestà Cesarea.[6]

Del resto, anche il principe Filippo seguiva il cerimoniale borgognone, che lo rendeva quasi inaccessibile, da poco introdotto per la sua corte in sostituzione di quello castigliano per volere di Carlo V, in vista di una possibile incoronazione imperiale di Filippo:[7] nel dicembre 1548 l'ambasciatore mantovano Annibale Litolfi scriveva da Genova a corte, stupefatto, che

> hier mattina fui alla Messa solenne di Sua Altezza che si cantò in casa del signor Prencipe Doria, et nell'uscir parve che ella [Filippo] facesse pur alquanto il galante con parlar dieci parole al Reverendissimo di Trento [il cardinale Cristoforo Madruzzo] et Coira [il vescovo Lucius Iter], che le erano a canto, cosa che fu notata per inusitata, et nondimeno esso [cardinale] di Trento dice che molte volte in privato [Filippo] fá il domestico, sia come si voglia. Questi suoi collaterali a tutti poter cercano di mantener Sua Altezza en susiego.[8]

In ogni caso era l'intera città a venire mobilitata in occasione di una vera entrata trionfale, sia ben prima del giorno fatidico, sia in seguito, fino alla partenza degli ospiti ed anche dopo. Tutti, dal governatore fino all'ultimo decoratore incaricato di approntare i ritocchi agli apparati, si dovevano prodigare, chi organizzando le cerimonie pubbliche, chi raccogliendo il denaro necessario, chi stabilendo dove alloggiare gli ospiti, chi progettando gli addobbi posticci, chi realizzando i progetti, chi assecondando ogni capriccio o desiderio dell'ospite. E ancora: le molte botteghe cittadine del lusso (armaioli, cristallai, ricamatori, argentieri, gioiellieri) ma anche i commercianti di tessuti di pregio,

---

[6] Francesco Vinta al duca di Firenze, 29 novembre 1551, ASFi, MP 3103, c. 24.
[7] Millán & Conti 2001, 65-76: l'incarico di gestire la transizione venne affidato da Carlo V al duca d'Alba, che già deteneva la carica di Maggiordomo maggiore dell'imperatore: Filippo dovette quindi, in pochi mesi, assuefarsi alle "*complicadas cerimonias, el boato, la magnificencia y el mágico distanciamiento que caracterizaban a la etiqueta creada por los duques de Borgoña en el siglo XV.*" Si veda anche *Legado de Borgoña* 2010 e Duindam 2010.
[8] Litolfi a alla corte di Mantova, da Genova, 1 dicembre 1548 (ASMn, AG 1668), cit. in Álvarez-Ossorio Alvariño 2001a, lxxxviii.

per non parlare dei venditori di vettovaglie e gli osti, tutti venivano coinvolti, direttamente o indirettamente, da una richiesta improvvisa ed eccezionale di manufatti, oggetti, beni e servizi ricordata dalle fonti come incredibile, tanto da lasciare ogni volta vuoti i magazzini[9] cosicché Milano veniva "a servire, quasi per centro, et per emporio commune all'Italia, alla Francia, et alla Germania."[10]

In questa sede è impossibile dare conto dei particolari artistici di ogni entrata trionfale e di ogni manifestazione pubblica in occasione delle visite di membri delle corti austriache o spagnole e neppure delle manifestazioni di lutto e dei funerali dei duchi Asburgo, né delle feste organizzate da privati (a volte sontuose) o dei carnevali. Ho quindi preferito approfittare dell'occasione per appuntare il mio interesse sull'organizzazione materiale delle feste e degli spettacoli offerti dalla città durante la permanenza degli ospiti. Ho quindi privilegiato l'aspetto sociale ed economico delle manifestazioni festive su quello prettamente artistico, cercando di mostrare anche come i costi economici fossero in molti casi esorbitanti e come le realizzazioni più eclatanti, visibili (e quindi oggi studiate, principalmente gli archi trionfali e gli addobbi per gli ingressi) incidessero alla fine in modo modesto sul costo globale. Ben più incidenti sulle casse dello Stato o della città di Milano erano le spese di mantenimento delle corti in transito, i trasporti, i doni e le feste messe in scena per ogni Asburgo e per chiunque giungesse e venisse ospitato, insomma il costo di un'organizzazione nascosta e quasi invisibile ma assolutamente necessaria per gestire non solo il buon successo delle entrate trionfali ma soprattutto quello per la successiva permanenza ed accoglienza a Milano degli ospiti.

1548-1551: Arciduchi e principi a Milano

6-10 luglio 1548: arciduca Massimiliano d'Asburgo

Tra la metà del 1548 e la fine del 1551, Milano vide un doppio passaggio di principi asburgici in transito nel loro viaggio per e da la Spagna, oltre che la visita dell'arciduca Ferdinando II d'Asburgo, figlio di Ferdinando I.

Il 6 luglio 1548 entrò in città l'arciduca Massimiliano d'Asburgo, il figlio primogenito del re dei Romani Ferdinando I, che, accompagnato dal cardinale di Trento Cristoforo Madruzzo, dal duca di Brunswick e dal conte di Mansfeld, si recava in Spagna sia per sostituire il cugino Filippo come

---

[9] Ne parla ad esempio Stefano Guazzo, ricordando come, proprio in occasione delle entrate, accorrevano nelle città un "infinito numero di cavalieri, i quali votarono lietamente le lor borse, et le botteghe de'mercanti per apparir pomposi et adorni" (Guazzo 1586, 112). Per uno sguardo generale, Mitchell 1979, ed un orizzonte più specificamente Milanese, Leydi 2011.
[10] Mazenta 1599, 2.

reggente durante la sua assenza—Filippo era stato infatti chiamato nelle Fiandre dal padre Carlo V—, sia per sposarne la sorella Maria. Apparentemente nessun apparato venne eretto in città lungo il percorso che da porta Romana lo condusse a Corte, il palazzo ducale in piazza del Duomo, dove invece almeno una "antiporta" era stata innalzata a mascherare il portone.[11] Non sappiamo esattamente cosa venne offerto a Massimiliano e al suo seguito nei cinque giorni di permanenza a Milano (tutti ripartirono infatti il 10 luglio),[12] ma alcuni momenti ludici e festivi sono ricordati nelle *Memorie* del notaio Giovan Pietro Fossano: venerdì 6 luglio, giunti a pochi chilometri da Milano, vennero ospitati a pranzo dal marchese di Marignano, Gian Giacomo de Medici, che aveva addobbato il borgo di Melegnano con archi trionfali e organizzato un concerto per la "solenne colazione;"[13] la domenica mattina (8 luglio) a Milano visitarono il castello di porta Giovia e si fermarono a colazione presso il castellano Juan de Luna per poi trasferirsi in Corte, dove il governatore Ferrante Gonzaga aveva organizzato un ballo. Il giorno seguente, il 9 luglio, Massimiliano presenziò qui al matrimonio tra Ippolita Gonzaga, figlia di Ferrante, e Fabrizio Colonna, rappresentato da Giovan Francesco Vialardi, celebrato dal cardinale Madruzzo, cui certamente seguì una festa o un pranzo.[14] Il Colonna giunse poi a Milano solamente nel novembre

---

[11] La ricorda Giovan Pietro Fossano nelle sue *Memorie* (Fossano 1512-1559 (MS), c. 189) equivocando però sulla data, che è da intendere come 6 luglio e non giugno; sopra l'antiporta, a coronamento, era previsto svettassero tre stemmi: al centro quello imperiale e ai lati quello dell'arciduca e quello di sua moglie. L'architetto Domenico Giunti ne scrisse preoccupato a Gonzaga il 30 giugno perché non era stato possibile trovare un modello dell'arma di Maria d'Asburgo: Baroni 1968, 489, n. 1134. La sola notizia dell'entrata, ma senza alcun particolare, anche in Bugati 1570, 959, e in Monti 1578 (MS), c. 63v.

[12] La ripartenza di Massimiliano è fissata al 10 giugno (ma *recte* luglio) in Fossano 1512-1559 (MS), c. 189.

[13] Così Besozzi [1548] 1967, 14-15.

[14] I primi contatti tra i Gonzaga e i Colonna risalivano all'autunno del 1547, tanto che il 2 ottobre di quell'anno Massimiliano Gonzaga di Luzzara poteva congratularsi con Ferrante: Affò 1787, 99 e 124, n. 15. L'atto, che seguiva un accordo verbale tra gli sposi del 31 gennaio 1548 (stretto tra lo stesso Fabrizio e il procuratore di Ferrante e Ippolita, Roberto Strozzi), vide Ippolita accettare come sposo—e viceversa—il Colonna, rappresentato a Milano dal nobile villanovese Giovan Francesco Vialardi: le fasi della cerimonia sono riportate integralmente nell'atto notarile steso nell'occasione il 9 luglio 1548 (ASMi, N 7874), che vede allegata anche la registrazione dell'accordo del 31 gennaio precedente.

successivo, per conoscere la sposa e prendere parte, il primo gennaio 1549, alla festa cui partecipò il principe Filippo d'Asburgo.[15]

Lo stesso cardinale Madruzzo, approfittando dell'ospitalità di palazzo Trivulzio, offrì a Massimiliano un banchetto allietato da una sfida tra la musica dell'arciduca (con Giovan Pietro Ricetto, alias Pietro Giovannelli), quella del cardinale (con Antonio da Ferrara) e quella del governatore Ferrante Gonzaga guidata dal Moscatello (Ludovico Visconti, celebre suonatore di cornetto), "da i quali puoco però si puotè discerner d'avantaggio, per esser tutti di somma eccellenza."[16]

Alcune spese riportate nei mandati di pagamento della tesoreria si riferiscono esplicitamente a lavori intrapresi in occasione della visita di Massimiliano, ma la causale è troppo vaga per permetterci di ipotizzare cosa in realtà venne finanziato: dizioni come "spese per lavori in Corte" oppure "spese per l'arciduca" non dicono molto. Il totale delle spese documentate fu, comunque, di poco inferiore a 75.000 lire, di cui più di metà destinate al mantenimento del seguito di Massimiliano e il resto spesi per lavori in Corte e per pagare la scorta di archibugeri,[17] insomma ben più di quanto iscritto nel consuntivo chiuso il 27 settembre e inviato in Spagna dove, alla voce "Spese fatte in la venuta del Serenissimo Arciduca d'Austria et sua corte per lo stato di Milano," sono imputate uscite per sole 34.549 lire e 8 soldi.[18]

---

[15] Lo si apprende da una lettera di Alessandro Gonzaga scritta a Ferrante da Milano l'11 novembre 1548 (riportata in Affò 1787, 124, n. 16): Fabrizio trovò Ippolita molto bella, più bella di quanto mostrasse il ritratto che possedeva, e chiese alla madre della sposa, Isabella di Capua—ma inutilmente—di poter dormire con la giovane (ricordo che Ippolita aveva solo 13 anni); la lettera si conclude con: "lui in ogni modo vorria dormir seco: non so come l'anderà." Cfr. anche De Rossi 2018.

[16] Besozzi [1548] 1967, 15. La sfida è anche citata da Barblan 1961, 859, che colloca erroneamente la festa al 3 luglio, mentre è probabile che si svolgesse il giorno 7.

[17] I versamenti, intestati ai provveditori Gerolamo Bossi (per le spese effettuate nello stato) e Fabio Pagnani (per quelle cittadine), sono registrati in ASMi, RC, serie XXII, 8, alle date 22 giugno (1000 scudi, c. 43v) e 1 settembre 1548 (6737 lire e 10 soldi, oltre a altre 6915 lire a Bossi, cc. 47r-v; altre 12.330 lire più 9116 lire e 18 soldi a Pagnani, cc. 45v-46r); a metà ottobre Bossi e Pagnani chiederanno al governatore e al magistrato di chiudere i conti, compensando entrate e uscite una volta controfirmate dai responsabili generali Luigi Marliani e Lorenzo Vassallo (ASMi, PE, 129); l'ordine di Ferrante Gonzaga in merito è del 19 ottobre (ASMi, RC, serie XV, 6, c. 144v; un secondo ordine per il solo Bossi del 7 novembre è a c. 147v). A tutto ciò si devono aggiungere i costi degli archibugeri inviati come scorta dell'arciduca: 1000 scudi versati il 13 giugno, altri 180 scudi una settimana dopo e infine 585 scudi saldati il 14 luglio (ASMi, RC, serie XXII, cc. 30, 34 e 31).

[18] AGS, E 1195, c. 183.

19 dicembre 1548 – 7 gennaio 1549: Filippo d'Asburgo, principe di Spagna

Di ben altra portata furono gli apparati che Milano eresse per festeggiare l'arrivo del principe Filippo, giunto in città il 19 dicembre 1548.[19] Entrato da porta Ticinese proveniente da Genova, il principe, già segretamente infeudato del ducato di Milano fin dal 1540 sebbene la nomina fosse tenuta riservata, non ottenne il trattamento che si sarebbe riservato al duca in carica (ad esempio non fu accolto sotto il baldacchino, non poté accordare grazie, non ricevette le chiavi delle città che visitava né rilevò la carica di governatore) benché la notizia dell'infeudazione fosse ovviamente trapelata. L'entrata, quindi, e anche le successive manifestazioni festive si svolsero in un'atmosfera ammiccante e allusiva: Filippo non visitò Piacenza, città appena tolta ai Farnese, affinché l'atto non potesse essere letto come una rivendicazione di possesso, ma ricevette simbolicamente in dono un modello di Piacenza in argento dorato di quasi due metri di lunghezza, opera di Leone Leoni, che portò con sé in Spagna salvo poi rinunciarvi facendolo fondere nel 1566.[20]

Come in occasione dell'entrata di Massimiliano, pochi mesi prima, anche per Filippo l'ideatore degli archi si deve riconoscere nel toscano Domenico Giunti, l'architetto di fiducia del governatore Ferrante Gonzaga, che infatti si rivolgeva allo stesso Gonzaga per essere pagato "per le fattighe durate nelli archi et ornati della città per la venuta di Sua Altezza."[21]

---

[19] La bibliografia relativa all'entrata del principe Filippo è sterminata, per cui mi limito a suggerire solo alcuni riferimenti bibliografici per temi: in generale Jacquot 1960, 440-444, Mitchell 1986, 179-186 e, per gli archi, Leydi 1990, 19-41; per l'aspetto politico Leydi 1999a, 153-172; per quello più propriamente architettonico Soldini 2007, 290-308; sul vestiario si sofferma Venturelli 2001. Numerose cronache o descrizioni vennero inoltre date alle stampe: De Nobili 1548; Albicante 1549. Una precisa descrizione dei festeggiamenti, a partire dall'entrata trionfale, è in Calvete de Estrella [1552] 2001, 58-78. Altri particolari possono essere tratti da Guazzo 1552, 682-689, da Bugati 1570, 959-961 e da Besozzi [1548] 1967, 42-43 (con succinta descrizione degli archi). Segnalo inoltre la poco frequentata descrizione degli apparati offerta da Modio 1586, 1: lib. 2, 82-86.

[20] Plon 1887, 39-40, 250-51 e 353-54; Leydi 1990, 41. "*Un modelo de la ciudad de Plasencia de Lombardia con el castillo nuevo dorado, todo de plata; entiendese es suelo sentado sobre madera de chapa de plata y los edificios que se muestran encima deste suelo son tambien de plata, y estan asentados sobre madera*" compare infatti nell'inventario del 1552 (AGS, CMC, 53, n. 39, fol. 15v); verrà fuso nel 1566 per ricavare il metallo necessario a realizzare arredi liturgici per l'Escorial: Pérez de Tudela 2000, 250, nn. 6-7.

[21] ASMi, A 84, fasc. 14 (Domenico Giannelli): la supplica, non datata è stata inserita nel fascicolo di Giannelli per evidente omonimia, ma si deve ovviamente riferire a Domenico Giunti, visto che alla fine di agosto Francesco della Somaglia, il responsabile cittadino per gli apparati e le feste, scriveva a Gonzaga e lo sollecitava affinché "questa città [Milano] quanto più presto trova il modo del dinaro, di quanto vol spendere in ornamenti, perché

Il percorso, da porta Ticinese alla Corte, era scandito da una serie di archi: il primo, alle mura bastionate, era preceduto da una rampa balaustrata che sorreggeva otto statue rappresentanti le otto città dello stato, allestimento probabilmente "riciclato" dall'entrata di Carlo V del 1541 (un identico apparato, ideato da Giulio Romano, chiamato da Mantova per l'occasione dall'allora governatore Alfonso d'Avalos, marchese del Vasto, scavalcava infatti il Redefosso a porta Romana nel 1541); l'arco era dedicato a Filippo, recando rappresentazioni della sua nascita, dell'imbarco per Genova e della sua incoronazione. Il secondo arco, alla porta del Naviglio, era fiancheggiato da due "termini" e da figure armate alla romana e presentava le armi del governatore e della moglie, Isabella di Capua; subito dopo, le colonne romane di fronte alla chiesa di San Lorenzo—colonnato che Gonzaga aveva deciso di non far abbattere – erano state allestite a mo' di un portico, con gli stemmi Gonzaga-Capua e aquile e colonne d'Ercole.

Alla Pescheria, in fondo all'attuale via Torino, allo sbocco su piazza del Duomo, sorgeva il terzo arco, coronato da un perfetto mezzo cerchio, largo 20 braccia – cioè quanto l'arco – e quindi alto 10, sulla cui sommità svettava l'aquila imperiale sorretta da due ignudi e affiancata da due statue della Fama. La volta del passaggio sotto l'arco era dipinta a cassettoni, e i fianchi recavano quadri con Filippo, l'imperatore Federico III, l'arciduca Massimiliano e l'imperatore Alberto II. Curiosamente, sulla piazza del Duomo appena liberata dalla chiesa di Santa Tecla e risolata per l'occasione, non era stato approntato alcun arco; il Duomo stesso aveva provveduto ad innalzare una antiporta che ne mascherasse l'incompiuta facciata, adorna di gruppi statuari che mostravano episodi biblici: Giuditta con la testa di Oloferne, Davide che calpestava la testa di Golia, sopra i quali due riquadri rappresentavano la strage dell'esercito di Sennacherib e Giusuè in atto di fermare il sole. Nel coronamento, allusione fin troppo esplicita al passaggio di poteri nel Milanese, si trovava un Ercole nell'atto di prendere su di sé il globo terrestre portogli da Atlante, globo che a sua volta sorreggeva un'aquila imperiale.

Il portone della Corte vedeva le quattro colonne doriche sormontate dalle rappresentazioni delle Virtù Cardinali (Giustizia, Fortezza, Prudenza e Temperanza) e, tra le colonne, due statue di Mercurio e di Pallade, ancora

---

secondo quello messer Domenico farà il dissegno" (ASMi, PS, 4). Giunti riceverà anche 200 scudi "per sue fattiche et servitii fatti in la fabricatione de la Corte" il 3 ottobre (ASMi, RC, serie XXII, 8, c. 57) e altri 200 scudi il 29 marzo 1549 per gli "apparati fatti in la Corte di questa città" (c. 110v). Il 21 maggio seguente l'architetto verrà poi pagato 400 scudi per pitture, tele e legnami utilizzate per la sala delle pubbliche udienze del Senato, che sarà addobbata con panno giallo, ricami e stemmi imperiali (c. 130v). In generale per il ruolo di Giunti cfr. Soldini 2007, 290-299.

aquile, le colonne d'Ercole (l'impresa propria di Carlo V) e le armi di casa d'Austria. All'interno del cortile principale, all'imbocco dello scalone, tra due uomini selvatici alti fino alle finestre del primo piano, si trovava una statua di Carlo V assiso con spada e scettro e, più in alto, a coronare il tutto, un'enorme aquila imperiale con le ali spiegate che abbracciavano l'intero arco.[22]

In verità, ben prima dell'arrivo di Filippo, Milano si vide costretta a prendersi carico di varie spese, ad esempio per il mantenimento di dodici cavalli giunti dal regno di Napoli e destinati alla cavallerizza cittadina del principe, poi aumentati di numero fino a 26,[23] e per il donativo straordinario di 10.000 doppi scudi in oro—moneta chiamata in seguito "Doppia delle colonne" per recare il busto di Carlo V sul diritto e le colonne d'Ercole sul rovescio—battuti per l'occasione su conii di Leone Leoni e infine presentati al principe in un vaso d'argento coperto da un panno di velluto cremisi con frange d'oro.[24] Il costo totale del dono assommò a poco più di 20.485 scudi (20.000 per il valore nominale delle monete e il resto per spese di coniazione),[25] ma la somma raccolta attraverso l'imposizione straordinaria di un mese di mensuale era più alta; la differenza, pari a 3328 scudi, 84 soldi e 4 denari, fu impropriamente utilizzata per coprire "molte spese ordinate et fatte in detta Corte per li trionphi et apparati in lo recepimento di sua Altezza" e

---

[22] Solo per queste decorazioni vennero stanziati 600 scudi, e altri 1000 per vari lavori in Corte il 24 settembre: ASMi, RC, serie XXII, 8, c. 51v.
[23] In ASMi, RC, serie XXII, 8 sono infatti registrati due pagamenti di 100 scudi ciascuno il 20 giugno (c. 25v) e 12 settembre 1548 (c. 45v); 847 lire e 200 scudi risultano versati il 3 ottobre (c. 62v) per la stalla e gli stallieri, 80 scudi e mezzo lo stesso giorno per quattro cavalli destinati a Carlo V (c. 61), e ancora 46 scudi per i cavalli e 274 lire e 2 soldi per finimenti il 16 ottobre (c. 46). Fu addirittura necessario edificare una stalla destinata solamente ai cavalli di Filippo, per la quale si versarono il 18 ottobre 122 lire di affitto al Duomo per il luogo occupato dalla costruzione (c. 70v) e altre 3771 lire il 24 ottobre servirono per la stalla di Milano e per una a Pavia (c. 70). 300 scudi sono ancora pagati il 4 gennaio 1549 (c. 84v), con la specifica che i cavalli erano ventisei, cui si dovranno aggiungere i due donati al principe (con un costo di 337 lire e 13 soldi contabilizzato il 12 febbraio, cc. 95v-96), altri 1000 scudi verranno consegnati al cavallerizzo maggiore di Filippo, Giovan Francesco de Cardi, il 23 febbraio (c. 93r-v), mentre ancora il 19 luglio altri 500 scudi dovettero essere versati per le cavallerizze di Carlo V e di Filippo (c. 149).
[24] Leydi 1990, 52, n. 123; per il conio: Leydi 2012, 19-32; per la moneta: Crippa 1990, 32, n. 2.
[25] L'ordine di coniazione era stato inoltrato da Ferrante Gonzaga al magistrato delle entrate il 28 settembre: ASMi, RC, serie XV, 6, c. 141v.

contabilizzata il 3 aprile 1549.[26] Ancora nel 1582 questo resto gravava quindi sui bilanci, in quanto avrebbe dovuto essere restituito pro-quota alle città che avevano contribuito alla spesa: ovviamente nulla venne restituito.[27]

Per allietare il principe si decise di offrirgli una commedia con intermezzi "grandi et stupendi, et non più visti,"[28] commedia uscita dalla penna del capitano di giustizia Nicolò Secco, e allestita nel salone della Corte dall'onnipresente Giunti, andata in scena il 30 dicembre con grande successo,[29] e una seconda commedia, l'*Alessandro* di Alessandro Piccolomini,[30] recitata nel medesimo salone il 6 gennaio,[31] con evidente minor successo: in proposito Calvete de Estrella dichiara che "*en muchas cosas no ygualó con gran parte a la primera, ni en el artificio, ni en la invención, ni en el decoro de las personas, ni en los representantes.*"[32] Le altre giornate del principe vennero scandite da giochi guerreschi cui assistette o partecipò: il 28 dicembre si svolse un sontuoso torneo a cavallo, per il quale venne allestito un enorme campo di fronte al Castello—visitato da Filippo in mattinata, accolto da una salva di artiglieria e dal castellano Juan de Luna, che lo invitò al banchetto.[33] Il 31

---

[26] ASMi, RC, serie XXII, 8, cc. 105r-106r. Oltre al valore nominale le spese di coniazione, il vaso in argento nel quale vennero offerti i 10.000 scudi, il velluto per coprire la portantina e i vestiti di chi materialmente trasportò il dono costarono 485 scudi, 28 soldi e 5 denari, saldati al maestro della Zecca Bernardo Scaccabarozzi: ASMi, RC, serie XXII, 8, c. 102v.

[27] ASMi, PS, 4.

[28] Così Francesco della Somaglia, a capo dell'organizzazione dei festeggiamenti, a Gonzaga, 30 agosto 1548; già il 19 agosto Sigismondo Fanzino, al seguito di Gonzaga in Piemonte, scriveva da Asti, al grancancelliere Francesco Taverna che la commedia sarebbe costata almeno 800 scudi (ASMi, PS, 4).

[29] Leydi 1990, 19 e nn. 125-26. La commedia fu *L'interesse* e non *Gl'inganni* (come recita, comunque equivocando anche la data, il frontespizio dell'edizione a stampa approntata postuma nel 1562: *Gl'inganni. Comedia del signor N. S. recitata in Milano l'anno 1547 dinanzi alla maestà del re Filippo*, in Fiorenza, appresso gli heredi di Bernardo Giunti, 1562). *L'interesse* venne edito solamente nel 1581 a Venezia. Si veda Secco 1980, con un profilo biografico, e Cabrini 1983, 362-384.

[30] L'*Alessandro* non venne composta per l'occasione: la prima edizione a stampa risale al 1545: *Comedia intitulata Alessandro del Sig. Alessandro Piccolomini, conominato Il Stordito*, In Roma, [Girolamo Cartolari], MDXXXXV.

[31] Entrambe le commedie erano intervallate da intermezzi, con gruppi di suonatori, cori di ninfe e pastori, muse, personaggi vari che suonavano e cantavano; per l'aspetto musicale legato alle entrate e alle feste a Milano rimando a Ferrari Barassi 1984 e a Getz 2005, 134-55.

[32] Calvete de Estrella [1552] 2001, 77.

[33] Le spese per il campo sono contabilizzate il 6 dicembre (200 scudi per sbarre e tribune) e il 24 dicembre (2284 lire per 500 lance, 14 standardi, il palco e altro, oltre che per la commedia in Corte): ASMi, RC, serie XXI, 8, c. 85v.

dicembre il principe fu spettatore di un torneo a piedi tenuto nel cortile della Corte, in realtà più una finta battaglia in miniatura, con artiglieria, picchieri e archibugieri, cui si prestarono i soldati spagnoli, cui assistette dalle finestre del cortile dopo che le dame milanesi erano sfilate in carrozze dorate e addobbate sontuosamente.[34] Anche la Gualtiera, la villa suburbana di Gonzaga che Domenico Giunti stava ricostruendo, accolse Filippo il 4 gennaio per un torneo a piedi cui partecipò lo stesso principe come comandante di una squadra—dell'altra era a capo il duca di Sessa, Consalvo Fernández de Córdoba, poi governatore di Milano dal 1554—cui seguì un ballo aperto da otto cavalieri mascherati da turchi. Due giorni dopo il cortile della Corte vide un "Gioco delle canne," cioè un finto combattimento in cui i cavalieri di ciascuna delle sei squadre partecipanti cercavano di colpirsi con corte lance prive di punta e nello stesso tempo si difendevano con scudi.[35] La sera stessa venne rappresentata la seconda commedia, l'*Alessandro*.

Ma oltre a orchestrare le manifestazioni festive organizzate dalla città di Milano per il principe, il governatore Gonzaga volle festeggiare in pompa magna l'avvenuto matrimonio di sua figlia Ippolita con Fabrizio Colonna (lo sfortunato erede della prestigiosa famiglia romana che morirà solamente tre anni dopo all'assedio di Parma) con un sontuoso banchetto in Corte. È probabile che sempre a Domenico Giunti si debba l'ideazione della scenografia che il primo gennaio trasformò il cortile della Corte, che venne fatto chiudere ai lati da tavolati poi sui quali disporre gli arazzi di Gonzaga, tra cui la serie del *Fructus Belli*, e coperto da un velario trapunto di stelle e

---

[34] Per il torneo vennero acquistate 420 nuove picche a una lira l'una: ASMi, RC, serie XXII, 8, c. 85v.

[35] Il 3 gennaio 1549, 937 lire vennero versate per il "Gioco delle canne" nel cortile della Corte e per sovvenzionare un torneo in casa del marchese Trivulzio, la cui abitazione subì danni ai tetti (riparati con una spesa di 1130 lire il 6 febbraio: ASMi, RC, serie XXII, 8, cc. 85v e 93v-94). La descrizione delle feste si può leggere sempre in Calvete de Estrella [1552] 2001, 67-78; per le difficoltà incontrate dai milanesi, nuovi a tale esercizio che comportava non solo un differente sistema di monta, ma anche, di conseguenza, l'utilizzo di cavalli addestrati e selle differenti, v. Álvarez-Ossorio Alvariño 2001b, 113-16. Nel "Gioco delle canne" (o "delle palle") le corte lance potevano essere sostituite da palle di creta: un'immagine di un cavaliere impegnato in tale esercizio ludico-guerresco si può vedere alla carta 29 del cosiddetto *Libro del sarto*, una raccolta di disegni di modelli di vestiti, tende, bandiere, costumi festivi, addobbi, letti e decorazioni varie del pieno Cinquecento appartenuto al sarto milanese Gian Giacomo del Conte (c. 1525-1592) e conservato presso la biblioteca della Fondazione Querini Stampalia di Venezia (ms. Cl. VII, cod. 1): cfr. l'edizione anastatica, con saggi di commento (*Libro del sarto* 1987) e per l'identificazione del sarto proprietario, Leydi 1999b.

illuminato a giorno da innumerevoli torce.[36] La tavola, tanto ampia che quasi non si scorgeva un capo dall'altro, vedeva i tovaglioli, già piegati ad arte,[37] retti ciascuno da un alabardiere modellato in cera dorata e presentava, al centro e per tutta la sua lunghezza, la riproduzione in miniatura dell'intero apparato di archi trionfali che aveva accolto Filippo "*con aquella orden y pompa de Grandes, señores y cavalleros, gente de armas y guarda que traya y le aví salido a recibir de Milán.*"[38] Filippo, seduto a capotavola, aveva alla sua destra Isabella di Capua, moglie di Ferrante Gonzaga, e quindi il giovane duca di Mantova Francesco III Gonzaga, nipote del governatore; alla sua sinistra sedevano Ippolita e Fabrizio Colonna; a scalare trovavano posto duchi e marchesi e quindi dame e cavalieri milanesi e spagnoli. Il primo servizio, presentato da un maestro di sala coadiuvato da ventiquattro gentiluomini, era abbellito da rappresentazioni di uccelli, pesci, fiere, e poi torri, castelli, città e mille altre miniature, cui seguirono portate di cacciagione, lessi e pasticci, e poi dolci, conserve e canditi. Dopo la cena, la serata prevedeva un ballo durante il quale Filippo danzò pavane e gagliarde con Isabella e Ippolita prima di partecipare al ballo delle fiaccole ("*dança de la hacha*") insieme a tutte le dame e i cavalieri; la festa si concluse con un rinfresco ancora di confetture, frutta e conserve servite da una coreografia di cento paggi preceduti da trombettieri e cavalieri mascherati. Il letterato Gerolamo Muzio, al servizio di Ferrante Gonzaga, consegnò anche agli sposi un suo *Trattato di matrimonio* come dono personale.[39]

Nei giorni successivi, come detto, si svolsero tornei e giochi delle canne e venne rappresentato l'*Alessandro* del Piccolomini. Il 7 gennaio, alla partenza di Filippo, gli fu presentato il dono delle 10.000 doppie d'oro battute su conî di Leone Leoni; a lasciare Milano per primo fu il cardinale di Trento, Cristoforo Madruzzo, seguìto dal principe avviatosi sulla direttrice Melegnano, Lodi, Cremona, Mantova, per poi raggiungere Trento e quindi le Fiandre.[40] Il corteo principesco comprendeva lo scultore Leone Leoni e anche Tiziano, accorso a

---

[36] Per la serie, in otto panni, cfr. Delmarcel 2010. Anche la serie di quattordici panni con *Storie di Enea* venne utilizzata, considerando l'ampiezza della sala: Forti Grazzini 2010.
[37] Sull'arte di presentare i tovaglioli piegati in fogge fantasiose rimando a Sallas 2015.
[38] Calvete de Estrella [1552] 2001, 72. Questo incredibile centrotavola richiamava (sempre che non fosse lo stesso, in parte adattato) il simile apparato che aveva ornato la tavola di Carlo V nel 1541, opere entrambe di Giovan Battista Corbetta (vedi Morigia 1595, 287-88 e sui Corbetta come autori di apparati in occasione delle entrate, Sacchi 2020, 133-35); e in generale Cairati 2012.
[39] Il *Trattato* venne poi pubblicato, insieme ad altri, nel 1550 in Muzio 1550, 58-70.
[40] A Melegnano, Filippo venne accolto e alloggiato dal marchese Gian Giacomo de Medici, che provvide a erigere anche due archi trionfali, uno all'entrata e l'altro all'uscita della cittadina e ad adornate il portone del palazzo: Calvete de Estrella [1552] 2001, 78.

Milano su richiesta di Filippo e quindi aggregato alla sua corte i mesi successivi.[41]

Fine ottobre – 5 novembre 1549: arciduca Ferdinando II d'Asburgo

Nel 1549, tra ottobre e novembre, si deve ancora registrare la visita in città dell'arciduca Ferdinando II d'Asburgo e del cardinale Cristoforo Madruzzo, giunti per qualche giorno da Mantova, dove Ferdinando aveva accompagnato sua sorella Caterina, sposa dal 22 ottobre del duca Francesco III Gonzaga (che morirà da lì a poco, nel febbraio 1550). Arrivato in città poco dopo il matrimonio,[42] Ferdinando se ne ripartì il 5 novembre ma non, come era stato previsto, via acqua, su un bucintoro allestito a Pavia che lo avrebbe dovuto condurre fino a Venezia,[43] bensì ancora via terra, passando da Cremona e Pizzighettone.[44] Tracce documentarie della richiesta, inusuale ma non eccezionale,[45] rimangono nei pagamenti per velluti, damaschi con frange d'oro, sedie in velluto, tappeti per i quali vennero spesi 1800 scudi[46] e nello scambio di lettere tra il governatore Ferrante Gonzaga e Tommaso Marino o Francesco Taverna per l'organizzazione generale.[47] Il bucintoro, addobbato ma inutilizzato, finì per essere ricoverato in una darsena coperta appositamente

---

[41] Mancini 2019.
[42] La data esatta non si conosce, ma ancora il 25 ottobre Ferrante Gonzaga scriveva al grancancelliere Taverna, da Mantova, riguardo alla prossima visita a Milano di Ferdinando e alla necessità di preparare un'imbarcazione per permettergli in seguito di raggiungere Venezia da Pavia (ASMi, PS, 3).
[43] Gonzaga al governatore di Casalmaggiore, 4 novembre 1549, avvertendolo che Ferdinando e il suo seguito sarebbero partiti da Milano il giorno seguente e che avrebbero fatto tappa proprio a Casalmaggiore nel loro viaggio verso Venezia (ASMi, CC, 105).
[44] Vennero pagati 99 scudi e mezzo a Michele Grosso per coprire queste spese il 29 novembre: ASMi, RC, serie XXII, 9, c. 5v.
[45] Già nel 1541 una piccola flotta di tredici barche aveva portato Nicolas Perrenot de Granvelle da Pavia a Mantova: per il pagamento degli addobbi e il nolo delle imbarcazioni cfr. l'ordine, senza data ma certo riferibile a tale occasione, in ASMi, MS 64; in proposito cfr. anche la corrispondenza di Del Vasto in ASMi, Miscellanea storica 60.
[46] ASMi, RC, serie XXII, 8, c. 286r, 3 novembre 1549 e serie XXII, 9, cc. 1v-2r, 21 novembre 1549. Altre uscite sono contabilizzate il 26 ottobre e il 3 novembre 1549 (300 + 1000 scudi per spese cibarie: serie XXII, 8, cc. 286v e c. 287r) e il 14 dicembre 1549 (2504 scudi e 58 soldi per spese varie, serie XXII, 9, c. 9v). Ancora il primo aprile 1552 la Camera pagava il referendario di Pavia Manfredo Ozeno 250 lire per spese sostenute all'arrivo di Ferdinando: ASMi, RC, serie XXII, 10, c. 3r.
[47] Gonzaga a Taverna, 25 ottobre 1549 (ASMi, PS, 3) e a Tommaso Marino, 27 ottobre 1549 (ASMi, PE, 2).

allestita a Pavia, sostenuta da colonne in pietra e legname prelevati dal parco ducale.[48]

22 - 26 giugno 1551, principe Filippo d'Asburgo

Se le clamorose manifestazioni festive messe in campo da Gonzaga per l'arrivo di Filippo nel 1548 dovettero essere addirittura politicamente smorzate per non fare trapelare l'avvenuta infeudazione dello stato di Milano nella persona del futuro re, nell'estate 1551, quando il principe ripassò dalla capitale nel viaggio di ritorno in Spagna, rimase molto stupito dall'assenza di quasi qualunque addobbo e dal fatto che "hebbe poca gente [rispetto] a quello che s'aspettava."[49] Anche se l'architetto di fiducia di Gonzaga, Domenico Giunti, lavorò ad alcuni apparati;[50] anche se il musico Ercole da Trezzo fu scarcerato, dandogli così la possibilità di suonare alla presenza di Filippo;[51] anche se il principe venne accompagnato a visitare il castello e i cantieri delle nuove mura che avrebbero cinto la città (e delle quali richiese un disegno, che ci si affrettò a domandare al progettista, Giovan Maria Olgiati);[52] e sebbene la principessa di Molfetta, consorte di Gonzaga, avesse invitato Filippo a un sontuoso banchetto presso

---

[48] Il 13 dicembre il referendario di Pavia, Manfredo Ozeno, scriveva infatti a Taverna per chiedere lumi su come e dove ricoverare il bucintoro non utilizzato, il cui solo ricovero sarebbe costato 40 scudi: ASMi, MS, 60.

[49] Luca Contile, da Milano, a Gonzaga, 22 giugno 1551 (in Soldini 2007, 304, n. 221).

[50] Tra il 1548 e il 1551 il governatore Gonzaga aveva provveduto a portare avanti il riassetto della piazza del Duomo: abbattuta Santa Tecla, pavimentata e liberata da parte delle botteghe che la ingombravano, si era poi proseguito con minori riallineamenti degli isolati che la chiudevano a nord, ovest e sud (cioè il Coperto dei Figini, la Pescheria vecchia e il Rebecchino). Inoltre le facciate, almeno quella del Rebecchino e della Pescheria, erano state dipinte da Domenico Giunti (o su progetto di Domenico), che venne pagato 80 scudi il 30 gennaio 1551 "per la spesa della pittura fatta nella pescheria vecchia per contro il Domo," e ancora 40 scudi il 22 dicembre 1553 per la stessa ragione (ASMi, RC, serie XXII, 9, c. 154v e 10, c. 120v; Soldini 2007, 261-71, e in particolare 270, n. 123). Ma anche l'isolato del Rebecchino, che chiudeva a sud la piazza, "era pure dipinto a chiaro oscuro simulante una decorazione architettonica formata da una serie di nicchie con statue, intramezzate da lesene che sostenevano una ricca trabeazione" (Paravicini 1879, 148). Le decorazioni sono ricordate anche in Torre 1674, 361-62, con l'indicazione che furono "dipinte per far applauso alla venuta di Filippo II, Re delle Spagne e Duca di Milano." Ringrazio Edoardo Rossetti per avermi segnalato la decorazione del Rebecchino, oggetto del suo prossimo studio *Between Renaissance and Neo-Renaissance. Tito Vespasiano Paravicini's Graphic Corpus*.

[51] Soldini 2007, 304.

[52] La richiesta di Filippo di un progetto delle mura da portare in Spagna è registrata il 25 giugno (con la nota che "Domenico," cioè Giunti, non lo possedeva e che sarebbe stato richiesto a Olgiati) in ASMi, CC, 129; il 29 giugno Gonzaga scriverà a Taverna di aver incaricato Olgiati di stendere un disegno da far recapitare a Genova (ASMi, CC, 130).

la costruenda residenza suburbana del governatore, la Gonzaga (già Gualtiera, poi nota come villa Simonetta); malgrado tutto questo i cinque giorni in cui Filippo si trattenne in città trascorsero davvero sotto tono, né certo un'esibizione di un acrobata turco sul filo propostagli in Corte, dove aveva preso alloggio, poté risollevarlo. E per di più pare che piovve di continuo.[53] Gli stanziamenti di cui si ha notizia (ma il conto fu certamente ben più alto) furono davvero modesti, ammontando alla cifra di 200 scudi per "apparati" in occasione della visita e altre 677 lire, 13 soldi e 2 denari contabilizzati l'anno successivo per spese non specificate relative al passaggio di Filippo.[54]

28 novembre – 2 dicembre 1551: arciduca Massimiliano d'Asburgo e infanta Maria d'Asburgo, principi di Boemia

Pochi mesi dopo, tra la fine di novembre e i primi di dicembre del 1551, anche Massimiliano d'Asburgo, figlio del re dei Romani Ferdinando I, e sua moglie Maria d'Asburgo, figlia dell'imperatore Carlo V, transitarono per Milano nel loro viaggio di ritorno dalla Spagna all'Austria.[55] Per Massimiliano era la terza occasione di visitare la città, ma questa volta il corteo dei due sposi fu clamorosamente visibile: era accompagnato da una moltitudine di cavalieri ungheresi che scortavano le carrozze con l'arciduchessa e i due figli (Anna e Ferdinando), le balie e le gentildonne della casa di Maria, mentre Massimiliano e i gentiluomini ungheresi, boemi e tedeschi, a cavallo, circondavano o precedevano la lettiga scoperta di Maria, con cento cavalieri borgognoni a chiudere il corteo.[56] Francesco Vinta, il residente fiorentino in città cui dobbiamo la migliore descrizione del corteo, aggiungeva: "Lascio di dirvi li alabardieri, trompetti, timpano, carriaggi infiniti tra li quali ve ne erano da 15

---

[53] Così Fossano 1512-1559 (MS), c. 212v.
[54] ASMi, RC, serie XXII, 9, rispettivamente 15 giugno 1551 (c. 221r) e 15 febbraio 1552 (c. 251r).
[55] La coppia entrò in città da porta Ticinese il 28 novembre e la lasciò il 2 dicembre. Nei documenti sono designati spesso come "re e regina di Boemia", sebbene il titolo non spettasse loro: Massimiliano era infatti il figlio del re di Boemia, e Maria la nipote. L'elezione al trono di Boemia di Massimiliano avvenne solamente nel settembre 1562.
[56] Massimiliano, oltre alla prima visita del luglio 1548, era ripassato molto brevemente a Milano il primo luglio 1551 per ripartirne il 2, nel suo viaggio di ritorno in Spagna dopo essere stato in Germania e a Trento: la notizia è riportata da Fossano 1512-1559 (MS), c. 212v: "Memoria como uno mardì da basso chè adì primo luyo 1551 è venuto a Milano lo arciduca de Austria, quale se dice è Rege de Boemia, et dicono è venuto in poste per andare in Spagna a tore sua muliere, quale è fiola de lo imperatore, et luy è nepote de li imperatore, zoè fiolo de Re Ferando, et il giorno seguente chè adì 2 luyo predetto se partite circa al vesporo per andare a Genua." Non conosco l'origine della notizia relativa alla supposta permanenza a Milano di Massimiliano tra il 26 luglio e il 6 agosto, non ricordata da alcuna fonte, riportata da Fučíková 2016, 28.

o 16 di velluto negro et ricchi fregi et bellissimi lavori secondo la livrea regia" gialla, bianca e nera, e ancora, a chiudere la descrizione: "L'elefante arrivò stamane, che non può comparire al traino della corte et teme il freddo et è in una hostaria."[57] Il vero protagonista dell'entrata, il dono di nozze più prezioso che i due sposi avevano ricevuto e che stavano riportandosi a corte, l'animale più curioso che Milano avesse mai visto, l'elefante Solimano (o Süleyman), non partecipò dunque alla festa, e questo spiega in parte la ragione per cui le fonti milanesi non lo nominano mai, neppure di sfuggita.[58] Un unico testimone sembra averlo visto salutare l'arcivescovo Giovan Angelo Arcimboldi inginocchiandosi davanti a lui, il medico e letterato Gerolamo Cardano, che ricorda l'episodio cui assistette nel suo *De Subtilitate*, e il fatto che Cardano riporti quasi esattamente l'età dell'elefante (che era nato nel 1540) lascia pensare che oltre ad assistere all'incontro con l'Arcimboldi, si sia anche intrattenuto con chi aveva in cura il pachiderma, chiedendo informazioni sulla vita di Solimano, e in generale sugli elefanti, poi effettivamente riversate nel *De Subtilitate*.[59]

L'assenza dalle scene dell'elefante non fu comunque il solo smacco che Milano dovette subire: il governatore Ferrante Gonzaga, impegnato con l'esercito in Piemonte, non partecipò ad alcun evento, delegando la moglie Isabella di Capua; la rappresentazione di una commedia, uscita di nuovo dalla penna di Nicolò Secco che si sarebbe dovuta recitare in casa di Francesco Crasso, dove già a metà novembre era stato allestito "un proscenio honoratissimo,"[60] fu cancellata perché all'arciduchessa non parve conveniente recarsi in casa di un privato—benché Crasso fosse il presidente del Magistrato delle entrate—per assistere a uno spettacolo quando solo due anni prima a suo fratello, il principe Filippo, era stato destinato un ben diverso trattamento nel palazzo della Corte.[61] I preparativi per la commedia duravano da più di un mese, coinvolgendo anche lo stesso governatore, il quale però si raccomandava di non investirvi troppo denaro, considerando che lo spettacolo doveva essere offerto agli sposi non da loro pari ma da privati cittadini, benché altolocati; in ogni caso Ferrante, il raffinato figlio di Isabella d'Este e del marchese di Mantova Francesco II Gonzaga, perfidamente concludeva: "Insomma, ce basti

---

[57] ASFi, MP 3103, cc. 24-26, lettera del 29 novembre 1551.
[58] Per l'elefante rimando a Gschwend 2010.
[59] Cardano 1554, 307, in cui, oltre a una digressione sull'età che gli elefanti potevano raggiungere e su come il suo conduttore lo aveva addestrato, scriveva: "*Vidimus nos elephantem reginae Mariae Bohemorum, filiae Caroli Quinti Caesaris, iuvenculum, annum scilicet agentem decimumtertium. [...] Ubi archiepiscopus Mediolanensis adesset, monitus illum inclinatis anterioribus cruribus & capite salutavit.*"
[60] ASFi, MP 3103, c. 3, Vinta a corte, 13 novembre 1551.
[61] ASFi, MP 3103, c. 28, Vinta a corte, 3 dicembre 1551.

Asburgo a Milano   93

se gli sii rappresentato una comedia che alloro parerà bella in qual si voglia forma sii, per venir le loro altezze dalle parti che vengono."[62] Cancellata la rappresentazione, per un certo tempo e su ordine di Isabella di Capua le scene rimasero montate in casa del Crasso, che ai primi di dicembre si dispiaceva dell'impiccio con il governatore, allora ancora a Casale Monferrato.[63]

Isabella di Capua comunque ospitò Massimiliano e Maria nella residenza suburbana di Ferrante, la Gonzaga, e offrì loro balli e intrattenimenti, sia a palazzo, sia al castello.[64] Come dono, la città di Milano presentò a Maria uno specchio "d'oro fornito di gioie et di più vista che valore",[65] pagato comunque 2500 scudi, che Gonzaga aveva personalmente scelto per omaggiare l'arciduchessa e che era stato acquistato da un Piantanida a credito, per mancanza di denaro liquido,[66] mentre si rinunciò al ben più caro zibellino da cintura, montato con gioie e pietre preziose—si parlava di una valutazione di 12.000 scudi—lasciando l'oratore fiorentino un po'perplesso: "questa città

---

[62] ASMi, CC 135, c. 216, Gonzaga a Taverna, da Asti, 21 ottobre 1551.
[63] Francesco Crasso a Gonzaga, 4 dicembre 1551 (ASMi, CC, 138): "Questi serenissimi Re non hano voluto veder la comedia, con tutto che la fosse preparata assai più honorevolmente adesso che l'altra volta, come già Vostra Eccellenza puotrà haver inteso da la Madama Signora Principessa, la quale poi nel partir m'ha ordinato che non lassi muovere l'apparato sin al rittorno suo; così ho esseguito et farò." Non si conosce il titolo della commedia che avrebbe dovuto essere messa in scena, ma si può supporre che si trattasse de *Gl'Inganni*, pubblicata postuma nel 1562 (e composta certamente dopo *L'Interesse*, rappresentata nel 1548 davanti al principe Filippo) dove, nella scena nona del terzo atto, viene data lettura di un atto notarile datato 1551: cfr. Quartermaine 1980.
[64] Nulla si sa delle feste, ma una lettera del 22 novembre 1551 inviata dal grancancelliere al segretario Gerolamo Rozono (distaccato presso Gonzaga) riporta una interessante notizia: Taverna avverte che Muzio (personaggio che non so identificare: non si tratta certo del letterato Girolamo Muzio, in quel periodo a Venezia: cfr. le sue lettere scritte a Gonzaga in Ronchini 1864) ha già preparato i giochi che si proporranno per l'occasione, ma è preoccupato per il luogo in cui farli svolgere: se si sceglierà il cortile del palazzo ducale (dove non si può garantire che sia bel tempo e che comunque ritiene un po' piccolo per contenere i soldati e le luminarie) sarà necessario occupare anche, per la preparazione, il salone del Senato o la sala che portava agli alloggi della principessa: ASMi, CC, 137, c. 239.
[65] Così Gonzaga a Taverna, 21 agosto 1551 (ASMi, CC, 131).
[66] Gonzaga a Piantanida, da Asti, 18 novembre 1551 (ASMi, CC 137), richiesta reiterata due giorni dopo dal segretario Gerolamo Rozono, che pure si trovava in Piemonte, scrivendo a Taverna, rimasto a Milano (ASMi, Miscellanea storica 70, 20 novembre 1551). Il denaro avrebbe dovuto essere recuperato addossando alle città la contribuzione di 3000 scudi da pagare proporzionalmente secondo le quote del perticato del 1531: ASMi, PS, 1, i deputati di Cremona al grancancelliere Taverna, 6 novembre 1551.

non ha presentato altro alla Regina che lo specchio; del zibellino se ne parlò solamente, et rimase in pellicciaria."[67]

In generale, anche la breve visita dei principi di Boemia del 1551 si svolse in tono minore; rimasti in città per soli cinque giorni, entrambi ripresero la via del nord il 2 dicembre lasciando la Camera milanese impegnata a saldare i debiti contratti per il loro accoglimento: apparentemente non si trattò di una gran cifra, visto che il senescalco Matteo Osio aveva presentato una lista delle spese sottoscritta da Gerolamo Bossi per 17.130 lire, 18 soldi e due denari, ma è più che probabile che la carenza di documenti nasconda un debito ben maggiore.[68]

1563-1576: Arciduchi a Milano

29 dicembre 1563 – 7 gennaio 1564: arciduchi Rodolfo e Ernesto d'Asburgo

Con la rimozione di Ferrante Gonzaga—richiamato a corte nel gennaio 1554 e quindi ufficialmente sostituito dal duca d'Alba a Milano all'inizio del 1555—e i primi arrivi dei governatori di nomina non più imperiale ma regia e di origine soprattutto spagnola, il clima a Milano cambia decisamente. Passato già dall'ottobre 1554 sotto l'amministrazione diretta di Filippo d'Asburgo, lo stato di Milano assume man mano le forme di una provincia spagnola più che quella di un feudo imperiale, modificando usi e costumi della classe egemone su modelli più rigidi importati dalla penisola iberica. Significativa a questo proposito l'introduzione nell'estate 1555, da parte del duca d'Alba, di un "portero" che bloccasse i visitatori che volevano accedere alla sala delle udienze, fino ad allora piuttosto aperta, cosa che ai milanesi parve non solo strana, ma "urtante" e comunque in contrasto con la famigliarità di modi precedentemente in uso in presenza del governatore, sia che fosse Del Vasto, sia che fosse Gonzaga.[69]

Nell'inverno del 1563 è da registrare il primo passaggio a Milano dei figli di Massimiliano II e di Maria d'Asburgo, inviati alla corte di Filippo II, loro zio: i due giovani arciduchi (Rodolfo era nato nel 1552 e Ernesto nel 1553) si fregiavano da poco più di un anno anche del titolo di principi di Boemia e di

---

[67] ASFi, MP, 3103, c. 28, Vinta a corte, 3 dicembre 1551.
[68] Lattanzio Balbi a Pietro Faechia, con cui si chiede al Faechia, contrascrittore della Tesoreria, di controfirmare il mandato di pagamento: ASMi, PE, 217, 22 marzo 1552. Dai mandati di pagamento si evince che 825 lire erano state impegnate per accomodare la Corte ducale il 12 novembre 1551 (ASMi, RC, serie XXII, 9, c. 238r) e che Gerolamo Bossi aveva ricevuto più di 25.000 lire in sei *tranches* tra la metà di novembre 1551 e l'aprile 1552, e cioè il 17 novembre (1000 scudi, c. 238v), il 19 (1256 scudi e 69 soldi, c. 241r), il 25 (1000 scudi, c. 238v), 29 novembre 1551 (1000 scudi, c. 242r) e il 1 aprile 1552 (630 lire, 18 soldi e 2 denari, oltre ad altre 1650 già versate: c. 265v).
[69] Chabod 1934 (1971), 223-224.

Ungheria, dopo che i loro genitori erano stati incoronati re e regina di Boemia nel corso di una cerimonia svoltasi a Praga il 20 settembre 1562 e re e regina di Ungheria l'otto settembre 1563 a Bratislava (Massimiliano aveva anche ricevuto il titolo di Re dei Romani alla fine del novembre 1562, per essere incoronato a Francoforte il 26 dello stesso mese).

I due bambini erano attesi in città già il 15 dicembre ma vi giunsero solo il 29 con un seguito di 370 persone e 250 animali e accompagnati dal cardinale Otto Truchsess von Waldburg, vescovo di Augusta e principe dell'Impero.[70] Il giorno seguente, dopo la messa e un intrattenimento musicale offerto in Corte dal governatore, vennero guidati sui tetti del Duomo per ammirare il panorama, ma la nebbia impedì loro di vedere alcunché, mentre alla sera furono ospiti dei Trivulzio per la cena e presenziarono anche al battesimo di un figlio del loro ospite.[71] Venerdì 31 dicembre vennero accompagnati al castello di porta Giovia, dove la guarnigione spagnola improvvisò una finta

---

[70] L'undici dicembre 1563 il tesoriere dei lavori e delle munizioni Paolo Emilio Gambaloita ricevette 10.000 scudi in conto delle spese per la prossima venuta dei figli del re di Boemia e delle loro corti (c. 125v), e il 15 altri 3000 (c. 129r): ASMi, RC, serie XXII, 14. Il 20 dicembre il governatore di Milano Consalvo Fernández de Córdova, duca di Sessa, era andato ad accoglierli a Bozzolo con 500 cavalleggeri della sua guardia e numerosi gentiluomini milanesi. Il giorno successivo entrarono a Cremona, dove erano stati eretti due archi trionfali, per ripartire il 23 dicembre e pernottare a Piacenza; il 27, lasciata Piacenza, furono a Lodi e il 28 a Melegnano in modo da poter, il giorno seguente, entrare a Milano nel primo pomeriggio, con il favore della luce. Per la cronaca del soggiorno milanese mi rifaccio, salvo diversa indicazione, a quanto riportato in Relazione [1563] 1889, 86-87. Una laconica notizia dell'entrata a Milano anche in Monti 1578 (MS), c. 81r.

[71] Il padrone di casa dovrebbe essere riconosciuto nel conte Gian Giacomo Teodoro Trivulzio (che solo pochi giorni dopo fu delegato dalla città per andare a corte a significare a Filippo II la soddisfazione dei milanesi per la mancata introduzione dell'Inquisizione spagnola nello stato, ottenuta anche con l'appoggio del governatore uscente, Consalvo Fernández de Córdova, duca di Sessa: ASC-BTMi, D, 14, 30 gennaio 1564 e Salomoni 1806, 167-69). Per il battezzato invece non so proporre alcun nome certo: nel 1575 Gian Giacomo ricorda nel suo testamento (ASMi, N, 14009, 12 febbraio 1575) solo tre figli: Paolo Alessandro (naturale, nato verso il 1549-1550 e legittimato nel 1561 a 11 anni: ASMi, TAM, 423), Bianca ("spuria", cioè illegittima) e Carlo Emanuele Teodoro (nato nel 1574 dalla seconda moglie, Ottavia Marliani). Il 20 settembre 1573 a Melzo era però deceduto un altro suo figlio, chiamato Gerolamo, la cui morte è riportata nel registro dei morti con l'indicazione di un'età che non so decifrare (ASMi, P, 98), ma certo mancato "in tenera età" secondo una breve agiografia anonima della famiglia Trivulzio dedicata a Ottavia Marliani, moglie di Gian Giacomo Teodoro, deceduta nel 1626 (ASMi, TAM, 189, fasc. "1595, Minuta di una illustrazione...").

scaramuccia, e il primo gennaio assistettero a una messa in Duomo.[72] La domenica furono spettatori di una mascherata, cui seguì un torneo a cavallo (ma la vera attrazione pare sia stata l'esibizione di un "cavallo con un paggio sopra a far cose maravigliose di salti e di manegio e d'inchini a Sue Altezze"), per poi spostarsi di fronte al castello per uno spettacolo di fuochi artificiali e luminarie.[73] Il giorno seguente, lunedì 3 gennaio, ci fu un ballo in Corte e il martedì i giovani arciduchi furono testimoni di un combattimento alla sbarra nel salone principale, mirabilmente organizzato per il quale furono necessari anche lavori in muratura.[74] Rodolfo ed Ernesto ripartirono quindi il 7 gennaio.

Come spesso vedremo, la lista delle spese affrontate dallo stato di Milano, benché rilevante, è raramente completa, oltre che molto vaga, tanto da non consentire di precisare i costi delle varie realizzazioni.[75] Abbiamo in ogni caso notizia di acquisti di tessuti sia per i due arciduchi che per mascherate e tornei per quasi 50.000 lire[76] e spese varie saldate anche con largo ritardo, fino al 1567,[77]

---

[72] La notizia è confermata dal rimborso di 24 lire, 10 soldi e 9 denari accordato dalla Camera al custode del Duomo Gerolamo Castione per dodici torce utilizzate nell'occasione (ASMi, RC, serie XXII, 14, cc. 145v-146r, 2 febbraio 1564).

[73] Il pagamento relativo a Gambaloita, pari a 52 scudi versatigli il 7 marzo 1564 (c. 166r), è in ASMi, RC, serie XXII, 14.

[74] Il 25 gennaio 1566 un non altrimenti noto Cristoforo Valotto ricevette ad esempio 308 lire e 18 soldi per "apparati" nella sala grande della Corte (c. 10), e ancora il primo luglio Giacomo Ciocca venne pagato poco più di 600 lire per legnami destinati allo stesso apparato (c. 139: entrambi in ASMi, RC, serie XXII, 16). Ciò che venne costruito fu poi abbattuto nel febbraio 1568 (pagamento al maestro da legname Giovan Paolo di 50 lire, 5 soldi e 6 denari: *Ibid.* 17, c. 48v). Lorenzo Fornari riceverà 18 lire e 9 soldi a saldo di lavori in pietra "per uso dei tre banchetti" il 7 maggio 1568 (ASMi, RC, serie XXII, 17, cc. 101v-102r), e i fratelli lapicidi Andrea e Michele Scala incasseranno a loro volta 92 lire e 4 soldi a saldo di complessive 27 "opere" valutate 5 lire e 12 soldi l'una (cioè uno scudo di Camera), sempre per la sala grande della Corte, il 3 febbraio 1569 (ASMi, RC, serie XXII, 17, cc. 201r-v).

[75] Il tesoriere Gambaloita ricevette ancora in conto più di 12.000 scudi, in parte per pagare le spese di mantenimento della corte, ma anche, si immagina, per allestire i tornei: ASMi, RC, serie XXII, 14, 6000 scudi il 29 dicembre 1563 (c. 129v), 4000 scudi il 6 gennaio 1564 (c. 131r), 400 scudi per "spese cibarie" il 27 gennaio 1564 (c. 137r), 1783 scudi per "spese cibarie e altro" su ordine del maggiordomo del governatore il 6 febbraio 1564 (c. 142v). In totale i pagamenti documentati tra l'11 dicembre 1563 e il 6 febbraio 1564 assommarono a 25.183 scudi, pari a più di 138.500 lire.

[76] L'undici marzo 1564 il Magistrato delle entrate scriveva infatti al governatore, Gabriel de la Cueva y Téllez-Girón, duca di Alburquerque, confermando che la somma richiesta dal capitano Maurizio della Quadra, 48.824 lire, 18 soldi e 6 denari, era congrua: ASMi, PS, 2, fasc. "1564."

mentre il volume che raccoglieva tutti i conti, già nelle mani del ragionato della Camera Francesco Brivio, sfortunatamente non è giunto fino a noi.[78] È possibile immaginare che Rodolfo ed Ernesto, considerata la loro età, non agissero in prima persona, e quindi che i ricami di Camillo Pusterla loro destinati non fossero un acquisto, quanto piuttosto un omaggio, un dono o, in alternativa, fossero destinati a decorare qualche addobbo appositamente approntato.[79] Oltre a ciò una parte degli apparati, evidentemente presi a prestito, venne guastata o perduta, con la conseguente necessità di rifondere i proprietari.[80]

Agosto 1571: arciduchi Rodolfo e Ernesto d'Asburgo

Nell'estate del 1571 i due principi ormai adolescenti ripassarono per il Milanese nel loro viaggio di ritorno alla corte paterna. E se nel 1563 il loro status era quello di arciduchi e principi, ora, con la successione imperiale del padre (imperatore dal luglio 1564), pur formalmente non avendo assunto nessuna altra carica, Milano ricevette l'erede *in pectore* dell'impero e suo fratello.[81]

---

[77] Tra il febbraio e l'estate 1564 si scalano le richieste del capitano delle cacce per un rimborso di 500 scudi per una battuta organizzata a Vigevano e i conti per la cucina degli arciduchi (il saldo a Giovan Battista Visconti, pari a 170 scudi, è in ASMi, RC, serie XXII, 15, c. 144v) e degli osti del Sole e della Balla, che avevano alloggiato le corti: ASMi, PE, 2, fasc. "1564." Al 1565 e al 1567 si riferiscono invece altri conti presentati dai due maggiordomi incaricati di seguire gli arciduchi, Ercole Pagnani e Luigi Marliani (ASMi, PE, 217, fasc. "1565" e "1567"). E ancora: Ludovico Melzi supplicava nell'agosto 1565 per vedersi saldato il conto di 1100 lire e 2 soldi relativo a vino bianco, rosso e vernaccia fornito tra il 1563 e i primi del 1564 (ASMi, F, 117).

[78] Il libro dei conti è citato in un'ennesima lista di spese cibarie per le corti degli arciduchi del gennaio 1564 in ASMi, PE, 3, e ancora nella dichiarazione dello stesso Brivio che attesta che l'oste del Gambero è effettivamente creditore di 312 lire e 18 soldi per l'alloggio del seguito arciducale: qui si sottolinea che il volume era sottoscritto dai due maggiordomi, Ercole Pagnani e Luigi Marliani (ASMi, PE, 217, fasc. "1565").

[79] Camillo Pusterla ricevette 1002 lire, 17 soldi e 4 denari, pari ai 2/3 del suo credito di 1504 lire e 6 soldi, il 16 aprile 1565, e altre 501 lire, 8 soldi e 8 denari a saldo il 27 settembre successivo (ASMi, RC, serie XXII, 15, cc. 98r e 159r). Non è escluso che i crediti vantati dal Pusterla, oltre 10.000 lire, e ceduti il 13 novembre 1565 (ASMi, Notarile 12302, n. 3007) riguardassero opere commissionate per l'occasione: tra i debitori del ricamatore figurano infatti lo stesso duca di Sessa e il capitano Maurizio della Quadra, che l'anno precedente aveva ricevuto dalla Camera un saldo per drappi e tessuti.

[80] Il 20 dicembre 1565 Battista Guarino e Antonio Cisero vennero saldati con 84 lire e 4 soldi "per causa di danno patito in alcuni pezzi di tapezzaria guasti, et alcuni persi" utilizzati al tempo del passaggio dei principi: ASMi, RC, serie XXII, 15, c. 179v.

[81] Rodolfo sarà incoronato re di Ungheria nel 1572 e re di Boemia nel 1575; nel medesimo anno venne nominato re dei Romani (cioè erede imperiale designato) e succedette al padre Massimiliano II nell'ottobre 1576.

A differenza che nel 1563, nel 1571 i principi non transitarono per la capitale: dopo la festa data a Genova da Giovan Andrea Doria il 29 luglio in onore loro e di don Giovanni d'Austria, che li aveva accompagnati dalla Spagna per poi proseguire per Lepanto, lasciarono la Liguria il primo agosto per essere accolti a Tassarolo, un minuscolo feudo degli Spinola ai confini dello stato di Milano, dal governatore Gabriel de la Cueva y Tellez-Girón, duca di Alburquerque, e dai feudatari dello stato.[82] Da lì si recarono direttamente a Pavia dove si imbarcarono per proseguire lungo il Po fino a Brescello e oltre, come da programma,[83] giungendo alla corte imperiale di Vienna in tempo per presenziare, alla fine del mese di agosto, al matrimonio tra loro zio Carlo II d'Asburgo e Maria Anna Wittelsbach, figlia del duca di Baviera Alberto V.[84]

8 maggio – 27 luglio 1574 e 26 giugno – 16 agosto 1576: don Giovanni d'Austria

Nel 1571 don Giovanni d'Austria si limitò ad accompagnare gli arciduchi Rodolfo e Ernesto fino a Genova per poi prendere il largo con la flotta reale. Nel 1574, al contrario, sbarcato nella capitale ligure ed accolto da Giovan Andrea Doria il 29 aprile, ne ripartirà il 6 maggio per dirigersi nel Milanese, alloggiando fino alla fine di luglio a Vigevano ma spingendosi ovviamente in più di un'occasione fino a Milano.

Le tappe del viaggio da Genova a Vigevano sono scandite grazie a Prospero Visconti che ne scrisse al duca di Baviera il 12 maggio 1574: la notte del 6 maggio don Giovanni era a Serravalle, accolto dal governatore dello stato di Milano Antonio de Guzmán, marchese di Ayamonte e da dieci cavalieri

---

[82] La cronologia degli avvenimenti è riportata confusamente da Negri 1602, 7-8; Negri afferma di aver anche ballato al cospetto dei principi sia in questa occasione sul "bucentoro", sia in precedenza, nel loro viaggio verso la Spagna del 1563-1564.

[83] Nel luglio 1571 vennero infatti versate al tappezziere e arazziere Bartolomeo Rainoni 55 lire affinché si recasse a Pavia a sistemare la barca, probabilmente il bucintoro già approntato per Ferdinando nel 1549; con lui operavano Battista Lupo e Battista Rusca, entrambi pagati per frange dorate e cuoi per un totale di 651 lire, 10 soldi e 3 denari come certificato dal ragionato Camillo Carnago, cui si deve la tenuta dei conti relativi al passaggio dei principi, che sottoscriverà una spesa totale di 61.932 lire. 18 soldi e 3 denari (ASMi, PE, 217, fasc. "1572"), una cifra minore di quanto ricevuto per la bisogna da Paolo Emilio Gambaloita, il tesoriere delle munizioni dello stato, cui la Camera aveva versato 10.000 scudi in tre tranches (4000 scudi il 23 giugno, altri 4000 il 3 luglio e 2000 il 14 dicembre 1571: cc. 59v; 63r; 174r-v) e infine 7152 lire, 18 soldi e 2 denari a saldo il 7 marzo 1572 (cc. 271r-v; i quattro pagamenti in ASMi, RC, serie XXII, 19).

[84] Della presenza a Vienna dei principi dà conto l'oratore mantovano Guglielmo Malaspina già il 30 agosto 1571 (e ancora il 3 settembre): Venturini 2002, 210-12, nn. 77-78.

milanesi;[85] il 7 pernottava a Sale per giungere a Vigevano l'otto maggio, dove incontrò altri *"plurimi nobiles Mediolanenses"* e tre rappresentanti del Senato; il giorno successivo fu raggiunto da Alessandro Farnese, suo nipote—la madre di Alessandro, Margherita d'Asburgo, era sorella di don Giovanni, entrambi figli illegittimi di Carlo V—ma praticamente coetaneo con il quale era cresciuto alla corte di Filippo II e con cui aveva mantenuto uno stretto rapporto personale.[86]

Non conosciamo la ragione per la quale don Giovanni scelse Vigevano e non Milano come base per il suo soggiorno lombardo; quello che è certo è che in più di un'occasione si recò nella capitale, a volte in incognito (ma ovviamente riconosciuto), altre volte ufficialmente, partecipando a feste e spettacoli dati in suo onore.[87] Si può immaginare che i milanesi abbiano fatto a gara per

---

[85] La decisione di inviare una rappresentanza cittadina era stata presa dal Tribunale di provvisione nella seduta del 28 aprile, nella quale si approvò anche di vestire di nuovo i sei trombetti del Comune e i sei servitori del Tribunale, mentre la proposta di accendere in città i falò quando don Giovanni fosse arrivato venne bocciata: ASC-BTMi, D 16.

[86] Per le tappe del viaggio da Genova a Vigevano si veda Simonsfeld 1902, 329, n. 146; l'arrivo in città è anticipato al 6 maggio da Cesare Negri, che asserisce di aver ballato quel giorno dinnanzi a don Giovanni proprio a Vigevano dove il ballerino si trattenne per otto giorni (Negri 1602, 8). I costi di trasferimento furono a carico della Camera: 5808 lire, 8 soldi e 6 denari furono versati il primo luglio a Luis de las Peñas per altrettante spese tra il 3 e il 10 maggio per ricevere e accompagnare don Giovanni (ASMi, RC, serie XXII, 21, c. 221v).

[87] A Vigevano don Giovanni venne probabilmente alloggiato nella Rocca Nuova (cioè nel palazzo edificato a fine quattrocento da Galeazzo Sanseverino e poi in parte fortificato e riattato a dimora signorile da Alfonso d'Avalos, che vi morì nel 1546) e non in castello: in ogni modo fu necessario sistemare gli alloggi tanto che vennero stanziati prima 300 scudi e poi 319 lire, 4 soldi e 8 denari a saldo dei lavori (ASMi, RC, serie XXII, 21, 3 giugno e 30 luglio 1574, cc. 186v-187r e 233v). Inoltre, lo Stato di Milano verrà costretto a versare, su ordine di Filippo II, 40.000 scudi che dovrà prendere in prestito da Pelagro e Paolo Doria, ai quali in cambio verrà assegnata la ferma del sale (ASMi, RC, serie XXII, 21, cc. 242v-243r, 23 settembre 1574). Il 19 maggio Prospero Visconti segnalava come "Il signor don Giovanni è stato a Milano in incognito et è ritornato di novo, a Vigevano," e ancora il 15 giugno: "Il signor don Giovanni d'Austria è venuto a Milano un'altra volta ancora [...]. Andò a festa, ma stette sempre coperto da un uscio" (Simonsfeld 1902, 330, nn. 147 e 149). Ancora il 9 giugno don Giovanni era a Milano "per vedere la processione che qui si fece il giorno seguente nella solennità del santissimo corpo di Nostro Signor Gesù Christo. Et se n'è stata fin hoggi [12 giugno] dopo pranzo sua altezza come incognita in questa città andando però intorno spesso et essendo conosciuta da ognuno. Poi se ne è tornata a Vigevano" (Silvio Calandra al duca di Mantova, 12 giugno 1574, in Piccinelli 2003, 87, n. 73). Le scorribande milanesi di don Giovanni furono, almeno all'inizio, spalleggiate da Pietro Antonio Lonati, che infatti ricevette un rimborso di 829 lire, 5 soldi e 9 denari il 21 maggio per aver accompagnato l'ospite per 13 giorni (ASMi, RC, serie XXII, 21, c. 173r). Lonati era stato scelto in quanto conosciuto

offrire al figlio di Carlo V intrattenimenti degni di un principe, o almeno così parrebbe dalle parole di Prospero Visconti, non avaro nell'inviare relazioni al duca di Baviera: "Io desiderarei che Vostra Eccellenza fosse quà a Milano a godere parte de le feste e dei piaceri che gode quà l'altezza dil signor don Giovanni d'Austria" scriveva il 16 giugno, aggiungendo, pochi giorni dopo, che al principe erano stati offerti "*tripudiis, choreis ac comaediis*" ma soprattutto che don Giovanni "*dicitur eum amare adolescentem uxorem nobilis cuiusdam mediolanensis,*" cosa che aveva dato àdito a poco lusinghieri commenti, sfociati in epigrammi latini e italiani sparsi per la città (che Visconti inviava al duca, ma che sono purtroppo perduti); e concludendo che "*haec mulier Victoria Castellessa nuncupatur.*"[88] La dama in questione, oggetto delle attenzioni dell'Asburgo, deve essere riconosciuta nella giovane moglie di Filippo da Rho, Vittoria Castelletti, nata verso il 1553 e al tempo già madre di due figli,[89] celebrata ("*volubil rota di leggiadri amori*") da Giuliano Gosellini nel 1581 in sei sonetti (per un suo ritratto eseguito dal miniatore milanese Agostino Decio),[90] ma già l'anno precedente da Muzio Manfredi[91] e in seguito da Camillo Camilli, che le attribuisce l'invenzione della sua impresa parlante, una palma e una quercia i cui rami si intrecciano e il motto SPERARE NEFAS,[92] forse ispirato da due versi di Annibal Caro.[93]

Il soggiorno milanese di don Giovanni vide numerose feste e spettacoli dati in suo onore: alla fine di maggio partecipò a un ballo in casa di Alfonso Castiglioni e il 28 dello stesso mese a un torneo alla barriera organizzato in

---

e apprezzato da don Giovanni: Pietro Antonio aveva infatti servito a Lepanto, facendosi notare per il suo valore, sulla galea capitana del duca di Savoia con il contingente urbinate (Lonati aveva sposato nel 1563 Camilla della Rovere, figlia naturale ma legittimata del duca di Urbino Guidobaldo II). I rapporti tra il principe e Lonati proseguirono anche dopo le visite milanesi: cfr. Mara 2018, 92-103.

[88] Simonsfeld 1902, 331-32, nn. 151 e 153.

[89] Lo si ricava dallo *Stato delle anime* della parrocchia di San Sebastiano steso nel 1589 (ASDMi, Vis., Sant'Alessandro VII), in cui in casa Rho in piazza San Sepolcro vivono Filippo da Rho di anni 55, sua moglie Vittoria Castelletti di 36 e i figli Carlo (di 19 anni) e Francesco Baldassarre (di 17).

[90] Gosellini 1581, parte 2, 184-187, "Sopra un ritratto di Vittoria Castelletti, Roa [sic], ad Agosto Decio, illuminator eccellente." Per i Decio rimando a Sacchi 2005, 525-58.

[91] Manfredi 1580, 225, n. 95, "Signora Vittoria Castelletti da Rho." Lo stesso Manfredi dedicherà poi a Vittoria una egloga scritta in occasione del matrimonio del marchese di Soragna (Manfredi 1589, 61-71), senza la dedica, che compare però nell'indice. Della mancata dedica Manfredi si scuserà con Vittoria, una volta ricevuta una copia stampata dell'opera, in una lettera scritta da Nancy il 26 ottobre 1591: Manfredi 1606, 245-46, n. 299.

[92] Camilli 1586, 180-82, "Vittoria Castelletta da Rò."

[93] "Hor il secolo sarà più bel che d'oro / ch'i dattili son giunti con le ghiande": Caro 1572, 53.

Corte dal governatore; un ulteriore torneo, con cena e balli, da lui espressamente richiesto, si svolse in casa di Pietro Antonio Lonati il giorno di san Giovanni, il 24 giugno.[94] E ancora, in una o più occasioni, dovette godere degli spettacoli della compagnia dei comici Gelosi, chiamati a Milano appositamente da Ottavio Gonzaga a fine giugno.[95] La principale manifestazione festiva fu comunque una mascherata organizzata e finanziata dal ballerino Cesare Negri lungo il corso di porta Romana il 26 giugno, di cui abbiamo una completa descrizione lasciata dal Negri stesso.[96] Non è possibile in questa occasione anche solo elencare le ventitré personificazioni che sfilarono in testa, dal Pensiero al Tempo, e poi uomini selvatici, re e regine, nani danzanti per concludersi con l'apparire di un carro, trainato da otto schiavi, con Venere e le tre Grazie che intonavano madrigali.[97] Ogni entrata venne commentata ed illustrata a don Giovanni da Bernardo Rainoldi che, vestito da Zanni, recitava una terzina esplicativa, in modo che fosse ben

---

[94] Traggo le prime due notizie dalla missiva inviata da Giovan Francesco della Torre al duca di Savoia il 29 maggio 1574, riportata in Cibrario 1846, 176-77, n. 23; la terza in Piccinelli 2003, 87, n. 73, Silvio Calandra al duca di Mantova, 12 giugno 1574: "Avanti la partita di sua altezza ha stabilito [...] che il giorno di san Giovanni si faccia qui un torneo in casa del signor Pietro Antonio Lonato con una cena a quasi tutte le principali et più belle dame, la quale finita si faccia una festa di balli che duri fin al giorno."

[95] La richiesta dei Gelosi, giunti in città a fine giugno "per servigio de l'Altezza del Signor Don Giovanni, et desiando essi recitar le loro honeste et allegre comedie, come hanno fato gli anni passati," è in ASMi, CC 292, 27 giugno 1574; la licenza, concessa il 6 luglio, in ASMi, RC, serie XXI, 10, c. 34. Per la loro presenza in città: Arcaini 1995, 268-76.

[96] Negri 1602, 9-11. Don Giovanni, Alessandro Farnese, il governatore Antonio de Guzmán, marchese di Ayamonte e Ottavio Gonzaga (figlio di Ferrante e militari) assistettero alla sfilata affacciati alle finestre del palazzo sul quale erano affrescati Carlo V e i suoi maggiori generali, nel 1574 probabilmente ancora di proprietà della famiglia Vicini (non dell'Agosto, o Agostino citato da Negri, morto certo ante 1569, quanto piuttosto forse di suo figlio Francesco) ma nel 1602 già della contessa Delia Anguissola; per le vicende del palazzo rimando a Leydi 1999a, 197-199. dove però non avevo tenuto conto delle indicazioni di Cesare Negri. Che già nel 1574 l'imperatore e i suoi generali fossero presenti sulla facciata è testimoniato dal ben poco favorevole commento sull'aspetto di Ferrante Gonzaga, uno dei ritrattati, riportato da Gosellini 1574, 437: "Pennello ignobile troppo fu quello, che in pubblico, e tra molti altri guerrieri de'nostri tempi, lo dipinse a Milano, sul corso de la porta Romana; percioché gli tolse ogni bella fattezza, et proportione." Il criticato pennello era di Giuseppe Alberio (o Galberio: per l'identità rimando al contratto steso il 2 gennaio 1583 per la decorazione delle navate di Santa Maria della Passione, dove il pittore è chiamato "Gioseffo Galbè" ma si sottoscrive "Giuseppe Alberio": Baroni 1968, 77-78, n. 474, nota 2); cfr. anche Torre 1674, 59-60, dove è citato come "Giuseppe Galbesio bresciano valoroso pittore".

[97] Oltre a quanto riporta Cesare Negri, v. anche Pontremoli 1999, 127-29.

chiara ogni allusione, prima che tutti i figuranti si ritirassero, attraversando la città, all'interno del palazzo di Tommaso Marino.

Don Giovanni lasciò Vigevano il 27 luglio per recarsi a Piacenza facendo tappa per la notte a Lodi presso il principe Claudio Landi, governatore della città, e quindi proseguendo per Mirandola, poco a sud di Casalpusterlengo, per passare il Po ed essere accolto dal duca Ottavio Farnese.[98] Il giorno successivo incontrò a Piacenza Margherita d'Asburgo, sua sorella e moglie di Ottavio, in occasione del torneo organizzato in suo onore.[99] Il 31 ripartì per tornare in Liguria e imbarcarsi e raggiungere Napoli il 24 agosto. Non fu quindi possibile organizzargli un incontro con Enrico III di Valois, il novello re di Francia di passaggio per la Lombardia proprio in quel periodo nel suo trasferimento dalla Polonia in patria: Enrico giunse infatti a Cremona via acqua l'8 agosto, accolto dal marchese di Ayamonte, per poi proseguire per Monza e quindi per il Piemonte.[100] Per lui lo stato di Milano si accollò spese per 17.600 scudi tra il 29 luglio 1574 e il 6 giugno 1575.[101]

Nel giugno 1576 don Giovanni d'Austria tornò a Milano, tappa nel suo viaggio verso le Fiandre. Entrato in città in carrozza al calar del buio del 26 giugno, il giorno successivo rese visita alla moglie del governatore, Ana Fernández de Córdoba, marchesa di Ayamonte, che lo accolse con un ballo; si mostrò in pubblico il 28.[102] Il 30 giugno fu ospite del governatore, in Corte, dove in suo onore venne data una festa danzante con la partecipazione di moltissime dame milanesi.[103] Nessun apparato venne innalzato per onorare il vincitore di Lepanto, e come nell'occasione precedente, il principe non risiedette in città bensì a Vigevano, recandosi comunque spesso a Milano

---

[98] Simonsfeld 1902, 335, n. 159, Prospero Visconti al duca di Baviera, 28 luglio 1574.
[99] La cronaca del torneo è riportata da Bendinelli 1574.
[100] Per il passaggio in Lombardia di Enrico III si veda De Nolhac e Solerti 1890, 189-93. La magnificenza degli apparati allestiti per il re durante il viaggio è ricordata anche da Guazzo 1586, 111v-113.
[101] ASMi, RC, serie XXII, 21, alle date 29 luglio (c. c. 216v, 8000 scudi), 3 agosto (cc. 220v-221r, 4000 scudi), 7 agosto (c. 231v, 400 scudi), 9 agosto (cc. 237r-v 2000 scudi), 10 agosto (c. 237v, 1000 scudi) e 19 agosto 1574 (cc. 236v-237r, 1000 scudi a saldo). Altri 1200 scudi vennero pagati a Andrea Facino il 20 giugno 1575 (RC, serie XXII, 22, cc. 119v-120r).
[102] Alla carrozza e agli addobbi aveva lavorato, tra gli altri anonimi maestri, anche Ottavio Semino, come si evince da una *protestatio* del 5 settembre 1576 in cui il pittore afferma di non aver potuto valutare personalmente le opere eseguite da Valerio Profondavalle alla villa Pliniana (sul lago di Como), di proprietà del conte Giovanni Anguissola, perché "*impeditus fuit occasione triunphi factus superioribus diebus*" per sua Altezza, e anche per la costruzione della carrozza (ASMi, N, 16472, 5 settembre 1576; Leydi 2011, 270 e 280, n. 28).
[103] La cronologia degli avvenimenti è comunicata al duca di Savoia dal suo ambasciatore Giovan Francesco della Torre in una lettera del 1 luglio: ASTo, LMM, 2.

dove vari lavori erano stati intrapresi in palazzo ducale per prepararlo alla sua venuta.[104]

Il 29 luglio si svolse la principale festa offerta a don Giovanni: un ballo in Corte cui seguì un torneo a piedi alla barriera su un palco innalzato nel cortile maggiore della Corte affiancato da scalinate per fare accomodare le dame.[105] Tra i sette mantenitori figuravano lo stesso don Giovanni, Alessandro Farnese e il marchese di Ayamonte, tutti preceduti nel loro ingresso da quattordici donne in nero, con ali, una clessidra in testa e un cerchio in mano a figurare le Ore, seguite dalle Parche. Le tre squadre dei "venturieri" (cioè degli sfidanti) erano capitanate da Pietro Antonio Lonati, Renato Borromeo e Ottavio Gonzaga;[106] Lonati era accompagnato da un carro che fingeva essere la nave

---

[104] Riguardo ai soggiorni milanesi Giuliano Gosellini scriveva infatti a un anonimo corrispondente il 5 luglio: "Don Giovanni d'Austria venne, si fermò qui quattro giorni, hora è a Vigevano. Sarà qui fra due, o tre giorni: et fra quindici si farà un torneo, dove entrano sua Altezza il Marchese di Ayamonte, et molti cavalieri de la città, fra gli altri il Signor Girolamo Visconte. *Todo esto por amor de damas*" (Gosellini 1592, 161-62). Spese per lavori non specificati in Corte a Milano, ma direttamente conseguenti all'arrivo di don Giovanni, sono riportate in ASMi, RC, serie XXII, 23, il 17 giugno (cc. 112v-113r, 607 lire), il 7 luglio (cc. 122v-123r, 389 lire), il 13 luglio (cc. 127v-128r, 2932 lire e 11 soldi versati a Pellegrino Tibaldi per resto di 3633 lire e 11 soldi per pitture in due camerini in Corte, oltre a 288 lire e 15 soldi a saldo delle giornate in servizio della Camera), il 14 luglio (c. 127, 846 lire). Per i lavori in Corte a metà anni Settanta, Repishti 2020, 59-60.

[105] Alcune spese relative al torneo e al ballo sono registrate in ASMi, RC, serie XXII, 23: il tesoriere delle munizioni Gambaloita ricevette infatti 3025 lire per torce destinate a illuminare il torneo e altre 1489 lire, 6 soldi e 3 denari per il legname per approntare il palco il 20 luglio (cc. 162r-v); 110 scudi per ornamenti vari al salone maggiore della Corte il 24 luglio (c. 139v). Altri 100 scudi per il torneo il 27 luglio (ASMi, RC, serie XXII, 24, c. 143r)), mentre solo il 22 luglio 1579 il pittore Valerio Profondavalle venne saldato con 338 lire e 6 soldi per le decorazioni al salone (ASMi, RC, serie XXII, 25, c. 99v). L'opera di Profondavalle comprendeva, a stare alla stima di Pellegrino Tibaldi del 7 agosto 1576 (ASMi, A, 106, fasc. 11), 28 teste in rilievo di leoni e serpenti; gli stemmi di sua Maestà (Filippo II), di sua Altezza (don Giovanni), di sua Eccellenza e della Marchesa (il governatore Antonio de Guzmán e la moglie Ana Fernández de Córdoba); 2 stemmi grandi di sua Maestà e di sua Altezza; festoni di putti, foglie d'oro e tosoni intorno alle armi e teste, il tutto valutato 943 lire e mezza (Repishti 2020, 59, n. 18). Lo stesso Tibaldi ricevette il 13 settembre 20 scudi per il "torneo fatto in la corte maggiore di questa città, fatto nel mese di luglio prossimo passato per servicio di Sua Altezza" (ASMi, FC, 193, fasc. 1).

[106] L'organizzazione del torneo dovette subire qualche cambiamento in corso d'opera: l'otto luglio Giovan Francesco della Torre scriveva infatti al duca di Savoia come la barriera avrebbe comportato la presenza di quattro squadre di sei cavalieri, comandate rispettivamente da Ottavio Gonzaga (con don Giovanni, Alessandro Farnese, Cesare d'Avalos e due cavalieri spagnoli), Pietro Paolo Lonati (con cavalieri milanesi e spagnoli),

di Argo con Apollo che, alla guida del vascello, declamava versi, usciti dalla penna di Giuliano Gosellini, in onore di don Giovanni, mentre Renato Borromeo era preceduto dal carro della Luna, "ornato di vari lavori et di fuochi artificiali," trainato da due cervi;[107] Ottavio Gonzaga, che guidava diciotto cavalieri, seguiva due suonatori ciechi che cantavano accompagnandosi con la lira.[108] Terminato il torneo "ancora si fece ballare dopo la cena, con tal che tutta quella notte non si fece altro che jubilare et triomphare."[109] Non sono noti gli artisti e gli artefici che lavorarono all'allestimento del campo in Corte, sebbene l'impegno dovette essere notevole visto che già vi si attendeva all'inizio di luglio: probabilmente a questo alludeva il già ricordato Ottavio Semino quando parlava di "*triunphi factus superioribus diebus*" all'inizio di settembre, ma anche un architetto e pittore come Pellegrino Tibaldi venne in qualche modo interpellato e quindi pagato 20 scudi "per aver guidato il torneo fatto in la Corte magiore di questa città, fatto nel mese di luglio prossimo passato per servicio di Sua Altezza" e "per esser stato assistente a tutte le hore, fatti li disegni et altri, per sua mercede de giorni dece" come dichiarato in un pagamento e nella ricevuta autografa del 13 settembre 1576.[110]

Come in occasione della precedente visita, anche nel 1576 la compagnia teatrale dei Gelosi allestì spettacoli in città, sfidando le ire dell'arcivescovo Borromeo che solo pochi mesi prima aveva pubblicato una lettera pastorale con la quale condannava tutti gli spettacoli e chi vi prendeva parte, massimamente quelli allestiti durante le festività religiose. L'arcivescovo si riferiva soprattutto agli svaghi organizzati durante il Carnevale, che a Milano,

---

Renato Borromeo (con cavalieri solo milanesi) e Giorgio Manrique (con il novarese Manfredo Tornielli e altri milanesi); e anche il gran giorno dovette slittare in avanti, dal 22 luglio al 25 e infine al 29: ASTo, LMM, 2.
[107] Giuliano Gosellini se ne intesta la redazione in una lettera del 23 agosto 1576 indirizzata a un anonimo "Illustre et molto Reverendo signor mio osservandissimo: I versi, che mandai stampati, poiché V.S. li lauda, ardisco di dire, che sono miei; et mia fu l'applicatione de la Nave a quella d'Argo, et di Don Giovanni a Giasone ecc." (Goselini 1592, 177r-v). Il testo recitato da Apollo è pubblicato da Gosellini 1588, 357-58: "Apollo a gli spettatori della nave condotta dal molto Illustrissimo Signore Conte Pier Antonio Lonato, nel Torneo fatto al Serenissimo Signor Don Giovanni d'Austria in Milano."
[108] La descrizione del campo, dei partecipanti e dei carri allegorici (oltre che il testo dei versi recitati o cantati dalle comparse) è riportata da Prospero Visconti in una lettera al duca di Baviera: Simonsfeld 1902, 366-68, n. 229.
[109] Casale 1554-1598, 290, che ricorda anche il carro di Renato Borromeo, trainato da cervi "postici" ma comunque allestito con "grandissima arte."
[110] ASMi, FC, 193, fasc. 1 (Repishti 2020, 60 e n. 22). Con Pellegrino collaborarono anche altri ingegneri: Battista da Lonate e Giovan Battista Strada, oltre che vari legnamari, come si evince dai conti e dai pagamenti presentati il 21 luglio, personale tutto impegnato nella costruzione dell'"anfiteatro" nel cortile della Corte.

secondo il rito Ambrosiano, giungeva a sovrapporsi all'inizio della Quaresima 'romana' non terminando il martedì ma solo il sabato successivo. Carlo Borromeo aveva infatti tuonato, chiedendo che cessassero i festeggiamenti:

> Ma quanti altri sono, che spendono in questi giorni [cioè i festivi] nelle taverne, nelle crapule, nei conviti, nei giuochi, nei spettacoli profani, nelle carnalità e in ogni dissoluzione. Le pompe poi e gli ornamenti vani sono talmente accresciuti in questa città, e moltiplicate le spese superflue, che abbiamo quasi fatte tutte nostre le foggie pellegrine, e come raccolti in Milano tutti gli eccessi.[111]

Le commedie dovevano poi superare una sorta di censura da parte dell'autorità ecclesiastica, cosa che non fu possibile in occasione della visita di don Giovanni, cui comunque fu impedito di farle recitare nei giorni festivi; ancora in una lettera al cardinale Gabriele Paleotti del 1578, Carlo Borromeo ricordava l'episodio:

> Tornarono poi [i commedianti] con l'occasione dell'esser qui il Sig. Don Giovanni d'Austria, e allora non si usò di vederle, nè correggerle, ma bene tenni saldo io di non lasciargli recitare alle feste, e se bene in questo particolare io fui ricercato a nome del Sig. Don Giovanni a volergli dare licenza, non di meno io non lo volsi permetter mai, e glielo proibii anco con precetti penali, ed egli lasciò che i Commedianti ubbidissero.[112]

Nel corso dei quasi due mesi durante i quali don Giovanni si trattenne tra Vigevano e Milano altri tornei, e feste, e balli vennero organizzati per lui, uno certamente il 15 agosto, il giorno precedente alla sua partenza, cioè un torneo alla barriera cui era seguito l'ennesimo ballo.[113] Il 16 agosto, pochi giorni prima che la peste facesse ufficialmente ingresso a Milano (sempre che non vi serpeggiasse già) don Giovanni lasciò la città diretto a Genova, dove si sarebbe imbarcato per raggiungere la Spagna e suo fratello Filippo II e proseguire poi per le Fiandre.[114] Un'ultima annotazione: la preziosa armatura che si dice

---

[111] Castiglioni 1759, 81
[112] Castiglioni 1759, 90.
[113] Gaspare Visconti al duca di Baviera, 16 agosto 1576. Simonsfeld 1902, 370, n. 234.
[114] Gaspare Visconti al duca di Baviera, 16 agosto 1576: "hogi si è partito da Milano per andare a Viglevano, locho et citade amenissima per le cacie." Simonsfeld 1902, 370, n. 234. Ma il giorno successivo lo stesso Visconti si corregge: don Giovanni andrà direttamente a Genova, chiamato "presto et cum grandissima instanza" da Filippo II: Simonsfeld 1902, 371, n. 235. La partenza da Milano è anticipata al 12 agosto dall'oratore veneto (ASVe, SD,

ordinata nello stesso 1576 da Alessandro Farnese per omaggiarlo con adeguata pompa—ma più probabilmente destinata in dono all'arciduca Ferdinano II d'Asburgo—eseguita a Milano da un gruppo di anonimi armaioli coordinati da Pompeo della Cesa su progetto e disegni dell'orefice parmense Andrea Casalini, non fu terminata che nel 1580: a quella data alcuni pezzi erano ancora nelle mani degli armaioli, non finiti, e don Giovanni era già morto, deceduto a Namur il primo ottobre 1578.[115] L'armatura, rimasta con Alessandro Farnese nelle Fiandre, è da riconoscere con ogni probabilità in quella offerta già nel 1579 dallo stesso Alessandro a suo zio Ferdinando II d'Asburgo per la sua collezione di Ambras, dove però compare per la prima volta solo nell'inventario stilato nel 1596, alla morte dell'arciduca.[116]

Milano, 5). Una precisa cronologia dell'avanzamento del contagio a Milano è in Besozzi 1988. Una fonte coeva è Cozzi [1576] 1877.

[115] Morto don Giovanni, il governo delle Fiandre passò ad Alessandro Farnese; poco più di un anno dopo Filippo II lo offrì alla madre di Alessandro (e sua sorella) Margherita d'Asburgo, che accettò e partì per il nord giungendo a Namur alla fine di giugno 1580: nel suo passaggio per il milanese venne sovvenzionata con 6600 scudi pagati il 19 e 26 marzo (cc. 5v e 13r), 1 e 3 aprile 1580 (cc. 74r e 74r-v: ASMi, RC, serie XXII, 26) e altre 46 lire e 8 soldi a saldo il 28 luglio 1581 (ASMi, RC, serie XXII, 27, cc. 79v-80r). Margherita lasciò le Fiandre all'inizio dell'autunno 1583 per rientrare a Piacenza il 17 ottobre. In quel caso il suo passaggio comportò un'uscita ancora maggiore, pari a circa 7000 scudi, di cui resta traccia nei pagamenti in ASMi, RC, serie XXII, 30: la Camera pagò infatti 2400 scudi il 4 ottobre (c. 84r-v), 1229 lire, 12 soldi e 7 denari il 7 ottobre (cc. 100v-101r), 1570 scudi in tre tranches l'11 e il 15 ottobre (cc. 96r; 96v; 100r) per poi saldare il 20 febbraio 1584 le pendenze ancora aperte con vivandieri e osti versando 15.118 lire, 14 soldi e 9 denari (c. 154r).

[116] Per una completa disamina dei documenti relativi alla commissione dell'armatura rimando a Godoy & Leydi 2003, scheda n. 75, 478-81; cfr. anche 509-11 ("Della Cesa Pompeo") e i documenti relativi raccolti nel "Registre des documents," 536-43. In sostegno dell'ipotesi che la guarnitura non fosse destinata né ad Alessandro, né a don Giovanni, bensì fosse stata ordinata fin dall'inizio come dono per Ferdinando II, segnalo che già all'inizio del 1576 l'arciduca aveva chiesto a Ottavio Farnese un'armatura "perchè [Ferdinando] dice che adesso fa fare un armaria dove vole che gli sia dentro qualche cosa di tutti li suoi amici et parenti" (Ippolito Pallavicini, da Innsbruck, a Davide da Spilimbergo, a Piacenza, 29 febbraio 1576, ASPr, CFB, 88; Sacchi 2020, 148) e che l'armatura che si stava facendo a Milano nell'estate non era, come normalmente accadeva per le commissioni di alto e altissimo livello, fatta su misura. E dato che lo stesso Alessandro Farnese aveva potuto vederne alcuni pezzi a Milano, tutto porta a credere che l'opera non fosse destinata a una persona particolare (certo non a Alessandro Farnese né probabilmente a don Giovanni, anch'egli presente a Milano), quanto a rappresentare un dono diplomatico. Attualmente fa parte delle collezioni del Kunsthistorisches Museum di Vienna (Hofjagd- und Rüstkammer, inv. A 1132, A 1153, A 1153 a-b), proveniente da Ambras.

1581-1598: l'imperatrice Maria, l'arciduchessa Gregoria Massimiliana e la regina Margherita

Autunno 1581: imperatrice Maria d'Asburgo, vedova di Massimiliano II

Nella prima metà dell'ottobre 1581 si registrò il passaggio in Lombardia, ma non a Milano, dell'imperatrice Maria d'Asburgo, figlia, nipote, vedova, madre e zia di sei imperatori, rispettivamente di Carlo V, Ferdinando I, Massimiliano II, Rodolfo II, Mattia e Ferdinando II, durante il suo trasferimento dalla corte di Praga a Madrid (dove si rinchiuderà nel monastero delle Descalzas Reales insieme alla figlia Margherita, poi suor Margherita de la Cruz)[117] e accompagnata dal figlio Massimiliano III, in seguito assurto alla carica di Gran maestro dell'Ordine teutonico (che non disdegnò una visita ai mercanti del lusso milanesi).[118]

Il grande corteo, entrato nei territori della Repubblica di Venezia a metà settembre attraverso il Tarvisio—ma annunciato già molto prima, in modo che fosse possibile organizzare le tappe—e dopo aver toccato Vicenza, Verona e Brescia (dove Maria fu riverita dall'arcivescovo di Milano Carlo Borromeo, in visita alla diocesi), giunse nel territorio dello stato di Milano il 3 ottobre, fermandosi a Soncino per due giorni; qui Maria venne accolta ufficialmente dal governatore e dai feudatari che avevano lasciato Milano la domenica precedente per andare incontro all'imperatrice vedova.[119] Il 5 ottobre, sempre accompagnata da Carlo Borromeo, era a Lodi, dove era stato ordinato che convergessero i feudatari per l'omaggio dovutole,[120] e il giorno successivo entrò trionfalmente a Pavia, dove la città aveva addobbato un percorso inframmezzato da otto archi trionfali dalla porta di Santa Maria in Pertica, a

---

[117] Secondo il confessore di Margherita, De Palma 1636, 26v: "*La Emperatriz, por escusar mayor dilacion, no quiso passar por Milan, devisando tambien la pompa, y aparato con que se avian prevenido à recebirla.*"
[118] In questa, come in altre occasioni, venne organizzata una pubblica esposizione per permettere alle dame della corte di Maria che accompagnavano Massimiliano III di ammirare (ed acquistare) "*los brocados, telas, cristales, y cosas mas preciosas*" (De Palma 1636, 28r).
[119] Ercole Cattabene a Aurelio Zibramonti, da Milano, 5 ottobre 1581 (e non settembre, come erroneamente pubblicato in Piccinelli 2003, 114, n. 158). L'intera guardia del governatore era stata per l'occasione rivestita a nuovo, con "casache di veluto negro ornate di trine d'oro, con bottonature all'ungheresca, con capelli guarniti di fasce, chi d'oro et chi d'argento, con bellissime piume," insomma "un'allegra et assai pomposa vista."
[120] Per le visita a Brescia e le manifestazioni a Lodi con il Borromeo v. Giussano 1610, 417-18. Notizie anche in Campi 1585, lib. III, 61-62. L'ordine di presenziare all'ingresso a Lodi venne emesso (a stampa) da don Sancho de Guevara y Padilla, governatore interinale, il 22 settembre, e posticipato poi al 30 settembre: ASMi, PE, 43, fasc. 1581.

nord, fino allo sbocco del ponte coperto sul Ticino, a sud.[121] Il 9 novembre Maria raggiunse Alessandria, attesa da Cristina di Danimarca, già duchessa di Milano e poi di Lorena, sua prima cugina: anche qui, come a Pavia, erano stati innalzati numerosi archi trionfali il cui progetto si dovette a Pellegrino Tibaldi.[122] Maria proseguì quindi per Tortona, il feudo italiano di Cristina dove si era ritirata nel 1579.[123] Il 12 ottobre transitò per Novi Ligure e Serravalle, lasciando la Lombardia accompagnata dal governatore di Milano per giungere infine a Genova dove si sarebbe imbarcata per la Spagna.[124]

Malgrado il fatto che Maria d'Asburgo non abbia toccato Milano nel 1581—e la città non potè quindi beneficiare del "soavissimo odore della sua vita

---

[121] Spelta 1597, 507-13: "Pompa, con la quale Pavia accettò l'Imperatrice Maria d'Austria." Le iscrizioni poste sugli archi sono anche riportate in una lettera di Gaspare Visconti al duca di Baviera del 9 dicembre 1581: Simonsfeld 1902, 446-447, n. 352.

[122] Per l'entrata in Alessandria: Ieni 1989, 437-438 con gli archi opera di Pellegrino Tibaldi; per le iscrizioni riportate da Prospero Visconti: Simonsfeld 1902, 444-45, n. 351, 9 novembre 1581. Oltre ai lavori pagati nel 1576 per il torneo in Corte già ricordati, Tibaldi si cimenterà anche in seguito con gli apparati effimeri: nello stesso 1581 aveva progettato il catafalco per le esequie della regina Anna d'Asburgo, moglie di Filippo II (e pubblicandone anche la *Descrittione:* Pellegrini [Tibaldi] 1581), per il quale apparato rimando almeno a Pigozzi 1990. Nel 1582 gli è attribuita la facciata eretta di fronte al Duomo in occasione della traslazione delle reliquie di San Simpliciano (Scotti 1972, 90, e anche Schofield 2004; per gli archi e il percorso seguito dalla processione cfr. Monti 1584 (MS), cc. 30v-35v; per i lavori nella chiesa che portarono alla traslazione è utile la relazione conservata in ASDMi, Vis., San Simpliciano III, n. 5; la descrizione della processione si legge in Giussano 1610, 427-32. Agli apparati destinati alla traslazione delle reliquie è stata dedicata una tesi magistrale: Sozzi 2013. Nel 1585 Tibaldi metterà mano agli allestimenti per il palco e le palizzate necessari al torneo da tenersi sul corso di porta Romana (ASMi, PS 8bis: relazione autografa di Tibaldi e conti di spese).

[123] In realtà Cristina era in Italia già da prima, in pellegrinaggio a Loreto e quindi in Lombardia, in attesa di trasferirsi a Tortona: in quei mesi la Camera stanziò ben 16.000 scudi per finanziare il suo passaggio: i pagamenti in data 20 ottobre (c. 5r), 7, 17 e 29 novembre (cc. 2v-3r; c. 14v; c. 13r), 2, 7 e 10 dicembre 1578 (c. 16r; c. 12v; c. 12v) e 23 febbraio 1579 (cc. 41v-42r) sono in ASMi, RC, serie XXII, 25. Il saldo delle spese, 7277 lire pagate in due *tranches*, giunse solo il 22 ottobre 1580 (ASMi, RC, serie XXII, 26, cc. 169v-170r e 170r). Montemerlo 1618, 247-48 riporta l'entrata in città dell'anziana duchessa nel 1579 ma non fornisce altri particolari. La visita a Cristina di Danimarca è invece ricordata in una lettera di Giovan Giacomo Civaleri indirizzata alla duchessa Renata, moglie di Guglielmo V di Baviera e figlia di Cristina e del suo secondo marito, il duca di Lorena Francesco I: "Del resto la Maestà della imperatrice vene a visitare la Maestà di Madama a casa suoa con meraviglia di molti per le grande accogliense ultra il solito fatte, e non volle che reuscesse dalla sala di suoa casa; et a Tortona in casa propria di Madama alloggiò il signore arciduca Massimiliano" (Simonsfeld 1902, 443, n. 49, 19 ottobre 1581).

[124] La lista delle spese affrontate da don Sancho de Guevara y Padilla, di ritorno a Serravalle il 18 ottobre 1581, è in ASMi, MS, 60, fasc. "Potenze sovrane."

essemplare"—è rimasta traccia di un progetto elaborato dall'architetto Giuseppe Meda (Giuseppe Lomazzo) per i trionfi da allestire per il suo accoglimento.[125] Dalle parole di Meda apprendiamo infatti che

> doveva passare per Milano l'imperatrice, [e] la città haveva resoluto onorarla con molti archi trionfanti: fu ordinato da quelli signori [i Dodici di provvisione] che li dessegni et inventione d'esso Meda fussero li più utili et onorevoli d'ogni altri dissegni che furono fatti dal detto Pirovano [Francesco Pirovano] et molti altri ingegneri, quali furono datti da mettere in esecutione alli publici incantatori, benché la sua passata fu d'altra banda, qual [cosa] causò che non furono esequiti.[126]

Pur trattandosi di un semplice appunto in una lista di opere che lo stesso Meda aveva approntato per il Comune e che comprende, oltre al progetto degli archi per l'imperatrice Maria, anche quelli per la già ricordata traslazione delle reliquie del 1582 e per l'ingresso in città dell'arcivescovo Gaspare Visconti nel 1585, è comunque importante per testimoniare la volontà di onorare Maria d'Asburgo.[127] E' plausibile ritenere che l'imperatrice sarebbe entrata, giungendo da est, da porta Romana per poi seguire il percorso cittadino che calcherà in seguito la regina Margherita—lo stesso del resto seguito da Carlo V nel 1541—fino al Duomo e al palazzo ducale. Nulla comunque rimane del progetto se non l'appunto, e anche le spese effettuate per risistemare il palazzo ducale, sebbene modeste, risultarono inutili.[128]

Molte spese si resero comunque necessarie per il mantenimento della corte durante il breve transito lombardo. I mandati di pagamento della Camera ducale registrano uscite il 15 e il 28 settembre e il 5 ottobre 1581 per un totale

---

[125] Morigia 1593, 33 (l'opera è dedicata alla stessa Maria d'Asburgo).
[126] La nota è in ASC-BTMi, LM, 13, fasc. 1556-(1584?), II, con elenco, non datato ma certo posteriore al 1585, delle opere che Giuseppe Meda aveva approntato per il comune di Milano.
[127] La partecipazione del Meda alla progettazione e erezione degli archi è attestata da un ordine di pagamento di 25 scudi d'oro in favore dell'architetto emesso il 24 dicembre 1582 per "li dissegni et archi trionfali fatti in questa città per le traslationi delli corpi santi di santo Simpliciano, come è nottorio" ed altri impegni (Baroni 1968, 351, n. 920). Per l'entrata dell'arcivescovo Gaspare Visconti nel luglio 1585 cfr. Monti 1587 (MS), cc. 51r-52v. In relazione all'entrata del Visconti, si veda anche l'ordinazione del Tribunale di provvisione del 17 luglio 1585, con gli ordini per gli addobbi e le iscrizioni da collocare sugli archi da porta Ticinese al Duomo in ASC-BTMi, D, 230, cc. 185r-186v. In generale per l'impegno del Meda alla realizzazione di allestimenti effimeri, v. Leydi 2011, 280, n. 21.
[128] Il 29 agosto 1581 Gambaloita aveva ricevuto 100 scudi per riparazioni ritenute necessarie dopo un sopralluogo effettuato da Pellegrino Tibaldi: ASMi, RC, serie XXII, 27, c.89r.

di 16.000 scudi oltre ad altre 4798 lire, 17 soldi e 6 denari il 26 gennaio successivo, a saldo;[129] in realtà gli esborsi furono molto maggiori: una lista del 5 dicembre (parziale, ma messa in pagamento solo il 6 settembre 1582) riporta altre uscite per 84.682 lire e 5 soldi.[130] Come di consueto i conti vennero chiusi con enorme ritardo, tanto che il tesoriere Gambaloita dovette attendere la fine di giugno 1588 per vedersi approvare il bilancio tra denaro speso e ricevuto, quando il Magistrato dei redditi scrisse infine al *contador* della camera Giovan Battista Albignani di approvare il bilancio presentato appunto da Gambaloita che vedeva un'uscita complessiva di 149.013 lire e 6 soldi (circa 27.000 scudi) a tutto il primo dicembre 1581.[131]

30 novembre 1598 – 2 febbraio 1599: Margherita d'Asburgo

L'arciduchessa Gregoria Massimiliana d'Asburgo, la sedicenne figlia di Carlo II di Stiria e di Maria Anna Wittelsbach (nata dal duca di Baviera Alberto V), avrebbe dovuto essere ricevuta a Milano nel 1597 nel suo tragitto dalla corte paterna a quella di Madrid, promessa sposa del principe infante Filippo, poi Filippo III. Le trattative tra le corti di Graz e di Madrid, iniziate probabilmente addirittura nel 1593, si dovettero arrestare nel settembre 1597 per la morte dell'arciduchessa, cui seguì una stasi di alcuni mesi durante i quali si pensò addirittura di mandare in Spagna le due sopravvissute sorelle di Gregoria Massimiliana, cioè la quindicenne Eleonora e la tredicenne Margherita, affinché il principe Filippo potesse scegliere chi sposare.[132]

A Milano non si era stati comunque con le mani in mano: sapendo che la capitale del ducato avrebbe rappresentato un'importante tappa del viaggio dell'arciduchessa, almeno una persona si era mossa con largo anticipo, Guido Mazenta, che nel luglio del 1597 aveva presentato al governatore il progetto per

---

[129] ASMi, RC, serie XXII, 27, cc. 99v, 113v e 140r. La città fu chiamata a contribuire con 25.000 scudi alle spese per il transito di Maria nello Stato.
[130] ASMi, RC, serie XXII, 28, cc. 32r-33r. La distinta comprende 2046 scudi per collane ordinate e donate; 2954 scudi consegnati direttamente a Maria; 54.083 lire e 5 soldi di spese varie per il transito e 200 scudi per le sole frange destinate ai baldacchini.
[131] ASMi, PE, 45, fasc. 1581. Il conto complessivo, di 151.824 lire, 9 soldi e 6 denari presentato da Gambaloita comprendeva anche una spesa pregressa di 2684 lire, 18 soldi e 6 denari pagate per il passaggio dell'"arciduca d'Austria" a tutto il 7 luglio (spesa che non saprei dire a che arciduca si riferisca, forse ancora alla presenza di don Giovanni nell'estate 1576 o forse un anticipo per quella di Massimiliano III). Un ultimo pagamento relativo al passaggio del 1581 si ritrova addirittura il 13 luglio 1589, quando 2656 lire e 9 soldi vennero consegnate a Gambaloita per saldare le ultimissime pendenze, tra cui 806 lire e mezza per frange destinate ai baldacchini e 4 lire ancora dovute all'ingegnere e architetto Giovan Battista Clarici (ASMi, RC, serie XXII, 38, cc. 19r-v).
[132] Rainer 2007.

gli archi trionfali destinati ad accogliere Gregoria Massimiliana d'Asburgo, corredato da disegni e testi delle iscrizioni da apporvi, progetto giunto fino a noi e che si presenta in questo volume. La morte della promessa sposa bloccò ovviamente il programma, ma il manoscritto rimase nelle mani di Juan Fernandez de Velasco, V duca di Frías (per giungere infine alla Biblioteca Nacional de España, ms. 2908).[133] Venne riutilizzato, con i dovuti cambiamenti, per i trionfi allestiti in occasione dell'arrivo di Margherita solo un anno dopo.[134]

Quello di Mazenta non fu comunque l'unico progetto trionfale del Milanese annunciato, progettato ma poi abortito: nel 1541 Benedetto Giovio, il fratello di Paolo, aveva sottoposto all'allora governatore, Alfonso d'Àvalos, marchese del Vasto, l'idea che aveva elaborato per accogliere Carlo V a Como con archi trionfali e addobbi, indirizzandogli in settembre la descrizione degli apparati e una lettera, esattamente come sarebbe accaduto nel caso di Mazenta con Velasco nel luglio 1597.[135] La proposta, stando alla lettera giunta comunque in ritardo ma forse presentata alcuni mesi prima e inclusa nel manoscritto in un secondo tempo, non venne accettata: l'imperatore entrò a Milano il 22 agosto 1541 e proseguì poi per Genova, non toccando Como.[136]

Una seconda mancata occasione si ebbe nel 1570 quando giunse voce che Anna d'Asburgo, figlia dell'imperatore Massimiliano II e neo sposa di Filippo II, sarebbe passata per Milano nel suo viaggio verso la Spagna. Il governatore aveva quindi convocato il vicario di provvisione annunciando l'arrivo della sovrana e facendo presente che:

> sarà molto conveniente cosa che in questa sua felice venuta la città faccia tutti quelli honori et tutte quelle apparenti dimostrationi et segni di letitia che si possono fare con archi triumphali, statue, compagnie de cavaglieri et gentilhomini vestiti di bianco, et de vestiti

---

[133] Lo si trova infatti elencato nell'inventario della biblioteca del Connestabile, steso nel 1608 e conservato in AHPMa, leg. 28450, fol. 335v: *De todos los ingenios* 2014, 39, n. 38. Elisa Ruiz García mi segnala anche una copia più antica, databile a circa il 1600, dell'inventario della biblioteca in cui compare il manoscritto Mazenta: BNEM, ms. 7840, c. 95r.
[134] E'curioso, ma è già stato sottolineato, che Checa & Diez Del Corral 1982, 73-83, trattando del progetto Mazenta per l'entrata di Gregoria Massimiliana e pubblicando le immagini degli archi, lo abbiano considerato come steso per i festeggiamenti da tributare a Margherita. Per una breve ma corretta analisi del manoscritto in rapporto agli archi poi eretti per Margherita d'Asburgo l'anno seguente si veda Della Torre 2008.
[135] Benedetto Giovio, *Futurus Apparatus et Exornatio Urbis Novocomen. in Adventu Caroli V Imp. Caes. Aug. Post Cirtanam Expeditionem Feliciter Gerendam Trans Alpes per Larium et Volturenam Reversuri Consulto Decurionum Decreta*, ASC-BTMi, cod. 743.
[136] Longatti 1998; Leydi 1999a, 247-51.

ancora de rosso, et con fargli rappresentare qualchi belli torniamenti, et recitare comedie et giochi pubblici d'allegria, et più ancora fargli qualche honorato et precioso dono, havendo risguardo alla qualità et grandezza della persona d'essa Serenissima Regina, et anco all'honore et decoro della città.[137]

A tale richiesta il vicario aveva risposto che non competeva alla città organizzare né tornei, né combattimenti, né commedie, e che Milano si sarebbe fatta carico solo degli archi "di tutta bellezza et elegantia" e del dono.[138] L'occasione, comunque, non si materializzò: Anna d'Asburgo non si mosse attraverso il nord Italia, preferendo prendere la via delle Fiandre e da lì raggiungere, via nave, la Spagna.

Dieci anni dopo, nel 1581, come già ricordato, anche l'entrata trionfale dell'imperatrice Maria d'Asburgo saltò sebbene Giuseppe Meda avesse elaborato un oggi perduto progetto per gli archi da innalzare in suo onore.

In ogni caso, una volta prescelta Margherita—che secondo il fratello, l'arciduca e poi imperatore Ferdinando II, era brillante e godeva di ottima salute, al contrario della sorella Eleonora, malaticcia e poco sveglia—iniziarono i nuovi preparativi.[139] Se nessun documento è rimasto a testimoniare il mancato arrivo a Milano dell'arciduchessa Gregoria Massimiliana nel 1597—fatto salvo naturalmente il progetto di Guido Mazenta—è al contrario possibile accompagnare l'iter seguito in città per l'ingresso della sorella Margherita, che ebbe luogo il 30 novembre 1598 (Fig. 3.1).[140]

---

[137] ASC-BTMi, D, 15, verbale del 4 aprile 1570.
[138] ASC-BTMi, D, 15, verbale del 4 aprile 1570. Il valore del dono da presentare alla regina venne indicato in circa 10.000 scudi.
[139] Rainer 2007, 386-87.
[140] Per l'intero viaggio in Italia di Margherita d'Asburgo rimando a Mitchell 1986, 190-208 (e per Milano 199-203). Per una sintesi (con poche aggiunte documentarie): Venturelli 2003; per l'entrata a Cremona (26 novembre 1598): Aliverti 2015, e per quella a Pavia (4 febbraio 1599): Varallo 2015, entrambi con bibliografia pregressa. In generale anche Varallo 2004 e, per le pubblicazioni edite a celebrare o descrivere l'evento, Aliverti 2004. Una descrizione coeva dell'entrata anche in Negri 1602, 12-13.

Asburgo a Milano 113

Figure 3.1 Antonio Tempesta, *The Entry of Margherita, Queen of Spain, into Milan*, from Giovanni Altoviti, *Essequie della Sacra Cattolica e Real maestà di Margherita d'Austria regina di Spagna, Celebrate dal Serenissimo Don Cosimo II, Gran Duca di Toscana IIII*, Florence: Bartolommeo Sermartelli e fratelli, 1612, page 21, etching, 28.5 x 20 cm. (credit: The Metropolitan Museum of Art, New York, Harris Brisbane Dick Fund).

Si deve innanzitutto sottolineare come, tradizionalmente e anche in questa occasione, i progetti e le spese per l'allestimento del percorso trionfale che l'arciduchessa (poi in realtà regina) sarà tenuta a percorrere in città furono tutti a carico della città stessa; e che solamente un arco, quello alla porta del Duomo, venne disegnato e pagato dalla cattedrale, mentre la Camera ducale si accollò le spese di vitto e alloggio delle intere corti ospiti e delle guardie, degli spettacoli e delle feste offerti agli arciduchi, dell'addobbo di palazzo ducale e insomma delle uscite necessarie al mantenimento di molte altolocate persone e del loro vasto seguito, le cui dimensioni imponevano uno sforzo organizzativo enorme.[141] Una volta riuniti a Trento, i cortei di Margherita (da

---

[141] Ciascun personaggio viaggiava infatti con la propria innumerevole corte; la sola cavallerizza di Margherita comprendeva 54 persone e 82 cavalcature tra cavalli e muli (secondo una lista in ASMi, PS, 6, fasc. 4), ma per il trasferimento da Ferrara a Milano dell'intero corteo vennero pagati anche altri 40 mulattieri con 186 muli (ASMi, PE, 3). Sappiamo però che il seguito dell'ambasciatore spagnolo alla corte di Praga Guglielmo

Graz), di Alberto (da Bruxelles e Praga) dell'ambasciatore spagnolo a corte (da Praga e Graz), dei veneziani, dei milanesi (con il governatore e la sorella, destinata a divenire la cameriera maggiore della regina), dei duchi di Mantova e Modena, in tutto contavano almeno 3000 persone con 3000 cavalcature.[142] Una fonte coeva, evidentemente impressionata dal numero delle genti coinvolte e dalla spesa che Milano dovette affrontare, elenca alloggiati in città 3200 animali e altrettante persone senza contare la "moltitudine" del seguito del duca di Savoia (giunto ad omaggiare Margherita in un secondo momento) per una spesa giornaliera di 6000 scudi, secondo quanto confidato dal tesoriere generale Ferrante Cignardi.[143]

Purtroppo la documentazione superstite non permette di seguire passo passo lo svolgersi dei lavori che coinvolsero l'intera Milano a partire dall'estate del 1598: sia i bilanci della città, sia il volume dei mandati di pagamento dello stato risultano mancanti o incompleti e disponiamo solamente del rendiconto complessivo che un disperato presidente del Magistrato ordinario aveva presentato al governatore, da cui risulta che per le spese relative alle accoglienze del 1598 e 1599 e per il mantenimento delle corti (nell'accezione allargata, che comprendeva anche le truppe di scorta e ogni altro personale) la Camera aveva speso l'astronomica cifra di quasi 680.000 scudi, pari a circa la metà del bilancio annuale dello stato di Milano, cui aggiungere i 100.000 che Filippo III aveva inviato per sovvenzionare il viaggio della moglie da Graz

---

de San Clemente che, lasciata Graz il 29 settembre, precedeva di un giorno l'arciduchessa Margherita, contava più di 100 persone e che quello di Alberto d'Asburgo che, provenendo da Bruxelles e dopo una deviazione fino a Praga per rendere visita al fratello Rodolfo II, si riunì a Margherita a Trento il 30 ottobre, ne contava 1500 con altrettanti cavalli e muli.

[142] Rainer 2007, 393. Si trattava comunque di corti itineranti; una volta giunta in Spagna, per Margherita si dovette riorganizzare l'intera corte propriamente detta, molto più numerosa: a titolo di esempio la sola cavallerizza della regina sarebbe cresciuta fino a contare tra le 100 e le 150 persone e un centinaio di animali da tiro e da sella per un costo annuale medio di circa 17.500 scudi per il solo mantenimento, e una cifra più o meno simile (ma queste spese non furono distribuite uniformemente nel corso degli anni) destinata alle "Giornate reali," cioè per gli spostamenti straordinari e i viaggi: Martínez Millán 2008.

[143] Che però è chiamato Cignarca: Grillo 1604, 71. Solamente dopo la partenza del legato pontificio si riuscì a ridurre la spesa a 4000 scudi il giorno "ristringendosi al possibile." Secondo l'anonima *Breve narratione* [1598], 3800 persone e 3900 cavalcature erano parte dei seguiti (con una spesa di 6000 scudi al giorno, poi ridotta a 3000).

a Milano.[144] A fronte di tale scarsità di documentazione, almeno le spese relative all'erezione dell'arco alla porta del Duomo sono note e utili a fornire un paradigma di massima.[145]

La prima notizia certa relativa all'arrivo di Margherita risale al 5 luglio 1598, quando il governatore comunicò al vicario di provvisione la prossima venuta della figlia dell'arciduca Carlo II di Stiria, promessa sposa al principe di Spagna.[146] Quattro giorni dopo il vicario, presentatosi al Consiglio dei Sessanta e non prima di aver consultato le carte relative alle precedenti entrate reali/ducali—cioè quelle di Carlo V del 1541 e del principe Filippo del 1548— aveva reso pubblica la notizia, proponendo che si eleggessero sei rappresentanti cittadini (uno per porta) "che avessero cura di pensare a quello che si doveva fare in questa occasione, con riferirlo poi a questa congregazione."[147]

La riunione successiva si svolse il 28 luglio, quando imponenti lavori erano già in corso all'interno del palazzo ducale per apparecchiare gli alloggi di chi presumibilmente avrebbe accompagnato Margherita: l'oratore mantovano Nicolò Bellone ne scrive infatti al duca Vincenzo I Gonzaga già il 15 luglio, specificando che gli appartamenti avrebbero dovuto ospitare la principessa, sua madre Maria Anna, l'arciduca Alberto e i duchi di Savoia, di Mantova e di

---

[144] Il *Bilancio* si trova in AGS, E, 1287, c. 134, lettera del 4 agosto 1599. Malgrado le ingenti rimesse e i prestiti accesi, lo stato risultava indebitato a quella data per più di 1.114.000 scudi, compreso però il riporto del debito relativo al 1598. A paragone, il costo delle truppe di stanza nello stato di Milano (esercito e guarnigioni) si aggirava intorno ai 450.000 scudi l'anno nel 1585: cfr. la *Relación sumaria de las cosas del Estado de Milán* conservata in BNEM ms. 1008, cc. 225-233 citata in Mozzarelli 1995, 1: 424, n, 5. I 100.000 scudi giunti da Filippo II vennero versati in più partite, dal 20 luglio al 27 ottobre: cfr. le ricevute di Guglielmo de San Clemente, ambasciatore di Filippo II presso la corte imperiale in ASMi, PS, 6, fasc. 3. Cifre differenti (spese per il passaggio a Milano di Margherita per 563.000 scudi ma deficit per il 1599 di 1.870.000 scudi) sono riportate nella *Relación y sumario del valanço de la Rentas reales de estado de Milán del año 1599 por verisiml del año precedente de 1598*, in BNEM ms. 8695, fol. 570, citata in Ostoni 2010, 110-11.

[145] AVFDMi, R, 349 (Mastro 1596-1605).

[146] La notizia doveva essere giunta al Velasco qualche giorno prima, visto che già il 30 giugno aveva scritto a Filippo II per chiedere lumi "*para lo de los vestidos a la Española que manda V. M.d halle hechos aquí la Ser.ma Archiduquesa*" (BLL, ms. Add. 28392, c. 266r, cit. da García Prieto 2014, 335, n. 19).

[147] ASCMi, D, 26, verbale della seduta del 9 luglio 1598. Inoltre si conviene che i sei milanesi cui delegare il primo progetto sarebbero stati eletti dai Dodici del Tribunale di provvisione e non dal Consiglio generale dei Sessanta decurioni.

Parma;[148] ancora il 22 luglio sempre Bellone avverte che "si va perseverando a fare apparecchii in questo palazzo alla gagliarda" sottolineando come nel frattempo i cavalieri e i nobili milanesi avessero quasi saccheggiato le botteghe cittadine per accaparrarsi i più pregiati oggetti e tessuti da utilizzare per l'occasione.[149]

La riunione del 28 luglio portò all'elezione dei sei responsabili per la città di seguire i lavori degli apparati trionfali: il marchese Sforza Brivio, Ermes Visconti, il conte Renato Borromeo, il cavalier Uberto Visconti, il conte Gerolamo Morone e il conte Giorgio Trivulzio. Il Consiglio generale deliberò di allargare il passaggio tra il corso di porta Romana e la contrada Larga e tentò di porre un limite di spesa per gli archi trionfali, 25.000 scudi.[150] Nella stessa occasione venne presentato un progetto di massima che comportava l'erezione di quattro archi: uno, in muratura, alle mura cittadine a porta Romana (e ancor oggi svettante, benché privato delle statue di coronamento, nell'attuale piazza Medaglie d'oro), uno alla Rocchetta di porta Romana, uno alla Crocetta e uno in piazza del Duomo; al Malcantone "per non esser luogo capace di Arco" era stata prevista solo una "prospettiva" o un semplice "ornamento."[151]

---

[148] La lettera di Bellone è in ASMn, AG 1721, pubblicata in Piccinelli 2003, 287, n. 632. Secondo Bellone il vicario di provvisione si era anche informato presso il governatore riguardo la salute di Filippo II, girando voce che fosse morto, e desiderando quindi sapere se proseguire nei progetti per gli apparati o no, ricevendo come risposta rassicurazioni in merito "sebbene che [Filippo II] fosse in malissimo stato, e con tutto ciò era bene passare inanti poiché era di necessità far detta spesa."
[149] ASMn, AG, 1721; pubblicata in Piccinelli 2003, 287, n. 632. Forse proprio la fretta o l'affollamento in palazzo ducale portarono, pochi giorni dopo l'ingresso di Margherita, allo scoppio di almeno tre incendi al suo interno, uno dei quali interessò anche gli uffici del Magistrato straordinario, sopra i quali era l'appartamento dell'arciduca Alberto; ne dà notizia a corte l'agente fiorentino a Milano, Alessandro Beccaria, l'otto dicembre (ASFi, MP 3123, c. 322v, citato in Menicucci 1999).
[150] Si tratta della strada chiamata Velasca, dove venne in seguito posta anche una lapide "*ad laudem illustrissimi et excellentissimi comitis stabilis, gubernatoris et capitanei generalis in dominio Mediolani*" il cui marmo venne fornito dalla Fabbrica del Duomo (*Annali Duomo* 1877-1886, 4, 339, deliberazione del 18 maggio 1599). La spesa per l'ampliamento della strada è contabilizzato da Ermes Visconti in una nota non datata (ASC-BTMi, D, 27): l'acquisto e susseguente demolizione di due case e le riparazioni a una chiesa (San Giovanni in Guggirolo) erano costate poco più di 31.500 lire, in parte compensate dalla vendita dei materiali di risulta per quasi 16.000 lire.
[151] ASC-BTMi, D, 26, verbale della seduta del 28 luglio 1598. La contrada del Malcantone (odierna via Unione nel tratto che sbocca in via Torino) pur trovandosi sulla direttrice che da porta Romana conduceva in Duomo, rappresentò sempre un problema per l'angustia del passaggio e la repentina svolta a destra cui obbligava i cortei.

Considerati i pochi giorni a disposizione per la redazione del progetto e l'identità delle collocazioni degli archi, è quasi certo che ciò che venne sottoposto all'attenzione del Consiglio alla fine di luglio non fosse altro che una rielaborazione della primigenia proposta di Guido Mazenta per l'accoglienza di Gregoria Massimiliana nel 1597, certo un po' aggiornata per adattarsi alla nuova sposa in arrivo. Nel frattempo, il governatore Juan Fernández de Velasco y Tovar si era mosso in autonomia per organizzare la suddivisione interna degli appartamenti in palazzo ducale insieme all'architetto-ingegnere urbinate ma naturalizzato milanese Giovanni Battista Clarici, il quale il 14 luglio aveva anche effettuato un sopralluogo lungo la direttrice che l'ingresso trionfale avrebbe seguito in città, da porta Romana alla Corte, in piazza Duomo, insieme ai delegati cittadini, evidentemente nominati *in pectore* già due settimane prima della loro ufficiale elezione.[152] Ma non solo: a Clarici venne "dato la carica per l'invenzione di detti archi [che] saranno cose di molta spesa," sebbene l'idea generale risalisse a "un gentiluomo principale che ha consumato alcuni anni nell'andar pensando e facendo disegni et inscrizione per un tal bisogno;" e tuttavia "la città vuole che io [Clarici] intervenga a situarli alli lochi loro e farli mettere in opera."[153]

Fino a questo momento parrebbe di capire che il progetto cui da tempo lavorava Guido Mazenta–il "gentiluomo principale" nominato da Clarici–e presentato manoscritto al governatore nel 1597 per il previsto ma poi sfumato arrivo dell'arciduchessa Gregoria Massimiliana fosse stato non solo approvato (con gli ovvi dovuti mutamenti), ma che si fosse passati dalla fase ideativa a quella realizzativa. La successione definitiva dei cinque archi trionfali sarà infatti la medesima, mentre un sesto arco e vari abbellimenti vennero aggiunti per l'entrata del 1598, probabilmente su suggerimento di Clarici stesso.

Poco dopo la metà di ottobre, però, giunse a Milano la notizia della morte di Filippo II, avvenimento che comportava pesanti ricadute sull'organizzazione dell'accoglimento dell'arciduchessa. Innanzi tutto si rese necessario progettare le esequie del re-duca—che ebbero luogo il 26 novembre—scegliendo Santa Maria delle Grazie (la chiesa legata agli Sforza per la cerimonia dedicata al duca, erede dei Visconti e degli Sforza) e Santa Maria della Scala (la cappella ducale, per la funzione dedicata al successore di Carlo V, primo di una nuova

---

[152] Così scrive infatti Clarici al duca di Urbino Francesco Maria II della Rovere il 7 luglio 1598 (ASFi, DU, cl. 1, fasc. 194, f. 1269, lettera resa nota da Mara 2020, 212). Nella medesima lettera si fa menzione dei sopralluoghi effettuati da Clarici in palazzo ducale per distribuire gli alloggiamenti già il 3 luglio.
[153] Clarici al duca di Urbino, 14 luglio 1598 (ASFi, DU, cl. 1, fasc. 194, f. 1270, pubblicata da Mara 2020, 212); e 11 agosto 1598 (ASFi, DU, cl. 1, fasc. 194, f. 1265, pubblicata da Mara 2020, 214).

dinastia ducale) come destinatarie degli addobbi e del catafalco;[154] mentre il Duomo, dove il 10 novembre era stato celebrato il funerale dell'uomo Filippo, optò per un addobbo in minore, dovendo allestire comunque di lì a poco l'apparato per accogliere trionfalmente Margherita.[155]

In secondo luogo Margherita d'Asburgo sarebbe entrata in città non più come sposa del principe Filippo, ma come moglie del re Filippo III, e per di più si sarebbe presentata in lutto per la recente morte del suocero (e probabilmente anche della sorella Anna, la regina di Polonia e di Svezia, deceduta in febbraio dando alla luce l'ultimogenito Cristoforo Vasa), due circostanze che, anche prese singolarmente, avrebbero comportato un approccio ben differente nelle rappresentazioni politiche e allegoriche degli archi la cui realizzazione, a buon punto a quella data, dovette essere per forza di cose ripensata.[156]

Nella rigida suddivisione dei compiti (e delle spese) per gli allestimenti trionfali destinati ad accogliere la regina, dell'arco che avrebbe mascherato

---

[154] Per i funerali di Filippo II a Milano rimando a Terenzi 2002, Leydi 2006 e a Varallo 2013. I progetti per gli apparati funebri vennero affidati a Gabrio Busca, architetto e ingegnere che già aveva progettato gli archi per la venuta dell'infanta Catalina Micaela a Torino come sposa di Carlo Emanuele I nel 1585 (cfr. Varallo 1992) e a Giovanni Battista Clarici. Curiosamente non esistono relazioni a stampa delle cerimonie funebri di Filippo II: vari documenti si possono comunque reperire in ASMi, PS, 4 (progetto di Gabrio Busca per l'apparato in Santa Maria delle Grazie; lista delle spese per l'apparato in Santa Maria della Scala; conto delle spese presentato dal tesoriere Giovanni Menochio per un totale di 35.991 lire, 7 soldi e 7 denari); ASMi, PS, 6, fasc. 1, 14 dicembre 1598, il Magistrato ordinario al governatore Juan Fernández de Velasco: invia la lista di ciò che è stato utilizzato per il funerale del re in Santa Maria della Scala (per un valore di 17.929 lire e 15 soldi) e altra lista degli oggetti che sarebbe bene lasciare in uso ai canonici.

[155] Per un approfondimento relativo alle ragioni alla base della scelta delle tre chiese rimando a Leydi 2006. I costi delle esequie in Duomo vennero probabilmente sostenuti dall'arcivescovo Federico Borromeo: nei conti della Fabbrica non paiono comparire uscite relative al funerale, se non la modestissima somma di 19 lire e 18 soldi pagati per lavori alla pavimentazione della piazza e al catafalco: AVFDMi, R, 349 (Mastro 1596-1605, c. 316). Un'idea del catafalco eretto in Duomo si può avere leggendo quanto riportato in ACMMi, L, 3, Diari dei cerimonieri, Diario 11, cc. 78r-v, cui segue la descrizione della cerimonia (cc. 79r-v).

[156] Per gli archi rimando a due descrizioni coeve: Mazenta 1598 e Boch 1602, 64-78. Si veda anche Della Torre 2008, 81-99. L'accoglienza riservata a Margherita a porta Romana è uno dei soggetti dei ventisei quadroni realizzati nel 1612 per le esequie della regina tenutesi a Firenze, in San Lorenzo (Firenze, Depositi Gallerie, inv. 1890, n. 7792), poi tradotti in incisioni per la pubblicazione (Altoviti 1612, p. 21): l'arco trionfale innalzato per l'occasione, per quanto idealizzato, compare sullo sfondo del dipinto. Sebbene il granducato di Toscana non facesse parte dei domini asburgici, le esequie vennero organizzate essendo Margherita cognata di Cosimo II, marito di sua sorella Maria Maddalena: cfr. Menicucci 1999.

l'incompiuta facciata della cattedrale cittadina si fece carico *in toto* la Fabbrica del Duomo. E se per gli altri archi non disponiamo di documenti, per quest'ultimo l'intatto archivio della Fabbrica consente di conoscere chi lo progettò, chi lo eresse e decorò e, almeno a grandi linee, il costo totale dell'operazione, tenendo però a mente che l'arco non venne smontato alla partenza della regina (Margherita lasciò Milano il 2 febbraio 1599), ma riutilizzato per l'entrata dell'infanta Isabella Clara Eugenia e dell'arciduca Alberto d'Asburgo nel luglio 1599, in parte modificandolo.[157]

Il progetto generale si deve a monsignor Alessandro Mazenta, canonico del Duomo e fratello di Guido, il responsabile dell'invenzione degli altri trionfi;[158] l'arco del Duomo, impostato frontalmente su un quadrato di circa 35 metri di lato,[159] si apriva con tre porte fiancheggiate da sei colonne ed era coronato da sette statue colossali in gesso opera degli scultori Alessandro Pagliarino, Battista Villa e Giovan Antonio Brambilla su progetto di Francesco Brambilla e decorato con storie, imprese e motti dipinti cui attese Giovanni Battista della Rovere, il Fiammenghino.[160] Anche la facciata del Duomo era stata decorata,

---

[157] Tutte le spese sono raccolte in AVFDMi, R, 349 (Mastro 1596-1605), cc. 306, 320 e 369 (riassunti della partita di spesa); indicazioni più dettagliate anche alle cc. 308 e 319. L'arco, ormai inutile, venne infine messo in vendita senza che nessuno presentasse un'offerta di acquisto, e quindi fu smontato e riposto alla fine dell'agosto 1599 (*Annali Duomo* 1877-1886, 4: 335, 23 agosto 1599).

[158] Monsignor Alessandro Mazenta era stato eletto dai deputati della Fabbrica il 16 luglio 1598, affiancandogli il conte Giorgio Trivulzio e Giulio Fossati, "*qui fieri faciant arcum triumphalem ante faciem ipsius ecclesiae*" (*Annali Duomo* 1877-1886, 4: 328) ma già qualche giorno prima si era preoccupato riguardo il ruolo del Duomo in simile circostanza, sia controllando ciò che era stato predisposto in precedenza per il principe Filippo nel 1549, sia assicurandosi dell'effettivo arrivo della regina e del suo passaggio in Duomo: Della Torre 2008, 94, che cita una lettera del vicario arcivescovile Bartolomeo Giorgi a Federico Borromeo del 12 luglio (conservata in BAMi, ms. G 182 inf., c. 94r). Per la collaborazione dei fratelli Mazenta agli archi rimando agli altri saggi in questo stesso volume.

[159] Il "piede" misurava circa 43 centimetri. "E'convenuto fabricarlo maggiore de gl'altri, perché facendo egli faccia alla più ampia Mole ch'oggidì sia nel Mondo, ogni machina benché grande, sarebbe riuscita picciola [...]. L'altezza di tutto l'arco è di piedi ottanta. La larghezza è di piedi ottanta": Mazenta 1598, cui rimando per la descrizione particolareggiata dell'arco.

[160] Per i vari pagamenti cfr. *Annali Duomo* 1877-1886, 4: 332, 9 gennaio 1599, pagamento di 183 lire e 15 soldi a Giovan Pietro Maria Marazo per 2100 libbre di gesso per le statue "quale sono misse sopra la porta trionfale per la venuta della regina." Per Brambilla *Annali Duomo* 1877-1886, 4: 333, 17 febbraio 1599, pagamento di L. 210 e 18 soldi a saldo di 70 ducati, "che questa somma sono state giudicate valere le sette statue di stucco per lui fabbricate." E infine AVFDMi, R, 349 (Mastro 1596-1605), c. 306, 19 dicembre 1598, pagamento al Fiammenghino per un totale di 2622 lire; leggermente differente il riporto

ma molto più modestamente, con le armi di papa Clemente VIII Aldobrandini, festoni di frutti e fiori e angeli, così come l'interno della cattedrale, addobbato con arazzi, cherubini in finto bronzo ("sei volte maggiori del naturale" realizzati da Ambrogio Manzoni su modelli di Francesco Brambilla) e ancora festoni di frutti e fiori.[161] La spesa totale dell'addobbo sarebbe ascesa a poco più di 15.000 lire, ovvero 2500 scudi circa, comprendendo il riassetto necessario per adattarlo alla venuta dell'infanta Isabella Clara Eugenia e del marito, l'arciduca Alberto d'Asburgo, nell'estate 1599, che comunque pare essere stato risolto sostituendo le armi dei due sposi e con qualche ritocco resosi necessario per i danni che l'arco aveva subito nel corso dei mesi. Si trattava infatti di una struttura in legno e tela dipinta, mentre le parti tridimensionali erano realizzate in cartapesta, filo di ferro e stucco, il tutto dipinto e dorato: ad esempio di cartone o cartapesta erano i capitelli posti sopra le colonne, affidati a Bernardo Paranchino.[162]

La venuta di Margherita comportò un enorme sforzo anche da parte delle botteghe milanesi degli artisti e artigiani del lusso, tutte tese a soddisfare i desiderata della regina, dell'arciduca e delle loro corti, oltre che dei milanesi coinvolti nelle feste. Sappiamo per certo che le commissioni fioccarono e che addirittura il governatore ordinò di mettere in mostra i migliori prodotti della città in modo che la regina potesse prenderne visione direttamente.[163]

Un'importante commissione, che si deve immaginare giunta a Milano ben prima dell'arrivo di Margherita, riguardò la realizzazione di un paramento da messa ricamato da utilizzare nel corso del matrimonio con Filippo III celebrato a Ferrara da Clemente VIII il 15 novembre—la città era appena tornata sotto il diretto controllo del papa in seguito alla morte senza eredi diretti di Alfonso II d'Este—per essere poi lasciato come dono alla cattedrale della città estense: dell'intero paramento oggi sopravvive solo il cappuccio del piviale.[164] Opera del ricamatore milanese Giovan Pietro Gallarati, pagato 2000 scudi in due *tranches*

---

negli *Annali Duomo* 1877-1886, 4: 328-29, 10 agosto 1598 (e date successive fino al 14 dicembre), con pagamenti al Fiammenghino di 2420 lire per le *Storie*.
[161] AVFDMi, R, 349 (Mastro 1596-1605), cc. 308 e 319. Non conoscendo la dimensione "naturale" dei cherubini è difficile poter giudicare dell'imponenza degli addobbi interni della cattedrale.
[162] AVFDMi, R, 349 (Mastro 1596-1605), c. 306.
[163] Il 17 dicembre la regina, sua madre Maria Anna, la duchessa di Gandía (Juana Enríquez de Velasco y Aragón, moglie vedova del VI duca di Gandía, Francisco Tomas de Borja y Centellas, sorella del governatore Velasco e cameriera maggiore della regina) e la moglie dello stesso governatore Maria Tellez-Girón y Guzmán, su un magnifico tiro a sei verde, seguito dagli uomini a cavallo, avevano visitato le botteghe che Velasco aveva ordinato tenere aperte: così in ACMMi, L, 3, Diari dei cerimonieri, Diario 11, alla data.
[164] Giovannucci Vigi 2010.

tra giugno e agosto 1600 (ma Gallarati ne aveva chiesti 3000),[165] non è chiaro quando effettivamente raggiunse Ferrara: ancora nell'ottobre 1601 i canonici della cattedrale insistevano con il governatore di Milano per ottenerlo, tanto che il conte di Fuentes si vide costretto a ordinare al Magistrato straordinario di inviare i panni ricamati dal Gallarati.[166] Ciò che ne rimane, il solo cappuccio da piviale con l'immagine ricamata di santa Margherita di Antiochia, non consente di apprezzare la sontuosità del parato.[167]

Non troppo differente fu la vicenda riguardante un servizio d'altare in bronzo dorato composto da sei candelabri e una croce, ordinato da Margherita per una ancora non identificata chiesa milanese, non completato in tempo e terminato solo nel 1612 per l'altare maggiore di San Gottardo in Corte, la cappella palatina di Milano, in quanto—come il paramento—pagato con denaro camerale e quindi di pertinenza dello stato.[168] Al cristallaio Giovanni Antonio Scala venne inoltre ordinata una grande *Pace* in cristallo con guarnizioni in oro e sei diamanti, 36 rubini, quattro perle e due smeraldi che poi la regina donò a un prelato di cui ancora non si conosce il nome, mentre un anello con brillante venne acquistato da un privato per essere consegnato a Ferrara come donativo.[169] Inoltre il governatore Velasco aveva richiesto alcune collane d'oro con cui omaggiare i membri delle corti presenti a Ferrara, e

---

[165] I due pagamenti in ASMi, RC, serie XXII, 43, c. 176r, 21 giugno 1600, 1400 scudi (su 2000, secondo la valutazione della Camera, a fronte di una richiesta da parte di Gallarati di 3000 scudi, giudicata esosa); c. 201v, 7 agosto 1600, saldo.

[166] ASMi, PE, 3, fasc. non numerato, Pedro Enriquez de Açevedo y Toledo, conte di Fuentes de Valdepero, al Magistrato staordinario, 13 ottobre 1601. Che il paramento fosse nella disponibilità del Magistrato straordinario si spiega con il fatto che, essendo stato pagato con denaro proveniente dalla Camera su richiesta di Margherita (formalmente duchessa di Milano), era da considerarsi proprietà ducale, e quindi gestito da tale ufficio, cui perteneva la gestione delle entrate e dei beni propri del sovrano presenti all'interno del ducato. Non è da escludere che il parato, una volta utilizzato per la cerimonia estense, fosse stato riportato a Milano.

[167] Nella specifica del primo pagamento a Gallarati (ASMi, RC, serie XXII, 43, c. 176r) il futuro senatore Emanuele del Pozzo è detto essere il supervisore per i tessuti e i disegni. Emanuele aveva anche ordinato direttamente all'orefice Giovanni Tradate un cesto d'argento da consegnare alla cameriera maggiore, duchessa di Gandía, su ordine di Margherita: ASMi, RC, serie XXII, 43, c. 44r, 24 novembre 1599, versamento al Tradate di 770 lire, 12 soldi e 6 denari.

[168] Leydi 2020, 123-25.

[169] ASMi, RC, serie XXII, 42, c. 45r, 8 gennaio 1599, pagamento allo Scala di 1500 scudi. Altre opere in cristallo vennero saldate a Giovanni Ambrogio Saracchi in gennaio: ASMi, RC, serie XXII, 42, c. 86v, 4 gennaio 1599, versamento di 1045 lire e mezza. ASMi, RC, serie XXII, 42, c. 35r, 8 gennaio 1599, pagamento di 3000 scudi al corriere maggiore Ercole Appiani per il valore del suo anello richiesto dalla regina.

braceri, bacili e vasi in argento erano ordinati e pagati a Milano per servizio della regina.[170] Nulla sappiamo della lampada che Margherita donò all'altare della Madonna dell'albero, in Duomo, né della lampada, detta "La Stella" che ricevette in cambio come ringraziamento.[171] All'inizio del 1599 l'arcivescovo di Milano Federico Borromeo fece comunque approntare una croce-reliquiario d'oro entro la quale venne posta una limatura del prezioso Sacro Chiodo custodito in Duomo.[172] Altri scambi di doni proseguirono anche nei mesi successivi: nel giugno 1600 la madre di Margherita, l'arciduchessa Maria Anna Wittelsbach, aveva fatto pervenire al Duomo "un ricchissimo, e preciosissimo tesoro, di molte sante Reliquie, riposte in una Cassetta tutta guarnita di finissimi rubini, diamanti, smeraldi, e camei, con figure di piastre d'oro, et intagli mirabilmente lavorati, che la rendono in ogni sua parte magnificentissima," in ciò seguendo le orme di suo fratello, il duca di Baviera Guglielmo V, che in precedenza, all'inizio degli anni Ottanta, aveva omaggiato Carlo Borromeo con una simile offerta.[173] Certamente la città di Milano elargì a Margherita anche

> un belissimo spechio guarnito d'argento con certi vasi in fondo da mettervi dentro da conciar la testa alle donne, et una galera di cristallo con un canestro d'oro con dentro duoi drappi lavorati dalla Cantona

---

[170] ASMi, RC, serie XXII, 42, c. 39v, 12 dicembre 1598: pagamento di 30.525 lire e 19 soldi agli orefici Benedetto Visconti (2596 lire e 13 soldi) e Eliseo Magoria (27.928 lire e 6 soldi). ASMi, RC, serie XXII, 42, cc. 61v e 63r, 20 e 22 novembre 1598: 2000 scudi sono pagati in due *tranches* per gli argenti d'uso.

[171] *Annali Duomo* 1877-1886, 4: 332, 21 gennaio 1599 per il dono alla regina (si era pensato di omaggiarla con una copia in ottone, ma per mancanza di tempo si era poi optato per consegnarle l'originale) e 4: 338, 24 febbraio 1600, con ordinanza di provvedere a mantenere sempre accesa la lampada "*ad perpetuam memoriam ipsius serenissimae reginae.*" Ancora tra 1611 e 1614 si trascinò un'altra commissione reale, quella per la lampada di Santa Maria presso San Celso, ricordata da Borgogni 1602, 222 (insieme a una seconda, destinata a San Lorenzo), che l'argentiere-orefice Giovanni Tradate stava eseguendo in sostituzione di un'altra, rubata: Leydi 2020, 125 e n. 29.

[172] ASDMi, Mensa arcivescovile, Mastri 17, cc. 353 e 360: conti degli orefici Francesco della Guardia "per certe cosette poste alla crocetta d'oro che fu donata alla Serenissima Regina di Spagna con dentro la limatura dil Santo Chiodo" (riceve 5 lire e 1 soldo il 15 aprile 1599) e Gerolamo Borsa, pagato in più partite tra gennaio e febbraio 1599 la somma di 709 lire, 16 soldi e 6 denari per la "crocetta doro che si fa da lui per donare alla Serenissima Regina di Spagna."

[173] Morigia 1603, pagine non numerate. Il perduto dono di Guglielmo V consisteva in una cassetta d'argento dorato "lavorata con gran arte" con otto lastre di cristallo molate "a sembianza de diamanti in ponta" grandi come il palmo di una mano, circondate da castoni con gioie, e dovette giungere a Milano tra la fine del 1579 (quando Guglielmo succedette al padre Alberto V) e il novembre 1584 (quando morì Carlo Borromeo).

isquisitamente, che dicono che tutto questo presente vale 12 mila scudi.[174]

Lo specchio era, come si evince dalla descrizione di chi evidentemente vide l'oggetto, parte di una *toilette* propriamente detta, forse non troppo dissimile dall'altro specchio, offerto nel 1551 a Maria d'Asburgo, e di cui piacerebbe vedere un ricordo nel rovescio della medaglia che il senatore Galeazzo Visconti aveva fatto frettolosamente battere nello stesso 1599. I due "drappi" ricamati dalla ricercatissima Caterina Cantoni non sono al momento stati ritrovati.[175]

Forse non direttamente ordinati da Margherita e da considerare come doni offerti da Milano (o per lo meno pagati dallo stato) furono anche i vestiti e i paramenti che conosciamo grazie a una lista e un conto presentati dal ricamatore Giovan Pietro Gallarati per vedersi riconoscere per il lavoro oltre 106.000 lire, cifra poi ridotta a giudizio della Camera nel giugno 1599 a quasi 94.000, ovvero 17.000 scudi.[176] Al di là del costo dei vestiti—che per i due più ricchi e sontuosi si aggirava intorno alle 8000 lire—ciò che più di tutto era valutato erano due apparati ricamati per una carrozza e una lettiga con colonne (iscritti rispettivamente per 24.337 lire e mezza quello in tela d'oro e 9851 lire e 5 soldi per quello "color d'or") e due gualdrappe di velluto nero e ricami in oro (poco più 4764 lire la prima e 4826 la seconda).[177] La somma potrebbe sembrare altissima, ma sappiamo, da un conto sommario presentato alla corte di Madrid relativo al viaggio di Margherita (che riporta le spese sostenute fino alla fine

---

[174] Così riportava l'oratore Nicolò Bellone alla corte mantovana il 2 gennaio 1599: Piccinelli 2003, 292, n. 645.

[175] Su Caterina Cantoni, la celeberrima ricamatrice cui si deve, pare, l'invenzione di un punto—poi chiamato "alla Cantona"—che risultava identico sia sul diritto che sul rovescio del supporto, v. in ultimo Mausoli 2015; Mausoli 2020, con ampia bibliografia. Utile anche Bovenzi 2021.

[176] La lista, che si conserva in ASMi, PE, 3, è stata resa nota e pubblicata in parte da Venturelli 1994, 43-44, n. 64, e integralmente in Santorelli 2011, 190-192. La riduzione di prezzo era dovuta a un riscontro sul costo delle canutiglie d'oro e d'argento utilizzate, come si evince da una lettera di Luis Blasco indirizzata al commissario delle munizioni Gonzalo del Rio l'otto maggio 1599 (ASMi, PE, 3).

[177] È stato ipotizzato che il paliotto oggi conservato presso il museo della basilica di Santa Maria Assunta di Gandino (Bergamo), ricamato in canutiglia d'oro su fondo in teletta d'oro con corone, mazzi di spighe e tre cornici con le iniziali MF o FM (il cui scioglimento non è però affatto chiaro) e sormontate da una corona reale (queste ultime ritagliate e sovrapposte in un secondo momento alla tela), possa essere in origine stato parte di un apparato da carrozza: le fonti locali ricordano infatti il dono del manufatto nel 1613 da parte dei fratelli Giovanelli, poi elencato nel 1668 come "avanzo de' fornimenti d'un cocchio della maestà dell'imperatore:" l'accostamento del paliotto agli apparati da carrozza elencati dal Gallarati si legge in Buss 2011a, poi ripreso in Buss 2011b.

dell'ottobre 1598, e quindi prima dell'arrivo a Milano della regina), che a quella data risultano acquistati a Milano tele, tessuti e ricami per più di 105.000 scudi, ovvero la fantasmagorica cifra di più di 600.000 lire.[178]

Come si è visto, non è possibile dare conto di tutte le spese affrontate dallo stato di Milano per l'accoglienza di Margherita d'Asburgo, ma una lista di ciò che alla fine fu ritrovato mancante può dare almeno una vaga idea della varietà degli oggetti che la Camera si trovò ad acquistare: servizi da tavola in argento o in peltro, tovaglie, tovaglioli, lenzuola, candelieri in ottone, posate da tavola, scaldaletti, tavoli, tavolini, panche; risultò disperso o sottratto perfino "uno vaso per uso di urinare."[179] Malgrado il lutto che la corte ostentava per la morte di Filippo II, non solo gli acquisti relativi ai vestiti mostrano una ricchezza di colori e decori che apparentemente mal si accordano con il triste momento (la regina era entrata a Milano vestita a lutto, in nero, così come la sua corte, ma sfoggiando vestiti di foggia spagnola, dopo aver abbandonato all'ingresso dello stato di Milano quelli alla tedesca), ma pure le feste a lei dedicate non mancarono, benché incastonate tra le numerosissime visite a chiese e monasteri, messe e sermoni, e sebbene si fosse dovuto cancellare lo spettacolo principale e cioè la rappresentazione dell'*Arminia* di Giovan Battista Visconti, rimandata di un anno.[180]

---

[178] AGS, E, 1285, c. 105; per contro solo poco meno di 8500 scudi sono contabilizzati per stoviglie e arredi sacri in argento.

[179] La "Relatione delle infrascritte robbe che mancano delle proviste per servicio della venuta della Maestà della Regina," datata 15 febbraio 1600, è in ASMi, PE, 3.

[180] Un preciso e giornaliero elenco delle visite tributate da Margherita alle istituzioni religiose milanesi è registrato in ACMMi, L, 3, Diari dei cerimonieri, Diario 11, cc. 83 sgg, dove sono ricordate direttamente ben diciotto chiese in cui la regina si recò a sentire messa, a volte accolta con un sermone in tedesco. In tali occasioni Margherita consegnò anche doni: alle cappuccine di Santa Barbara destinò "due teste delle undeci mille Vergini di S. Orsola sopra due cossini di raso rosso, guarnite di seta, perle, e ricami, con le corone in testa" (Morigia 1603, pagine non numerate), mentre all'Ospedale degli esposti di San Celso elargì tre maiali, quattordici vitelli, mezzo manzo, cinque brente di vino bianco, quattro di rosso e una brenta di vernaccia dolce, sei some di legna, due moggia di carbone, sale e spezie e infine settecento pani di frumento, il tutto accompagnato dai "suoi servitori, e utensili che cucinarono la roba, fecero la salcizza, le trippe, e tutte le cotture" (così Morigia 1599, 16). Come ulteriore esempio si veda la visita a Santa Marta, avvenuta il 13 dicembre, brevemente descritta in Castiglioni 1759, 26. Per le feste mi rifaccio invece alla lista degli avvenimenti registrati da Giles de Faing, gentiluomo fiammingo della corte di Alberto (De Faing 1598-1882, 489-491), che ricorda commedie in lingua spagnola (certo il primo e 2 dicembre, ma "*tout les jours se sont représentées comédies au grand salon du palais,*") una tragicommedia in latino data il 22 gennaio e il 27 "*ung tournoy au grand salon de la Court. S.A. y entra avec ung esquadrille de douze. Ceulx de S.A. estoient habillez d'or et noir, celux du conestable, d'argent et noir. Il y eust des prix: S.A. eust celuy de l'espée.*"

Per esempio, l'otto dicembre un gruppo di ballerini guidati da Cesare Negri si portò in palazzo ducale e lì, alla presenza di Margherita e di Alberto, "fecero mille belle bizzarrie, e fra l'altre un combattimento con le spade lunghe, & pugnali, & un altro con le haste, aggiungendovi poi certe altre inventioni nuove di balli, e di mattaccino" venendo poi ricompensati largamente;[181] il giorno successivo si svolse un altro ballo in casa di Alessandro Vistarino (uno degli ambasciatori cittadini mandati a Margherita a Ferrara), dove erano alloggiati l'ambasciatore imperiale Francisco de Guzmán, IV marchese di Ayamonte e suo fratello Luis, figli di Antonio, già governatore di Milano tra il 1573 e il 1580.[182]

Il teatro di Corte, da qual momento chiamato Salone Margherita, non vide, come ricordato, la rappresentazione dell'*Arminia*, ma la sua decorazione destò comunque l'ammirazione di molti almeno in occasione dell'unico spettacolo che vi si tenne, la "Tragicommedia latina rappresentante il caso di quel Re, che superbo fu umiliato dall'Angelo, andato a' Bagni, e raccontato da S. Antonino" andata in scena il 2 dicembre.[183] La sala, ricavata raddoppiando il porticato occidentale del secondo cortile della Corte, era stata allestita una prima volta nel 1594 in occasione del matrimonio del figlio del Velasco, Iñigo,

---

[181] Negri 1602, 13-14. Per un inquadramento del personaggio rimando a Negri 2020.
[182] Gli altri erano il marchese di Caravaggio Muzio II Sforza e i conti Teodoro Trivulzio, Baldassarre Bia (probabilmente da riconoscere in Baldassarre Biglia, conte di Saronno), Ercole Marliani e Fabrizio Serbelloni: ASMi, PS, 6, fasc. 5. Alessando Vistarino, non ancora in possesso di un titolo, potrebbe essere il "giovane [...] Cavalliero nobilissimo, et nato di famiglia illustre di Milano, come nobile di sangue, così anche di grande aspettatione" che inalberava come impresa un coccodrillo col motto *Plorat Et Devorat* ricordato in Camilli 1586, libro III, 3-5. Sua moglie, Lavinia Visconti, condurrà poi una quadriglia al ballo offerto l'anno successivo all'infanta Isabella Clara Eugenia (Negri 1602, 14-15) e le verrà pure dedicato un ballo, chiamato *La Galleria d'amore* (Negri 1602, 189-192, con intavolatura e illustrazione dei ballerini). Alessandro verrà nominato, insieme alla moglie, marchese di Brebbia e della Fraccia superiore solo nel luglio 1616 (la mera notizia in Magdaleno 1961, 722). per gli alloggiamenti dei fratelli Guzmán: Negri 1602, 14. Antonio de Guzmán morirà in carica a Milano il 20 aprile 1580 e verrà sepolto in Santa Maria della Pace.
[183] Per l'argomento della tragicommedia v. Castiglioni 1759, 26, che cita come fonte una "cronaca MS letta da me esistente presso una comunità religiosa," probabilmente la stessa cui si riferisce Damiano 1995, 498, n. 72, e cioè i manoscritti relativi a Milano conservati presso l'Archivium Romanum Societatis Iesu. La data si ricava da quanto scrisse l'oratore mantovano appunto il 2 dicembre: "oggi si è fatta la tragedia spirituale che si scrisse in latino, presente la regina arciduchessa e l'arciduca" (Piccinelli 2003, 292, n. 645). Il giorno 22 dicembre viene invece indicato da De Faing [1598] 1882, mentre il cronista e biografo Fermin Lopez de Mendicorroz (Lopez de Mendicorroz 1625, 136-137) magnifica solamente il teatro e la presunta rappresentazione della regina stessa nel riquadro centrale del soffitto.

conte di Haro, con Maddalena Borja y Velasco per la rappresentazione del *Precipitio di Fetonte* con scene e costumi di Valerio Profondavalle e Nunzio Galizia e l'apparato di Antonio Maria Prata e riallestita nel 1598.[184] L'onnipresente Profondavalle fu responsabile anche delle scene per la tragicommedia offerta a Margherita, di cui però non sappiamo quasi nulla, limitandosi le fonti a citare lo spettacolo, pare molto gradito, ma non diffondendosi in una descrizione di come venne messo in scena.[185] In ogni caso il salone venne quasi subito riadattato alle esigenze di un torneo alla sbarra, cosa che comportò l'abbattimento dei palchi che avevano ospitato la regina e le sue dame, nonché i musici.[186] Il giorno successivo allo spettacolo offerto dai Gesuiti, il 3 dicembre, Margherita visitò la chiesa di San Fedele, dove sempre i Gesuiti avevano allestito un teatro delle Quarant'ore ostendendo candelabri in argento e ogni altro arredo liturgico disponibile per omaggiare la regina con un devoto "*extraordinarius pretiosorum peristromatum apparatus.*"[187]

Al di là delle pubbliche dimostrazioni di giubilo o degli spettacoli sacri o profani offerti agli ospiti, in occasione dell'entrata e del soggiorno di Margherita d'Asburgo in città vennero coniate o fuse anche quattro medaglie, molto simili, con il busto di Margherita sul diritto e l'arco di porta Romana sul rovescio, tutte datate 1598. Se ne conoscono pochi esemplari, un *unicum* in oro e alcuni in argento (Fig. 3.2).[188] Per la medesima occasione, ma eseguita a

---

[184] ASC-BTMi, D, 22; cfr. Carlo Vianello 1941, 91-94; Pontremoli 1999, 200-201 e 249-261, e anche Renzi 2021, 336-337, nn. 23-25.

[185] Si veda il pagamento a saldo destinato a Profondavalle di 814 lire e 4 soldi per aver dipinto il palco in testa al teatro, la scala che conduceva al palco, i candelieri in legno oltre che la scena destinata alla rappresentazione dei padri di Brera (ASMi, RC, serie XXII, 42, c. 41v, 29 gennaio 1599).

[186] Il conto presentato da Giacomo de Domenico per 1131 lire e 2 soldi relativo ai lavori nel teatro, controfirmato da Giovan Battista Clarici e datato 10 febbraio 1599, è in ASMi, PE, 3.

[187] Damiano 1995, 498, n. 75. Noehles 1982, 151-55. L'esposizione ai fedeli del Santissimo Sacramento per la durata di quaranta ore venne introdotta con ogni probabilità a Milano negli anni trenta del XVI secolo, ma regolarizzata solamente nel 1577 da Carlo Borromeo (*Acta Ecclesiae mediolanensis* 1890, II, coll. 1927-1930, "Avvertenza" del 27 giugno 1577); nelle città con un numero sufficiente di chiese, l'esposizione per così dire migrava da altare ad altare ogni 40 ore, in modo da coprire l'intero anno.

[188] Crippa 1990, 270-72, nn. 26-27/B; Toderi & Vannel 2000, 1: 117-18, n. 315: sul diritto busto a destra di Margherita con MARGAR AUST PHIL III HISP R ET MED DUX e, sotto il busto, 1598; sul rovescio arco di porta Romana con QUA LENES SPIRARENT AUSTRI e, sotto l'arco, VELASCHIO GUBER MEDIOL (o MEDIO nel caso del 27/B) su due righe. Questi tre esemplari sono stati battuti con due differenti conii, molto simili, mentre è fusa la medaglia catalogata da Toderi & Vannel 2000, I, 118, n. 316, più rozza e con il busto di Margherita volto a sinistra anziché a destra, di dimensioni maggiori ma di impianto molto simile: sul dritto riporta infatti, oltre al busto della regina, MARGAR.

seguito di una commissione privata, è invece la medaglia fatta coniare dal senatore Galeazzo Visconti di Fontaneto e datata 1599, con il profilo della sovrana sul dritto e uno specchio sul rovescio (Fig. 3.3).[189]

Figure 3.2 *Silver Medal Minted on the Occasion of the Entry of Margherita, Queen of Spain*, 1598. (credit: Gabinetto Numismatico e Medagliere, Castello Sforzesco - ©Comune di Milano).

Figure 3.3 *Silver Medal Minted by Senator Galeazzo Visconti for Margherita, Queen of Spain*, 1599. (credit: Gabinetto Numismatico e Medagliere, Castello Sforzesco - ©Comune di Milano).

AUST. PHIL. III HISP. ET MED. D.UX 1598, e sul rovescio QUA. LENES. SPIRARENT. AUSTRI.; sotto l'arco, su due righe, VELASCHIO. GUBER. MEDIOL.

[189] Crippa 1990, 273, n. 28; Toderi & Vannel 2000, 1: 118, n. 317: sul diritto busto a destra di Margherita con MARGARITA PHILIP III AUST REGIS MAX UX; sul rovescio uno specchio circondato dalla scritta SPECULUM RELIGIONIS e la data 1599 ai lati dell'impugnatura; ancora più all'esterno: GALEAZ VICE SEN MEDI FELICISSIMAE REGINAE. Galeazzo Visconti di Fontaneto, conte, giureconsulto e senatore (dal 1581) non pare comunque abbia avuto alcuna parte diretta negli avvenimenti del 1598-1599. Le medaglie sono anche ricordate da Castiglioni 1759, 27.

Oltre alle medaglie, destinate a circolare come dono/ricordo e battute in oro o in argento, la zecca di Milano si fece carico di una coniazione straordinaria di almeno 70.000 scudi d'argento per sovvenzionare le spese relative all'ingresso e al soggiorno di Margerita: ne conosciamo due tipi, datati 1598 e 1599, entrambi con Filippo II sul dritto a testimoniare la fretta che dovette spingere a non approntare un nuovo conio con il busto del nuovo re, Filippo III, ma a utilizzare ciò che era disponibile in sede.[190] È possibile che proprio questi scudi d'argento servirono alla fine a saldare gli ultimi debiti contratti per l'occasione che troviamo elencati in una lista non datata, ma riconducibile alla seconda metà del 1599, che elenca lampade d'argento per 2825 lire, 8475 per una Pace donata dalla regina a un anonimo prelato, 4000 ancora dovute all'oste del Falcone e 7655 lire, 15 soldi e 6 denari reclamati da un Pallavicino per guanti e altri oggetti non specificati forniti alla corte.[191]

5 – 22 luglio 1599: arciduca Alberto d'Asburgo e infanta Isabella Clara Eugenia

L'ultima entrata trionfale del secolo vide come protagonisti l'infanta Isabella Clara Eugenia e l'arciduca Alberto d'Asburgo nel loro viaggio dalla Spagna alle Fiandre. Nel novembre 1598 Alberto aveva sposato per procura la figlia di Filippo II a Ferrara nella medesima occasione in cui sua cugina Margherita d'Asburgo si era unita a Filippo III (ed anzi Alberto aveva agito come sposo per procura del cognato) per poi proseguire insieme fino alla corte di Filippo III. Giunti in Spagna, gli arciduchi avevano confermato personalmente le loro unioni con i rispettivi coniugi per poi—Alberto e Isabella Clara Eugenia—riprendere il cammino che li avrebbe portati a Bruxelles passando per Milano, dove si trattennero quasi tre settimane, e quindi varcare le Alpi attraverso il Gottardo per dirigersi a nord.

Questo doppio matrimonio tra stretti consanguinei non era certo un'eccezione nel panorama delle corti europee. Alberto e Isabella erano infatti cugini primi, figli di fratelli, come del resto erano figli di fratelli anche i genitori di Alberto, Maria e Massimiliano II; Filippo III e Margherita erano 'solo' cugini terzi ma i loro genitori—Filippo II e Anna d'Asburgo e Carlo II d'Asburgo-Stiria e Maria Anna di Baviera—erano doppiamente imparentati: Filippo II e Carlo II erano cugini primi; Carlo II e sua moglie erano zio e nipote in quanto Carlo II e Anna d'Asburgo, madre di Maria Anna erano fratelli, figli di Ferdinando I; entrambi

---

[190] Crippa 1990, 131, nn. 17/C e 17/D; delle due monete sono note non poche varianti, tutte datate ma battute con conii differenti. Documenti relativi alla coniazione sono conservati in ASMi, PS, 6, fasc. 4.

[191] La lista, che comprende anche 36.000 lire per una imbarcazione non meglio specificata, elenca debiti contratti tra il 15 luglio e il 20 dicembre: ASMi, PS, 6, fasc. 7.

erano quindi cugini di Filippo II e zii di Anna d'Asburgo, figlia di Massimiliano II, mentre questi ultimi erano a loro volta zio e nipote; e ancora: Maria Anna d'Asburgo, figlia di Filippo III e Margherita, sposerà Ferdinando III, figlio di Ferdinando II, fratello della stessa Margherita e quindi suo cugino, mentre l'arciduca Ferdinando II del Tirolo impalmerà sua nipote Anna Caterina Gonzaga, figlia di sua sorella Eleonora, dalla quale avrà Anna, andata in sposa al cugino Mattia d'Asburgo, figlio di Massimiliano II.

L'incrocio dinastico era quindi quasi inestricabile, con tutte le conseguenze, anche genetiche, che ciò si portava dietro. E l'accumulo dei titoli, tra le altre ragioni, giustificava ed anzi obbligava a manifestazioni di allegrezza ogniqualvolta un membro delle varie corti doveva essere accolto in una città dell'impero, soprattutto se in occasioni particolarmente significative, quali i matrimoni, affiancandosi alla vanità dei governatori e delle maggiori cariche cittadine, dei vescovi e arcivescovi e alle aspettative dei commercianti. Oltre che alla curiosità dei semplici cittadini, non solo spettatori ma parte integrante dello spettacolo delle entrate trionfali.

L'entrata a Milano di Alberto e Isabella Clara Eugenia ebbe dunque luogo il 5 luglio 1599, ma già dalla fine di aprile l'amministrazione cittadina era in fermento: il governatore si era infatti stupito che Milano non avesse pensato a come accogliere gli sposi ed era intervenuto presso il Tribunale di provvisione suggerendo (ma in realtà ordinando) di erigere due archi trionfali che segnassero il percorso urbano della coppia e di sovvenzionare la messa in scena di una pastorale, per la quale erano già stati ordinati i costumi stanziando 1500 scudi.[192]

Meno di due settimane dopo, gli ingegneri e i rappresentanti cittadini, in seguito a un sopralluogo in cui si era osservato che l'ingresso in città da porta Ticinese era troppo angusto per potervi allestire un arco trionfale, inviarono al governatore la proposta di demolire parte delle mura per rendere agevole il passaggio, stanziando per questo solo impegno 2100 scudi.[193] Con l'approssimarsi di luglio i lavori dovettero progredire di buona lena: alla fine gli archi trionfali eretti *ex novo* dalla città furono tre: quello a porta Ticinese al Redefosso, sulla linea delle fortificazioni, un secondo al Naviglio (e si può immaginare che il colonnato di fronte a San Lorenzo facesse parte dell'apparato) e uno al Carrobbio, con una spesa stanziata di 21.000 lire ma

---

[192] ASC-BTMi, D, 27, verbale del 30 aprile 1599. La pastorale sarà la *Arminia* di Giovanni Battista Visconti, già programmata per i festeggiamenti destinati a Margherita d'Asburgo l'anno precedente ma rinviata per il lutto che gravava sull'arciduchessa e la corte per la morte di Filippo II.

[193] ASC-BTMi, D, 27, verbale del 12 maggio 1599.

che si rivelò insufficiente per il crollo dell'arco di porta Ticinese a seguito di una tempesta di vento.[194] Giunta in piazza del Duomo, la coppia sarebbe stata accolta da altri due archi, non eretti e pagati dalla città, ma 'riciclati' dall'entrata di Margherita di sette mesi prima: quello elevato davanti alla facciata del Duomo e uno posto a mascherare il portone della Corte ducale, sistemato per l'occasione da Valerio Profondavalle.[195]

Se per i lavori sovvenzionati dalla città o dal governatore non possediamo altri documenti, i libri mastri dell'amministrazione della Fabbrica del Duomo raccolgono le spese destinate *"ad refformare faciendum archum triumphalem pro adventu serenissimae infantis, uxoris serenissimi arciducis Austriae,"* cui erano stati deputati il reverendo Benedetto Cittadini, Giovanni Battista Fiorenza e Giovanni Battista Fossati.[196] Questa seconda tranche di lavori importò una spesa di poco più di 3200 lire.[197] La somma servirà, come già ricordato, a riparare i danni subiti dall'arco, sostituire gli stemmi e le armi gentilizie (i cui scudi araldici vennero realizzati da Ambrogio Manzoni), ridorare le statue che lo coronavano, insomma a riadattare la struttura per la nuova occasione: il pittore Giuseppe Alberi (o Galberio) fu incaricato di metter mano alle parti dipinte da realizzare ex-novo o da modificare per renderle congrue per la nuova coppia asburgica, per le quali ricevette la non piccola cifra di 775 lire e 4 soldi.[198]

I conti relativi alle spese sostenute dalla città vennero invece chiusi in dicembre, quando ai deputati milanesi venne concesso loro di perequare spese, risparmi e entrate: per saldare i debiti ancora accesi avrebbero potuto infatti valersi di quanto era avanzato per la messa in scena dell'*Arminia* (2250

---

[194] Il numero e la posizione degli archi si ricava dal diario del Cerimoniere del Duomo conservato in ACMMi, L, 3, Diari dei cerimonieri, Diario 11, c. 89v. Anche Boch 1602, 106 (solo citato l'arco di porta Ticinese, sul quale era dipinta la cerimonia regia di approvazione del matrimonio celebrata a Valencia). Lo stanziamento per gli archi è riportato in ASC-BTMi, D, 27, verbale del 3 luglio 1599. Ma vedi anche il verbale del 23 dicembre 1599 (ASC-BTMi, D, 27), che riassume sommariamente spese e risparmi: altre 2000 lire vennero infatti stanziate per riparare i danni.
[195] ASMi, RC, serie XXII, 42, c. 274v, 2 settembre 1599, pagamento a saldo a Valerio Profondavalle di 400 lire per "racconciatura" dei decori all'entrata di palazzo ducale e altri lavori. In precedenza, lo stesso artista aveva ricevuto 236 lire e 10 soldi per altre pitture non specificate (c. 185r, 21 giugno 1599).
[196] *Annali Duomo* 1877-1886, 4: 334, 6 maggio 1599.
[197] La cifra si ottiene per differenza tra le partite di spesa destinate all'arco, una chiusa a fine dicembre 1598 (che riporta una spesa di 11.469 lire) e quella chiusa il 5 settembre 1599, il cui totale ascende, compresi i riporti, a 14.677 lire: AVFDMi, R, 349, cc. 306 e 369.
[198] I pagamenti al Manzoni in AVFDMi, R, 349, 11 agosto 1599, quelli ad Alberi in AVFDMi, R 349 (Mastro 1596-1605), c. 369 e *Annali Duomo* 1877-1886, 4: 335, 13 luglio 1599. Per gli Alberi/Galberio cfr. Sacchi 2016, 19-21.

lire su uno stanziamento di 27.000), del ricavato della vendita degli archi (una cifra non indicata) e di altri 270 scudi non spesi, una cifra più che sufficiente per coprire le 2000 lire del costo del riassetto dell'arco di porta Ticinese crollato e di altre 400 lire di debiti vari.[199]

I diciotto giorni di permanenza a Milano della coppia, dal 5 al 22 luglio, furono scanditi da feste e balli:[200] dopo aver ricevuto gli ambasciatori dei duchi di Savoia, di Mantova e di Urbino l'8 luglio, seguirono una festa in palazzo ducale (l'11) e la visita al castello allietata da luminarie e salve di artiglieria (il 12).[201] Probabilmente il 17 luglio il legato papale, il cardinale Franz Seraph von Dietrichstein, giunto a Milano il giorno precedente, nel corso di una cerimonia in Duomo consegnò a Isabella la Rosa d'oro e ad Alberto la spada papale come difensore della Fede indossando un pallio, forse ricamato, che chiese di avere in dono dopo la cerimonia.[202] Il 18 luglio si tenne una seconda festa, questa volta mascherata, in palazzo ducale con ballo eseguito da nove quadriglie composte da dame e cavalieri milanesi o ospiti;[203] il giorno seguente, sempre in palazzo ducale, venne rappresentata l'*Arminia* di Giovanni Battista Visconti, con quattro intermezzi di Camillo Schiafenati: una favola di Orfeo dopo il primo atto, una con protagonista Giasone dopo il secondo e il terzo, e infine una con Pallade e Nettuno dopo il quarto atto, per poi concludere la serata con un "Brando," un ballo figurato in undici parti ideato dal richiestissimo coreografo Cesare Negri.[204] Dei testi dei due spettacoli, uno incastonato nell'altro, vennero subito approntate le edizioni a stampa.[205]

---

[199] ASC-BTMi, D, 27, verbale del 23 dicembre 1599.
[200] La cronologia degli avvenimenti si ricostruisce grazie alla corrispondenza dell'oratore mantovano Nicolò Belloni, pubblicata in D'Ancona 1891, 2: 572-74. Poco si sa delle commedie messe in scena da Pedrolino (Giovanni Pellesini) e dalla sua compagnia (i Gelosi o i Confidenti) "avanti la serenissima Infante et serenissimo Arciduca Alberto d'Austria," pagate però ben 150 ducati il 18 agosto 1599 (ASMi, RC, serie XXII, 42, c. 232).
[201] Sessanta scudi vennero stanziati per la salva d'artiglieria e per i fuochi artificiali: ASMi, RC, serie XXII, 42, c. 227v, 8 luglio 1599.
[202] Così il governatore Velasco in una lettera a Filippo III, narrando della cerimonia, e proponendo di donare il paramento: AGS, E, 1287, c. 130, 17 luglio 1599. Boch 1602, 106; Negri 1602, 14.
[203] La notizia in D'Ancona 1891, 573, ma lunga e precisa descrizione in Negri 1602, 14-16, con i nomi dei partecipanti. Della commedia e del ballo dà anche conto al duca di Savoia il suo oratore a Milano Giacomo Antonio della Torre (ASTo, LMM, 10, 21 luglio 1599).
[204] La descrizione del ballo che concluse la rappresentazione della commedia si legge in Negri 1602, 291-296 con intavolatura della musica; inoltre Pontremoli 1999, 211-21. L'ambasciatore sabaudo a Milano, Giacomo Antonio della Torre, ricorda la rappresentazione dell'*Arminia* in una relazione a corte del 21 luglio: ASTo, LMM, 10.
[205] Visconti 1599, con dedica al Velasco "Prencipe Dottissimo, Fortissimo, Prudentissimo, Clementissimo, Religiosissimo." Per l'intero spettacolo rimando a Tizzoni 1995.

Tuttavia quella degli *Intermezzi* non pare restituisse esattamente ciò che accadde in scena: il 24 luglio l'oratore mantovano si scusava infatti con la duchessa Eleonora Gonzaga per non aver ancora inviato la relazione relativa allo spettacolo "per essersi stampato li intermedj molto differenti dalla verità, per il che hanno conchiuso ristamparli un poco più veridici, che poi li mandarò col seguente corriero."[206] Per la messa in scena il Tribunale di provvisione, appoggiato dal governatore, richiese a Vincenzo I Gonzaga l'architetto mantovano Antonio Maria Viani (che l'anno precedente aveva messo in scena il *Pastor fido* di Battista Guarini in occasione del passaggio di Margherita d'Asburgo),[207] il cui trasferimento a Milano venne in un primo tempo negato dal duca ma poi concesso per pochi giorni,[208] mentre le scene e i costumi vennero affidati a Nunzio Galizia e al pittore Giuliano Pozzobonelli, specializzati in tali pratiche teatrali.[209]

---

[206] D'Ancona, 1891, 573 e ora Pontremoli 1999, 211-21. L'unica edizione dell'opera dello Schiafenati pare però essere Schiafenati 1599; l'intero testo, compreso *l'Echo che risponde a i lamenti d'Orfeo* che apriva il primo intermezzo, è stato ripreso, con minime variazioni, in Negri 1602, 285-90.

[207] Per la rappresentazione mantovana della pastorale, andata in scena il 22 novembre 1598 con gli intermezzi che trattavano delle *Nozze di Mercurio e Filologia*, cfr. Sampson 2003 e Mari 2005. Nel settembre 1598 il governatore di Milano aveva addirittura inviato a Mantova un architetto spagnolo e Tolomeo Rinaldi per vedere gli apparati scenici che Viani aveva montato per il *Pastor fido*, con particolare attenzione a quelli degli intermezzi, evidentemente immaginando di avere spunti per simili spettacoli anche a Milano: così Annibale Chieppo al duca di Mantova il 23 settembre 1598 e la lettera di accompagnamento di Rinaldi da parte di Fortunato Cardi del 24 seguente affinché "possa farne compiuta relatione all'eccellentissimo signor Contestabile, da cui a posta vien mandato" in Sortino 1997, 499, n. 36.

[208] Per i documenti relativi al viaggio del Viani a Milano cfr. D'Ancona 1891, 572-74; Sortino 1997, 499-501, nn. 38, 39, 40, 41, 42, 44, 46, 47, 48; per i 500 scudi ricevuti dal Viani come riconoscimento per l'opera prestata, 200 dalla città di Milano e 300 dall'infanta, cfr. Sortino 1997, 501, n. 48, 7 agosto 1599 (Tullo Petrozzani al duca di Mantova), con la conferma che "non ancora s'hanno avuti gli apparati et intermedi in stampa che, [...] come mi dice esso prefetto [cioè il Viani], erano usciti struppiatamente et per assai lontani dal vero, con che di novo et conformi al vero si ristampano."

[209] I due artisti, che si definiscono "pittori, impresarij della pastorale rappresentata alla Serenissima infanta," presentarono una richiesta di saldo per la somma di 4031 lire e 4 soldi il 4 febbraio 1600 (ASMi, Potenze sovrane post 1535, 4): dal documento di evince che il Tribunale di provvisione, che aveva commissionato lo spettacolo, non aveva ancora saldato il dovuto, tanto che i pittori/impresari si erano dovuti affidare al Senato per ottenere un'ingiunzione (allegata all'atto e datata 26 gennaio): cfr. Renzi 2021, 338-339, docc. 34-35. Nunzio Galizia aveva comunque confezionato o contribuito ad abbellire sia abiti per il duca di Mantova Vincenzo I Gonzaga nel 1589,

L'intero costo della messa in scena gravò, come detto, sulle casse cittadine, sebbene fu il teatro di Corte a ospitare la rappresentazione; ai 1500 scudi stanziati in un primo momento se ne dovettero aggiungere altri 3000 in due tranches, per un totale di 27.000 lire, ma la spesa finale risultò leggermente più bassa, cioè 24.750 lire.[210]

Lo stato si fece invece carico delle spese vive relative al soggiorno della coppia e del suo seguito: anche in questo caso non disponiamo dei conti finali, ma dai versamenti che la Camera effettuò la somma investita dovette essere elevata,[211] andando per di più gravare su un bilancio che ancora non aveva terminato di pagare i costi del passaggio della regina Margherita e che si vide anche obbligato a sovvenzionare il transito del duca di Mantova.[212]

I prodotti del lusso cittadino, soprattutto (a quanto si può arguire dalle spese contabilizzate dalla Camera) vestiti e tessuti, vennero acquistati da Isabella Clara Eugenia ma pagati da Milano: 10.000 scudi vennero stanziati il 28 gennaio 1600, con l'avvertenza che in realtà la spesa era stata ben superiore e più di 40.000 lire ricevette Giovan Pietro Vitali per tessuti di seta con oro e argento.[213] Come in altre occasioni, il governatore ordinò inoltre che fossero raccolti in un solo luogo i migliori prodotti delle botteghe milanesi, a disposizione dei due sposi, che apprezzarono moltissimo l'esposizione e che si suppone

---

sia per gli ecclesiastici dell'Escorial o per il cardinale Cinzio Aldobrandini (Borgogni 1602, 155).

[210] Gli stanziamenti vennero deliberati nelle riunioni del Consiglio generale del 30 aprile, 3 e 16 luglio: ASC-BTMi, D, 27, alle date; per la spesa finale: ASC-BTMi, D, 27, 23 dicembre 1599.

[211] A solo titolo di esempio, Ercole Appiani presentò un conto di oltre 95.000 lire per viaggi e carrozze, in parte ripianato da quanto riuscì a recuperare acquistando ciò che era avanzato dalla visita degli arciduchi (o una quota di ciò che era avanzato), per quasi 29.000 lire: ASMi, PE, 3, fasc. "1600." Lo stesso Appiani aveva ricevuto, in conto, 10.000 scudi per procurare le vettovaglie destinate alla corte dell'infanta e di Alberto l'otto giugno 1599 (ASMi, RC, serie XXII, 42, c. 186v) e Alessandro Appiani, certo suo parente, altri 4000 scudi per sovvenzionare il viaggio della regina Margherita a Genova il 23 gennaio precedente (ASMi, RC, serie XXII, 43, c. 138r).

[212] Ad esempio, i 10.000 scudi versati il 15 maggio per le spese relative ai cavalli e ai muli del seguito di Alberto e Isabella quasi si sovrappongono ai 20.000 stanziati il 22 maggio per saldare i debiti del passaggio della regina e ai 10.000 versati il 31 maggio per alloggiare Vincenzo I Gonzaga diretto in Monferrato (i tre pagamenti in ASMi, RC, serie XXII, 42, c. 215v; 43, c. 90v; 42, c. 239r).

[213] Per lo stanziamento (e sforamento dei preventivi) ASMi, RC, serie XXII, 43, c. 106r; i pagamenti a Vitali in ASMi, RC, serie XXII, 43, c. 184v, 27 giugno 1600: qui il saldo di 3769 lire e mezza dovute al Vitali. Il 7 luglio seguente altri 540 scudi vennero pagati per sete colorate acquistate a Napoli: ASMi, RC, serie XXII, 43, c. 199v.

acquistassero personalmente oggetti e beni loro offerti.[214] Certamente le ordinazioni non mancarono, soddisfatte anche con un certo ritardo: ancora nel maggio 1600 si ha notizia di una spedizione di oggetti acquistati a Milano dalla regina Margherita d'Asburgo e inviati a suo nome in Germania: si trattava di un altro paramento da messa ricamato, di un orologio di cristallo e oro, di tre quadri di piume,[215] di 12 borse di oro e seta, di una scatola con una corona di perle e vari altri oggetti per i quali venne chiesto e ottenuto un passaporto che esentasse le merci dai dazi.[216]

Non si conosce invece la sorte di altri oggetti realizzati inizialmente per l'infanta Isabella Clara Eugenia, e cioè un tappeto da tavola ricamato, di Tarsia Pizza (o Pizzi) "col fondo di tela d'argento con opera di gran valore, lavorato a ponto della Cantona con diverse figure, et alcuni drappi da testa di gran fattura," che non era stato possibile terminare in tempo e che il primo luglio 1600 la stessa Tarsia chiese di offrire all'incanto con altri oggetti sperando di ricavarne il giusto prezzo, ossia 2000 scudi.[217] La Milano del tempo era per altro celebre per le donne artiste che vi dimoravano: Gherardo Borgogni riferisce che sia "la reina nuova di Spagna" Margherita d'Asburgo, sia l'infanta Isabella Clara Eugenia furono ritratte "in due piccioli ovati" da Fede Galizia, la virtuosa pittrice figlia di Nunzio che, forse negli stessi anni, aveva effigiato, questa volta non in miniatura, anche Elena Rainoldi con il figlio, cioè la sposa

---

[214] Boch 1602, 106: "*Quin etiam omnium insignis alicuius industriae operum artifices in unum locum collecti, ac suae singuli artis praesentibus Principibus specimen exubentes gratissimo eos spectaculo detinuerunt.*"
[215] A Milano risultano operare nel Cinquecento vari commercianti di piume e penne destinate all'abbigliamento, ma non si ricordano artisti che realizzino quadri di piume, solitamente prodotti in Messico. L'unico esempio milanese che si conosca è rappresentato dal celebre *Libro di piume*, opera di Dionigi Minaggio "giardiniero di Sua Eccellenza Gubernator dello Stato di Milano," datato 1618, che raccoglie figure di uccelli, cacciatori, comici e maschere della commedia dell'arte, suonatori e artigiani, tutte realizzate incollado penne, piume e elementi tassidermizzati su grandi fogli di carta pesante; conservato presso la Blacker-Wood Library of Zoology and Ornithology della McGill University di Montreal, è stato soggetto di una mostra milanese: Violani 1988.
[216] La lista in ASMi, RC, serie XXI, 24, c. 206r, 9 maggio 1600.
[217] ASMi, RC, serie XXI, 24, c. 222v; la supplica per giungere all'asta venne approvata, ma non prima che il Tribunale di provvisione nominasse un perito che stimasse ufficialmente il lotto. Di Tarsia Pizza o Pizzi non ho notizie, a meno di non volerla riconoscere nella moglie del ricamatore Giovan Battista Galli, Tarsia Gallina, il cui cognome, così come appare nel documento, mi insospettisce (ASDMi, Vis., S. Sepolcro I, fasc. 6, stato delle anime della parrocchia di Santa Maria Beltrade del 1597: Giovan Battista aveva allora 34 anni e Tarsia 24; si erano sposati il 23 gennaio 1595: idem, fasc. 4, dove il nome della moglie è "Tarsia Gallina").

di Guido Mazenta, il regista dell'ingresso trionfale di Margherita e di quello, mancato, di Gregoria Massimiliana.[218]

---

[218] Borgogni 1602, 155 per le miniature asburgiche; per i ritratti in generale cfr. Giani 2021, 191-99 e, per il ritratto di Elena Rainoldi, Renzi 2021, 341, n. 54 e 348, n. 103 (dove secondo l'inventario del 1672 il ritratto è di "brazza 2 [poco meno di 120 centimetri] sopra il stagno"). Un altro ritratto (o forse il medesimo rifilato? comunque di dimensioni ben minori) sempre di Elena Rainoldi col figlio e sempre di "Madonna Fede"…"in mezza figura al naturale d'on[ce] 18 e 15 [cioè 88 x 73,5 centimetri] sopra il stagno o per meglio dire argento," è ancora presso i Mazenta nel 1762, come segnalato da Verga 1918, 285, n. 82.

Table 3.1 Genealogy of the Austrian and Spanish Habsburgs and their Marriages, by Silvio Leydi.

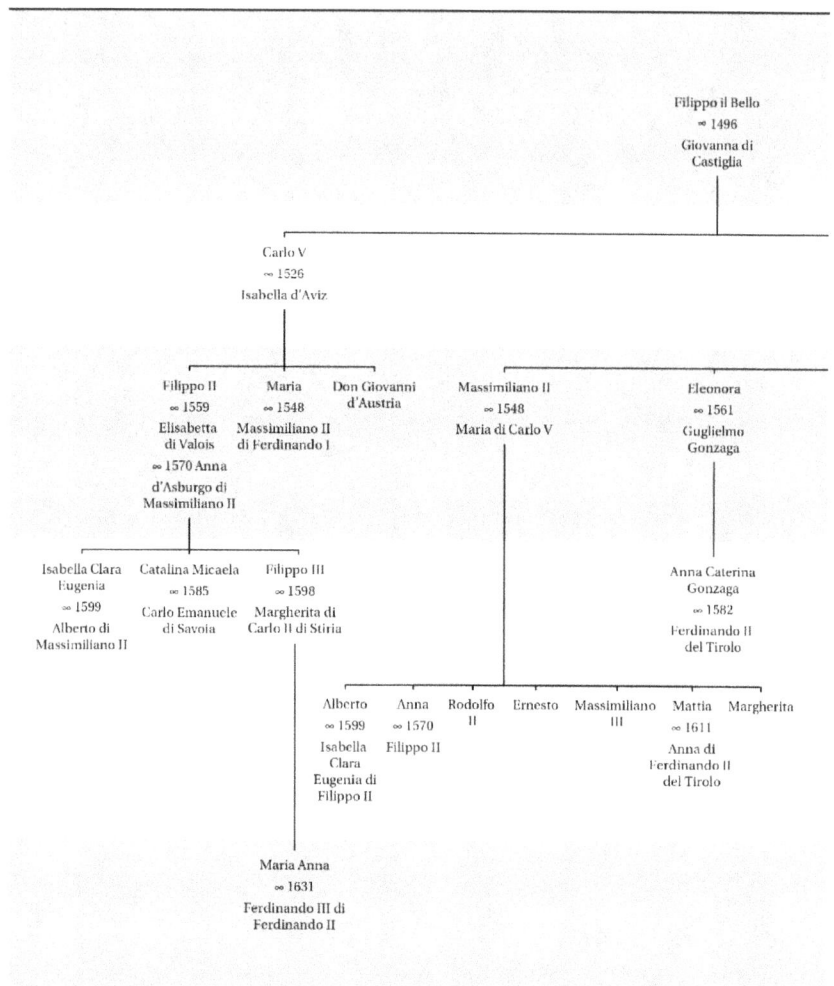

Asburgo a Milano

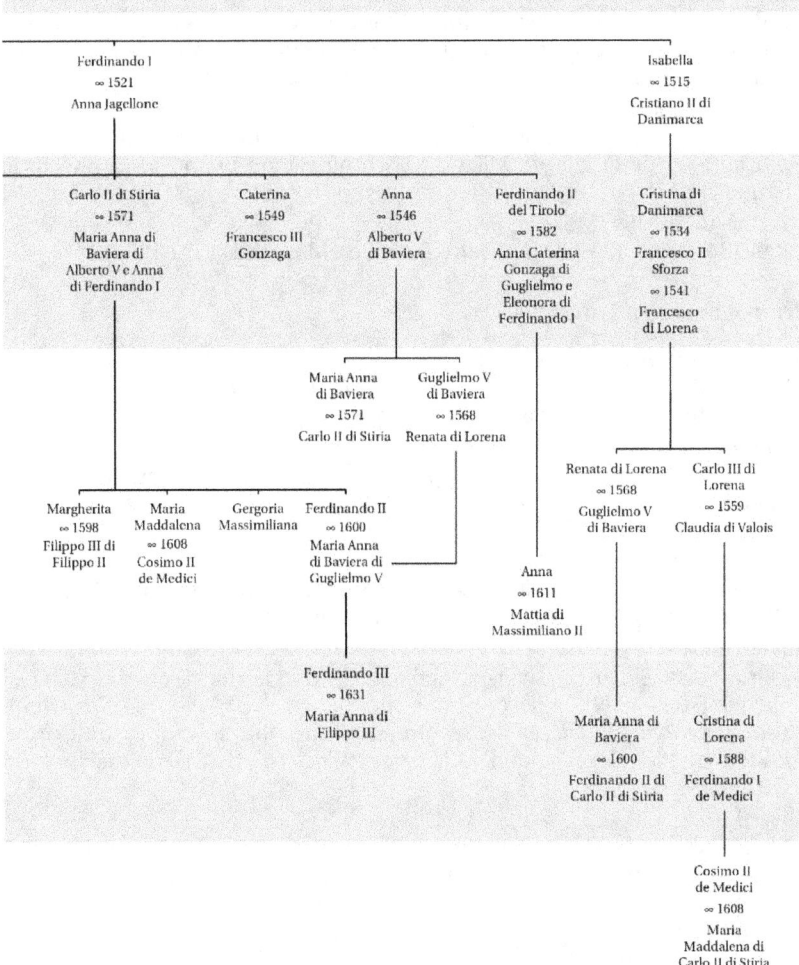

Works Cited

Manuscripts

Monti 1578 (MS)
BAMi MS P 248 sup. Urbano Monti. "Compendio delle cose più nottabili sucesse alla città de Milano (...). Cominciando da la edifficatione del Domo, che fù l'anno 1386, sino a l'anno 1578."

Monti 1584 (MS)
BAMi MS P 250 sup. Urbano Monti. "Terza parte de i successi particolari et più notabili de la cità de Milano [...] cominciando a l'ottobre de l'anno 1581 sino tutto l'anno 1584."

Monti 1587 (MS)
BAMi MS P. 251 sup. Urbano Monti. "Quarta parte de i sucessi particolari et più notabili de la cità de Milano [...] cominciando l'anno 1585 sino tutto l'anno 1587."

Fossano 1512-1559 (MS)
BAMi MS Trotti 422. Giovan Pietro Fossano. "Memorie (1512-1559)."

Printed Books and Journals

Acta Ecclesiae mediolanensis 1890
Acta Ecclesiae mediolanensis ab eius initiis usqua ad nostram aetatem, 2 vols. Edited by A. Ratti. Milan: St. Joseph, 1890.

Affò 1787
Ireneo Affò. "Memorie di donna Ippolita Gonzaga Colonna e Carrafa duchessa di Mondragone", in *Memorie di tre celebri principesse della famiglia Gonzaga*. Edited by I. Affò, 95-134. Parma: Carmignani, 1787.

Albicante 1549
Giovanni Alberto Albicante. *Intrada di Milano di Don Philippo d'Austria, re di Spagna. Capriccio d'historia.* Venice, Marcolini, 1549.

Aliverti 2004
Maria Luisa Aliverti. "Il viaggio italiano di Margherita d'Austria regina di Spagna (1598-1599): le descrizioni a stampa." In *La Memoria de los Libros. Estudios sobre la historia del escrito y de la lectura en Europa e América*, Edited by P.M. Catedra and M.L. Lopez Vidriero, 2: 321-336. Salamanca: IHLL, 2004.

Aliverti 2015
Maria Ines Aliverti. "The loose parts of an entry: the flop of Cremona in 1598." In *Festival Culture in the World of the Spanish Habsburg*. Edited by. F. Checa Cremades and L. Fernández-Gonzales, 115-134. Farnham and Burlington: Ashgate, 2015.

Álvarez-Ossorio Alvariño 2001a
Antonio Álvarez-Ossorio Alvariño. "De la gravedad a la gracia: el príncipe Felipe en Italia." In Calvete de Estrella, *El felicíssimo viaje del muy alto y muy poderoso Príncipe don Phelippe*. lxxvii-cxiv. Madrid, Sociedad Estatal para la Commemoración de los Centenarios de Felipe II y Carlos V, 2001.

Álvarez-Ossorio Alvariño 2001b
Antonio Álvarez-Ossorio Alvariño, *Milán y el legado de Felipe II. Gobernadores y corte provincial en la Lombardía de los Austrias*. Madrid: Sociedad Estatal para la Commemoración de los Centenarios de Felipe II y Carlos V, 2001.

Annali Duomo 1877-1886
Annali della Fabbrica del Duomo di Milano, 9 vols. Milan: Brigola, 1877-1886.

Arcaini 1995
Roberta Giovanna Arcaini. "I comici dell'Arte a Milano: accoglienza, sospetti, riconoscimenti." In *La Scena della Gloria. Drammaturgia e spettacolo a Milano in età spagnola*. Edited by A. Cascetta and R. Carpani, 265-326. Milan: Vita e Pensiero, 1995.

Barblan 1961
Guglielmo Barblan. "La vita musicale in Milano nella prima metà del Cinquecento." In *Storia di Milano*, 9: 853-895. Milan: Fondazione Treccani degli Alfieri per la storia di Milano, 1961.

Baroni 1968
Costantino Baroni. *Documenti per la storia dell'Architettura a Milano nel Rinascimento e nel Barocco*. Rome: Accademia Nazionale dei Lincei, 1968.

Bendinelli 1574
Antonio Bendinelli. *Il Nobilissimo et Ricchissimo torneo fatto nella magnifica Città di Piacenza nella venuta del Serenissimo Don Giovanni D'Austria*. Piacenza: Francesco Conti, 1574.

Besozzi [1548] 1967
Cerbonio Besozzi. *Cronaca delle solennità, guerre ed altri successi che ebbero luogo dopo la dieta di Augusta (1548) sotto l'imperatore Carlo V.* Introduction and notes by C. Malfatti, Trent: Società per gli Studi Trentini, 1967.

Besozzi 1988
Leonida Besozzi. "Le magistrature cittadine milanesi e la peste del 1576-1577." *Biblioteca dell'Archivio Storico Lombardo* 2. Bologna: Cappelli, 1988.

Boch 1602
Johann Boch. *Historica narratio profectionis et inaugurationis serenissimorum belgii principum Alberti et Isabellae, Austriae Archiducum*. Antwerp: ex officina Plantiniana, apud Ioannem Moretum, 1602.

Borgogni 1602
Gherardo Borgogni. *La fonte del diporto*. Venice: Giovan Battista Ciotti, 1602.

Bovenzi 2021
Gian Luca Bovenzi. "Caterina Cantoni." In *Le signore dell'arte. Storie di donne tra '500 e '600*. Edited by A. Bava, G. Mori and A. Tapié, 122-123. Milan: Skira, 2021.

Breve narratione [1598]
Breve narratione di quanto passò appo la persona dell'Illustriss. et Eccellentiss. Signor Contestabile di Castiglia; Dal giorno che partì, fino a che ritornò a Milano, con la Sereniss. et Potentiss. Regina Margarita, Signora Nostra Clementissima. Milan: Pandolfo Malatesta, [1598].

Bugati 1570
Gasparo Bugati. *Historia universale*. Venice: Gabriel Giolito de Ferrarii, 1570.

Buss 2011a
Chiara Buss. "La fodera della carrozza dell'imperatore." In *Seta Oro Incarnadino.*

Lusso e devozione nella Lombardia spagnola. Edited by C. Buss, 101-103. Milan: ISAL, 2011.

Buss 2011b
Chiara Buss. "Seta e oro a Milano ai tempi di Arcimboldo." In *Arcimboldo. Artista milanese tra Leonardo e Caravaggio*. Edited by S. Ferino-Pagden, 71-83. Exhibition catalogue, Palazzo Reale. Milan: Skira, 2011.

Cabrini 1983
Anna Maria Cabrini. "Il teatro di Niccolò Secchi." In *Studi di lingua e letteratura lombarda offerti a Maurizio Vitale*, 1: 362-384. Pisa: Giardini, 1983.

Cairati 2012
Carlo Cairati. "I Da Corbetta. Una bottega di intagliatori nella Milano del Cinquecento." Ph.D. diss., Università degli Studi di Milano, 2012 (relatore G. Agosti).

Calvete de Estrella [1552] 2001
Juan Christóval Calvete de Estrella. *El Felicíssimo viaje del muy alto y muy poderoso Príncipe don Phelippe* (Antwerp, 1552). Edited by P. Cuenca. Madrid: Sociedad Estatal para la Commemoración de los Centenarios de Felipe II y Carlos V, 2001.

Camilli 1586
Camillo Camilli. *Imprese illustri di diversi, coi discorsi di Camillo Camilli, et con le figure intagliate in rame di Girolamo Porro*. Venice: Francesco Ziletti, 1586.

Campi 1585
Antonio Campi. *Cremona fedelissima città et nobilissima colonia de Romani, rappresentata in disegno col suo contado*, Cremona: Hippolito Tromba & Hercoliano Bartoli, 1585.

Cardano 1554
Gerolamo Cardano. *De subtilitate*. Basel: Ludovicum Lucium, 1554.

Casale 1554-1598
Giambattista Casale. "Diario (1554-1598)." Edited by C. Marcora. *Memorie storiche della Diocesi di Milano* 12 (1965): 209-437.

Castiglioni 1759
Giovanni Battista Castiglioni. *Sentimenti di S. Carlo Borromeo intorno agli spettacoli*. Bergamo: Pietro Lancellotti, 1759.

Chabod 1934 (1971)
Federico Chabod. *Lo Stato di Milano e l'impero di Carlo V* (Rome, Tumminelli, 1934), reprinted in *Lo stato e la vita religiosa a Milano nell'epoca di Carlo V*, 3-225. Turin: Einaudi, 1971.

Checa & Diez Del Corral 1982
Fernando Checa and Rosario Diez Del Corral. "Arquitectura, iconologia y simbolismo politico: la entrada de Margarita de Austria, mujer de Felipe III de España en Milan el año 1598." In *La scenografia barocca*. Edited by A. Shnapper, 73-83. Bologna: CLUEB, 1982.

Cibrario 1846
Giovanni Antonio Luigi Cibrario. "Lettere scritte al duca Emanuele Filiberto di Savoia da varii suoi ministri." *Archivio Storico Italiano* 3, Appendix no. 13, 129-182. Florence: Gio. Pietro Vieusseux, 1846.

Cozzi [1576] 1877
Giovan Ambrogio Cozzi. "Memoria de la pesta de l'an 1576 in Milano." Edited by C.E. Visconti, *Archivio Storico Lombardo*, s. 1. no. 4 (1877): 124-140.

Crippa 1990
Carlo Crippa. *Le monete di Milano durante la dominazione spagnola dal 1535 al 1706*. Milan: Carlo Crippa Editore, 1990.

D'Ancona 1891
Alessandro D'Ancona. *Origini del teatro italiano*, 2 vols. Turin: Loescher, 1891.

Damiano 1995
Gianfranco Damiano. "Il Collegio gesuitico di Brera: festa, teatro e drammaturgia fra XVI e XVII secolo." In *La Scena della Gloria. Drammaturgia e spettacolo a Milano in età spagnola*. Edited by A. Cascetta and R. Carpani, 473- 506. Milan: Vita e Pensiero, 1995.

De Faing [1598] 1882
Giles de Faing. "Voyage de l'Arciduc Albert en Espagne en 1598." In *Collection des voyages des souverains des Pays-Bas*. Edited by L.P. Gachard and C. Piot, 4: 457-559. Brussels: F. Hayez, 1882.

De Nobili 1548
Alberto de Nobili. *La triomphale entrata del Serenissimo Prence di Spagna nell'inclita città di Melano il dì XIX di dicembre MDXLVIII*. Milan: Antonio Borgo, 1548.

De Nolhac & Solerti 1890
Pier de Nolhac and Angelo Solerti. *Il viaggio in Italia di Enrico III re di Francia e le feste a Venezia, Ferrara, Mantova e Torino*. Turin: L. Roux, 1890.

De Palma 1636
Ioan de Palma. *Vida de la Serenissima Infanta Sor Margarita dela Cruz, Religiosa descalça de S. Clara*. Madrid: En la Inprensa Real, 1636.

De Rossi 2018
Anna de Rossi. "Delle felicissime nozze di Ippolita Gonzaga e Fabrizio Colonna che si fecero in Milano alla presenza di Filippo di Spagna." In *Donne Gonzaga a corte. Reti istituzionali, pratiche culturali e affari di governo*. Edited by C. Continisio and R. Tamalio, 503-516. Rome: Bulzoni, 2018.

De todos los ingenios 2014
De todos los ingenios los majores. El Condestable Juan Fernández de Velasco y Tovar, V Duque de Frías (c. 1550-1613). Seville: Real Maestranza de Caballería de Sevilla, 2014.

Delmarcel 2010
Guy Delmarcel. "Fructus Belli." In *Gli arazzi dei Gonzaga nel Rinascimento*. Edited by G. Delmarcel, 78-95. Milan: Skira, 2010.

Della Torre 2008
Stefano Della Torre. "Gli apparati trionfali del 1598." *Studia Borromaica* 22 (2008): 81-99.

Duindam 2010
Jeroen Duindam. "El legado borgoñón en la vida cortesana de los Hasburgo austriacos." In *El Legado de Borgoña. Fiesta y Cerimonia Cortesana en la Europa de los Austrias (1454-1648)*. Edited by K. De Jonge, B. J. García García and A. Esteban Estríngana, 35-58. Madrid: Fundación Carlos Amberes and Marcial Pons, 2010.

Ferrari Barassi 1984
  Elena Ferrari Barassi. "Feste, spettacoli in musica e danza nella Milano cinquecentesca" in *La Lombardia spagnola*, 197-220. Milan: Electa, 1984.

Forti Grazzini 2010
  Nello Forti Grazzini. "Le Storie di Enea." In *Gli arazzi dei Gonzaga nel Rinascimento*. Edited by G. Delmarcel, 148-161. Milan: Skira, 2010.

Fučíková 2016
  Eliška Fučíková. "Some notes on diplomatic and artistic relations between Imperial Court in Prague and Milan and Lombardy in the 16th century." In *Storia e storiografia dell'arte del Rinascimento a Milano e in Lombardia*. Edited by A. Jori, C.Z. Laskaris and A. Spiriti, 23-30. Rome: Bulzoni, 2016.

García Prieto 2014
  Elisa García Prieto. "Antes de Flandes. La correspondencia de Isabel Clara Eugenia con Felipe III desde las Descalzas Reales en el otoño de 1598." *Chronica Nova* 40 (2014): 327-349.

Getz 2005
  Christine Suzanne Getz. *Music in the Collective Experience in Sixteenth-Century Milan*. Aldershot: Ashgate, 2005.

Giani 2021
  Federico Giani. "Una ritrattista famosa." In *Fede Galizia mirabile pittoressa*. Exhibition catalogue. Edited by G. Agosti, L. Giacomelli, and J. Stoppa, 191-199. Trent, Castello del Buonconsiglio, 2021.

Giovannucci Vigi 2010
  Berenice Giovannucci Vigi. "Scheda 97: Manifattura italiana. Santa Margherita di Antiochia." In *Museo della Cattedrale di Ferrara. Catalogo generale*. Edited by B. Giovannucci Vigi and G. Sassu, 195-196. Ferrara: Fondazione Carife, 2010.

Giussano 1610
  Giovan Pietro Giussano. *Vita di San Carlo Borromeo*. Rome: Camera Apostolica, 1610.

Godoy & Leydi 2003
  José-A. Godoy and Silvio Leydi, eds. *Parures Triomphales. Le maniérisme dans l'art de l'armure italienne*. Exhibition catalogue, Geneva. Milan: 5Continents, 2003.

Gosellini 1574
  Giuliano Gosellini. *Vita del prencipe don Ferrando Gonzaga*. Milan: Paolo Gottardo Pontio, 1574.

Gosellini 1581
  Giuliano Gosellini. *Rime*. Venice: Pietro Duchino, 1581.

Gosellini 1588
  Giuliano Gosellini. *Rime [...] riformate e ristampate la quinta volta*. Venice: Francesco Franceschi, 1588.

Gosellini 1592
  Giuliano Gosellini. *Lettere*. Venice: Paolo Megietti, 1592.

Grillo 1604
  Giovan Battista Grillo. *Breve trattato di quanto successe alla Maestà della Regina D. Margarita d'Austria N.S. dalla città di Trento fine d'Alemagna, e principio d'Italia fino alla Città di Genova [...] con un notamento particolare*

del numero delle genti ch'erano con la M.S. & altri Principi ch'erano seco, con quel che si spendeva giornalmente nella città di Milano. Naples: Costantino Vitale, 1604.

Guazzo 1552
Marco Guazzo. *Historie [...] de le cose degne di memoria.* Venice: Gabriel Giolito di Ferrarii, 1552.

Guazzo 1586
Stefano Guazzo. *Dialoghi piacevoli.* Venice: Gio. Antonio Bertano, 1586.

Hortal Muñoz 2013
José Eloy Hortal Muñoz. "The Household of Archduke Albert of Austria from His Election as Governor of the Habsburg Netherlands until His Investiture as Sovereign Prince of the Low Countries (1595-1598)." *Revue belge de philologie et d'histoire* 91, no. 4 (2013): 1011-1055.

Ieni 1989
Giulio Ieni. "Gli apparati trionfali per il passaggio in Alessandria di Margherita di Stiria regina di Spagna." *Bollettino della Società Piemontese di Archeologia e Belle Arti* 43 (1989): 427-454.

Jacquot 1960
Jean Jacquot. "Panorama des fêtes et cérémonies du règne. Évolution des thèmes et des styles." In *Les fêtes de la Renaissance II: Fêtes et cérémonies au temp de Charles Quint.* Edited by J. Jacquot, 413-491. Paris: Éditions di Centre National de la Rechereche Scientifique, 1960.

Jordan Gschwend 2010
Annemarie Jordan Gschwend. *The Story of Süleman: Celebrity Elephants and Other Exotica in Renaissance Portugal.* Philadelphia and Zürich: Pachyderm, 2010.

Legado de Borgoña 2010
El Legado de Borgoña. Fiesta y Cerimonia Cortesana en la Europa de los Austrias (1454-1648). Edited by K. De Jonge, B. J. García García and A. Esteban Estríngana. Madrid: Fundación Carlos Amberes and Marcial Pons, 2010.

Leydi 1990
Silvio Leydi. "I Trionfi dell'Acquila Imperialissima.' Note sugli apparati innalzati a Milano per gli ingressi trionfali di Cristina di Danimarca duchessa di Milano, Carlo V imperatore e Filippo Principe di Spagna." *Schifanoia* 9 (1990): 9-55.

Leydi 1999a
Silvio Leydi. *Sub Umbra Imperialis Aquilae. Immagini del potere e consenso politico nella Milano di Carlo V.* Florence: Olschki, 1999.

Leydi 1999b
Silvio Leydi. "Il sarto del Libro del Sarto: Gian Giacomo del Conte." In *Velluti e moda tra XV e XVII secolo.* 23-30 Exhibition catalogue. Museo Poldi Pezzoli. Milan: Skira, 1999.

Leydi 2003
Silvio Leydi. "Tra norma e forma. Simbologie per l'infeudazione di Milano a Filippo d'Asburgo." In *Le forze del Principe. Recursos, instrumentos y límites en la práctica del poder soberano en los territorios de la monarquía hispánica.* Edited by M. Rizzo, J.J. Ruiz Ibañez and G. Sabatini, 2: 605-632. Murcia: Universidad de Murcia, 2003.

Leydi 2006
Silvio Leydi. "'Visus sum oculis insipientium mori'. Funérailles ducales à Milan (1515-1598)." In *L'image di roi da François Ier à Louis XIV*. Edited by T.W. Gaehtgens and N. Hochner,114-130. Paris: Éditions de la Maison des sciences de l'homme, 2006.

Leydi 2011
Silvio Leydi. "Feste cortesi a Milano." In *Arcimboldo. Artista milanese tra Leonardo e Caravaggio*. Edited by S. Ferino-Pagden, 255-281. Exhibition catalogue, Palazzo Reale. Geneva and Milan: Skira, 2011.

Leydi 2012
Silvio Leydi. "Leone Leoni 'scultore delle stampe della Cecca di Milano' (1542-90)." In *Leone & Pompeo Leoni*, Edited by S.F. Schröder, 19-32. Madrid: Museo Nacional del Prado, 2012.

Leydi 2020
Silvio Leydi. "Un dono veramente regale. L'arca in argento e cristallo per il corpo di san Carlo Borromeo (con due intermezzi)." *Arte Lombarda* 189-190 (2020): 118-138.

Libro del sarto 1987
Il Libro del sarto della Fondazione Querini Stampalia di Venezia. Edited by ISR di Ferrara. Modena: Panini, 1987.

Longatti 1998
Mario Longatti. "Benedetto Giovio, umanista 'antiquario' e progettista di apparati figurativi." In *Le Arti nella diocesi di Como durante i vescovi Trivulzio*. 199-204. Atti del convegno (Como 1996), Como, Musei Civici di Como, 1998.

Lopez de Mendicorroz 1625
Fermin Lopez de Mendicorroz. *Observaciones de la vida del condestable Iuan Fernandez de Velasco y cifra de sus dictámenes*. Vigevano: Iuan Baptista Malatesta, 1625.

Magdaleno 1961
Ricardo Magdaleno. *Papeles de Estado. Milan y Saboya (siglos XVI y XVII)*. Simancas: Archivo de Simancas, 1961.

Manfredi 1580
Muzio Manfredi. *Cento Donne cantate da Mutio Manfredi, Il Fermo, Academico Innominato di Parma*. Parma: Erasmo Viotti, 1580.

Manfredi 1589
Muzio Manfredi. *Rime diverse di molti illustri compositori, per le nozze dell'Illustrissimi Signori Gio. Paolo Pupi Marchese di Soragna, & Beatrice Obici. Raccolte da Gregorio Ducchi*. Piacenza: Gio. Bazachi, 1589.

Manfredi 1606
Muzio Manfredi. *Lettere brevissime*. Venice: A Gio. Battista Pulciani, 1606.

Mancini 2019
Matteo Mancini. *Tiziano e Leone Leoni in viaggio con il principe Filippo d'Asburgo*. Aranjuez: Doce Calles, 2019.

Mara 2018
Silvio Mara. "Il conte Pietro Antonio Lonati mecenate e collezionista nella Milano borromaica." *Arte Cristiana* 905 (marzo-aprile 2018): 92-103.

Mara 2020
Silvio Mara. *Arte e scienza tra Urbino e Milano. Pittura, cartografia e ingegneria nell'opera di Giovanni Battista Clarici (1542-1602)*. Padua: Il Poligrafo, 2020.

Mari 2005
Licia Mari. "L'ingresso a Mantova di Margherita d'Asburgo e la rappresentazione de *Il Pastor Fido*." In *I Gonzaga e l'Impero. Itinerari dello spettacolo*. Edited by U. Artoli and C. Grazioli, 379-398. Florence: Le Lettere, 2005.

Martínez Millán & Fernández Conti 2001
José Martínez Millán and Santiago Fernández Conti. "La corte del príncipe Felipe (1535-1556)." In Calvete de Estrella, *El felicíssimo viaje del muy alto y muy poderoso Príncipe don Phelippe*, li-lxxvi. Madrid: Sociedad Estatal para la Commemoración de los Centenarios de Felipe II y Carlos V, 2001.

Martínez Millán 2008
José Martínez Millán. "Los gastos de la caballeriza de la reina Margarita de Austria (1598-1611)." *Studi in memoria di Cesare Mozzarelli*, 1: 351-386. Milan: Vita e Pensiero, 2008.

Mausoli 2015
Silvia Mausoli. "Caterina Cantoni e l'iconografia del drappo di Torino: un'ipotesi interpretativa." In *Il Seicento a Ricamo. Dipingere con l'ago stendardi, drappi di arredo, paramenti liturgici*. Edited by F. Fiori, M. Accornero Zanetta and Sr.M.L, 18-35. Ferrari, no publisher s.i.t 2015. (Conference proceedings, Novara 2012).

Mausoli 2020
Silvia Mausoli. "'Dela gran Cantona i chiari honori': Caterina Cantoni, Lomazzo, and the Accademia della Val di Blenio." In *Lomazzo's Aesthetic Principles Reflected in the Art of his Time*. Edited by L. Tantardini and R. Norris, 109-130. Leiden and Boston: Brill, 2020.

Mazenta 1598
Guido Mazenta. *Apparato fatto dalla città di Milano per ricevere la Serenissima Regina D. Margarita d'Austria sposata al Potentiss. Re di Spagna D. Filippo III, Nostro Signore*. Milan: Pacifico Pontio, 1598.

Mazenta 1599
Guido Mazenta. *Discorso [...] intorno il far navigabile il fiume Adda*. Milan: n.p., 1599.

Menicucci 1999
Roberta Menicucci. "Ingresso di Margherita d'Austria in Milano." In *La morte e la gloria. Apparati funebri medicei per Filippo II di Spagna e Margherita d'Austria*. Edited by M. Bietti, 160-161. Exhibition catalogue. Livorno: Sillabe, 1999.

Mitchell 1979
Bonner Mitchell. *Italian Civic Pageantry in the High Renaissance. A Descriptive Bibliography of Triumphal Entries and Selected other Festivals for State Occasions*. Florence: Olschki, 1979.

Mitchell 1986
Bonner Mitchell. *The Majesty of the State. Triumphal progresses of foreign sovereigns in Renaissance Italy (1494-1600)*. Florence: Olschki, 1986.

Modio 1586
Francesco Modio. *Pandectae Triumphales, sive Pomparum, et Festorum ac Solennium Apparatuum, Conviviorum, Spectaculorum, Simulacrorum Bellicorum Equestrium, et Pedestrium [...].* 2 vols. Frankfurt: Sigismundi Feyrabendij, 1586.

Montemerlo 1618
Nicolò Montemerlo. *Raccoglimento di nuova historia dell'antica città di Tortona.* Tortona: Nicolò Viola, 1618.

Morigia 1593
Paolo Morigia. *Historia brieve dell'Augustissima Casa d'Austria.* Bergamo: Comin Ventura, 1593.

Morigia 1595
Paolo Morigia. *La Nobiltà di Milano.* Milan: Pacifico Pontio, 1595.

Morigia 1599
Paolo Morigia. *Tesoro precioso de'Milanesi.* Milan: Gratiadio Ferioli, 1599.

Morigia 1603
Paolo Morigia. *Santuario della Città, e Diocesi di Milano.* Milan: Antonio de gli Antonij, 1603.

Mozzarelli 1995
Cesare Mozzarelli. "Nella Milano dei re cattolici. Considerazioni su uomini, cultura e istituzioni tra cinque e seicento." In *Lombardia Borromaica Lombardia spagnola 1554-1659.* Edited by P. Pissavino and G. Signorotto, 1: 421-456. Rome: Bulzoni, 1995.

Muzio 1550
Girolamo Muzio. *Operette morali.* Venice: Gabriel Giolito de Ferrari e Fratelli, 1550.

Negri 1602
Cesare Negri. *Le Gratie d'amore.* Milan: Pacifico Pontio & Gio. Battista Piccaglia, 1602.

Negri 2020
Cesare Negri. Un maestro di danza e la cultura del suo tempo. Edited by A. Pontremoli and C. Gelmetti. Venice: Marsilio, 2020.

Noehles 1982
Karl Noehles. "Scenografie per le Quarant'ore e altari barocchi." In *La scenografia barocca.* Edited by A. Shnapper, 151-155. Bologna: CLUEB, 1982.

Ostoni 2010
Marco Ostoni. *Il tesoro del re. Uomini e istituzioni della finanza pubblica milanese fra Cinquecento e Seicento.* Napoli: Istituto italiano per gli studi filosofoci, 2010.

Paravicini 1879
Tito Vespasiano Paravicini. *Le arti del disegno in Italia. Storia e critica.* Part III. Milan: Vallardi, 1879.

Pellegrini [Tibaldi] 1581
Descrittione de tutto l'edificio, et di l'apparato, con le cerimonie pertinenti à l'essequie de la Serenissima Donna Anna d'Austria [...] opera di M. Pellegrino de' Pellegrini. Milan: Gottardo Pontio, 1581.

Pérez de Tudela 2000
Almudena Pérez de Tudela. "Algunas notas sobre el gusto de Felipe II por la escultura en su juventud a la luz de nuevas cartas entre el obispo de Arrás y Leone Leoni." *Archivo Español de Arte* 73, no. 291 (julio-septiembre 2000): 249-266.

Piccinelli 2003
Roberta Piccinelli. *Le collezioni Gonzaga. Il carteggio tra Milano e Mantova (1563-1634).* Cinisello Balsamo (MI): Silvana, 2003.

Piccolomini 1545
Alessandro Piccolomini. *Comedia intitulata Alessandro del Sig. Alessandro Piccolomini conominato Il Stordito.* Rome: [Girolama Cartolari], 1545.

Pigozzi 1990
Marinella Pigozzi. "*Descrittione de l'edificio et di tutto l'apparato* per le esequie di Anna d'Austria." *Arte Lombarda* 94-95, no. 3/4 (1990): 128-140.

Plon 1887
Eugène Plon. *Leone Leoni sculpteur de Charles-Quint et Pompeo Leoni sculpteur de Philippe II.* Paris: E. Plon, Nourrit et C.ie, 1887.

Pontremoli 1999
Alessandro Pontremoli. *Intermedio spettacolare e danza teatrale a Milano fra Cinque e Seicento.* Milan: Euresis, 1999.

Rainer 2007
Johann Rainer. "Il matrimonio austro-spagnolo del 1598/99." *Quaderni giuliani di storia* 28 no. 2 (2007): 379-406.

Relazione [1563] 1889
"Relazione di un viaggio da Trento a Milano fatto nell'anno 1563 dagli Arciduchi d'Austria Rodolfo ed Ernesto." *Archivio Trentino* 8, no. 1 (1889): 81-88.

Renzi 2021
Giovanni Renzi. "Regesto di Nunzio e Fede Galizia (1573-1809)." In *Fede Galizia mirabile pittoressa.* Edited by G. Agosti, L. Giacomelli, and J. Stoppa, 333-360. Exhibition catalogue. Trent, Castello del Buonconsiglio, 2021.

Repishti 2020
Francesco Repishti. "Pellegrino Tibaldi e il Palazzo di Corte di Milano." *Arte Lombarda* 189-190 (2020): 57-66.

Ronchini 1864
Amadio Ronchini. *Lettere di Girolamo Muzio Giustinopolitano conservate nell'Archivio governativo di Parma.* Parma: Regia Deputazione di Storia Patria, 1864.

Sacchi 2005
Rossana Sacchi. *Il disegno incompiuto. La politica artistica di Francesco II Sforza e di Massimiliano Stampa.* 2 vols. Milan: LED, 2005.

Sacchi 2016
Rossana Sacchi. "La bottega dei Bossi, pittori milanesi, per San Martino di Vignone." *Verbanus. Rassegna per la cultura, l'arte, la storia del lago* 37 (2016): 9-28.

Sacchi 2020
Rossana Sacchi. *Artisti industriosi e speculativi. Paolo Morigia e il Quinto Libro della 'Nobiltà di Milano.'* Milan: LED, 2020.

Sallas 2015
Joan Sallas. "L'arte italiana dei trionfi piegati con tovaglioli e la *Descrizione* di Michelangelo Buonarroti il Giovane." In *Dolci trionfi e finissime piegature. Sculture in zucchero e tovaglioli per le nozze fiorentine di Maria de' Medici*. Edited by G. Giusti e R. Spinelli, 39-47. Exhibition catalogue, Palazzo Pitti. Livorno: Sillabe, 2015.

Salomoni 1806
Angiolo Salomoni. *Memorie storico-diplomatiche degli Ambasciatori, Incaricati d'affari, Corrispondenti, e Delegati, che la città di Milano inviò a diversi suoi principi dal 1500 al 1796*. Milan: Pulini al Bocchetto, 1806.

Sampson 2003
Lisa Sampson. "The Mantuan Performance of Guarini's 'Pastor Fido' and Representations of Courtly Identity." *The Modern Language Review* 98, no. 1 (January 2003): 65-83.

Santorelli 2011
Flora Santorelli. "Documento 3." In *Seta Oro Incarnadino. Lusso e devozione nella Lombardia spagnola*. Edited by C. Buss, 190-192. Milan: ISAL, 2011.

Schiafenati 1599
Breve narratione del soggetto de gli intermedii del signor Camillo Schiafenati, quali havrannosi a rappresentar nella Pastorale del sig. Gio. Battista Visconte alla presenza della Serenissima Infante Donna Isabella, & del Sereniss. Arciduca Alberto d'Austria. Milan: Francesco Paganello, [1599].

Schofield 2004
Richard Schofield. "Architecture and the assertion of the cult of relics in Milan's public spaces." *Annali di Architettura* 16 (2004): 79-120.

Secco 1562
Nicolò Secco. *Gl'inganni. Comedia del signor N.S. recitata in Milano l'anno 1547 dinanzi alla maestà del re Filippo*. Florence: Giunti, 1562.

Secco 1581
Nicolò Secco. *L'interesse. Comedia del signor Nicolò Secchi, nuovamente posta in luce*. Venice: Francesco Ziletti, 1581.

Secco 1980
Nicolò Secco. *Gl'inganni*. Edited by L. Quartermaine. Exeter: University of Exeter, 1980.

Simonsfeld 1902
Henry Simonsfeld. "Mailänder Briefe zu Bayerischen und Allgemeinen Geschichte des 16. Jahrunderts." *Abhandlungen der Historischen Classe der Königlich Bayerischen Akademie der Wissenschaft* 22 (1902): 233-479.

Soldini 2007
Nicola Soldini. *Nec Spe Nec Metu. La Gonzaga: architettura e corte nella Milano di Carlo V.* Florence: Olschki, 2007.

Sortino 1997
Graziella Sortino. "Antonio Maria Viani. Regesto." In *I segni dell'arte. Il Cinquecento da Praga a Cremona*, Edited by G. Bora e M. Zlatohlávek, 495-530. Exhibition catalogue. Cremona, Museo Civico 'Ala Ponzone.' Milan: Leonardo Arte, 1997.

Sozzi 2013
Irene Sozzi. "'*Questa translatione è una delle maggiori ch'a riccordo d'huomo*

sia sta fatta.' Arti e apparati per una solennità religiosa milanese del 1582." MA Thesis, Università degli Studi di Milano, 2013 (relatore R. Sacchi).

Terenzi 2002
Eleonora Terenzi. "La gloria dei sovrani spagnoli nell'arte effimera milanese al tempo di Federico Borromeo: i temi e le commissioni." *Acme. Annali della Facoltà di Lettere e Filosofia dell'Università degli Studi di Milano* 55, no. 3 (settembre-dicembre 2002): 59-81.

Tizzoni 1995
Monica Tizzoni. "L'istanza tragicomica tra diletto di corte e moralità: la rappresentazione della '*Arminia*' di Giovan Battista Visconti." In *La scena della Gloria. Drammaturgia e spettacolo a Milano in età spagnola*. Edited by A. Cascetta and R. Carpani, 219-264. Milan: Vita e Pensiero, 1995.

Toderi & Vannel 2000
Giuseppe Toderi and Fiorenza Vannel. *Le medaglie italiane del XVI secolo*. 3 vols. Florence: Polistampa, 2000.

Torre 1674
Carlo Torre. *Il ritratto di Milano*. Milan: Federico Agnelli, 1674.

Varallo 1992
Franca Varallo. *Da Nizza a Torino. I festeggiamenti per il matrimonio di Carlo Emanuele I e Caterina d'Austria*. Turin: Centro Studi Piemontesi, 1992.

Varallo 2004
Franca Varallo. "Apparati effimeri, feste e ingressi trionfali nella Lombardia barocca e tardobarocca." In *Lombardia barocca e tardobarocca. Arte e architettura*. Edited by V. Terraroli, 61-83. Milano: Skira, 2004.

Varallo 2013
Franca Varallo. "Architectures éphémères pour les funérailles espagnoles dans l'État de Milan, 1559-1611." In *Les Funérailles princières en Europe. XVIe-XVIIIe siècle. 2. Apothéoses monumentales*. Edited by J.A. Chrościcki, M. Hengerer and G. Sabatier, 327-344. Rennes, Presses Universitaires de Rennes, 2013.

Varallo 2015
Franca Varallo. "Margaret of Austria's travel in the state of Milan between 1598 and 1599." In *Festival Culture in the World of the Spanish Habsburgs*. Edited by F. Checa Cremades and L. Fernández-Gonzales, 135-153. Farnham and Burlington: Ashgate, 2015.

Venturelli 1994
Paola Venturelli. "Scipione Delfinone, Camillo Pusterla, Giovanni Pietro Gallarati: ricamatori nella Milano del '500." *Studi e fonti di storia lombarda. Quaderni milanesi* 37-38 (1994): 25-46.

Venturelli 2001
Paola Venturelli. "L'ingresso trionfale a Milano dell'imperatore Carlo V (1541) e del principe Filippo (1548). Considerazioni sull'apparire e l'accoglienza." In *Carlos V y la quiebra del humanismo político en Europa (1530-1558)*, 3: 51-83. Madrid: Sociedad Estatal para la Commemoración de los Centenarios de Felipe II y Carlos V, 2001.

Venturelli 2003
Paola Venturelli. "La solemne entrada en Milán de Margarita de Austria, esposa de Felipe III (1598)." In *La fiesta cortesana en la época de los Austrias*.

Edited by M.L. Lobato and B.J. García García, 233-247. Junta de Castilla y León, Consejería de Cultura y Turismo, 2003.

Venturini 2002
Elena Venturini. *Le collezioni Gonzaga. Il carteggio tra la corte cesarea e Mantova (1559-1636)*. Cinisello Balsamo (MI): Silvana, 2002.

Verga 1918
Ettore Verga. "La famiglia Mazenta e le sue collezioni d'arte." *Archivio Storico Lombardo*, ser. V, no. 2 (1918), 267-295.

Vianello 1941
Carlo Antonio Vianello. *Teatri, spettacoli, musiche a Milano nei secoli scorsi*. Milan: Libreria Lombarda, 1941.

Violani 1988
Carlo Violani, editor. *Un bestiario barocco. Quadri di piume del Seicento milanese*. Exhibition catalogue. Milan: Museo Civico di Storia naturale, 1988.

Visconti 1599
Arminia. Egloga di Giambattista Visconte [...]. Rappresentata à spese della Città da giovani nobli d'essa; Alla presenza della Sereniss. Infante Donna Isabella d'Austria, et del Sereniss. Arciduca Alberto suo marito à [ ] luglio 1599. Milan: Pandolfo Malatesta, 1599.

Chapter 4

Estudio arqueológico del manuscrito 2908. La entrada real de Gregoria Maximiliana en Milán: un proyecto fallido de Guido Mazenta

Elisa Ruiz García

Hacia un nuevo iconismo

Antes de abordar el análisis del manuscrito objeto de estudio, parece oportuno recordar algunas nociones básicas sobre el lenguaje simbólico practicado en los siglos XVI y XVII con el fin de contextualizar y facilitar la interpretación del contenido expuesto por el autor en su obra.[1] Los humanistas italianos, en su intento de recuperar la Antigüedad clásica, se interesaron por salvaguardar los restos arqueológicos conservados de materiales duros. Una parte de su labor requería la lectura de los textos epigráficos. Felice Feliciano de Verona (1433-1479), copista y calígrafo, desempeñó un papel fundamental gracias a sus estudios sobre la escritura capital romana o *littera antiqua*.[2] Sus obras difundieron este modelo de letra y promovieron una moda que se podría calificar de "epigráfico-anticuaria." En esta tarea fueron también unos precursores Ciriaco de Ancona, Poggio Bracciolini y Pomponio Leto, en tanto que escritores; Giuliano da Sangallo (1443-1516) como arquitecto o Andrea Mantegna (1431-1506) en calidad de pintor. Los monumentos pétreos que ofrecían muestras escritas en forma de inscripciones cobraron gran valor y se convirtieron en un modelo a imitar.

Esta tendencia queda claramente reflejada en algunos manuscritos del siglo XV. Baste con citar piezas elaboradas por encargo de Lorenzo de'Medici, il Magnifico († 1492), quien aspiraba a tener la biblioteca más erudita de su

---

[1] El texto italiano de la misma se encuentra transcrito íntegramente en la segunda parte de este trabajo.
[2] BAV MS Vat. Lat. 6852. *Alphabetum Romanum* (1463).

época. A título de muestra véase un códice que contiene varias obras de san Gregorio Nacianceno y san Basilio Magno[3]. El manuscrito se inicia con un bellísimo frontispicio (*cornice*), cuyo texto en *littera antiqua* fue trazado probablemente por Piero di Benedetto Strozzi, artista considerado por Vespasiano da Bisticci como "il più bel copista dei nostri giorni e il più accurato."[4] El miniaturista fue Giovanni di Giuliano Boccardi. En la imagen se encuentran varios elementos emblemáticos. En las cuatro esquinas se ha reproducido el anillo diamantino con tres plumas, señal heráldica del linaje de los Medici. Hay también las siguientes representaciones: unas colmenas con sus abejas, una planta florecida, un fuego con mariposas revoloteando, y un papagayo con unas espigas granadas con el siguiente lema en francés antiguo: "Non le say qui ne l'essaye." Como se puede comprobar, la fusión de un tipo de escritura epigráfica con unos mensajes icónicos, vinculados a un mecenas, fue un procedimiento codicológico reservado a una élite. Este modelo creó escuela y se socializó mediante su aplicación a otros medios de comunicación.

Esta tendencia artística se combinaba bien con el cambio de paradigma en el plano estético introducido en el Renacimiento.[5] En lugar del proceso deductivo abstracto cultivado en la Edad Media, y particularmente en los medios escolásticos, se difundió otro método de episteme, basado en la inducción y en la experimentación, recursos fundamentados en la investigación de las cosas visibles.[6] Al hilo de esta corriente de pensamiento se fomentó la creación de un esquema cognitivo icónico-lingüístico. Ciertamente, ambos sistemas de signos pueden plasmarse sobre el espacio o campo de representación. En el proceso mental de identificación el espectador "lee" la imagen y "mira" las palabras, esto es, percibe directamente a través del órgano corporal de la vista las ideas evocadas como objeto de conocimiento. La interpretación de la obra diseñada reclama una búsqueda de sentido, el cual se adquiere gracias al texto ya que este medio acota el significado de lo figurado icónicamente.[7] En realidad, el sujeto-espectador activa el mecanismo psíquico denominado asociación de ideas.

El procedimiento llegó a configurar una rica tipología de casos. La modalidad más antigua responde al nombre de jeroglífico. Este término remite a una tradición antiquísima, vinculable a las primeras manifestaciones de la

---

[3] BMLF Plut. 17. 31, f. 1v. Datación aproximada 1480-1492. No se reproduce la imagen por no disponer de autorización.
[4] Vespasiano de Bisticci, 2: 426.
[5] Existe una copiosísima bibliografía sobre este tema. A título de introducción en castellano, véase: Esteban Lorente 1990 y Rodríguez de Flor 1995.
[6] Leonardo da Vinci fue un precursor de este método de trabajo intelectual.
[7] Este recurso es empleado actualmente en el terreno del marketing y de la publicidad.

antropología cultural. Tal vía fue recuperada en el Renacimiento. Algunos textos alcanzaron gran difusión, tales como la *Hypnerotomachia Poliphilii* de Francesco Colonna, publicada en Venezia por Aldo Manuzio en 1499, y la controvertida obra titulada *Hieroglyphica* de Horapolo, también editada por el mismo impresor en 1505.[8] Ambos títulos ejercieron una influencia determinante.[9]

Otra variante de lenguaje icónico está relacionada con el mundo de la heráldica. Divisas y blasones tienen su origen en el campo de la milicia, donde estos recursos figurados desempeñaban un papel funcional desde la Edad Media. Los nobiliarios y ciertos tratados de armas eran una memoria visual del legado de unos linajes privilegiados a través de la historia.

Una tercera modalidad de imágenes simbólicas es el emblema. Se trata de una palabra griega (ἔμβλημα) que significa "engarce" o "aplicación ornamental ejecutada en materia distinta de otra a la cual se sobrepone." Andrea Alciato (Milán, 1492- 1550) eligió esta voz, por dichas acepciones, para designar el objeto de estudio desarrollado por él en una obra clave, titulada *Emblematum libellus*.[10] El autor manifiesta que se trata de una composición pictórica y poética a la vez, formada por una imagen visual y un lema o mote.[11] A su juicio, estos elementos se podrían completar con un epigrama de pocos versos. La lengua utilizada en la parte verbal sería preferentemente el latín. La finalidad del producto resultante era proporcionar un aviso o una reflexión de aplicación universal sobre la condición humana. El éxito de esta iniciativa originó un género muy potente que hoy calificamos de literatura emblemática. Juan Cristóbal Calvete de Estrella testimonia el encuentro de Felipe II con Alciato en 1548, que tuvo lugar en Pavía, e indica incluso las fuentes de inspiración de los programas iconográficos del aparato triunfal que se hizo en honor del monarca.[12]

Dentro del enmarañado universo del lenguaje simbólico hay una variedad del tipo anterior. Se trata de la personificación alegórica de ideas abstractas de

---

[8] Los datos de un ms. de esta obra, procedente de la isla de Andros, son: BMLF MS Pluteus 69. 27.

[9] Una vez más se comprueba la modernidad mental de Leonardo da Vinci, quien se sirvió de este medio de comunicación con fines lúdicos.

[10] La *editio princeps* del primer libro, sin autorizar por el autor, fue publicada en 1531 por H. Steyner en Augsburg (Alciato 1531). Tres años más tarde Christian Wechel editó en París una versión autorizada (Alciato1534). A partir de esta fecha se realizaron múltiples ediciones en diversos países. El número de emblemas se fue ampliando hasta convertirse en un corpus canónico.

[11] Ambos componentes son llamados "cuerpo" y "alma" respectivamente en la tratadística de la época.

[12] Calvete de Estrella 1552.

todo tipo por medio de la representación de figuras humanas dotadas de atributos que las definen.[13] Dichos atributos permiten identificar el objeto conceptual visualizado. Cesare da Ripa compuso un tratado que ejerció una gran influencia.[14] Este fue un recurso muy utilizado por Mazenta.

Hay una quinta categoría que recibe el nombre de "empresa." Es una figura o composición ingeniosa, de uso personal, que requiere ser descifrada. A ello contribuye la presencia de un lema o mote breve que explica veladamente el significado de la imagen.[15] Leonardo da Vinci practicó también esta modalidad de lenguaje simbólico. Véase, por ejemplo, las tres espléndidas muestras que se encuentran en un folio de *The Windsor Collection*.[16] El lema de la primera de ellas bien podría aplicársele al florentino: "Hostinato rigore." El arado que abre con dificultad un surco en la tierra es un fiel retrato del titánico esfuerzo desarrollado por el maestro en su intento de explicar el sentido de la Naturaleza.

En la actualidad la diferencia entre emblema y empresa reside en que la intención del mensaje sea general o particular. En las fuentes del siglo XVI y XVII tal distinción nominal no es observada por los cultivadores de este género literario mixto. La terminología técnica del lenguaje simbólico es empleada de manera confusa por los autores del Renacimiento y del período barroco, incluido Mazenta.[17]

En realidad, todos los tipos mencionados quedan dentro del concepto de enigma por cuanto son composiciones de sentido artificioso y encubierto para que resulten difíciles de entender o interpretar. Alciato expresó muy bien esta base común del procedimiento en su definición: *aliquid ingeniose ab ingeniosis excogitatum.*[18]

Además de las obras clásicas ya citadas, particularmente Andrea Alciato y Cesare da Ripa, la bibliografía relacionada con este género y con los tratados de temática arqueológica se fue ampliando con el paso del tiempo. Gozaron

---

[13] La palabra (ἀλληγορία) significa etimológicamente "hablar de otra manera".
[14] Ripa 1593.
[15] Ruscelli 1572- 1583. (Libros I-III en 1572 y Libro IV en 1583).
[16] Royal Library, Windsor Castle, Carte miscellanee, 12282r https://www.rct.uk/collectio n/search#/2/collection/912282/recto-studies-of-emblems-decorative-dress-architectur e-and-a-profile-verso-studies.
[17] Quien utiliza solamente las voces "jeroglífico" y "empresa". Jamás emplea la palabra "emblema" o "personificación", de ahí las dificultades surgidas en algunos pasajes para interpretar correctamente el texto del ms. estudiado.
[18] Alciato 1621, 63.

de mucha aceptación los escritos de *Pierio Valeriano Bolzani*[19] y de Hubert Goltzius,[20] entre otros.

La literatura emblemática era una producción destinada prioritariamente al espacio áulico. En la sociedad estamental estas obras desempeñaban una función pedagógica.[21] Las élites aprendían la manera de relacionarse con el poder político y con los aparatos ideológicos predominantes a través de esas lecturas. Era un género apropiado para el "hombre de Estado" ya que el mensaje transmitido se caracterizaba por ser sintético, eficaz y alejado de la discursividad farragosa propia de la argumentación universitaria.

En paralelo con los usos profanos comentados, se desarrollaron también prácticas similares en el terreno de la religiosidad.[22] La Iglesia cristiana desde sus orígenes cultivó cierto tipo de lenguaje simbólico. Este recurso era considerado un código que procede de Dios y se transmite a lo largo de la historia. Era el depósito de una revelación sagrada. En el siglo XVI san Ignacio de Loyola (1491-1556) se adhirió al método logo-icónico y lo aplicó en su producción escrita relacionada con la oración mental de tipo contemplativo. El concepto de *compositio loci* es una interesante aportación, particularmente desarrollada en sus *Ejercicios espirituales*.[23] Esta vía favorece la intimidad meditativa y, al tiempo, propicia la integración de los fieles respecto de la ortodoxia de la doctrina. Era una forma de establecer una elocuencia silenciosa con una imagen sagrada, figurativa o interiorizada. En algunos casos tales creaciones eran de orientación contrarreformista.

Vicisitudes de una boda real

El enlace matrimonial proyectado de Felipe, príncipe de Asturias (1578-1621), con Gregoria Maximiliana, archiduquesa de Austria-Estiria (1581-1597), requería el viaje de la prometida desde su tierra natal hasta la corte madrileña. Como era habitual en la época, se estableció previamente unos lugares de descanso para la ilustre comitiva en el desarrollo de ese largo itinerario. En algunos de los emplazamientos concertados se programaron actos festivos para acoger a la personalidad en situación de tránsito. La capital lombarda era un punto crucial dentro de la fatigosa ruta.

---

[19] Valeriano 1575. La primera edición es de 1556. Esta obra está inspirada en el texto atribuido a Horapolo. Es el diccionario más completo de temática simbólica.
[20] Goltzius 1557.
[21] Al igual que en su día los "espejos de príncipes."
[22] Ningún recurso simbólico de Mazenta procede de esa área, todos los motivos son profanos.
[23] Mancho Duque 1990, 603-609.

Como es sabido, la región del Milanesado sufrió diversas ocupaciones extranjeras desde finales del siglo XV hasta comienzos del siglo XVIII. En 1499 la dinastía de los Sforza fue derrocada por fuerzas francesas. La ocupación duró hasta 1512. Al año siguiente, se produjo una restauración de la rama italiana por un breve plazo de tiempo. A continuación, se impuso de nuevo la monarquía gala (1515-1521). A partir de esa fecha y hasta 1535 gobernó otra vez la Casa de los Sforza. Tras la muerte de Francesco II, el último duque de ese linaje, se instauró el dominio hispano (1535-1706). Las relaciones políticas y culturales entre esa zona de Italia y el reino de España se estrecharon en gran medida. En este marco de intereses mutuos hay que situar la elaboración de un plan meticuloso para acoger con solemnidad a la que sería la futura reina de un gran imperio. El gobernador del Milanesado era, a la sazón, Juan Fernández de Velasco (*c*. 1550-1613), noble de rancia estirpe. Era V duque de Frías, VII conde de Haro y VI condestable de Castilla entre otros títulos. También llegó a ser presidente del Consejo de Italia. Desempeñó, así mismo, otros puestos diplomáticos y destacó en importantes empresas militares. En 1592 fue nombrado gobernador y capitán general del Regio y Ducal Estado de Milán, cargo que ostentó en dos ocasiones: (1592-1595) y (1595-1600). A la altura del año 1597 el citado titular tenía gran experiencia en materia de servir a la Corona hispana. Por ser conocedor de los miembros relevantes de la sociedad italiana local, tuvo la feliz idea de solicitar los servicios de un personaje destacado por sus variados conocimientos, Guido Mazenta (1564-1613), jurisconsulto, experto en arte, ingeniería y arquitectura, para organizar la entrada real en Milán. [24] El profesional seleccionado aceptó gustoso la oferta. Como es lógico, redactó un ambicioso proyecto a tal fin y se lo envió al peticionario. Afortunadamente se conserva la versión autógrafa de ese escrito en la Biblioteca Nacional de España (Madrid), ms. 2908. El ejemplar está datado el 21 de julio de 1597. El texto comienza con una introducción, de corte epistolar, en la que el interesado manifiesta su deseo de atender el encargo del Gobernador, en la medida de sus fuerzas, y su disposición para someter las propuestas al mejor criterio del destinatario. El estilo literario empleado en esta parte preliminar revela las respetuosas convenciones de trato establecidas en la época. A continuación, el autor expone las líneas maestras de su proyecto. La recepción prevista de la archiduquesa tendría que realizarse de acuerdo con el modelo establecido de manera canónica en las cortes europeas a partir del siglo XVI aproximadamente. Esto es, organizar una entrada real triunfante. En este tipo de acontecimientos era imprescindible crear unas arquitecturas provisionales en forma de arcos, colocar estatuas,

---

[24] Sobre este enigmático personaje y su hermano barnabita, remito al interesante y novedoso trabajo Bell 2022 y en este tomo.

pintar cartelerías, colgar tapices y telas recamadas, modificar el aspecto de algunas zonas urbanas, etc. La descripción de Mazenta de todos estos preparativos permite conocer cuáles eran los ideales artísticos y políticos predominantes en el estamento formado por unos miembros privilegiados de una sociedad regida por una ideología manierista y pre-barroca.

Dominio estratégico del espacio urbano

En el Renacimiento, además de los libros, se utilizaron otros medios de comunicación social para difundir un lenguaje simbólico de corte moderno. Fueron especialmente eficaces ciertas construcciones monumentales, manufacturadas en lugares acotados, con ocasión de actos ceremoniales de carácter aristocrático, tales como entradas triunfales, celebraciones matrimoniales, natalicios, exequias, etc. Solían ser unas instalaciones provisionales, especialmente ideadas a tal fin. Dichas creaciones son denominadas con mucha propiedad "arquitecturas efímeras."

Durante el siglo XVI esta tendencia fue en aumento. Dentro de este grupo de objetos de fábrica, inspirados en la tradición de conmemorar determinados acontecimientos, jugó un papel predominante la erección de arcos honoríficos. Esta clase de monumento está testimoniado en Italia desde el siglo II a.C. En realidad, es un tipo de construcción derivado del modelo de puerta principal de ingreso a un recinto,[25] propio de la arquitectura romana, con la diferencia de que se trataba de un edificio aislado por sus cuatro lados, estaba dedicado a honrar a un ser vivo e iba decorado con elementos alusivos a hechos que determinaban su erección y el tipo de ornamentación. Tales recursos gozaron de mucho predicamento durante el Renacimiento y el período barroco en la modalidad de acto de recepción oficial de una personalidad relevante a un lugar determinado. Era un rito de paso institucionalizado. Particularmente solemnes fueron las llamadas entradas reales. A título de ejemplo, véase el dibujo-proyecto del arco de triunfo ideado para la entrada de Carlos V en Génova.[26]

---

[25] En el imaginario colectivo el concepto de "puerta" o "acceso" forma parte de un arquetipo simbólico presente en muchas culturas. Por lo general, marca la frontera entre principios antitéticos: lo profano y lo sagrado, lo permitido y lo prohibido, la recompensa y el castigo, el honor y la indignidad, etc.

[26] Perín del Vaga, Dibujo-proyecto de arco de triunfo para la entrada de Carlos V en Génova. Berlín, Staatliche Musen zu Berlin. Kunstbibliothek Inv. Hdz. 2131 (12 de agosto de 1529). http://www.smb-digital.de/eMuseumPlus?service=ExternalInterface&module=collection&objectId=1969617&viewType=detailView.

Análisis del lenguaje arquitectónico de Guido Mazenta

Al igual que el léxico técnico de este autor es ambiguo, en lo que atañe a designar con propiedad la tipología de los procedimientos logo-icónicos empleados, sucede algo parecido a la hora de describir el contenido de las arquitecturas efímeras por él ideadas y propuestas al Gobernador de Milán. Para facilitar la comprensión de sus explicaciones, a veces desordenadas y confusas, se expone a continuación algunos conceptos técnicos relacionados con los programas iconográficos de su invención. El modelo constructivo esencial de Mazenta es un tipo de monumento llamado genéricamente arco de triunfo, inspirado en la tradición romana clásica.[27] Ciertamente, la noción de puerta de ingreso es portadora de diversos significados connotativos en muchas culturas. En la presente ocasión el carácter mayestático de esta obra material se carga de un sentido honorífico. El arco (*arcus, ianua, fornix*), hecho de fábrica, es un tipo de construcción compuesto por un cuerpo sustentante, el cual contiene formas arqueadas que cubren espacios comprendidos entre puntos de apoyo o pilares.[28] Esta planta es completada con otra plena sobrevolada, llamada *ático*, donde se desarrollan inscripciones y otros ornamentos. Entre ambas estructuras media un entablamento compuesto por molduras (arquitrabe, friso y cornisa).

Las superficies de todo el conjunto arquitectónico son susceptibles de ser enriquecidas con dos tipos de motivos. Hay unos que son textuales, en cuyo caso constituyen auténticas escrituras de aparato, de módulo grande, factura elegante y estilizada, e ideadas para ser expuestas en espacios abiertos. Pertenecen a esta categoría las inscripciones, los *tituli* y los lemas. Los otros son elementos icónicos: personificaciones alegóricas, figuras reales, imágenes emblemáticas, objetos heráldicos y ornamentos varios (trofeos, medallas, guirnaldas, pináculos, recipientes, etc.).

Técnica compositiva de Guido Mazenta

El lenguaje simbólico expresado en los cinco monumentos honoríficos descritos en el manuscrito responde tipológicamente a unos modelos destinados a ser interpretados en clave connotativa. El análisis descriptivo de los arcos proyectados por este autor revela que fue un atento lector de la literatura simbólica publicada en esas décadas. Por estar familiarizado con los abundantes y conceptuosos conocimientos contenidos en dichos libros,

---

[27] Pallotino 1958.
[28] El dios itálico *Ianus* era así llamado porque simbolizaba el paso de una cosa a otra, de ahí que se le represente con un rostro doble. De este nombre deriva la palabra latina *Ianuarius* que designa el primer mes del año.

planificó unos programas iconográficos que sintonizaban con las corrientes estéticas de la época. Los elementos básicos empleados fueron principalmente inscripciones en latín, emblemas y personificaciones.[29] Las primeras están redactadas en un idioma fosilizado e imitativo del material epigráfico romano. Todas ellas son gratulatorias. Las *sententiae* del tenor denotan un gusto por las formas literarias lapidarias. Algunas citas proceden de autores clásicos. Cada arco ostenta una inscripción en la cara anterior del ático.[30] A continuación, se transcriben las 49 frases.

Lemas del arco primero

Este arco estaba dedicado a la prometida real, Gregoria Maximiliana. Las dos primeras sentencias aluden poéticamente al futuro enlace matrimonial y a la descendencia. Las cuatro últimas anuncian la llegada de una época áurea.

Fachada anterior.[31]

OPTATOS FRVCTVS PROFERENT

IVXTA RAMOS TVRGEBIT

REPARAT COELESTIA

ROSEVM NVNC COLIT SVBRIA SOLEM

ET CIVIBUVS SERVATIS ET PROPAGATIS REGIBVS

REDEUNT SATURNIA REGNA

Lemas del arco segundo

Este arco está dedicado a Felipe II. Las tres primeras sentencias testimonian que la Justicia, la Fe católica y la Generosidad son virtudes cultivadas durante el reinado. Los grandes dominios de la Corona se extienden desde Oriente a Occidente. Se ha desterrado la maldad y se ha propagado la religión con la ayuda celestial. En la fachada posterior se subraya la benevolencia del monarca, el esplendor del reinado, el sentimiento público de habitar un lugar privilegiado, la evitación de muertes, la vigilancia y la protección de los súbditos. Como gestas bélicas se evocan la victoria de San Quintín y la entrada solemne de Felipe II en Lisboa.

---

[29] En este artículo no se analizarán los aspectos puramente arquitectónicos de los monumentos.
[30] Cuando el monumento tiene también una fachada posterior, se repite el mismo texto.
[31] Este arco por estar adosado a la muralla carece de fachada posterior.

Fachada anterior:

CVIQVE SVVM

FIDE DEFENSA

EFFVSA LARGITIO

ORIENTE IN POTESTATEM REDACTO

CVM PHOEBO CIRCVIT ORBEM

CVLTA ALTARIA SERVAT

PRAVITATE EDOMITA

CVM DEO IVNGIT VNVS

VIRTVTIS ENERGIA

Fachada posterior:

NISI LACESSITVS PVGNAT

NON PRODERVNT VEPRES

RESTINXIT STELLAS

SANCTIOR ASYLVS

PARCIT NON PERDIT

VIGILAT ET CVSTODIT

GALLIS PROFLIGATIS

VLYSSIPONE CAPTA

Lemas del arco tercero

El destinatario de este arco es el Príncipe de Asturias. Todos los lemas ensalzan la ascendencia dinástica del futuro rey. La importancia de la herencia recibida y el ejemplo insigne de sus mayores, factores que determinarán su ejecutoria como gobernante.

Fachada anterior:

IMPERIVM SINE FINE DEDI

PROPAGATA GLISCIT

FOELIX EST IN VTROQVE PARENTE

Fachada posterior:

INMORTALITATI AVSTRIACAE

LACTEVM VT IMPLEAT ORBEM

PATERNAE VIRTVTIS MEMOR

GENITORI AEQVVM REDDIT OFFICIVM

Lemas del arco cuarto

Este arco está dedicado al Gobernador de Milán, Juan Fernández de Velasco. En este caso Mazenta pone la pluma al servicio de su superior con oficiosidad manifiesta.

Fachada anterior:

PVGNANDO COR<R>VSCANT

DIVVM DEBENTVR HONORES

VITIS VOMERQVE VIGENT

PACATA BVRGVNDIA

ANNONE POPVLO EROGATA

CONCORDI TONO TEMPERAT

BONVM A MALO SEGREGAT

Fachada posterior:

VNDECVNQVE LIBRATVM

NVNC DECIDIT HOSTIS

FOEDERE CVM FINITIMIS FIRMATO

COELO DEMISSVS AB ALTO

VIRES SAPIENTIAE PARENT

EX ATLANTIS LABORIBVS

ALTER CAESAR GALLOS VICIT

ALTER FABIVS [...] PRVDENTISSIMA CVNCTATIONE RESTITVIT

Lemas del arco quinto

La princesa Gregoria Maximiliana será de nuevo la destinataria de este arco. Se le augura una feliz vida conyugal y sobre todo se programa un despliegue del árbol genealógico de la Casa de Austria.

Fachada anterior:

VNVS ODOR SPIRAT

ARDENT AMORE MVTVO

DE COELO CIBVS ET CANDOR

ANCHORA IACTA MIHI

El uso del latín como lengua de comunicación social limitaba necesariamente la interpretación del mensaje publicado en los monumentos. Los lemas formaban parte de un código susceptible de ser interpretado por personas cultivadas y próximas a la idea de poder, pero no serían muy accesibles al pueblo llano. En verdad, el significado erudito de ese tipo de mensajes resultaría opaco para gran parte de los habitantes de Milán. La comprensión quedaría reducida a un limitado número de individuos en cuanto al sentido, pero no en cuanto a su impacto sobre el público en general. La mayoría de los súbditos apreciarían únicamente unos efectos subliminales: la espectacularidad de las representaciones ideadas, las cuales serían interpretadas en clave de una manifestación del inmenso poder detentado por la clase dirigente. Esas creaciones se convertían en una potente máquina de propaganda política. En la presente ocasión el hecho celebrado consistía en el tránsito de una futura reina por la ciudad de Milán con destino final en la capital del imperio español. Esta circunstancia permitía expresar los objetivos de una ideología aristocrática y partidista en pro de la Corona hispana.

Los segundos elementos, los emblemas, son abundantes y de temática variada. El procedimiento utilizado por Mazenta consistía en describir brevemente la parte icónica del mismo y, a continuación, transcribir el correspondiente lema en latín. Algunos asuntos son el resultado de acuñar ideas recurrentes, propias de una literatura gnómica.[32]

En cuanto a las personificaciones, podían ser alegóricas o incluso remitir a seres reales, tales como Carlos V, Felipe II o miembros destacados de la Casa de

---

[32] La influencia de la fabulística clásica se advierte en el recurso de representar diferentes animales en algunas representaciones icónicas.

Austria.[33] Cabe suponer que la identificación de esas figuras resultaría menos problemática por ser un código más conocido en medios urbanos. Mazenta se servirá también de otros recursos además de los tres procedimientos indicados, tales como motivos heráldicos y objetos ornamentales varios, como se puede comprobar en el cuadro adjunto:[34] (Table 4.1, Cuadro 4.1)

Table 4.1 Arrangement of Iconographic Elements in the Five Arches (Distribución de los elementos logo-icónicos), by Elisa Ruiz Garcia.

Elementos logo-icónicos	Número de los arcos				
	1º	2º	3º	4º	5º
Inscripciones	1	1	1	1	1
Personificaciones alegóricas	8	9	4	3	4
Personificaciones reales			2		5
Emblemas	6	9	4	4	4
Escudos heráldicos	3	1	3	1	1
Termini		4			
Tituli	2	7			
Fajas verticales				2	
Máscaras de leones				4	
Frisos ornamentados	1				
Medallas					2
Pináculos			2		
Guirnaldas	1	2		2	2
Trofeos				2	
Vasijas llameantes				2	

La combinación de todos esos elementos le permitió crear una amplia serie de lugares comunes para producir un efecto de adoctrinamiento a través del establecimiento de arquitecturas efímeras. En función del asunto expuesto,

---

[33] Los apelativos de estas representaciones van en negrita en los Cuadros.
[34] Solo se han registrado los elementos reproducidos en los cinco dibujos a pluma.

escogió unas piezas extraídas de un inmenso repertorio simbólico y las combinó de manera aleatoria.[35] Es una técnica casi fractal. El método de selección de los elementos icónicos evoca la técnica musivaria de las teselas.

En definitiva, el autor realizó un proyecto digno e inscrito en el espíritu de la modernidad desde el punto de vista arquitectónico e iconográfico.[36] En lo que se refiere al planteamiento ideológico, se muestra obsequioso en exceso con la figura del Gobernador de Milán[37] y elogia de manera explícita a la Corona hispana y a la Casa de Austria, como era de esperar en tales circunstancias. Ahora bien, es preciso afirmar que su propuesta es correcta y apropiada, pero no destaca por su originalidad.[38]

Itinerario de descodificación de los programas iconográficos

Los cinco arcos proyectados por Guido Mazenta para la ocasión contienen unos programas iconográficos en consonancia con el pensamiento discursivo cultivado en Italia a finales del siglo XVI. Como el autor es muy asistemático y desorganizado en la exposición individual de los objetos proyectados, es preciso proporcionar al lector una clave que le permita valorar el efecto impactante y gradual de los recursos empleados en el *apparato* propuesto.[39] El proceso interpretativo de cada arco honorífico debe ser resuelto teniendo en cuenta un orden jerárquico de los elementos componentes desde un punto de vista simbólico. Sus modelos constan de tres secciones arquitectónicas superpuestas.[40] El sentido seguido en la descripción de la composición ornamental de cada uno de estos arcos será de arriba hacia abajo y de izquierda a derecha debido al hábito de desplazamiento de la cabeza en el acto de lectura

---

[35] Esta ductilidad del material simbólico se comprueba al examinar la segunda versión compuesta por Mazenta de una entrada real, en este caso dedicada a Margarita de Austria. Los elogios y las cualidades atribuidas a los protagonistas son aplicados indistintamente a otros actantes.

[36] El diseño de los arcos revela un intento de fusionar los testimonios romanos conocidos por Mazenta con los planos de los edificios modélicos realizados en su época por los constructores "à la page."

[37] El autor, fol. 14v, al describir el arco que le ha dedicado al Condestable, afirmará: "*L'ordinamento suo sarà composito per mostrare il componimento di diverse scienze et virtù, de quali è ornata Vostra Eccellenza.*"

[38] De hecho, todo el material por él utilizado se rastrea con facilidad en las fuentes literarias mencionadas. El resultado de una búsqueda de este tipo se saldaría con un farragoso listado.

[39] Este vocablo tiene una acepción particular en italiano que no existe en castellano: "*L'insieme di ciò che serve all'addobbo solenne di un luogo per feste o spettacoli.*"

[40] Resulta imprescindible seguir las descripciones de los programas iconográficos teniendo ante la vista las imágenes.

practicado por las personas alfabetizadas en la cultura occidental.[41] A tal fin he otorgado en el Cuadro 2 un índice numérico progresivo a cada uno de los elementos. El modelo teórico del esquema arquitectónico presenta la siguiente estructura:[42] (Table 4.2, Cuadro 4.2)

Table 4.2 Diagram of Elements in Triumphal Arches (Esquema arquitectónico de un arco triunfal), by Elisa Ruiz Garcia.

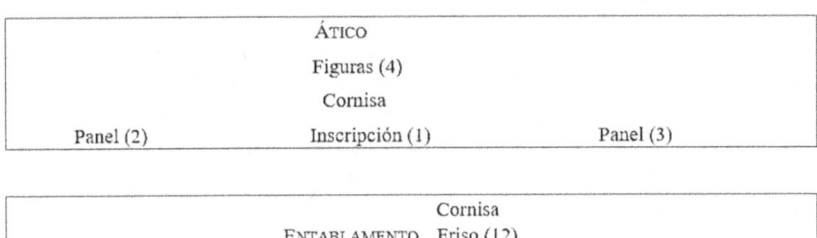

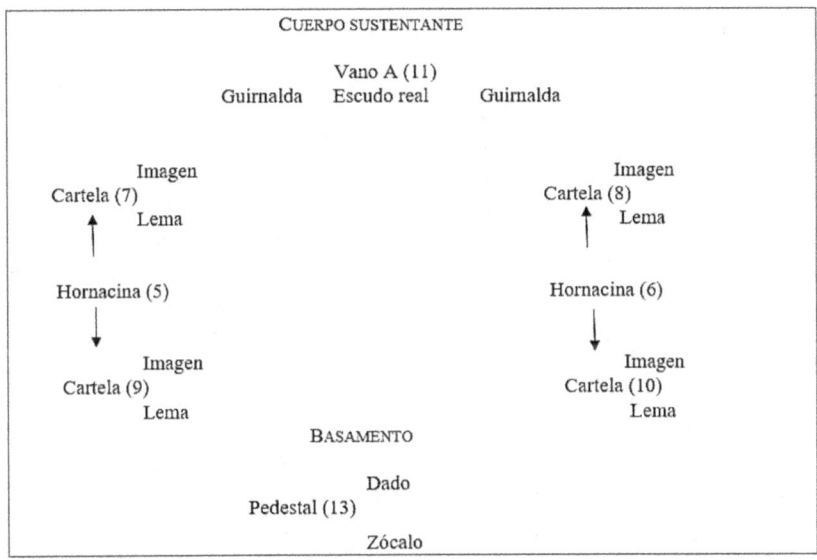

---

[41] Esto es, un movimiento descendente y dextrorso. En el texto italiano el punto de orientación local se establece en función del monumento y no del espectador. Esta convención tradicional no se ha conservado en este trabajo para facilitar el seguimiento de las descripciones con la ayuda de la correspondiente imagen.

[42] Esta disposición refleja la conceptualización icónico-verbal de Mazenta.

Ático

La parte alta del monumento o ático se presenta en su frente externo una superficie a modo de continuación de la fachada del cuerpo sustentante. En ella se expone el texto de la inscripción principal. El itinerario del proceso interpretativo del monumento tiene su punto focal en dicha inscripción central (1), la cual desvela la identidad del dedicatario. Ese texto epigráfico expresa los datos esenciales del interesado y las cualidades más relevantes desde una perspectiva basada en la idea de poder y de ascendencia nobiliaria.[43]

A derecha e izquierda de la inscripción hay unos espacios libres laterales que serán utilizados como paneles y ornamentados con diversos motivos que glosan el texto epigráfico (2 y 3). La estructura de esta parte del arco se culmina con unas figuras personificadas, a modo de estatuas, u objetos decorativos, situados sobre una cornisa (4). Estos elementos adjetivan y completan el sentido del texto central.

Debajo del ático, se encuentra un conjunto de molduras que sirve para articular los dos cuerpos principales del monumento.

Cuerpo sustentante

Esta planta del edificio consta de un vano (A), que presenta una distancia libre entre dos pilares macizos. En tres construcciones (I, III, V) se añade el motivo rítmico de otros dos arcos más pequeños (b A b). Los paramentos que flanquean los vanos arqueados de medio punto son utilizados para desplegar en ellos mensajes emblemáticos alusivos a la persona homenajeada. En estos soportes laterales se suele desarrollar el resto del programa iconográfico siguiendo la disposición indicada en el esquema adjunto (Cuadro 2).[44] Las hornacinas (5 y 6) se reservan para el tratamiento de personificaciones alegóricas.[45] Encima de estos motivos se trazan unas cartelas portadoras de emblemas (7 y 8). El mismo recurso se empleará en el espacio inferior (9 y 10). Como ya se anticipó, dichos emblemas estarán compuestos por una imagen y un lema. El conjunto de los elementos básicos se puede enriquecer con otros ornamentos complementarios situados en las enjutas del arco (11), en el friso del entablamento (12) o bien en el basamento (13).

El autor no indica los materiales que serán utilizados en la ejecución de la obra. Por su carácter efímero cabe suponer que se recurriría a productos poco resistentes y perecederos, tales como maderas, ladrillos, cartones, etc. Los verbos utilizados por Mazenta para describir los contenidos son "fingir,"

---

[43] Los arcos que tienen una fachada posterior repiten el mismo texto de la inscripción.
[44] Como es lógico, esta estructura básica puede presentar algunas variantes, sobre todo, cuando el monumento tiene tres arcos.
[45] Salvo en el arco tercero. En este caso se exhiben las figuras de Carlos V y de su hijo Felipe II.

"simular," "pintar," "estucar," etc. Tales acciones corroboran semánticamente la probable naturaleza de las sustancias físicas empleadas. Así mismo, el autor indica en algunos pasajes que los componentes imitarán un color broncíneo, plateado, dorado o metálico.

Estudio monográfico de los cinco arcos triunfales

El texto autógrafo de Mazenta ofrece unas descripciones de cada arco. Si se coteja el contenido verbal con el correspondiente dibujo a pluma se observan variantes en bastantes ocasiones. Por otra parte, el autor no incluyó en su proyecto un material visual de los monumentos que ofrecían fachadas posteriores (II, III, IV). Estas particularidades han sido analizadas pormenorizadamente en la descripción de cada arco.

Figure 4.1 Guido Mazenta, *The First Arch* (Arco I). BNEM MS 2908, fol. 22r, pen & ink with light gray wash on rag paper, 30 x 21.5 cm. (credit: courtesy of the Biblioteca Nacional de España).

Descripción logo-iconográfica del arco primero

Este monumento (Fig. 4.1) es de tipo múltiple ya que presenta tres vanos. Por estar proyectado que esta construcción estuviese adosada a la muralla, solo presenta la fachada anterior. El programa iconográfico consta de los siguientes elementos:

Una inscripción epigráfica.

Ocho personificaciones alegóricas.

Seis emblemas.

Dos *tituli*.

Tres escudos de armas

Una guirnalda

Table 4.3 Arrangement of Iconographic Elements in Arch I in the Text (Disposición logo-iconográfica del arco I segun el texto), by Elisa Ruiz Garcia.

ARCO PRIMERO			
INDIA	**SPANIA**	**ITALIA**	**FLANDRIA**
OPTATOS FRVCTVS PROFERENT		INSCRIPCIÓN	IVXTA RAMOS TVRGEBIT
		Arco central	
	REPARAT COELESTIA	ROSEVM NVNC COLIT SVBRIA SOLEM	
	SALVS PVBLICA	**FOELICITAS PVBLICA**	
	Arco lateral	Arco lateral	
ET CIVIBVS SERVATIS ET PROPAGATIS REGIBVS		REDEVNT SATVRNIA REGNA	
	INSVBRIA	**MEDIOLANVM**	

Estaba previsto colocar en el ático una inscripción central, trazada en letras mayúsculas doradas sobre un campo negro:

INGREDERE· LAETA· SERENISSIMA· GREGORIA· MAXIMIANA· MAXIMA· FOELIX· AVGVSTA· AMPLISSIMAM· ITALIAE· VRBEM· CVIVS·

FRAEQVENTISSIMVS· CIRCVM· TE· EXVLTAT· POPVLVS· MAIESTATE· PRAESENTIAE· TVAE· TANQVAM· EXPECTATISSIMO· TRIVMPHO· GESTIENS· EN· AVDIS46· QVAM· VNANIMES· VIRI· FOEMINAE· PVERI· TE· SOLAM· [3r] TANTO· PRINCIPE· DIGNAM· ORBIS· QVIETEM· IMPERIIQVE· FIRMAMENTVM· APPELLENT· ROGENTQVE· NE· TAM· CITO· TRANSEAS· PARVVM· ENIM· HONOREM· TIBI· ADHIBERI· NVNC· EXISTIMANT· QVI· MAXIMVM· DEBITVM: ESSE· SCIVNT.[47]

La lectura del texto epigráfico nos permite averiguar que la construcción estaba dedicada a la protagonista de la entrada real, Gregoria Maximiliana, archiduquesa de Austria y prometida del príncipe de Asturias. Era la octava hija de un prolífico matrimonio, formado por el archiduque Carlos II de Austria-Estiria y la princesa María Ana de Baviera.[48] Hay una fórmula de salutación ampulosa, como era de rigor, una exaltación del poder real del futuro consorte y una proclamación del entusiasmo y contento de los habitantes de Milán ante la presencia y estancia de tan distinguida visitante en la ciudad.

En el panel de la izquierda, respecto de la inscripción, se representará un emblema.[49] El cuerpo icónico estará compuesto por dos palmeras, las cuales intentan entrelazar sus ramas. El lema es: OPTATOS FRVCTVS PROFERENT. La imagen simboliza el amor mutuo de ambos esposos y el anhelo de que esta unión matrimonial se traduzca en una descendencia: "Ellos proporcionarán unos deseados frutos."

En el panel de la derecha, de esta misma zona, se trazará otro emblema, consistente en una sola palmera. La idea explicitada en el lema es: IVXTA RAMOS TVRGEBIT. El verbo latino *turgeo* evoca la acción de "aumentar," "hinchar," en evidente alusión al significado expresado en el otro panel. Esta imagen sugiere que, así como la planta de la palmera es delgada en su base y luego se va ensanchando hacia la copa, donde nacen los frutos, de igual manera la Serenísima Princesa agrandará su figura y el imperio con su prole. Esta *sententia* está inspirada en un pasaje de Virgilio de la Égloga séptima:

---

[46] En el texto y en el correspondiente dibujo a pluma se lee la expresión enfática: EN· AVDIS.

[47] Todos los textos de las inscripciones, de los lemas y de las personificaciones han sido reproducidos en letra capital epigráfica para respetar la letrería que presenta el ms. Por tratarse de una escritura imitativa no se ha ofrecido el formato en versión cursiva, norma académica propia de los escritos en latín.

[48] De esta unión nacieron quince hijos.

[49] Como ya se ha indicado, el punto de orientación local se ha establecido desde la perspectiva del espectador. El autor lo sitúa en función del edificio.

Iam venit aestas / torrida, iam lento turgent in palmite gemmae (vv. 47- 48).[50] En este caso Mazenta vincula el lema con la imagen de las dos palmeras ya descritas por él. El par de emblemas dedicados a la princesa Gregoria Maximiliana subrayan el objetivo fundamental de la operación política: engendrar un futuro heredero varón que proceda de la Casa de Austria por ambos costados.[51]

El primer arco de triunfo estaba dedicado a la futura reina, pero, en realidad, tan solo los elementos hasta aquí indicados (el texto de la inscripción central y los dos emblemas laterales) están relacionados con la princesa. En ellos se pondera una potencial maternidad. No hay datos complementarios sobre la personalidad y los caracteres físicos de la destinataria. Tales aspectos no merecían ningún comentario. Este silencio es significativo en lo que respecta a la valoración del papel femenino en los medios cortesanos.

El resto del arco estará dedicado a ensalzar la importancia de los dominios poseídos por la Corona hispana. Así mismo, se elogiará el patrocinio ejercido por una política benefactora de la salud pública y del bienestar de los habitantes de Lombardía. Estos aspectos quedan reflejados en los siguientes elementos. El ático del monumento se adornará con una cornisa que recorrerá todo el perímetro del arco. Sobre dicha cornisa se instalarán cuatro estatuas situadas sobre unos pedestales. Tendrán la mirada orientada hacia el suelo, simulando que están ofreciendo coronas a la Serenísima Princesa. La estatua del medio, en el lado izquierdo, será la personificación de España, ataviada a la antigua usanza, con una corona imperial en una mano y con un cetro en la otra. Junto al pie izquierdo se representará el Tajo, río figurado como una urna de la que mana agua. A su lado se reproducirá la cabeza de un caballo o, mejor, de un conejo, como se ve en una medalla del emperador Adriano.[52] Italia estará colocada al otro lado, en paridad con España. Irá armada con yelmo. Tendrá en la mano izquierda un cuerno de la abundancia y en la derecha una corona real simple. El Po será figurado mediante una urna colocada junto a los pies de la estatua. También se pondrá la cabeza de un buey y un arado. La India será representada en el extremo izquierdo.[53] La

---

[50] Esta fuente de inspiración resulta evidente en la segunda versión del arco triunfal elaborada por Mazenta para la reina Margarita, ya que en ella se lee: LAETO TVRGEBVNT IN PALMITE GEMMAE. Esta acuñación resulta más próxima a los versos originales.

[51] Las parejas reales procuraban tener numerosos hijos, debido al elevado índice de mortalidad infantil. Los acusativos *fructus* y *ramos* subrayan gramaticalmente esa pluralidad.

[52] Esta segunda opción propuesta por Mazenta enlaza con una debatida etimología sobre el significado de *Hispania* como "Tierra de conejos."

[53] Este topónimo tiene un significado genérico. El vocablo comprendía tanto los territorios orientales o asiáticos como los occidentales, esto es, el nuevo mundo.

estatua estará ataviada con ricas vestiduras, al igual que los recamados arreos del elefante colocado a su lado. Con la mano derecha ofrecerá la corona real y con la izquierda una llave de oro. En el otro extremo se colocará la personificación alegórica de Flandes. La estatua llevará un yelmo y, como cimera, un buitre. Tendrá en una mano la corona real y, en la otra, mostrará el dedo índice alzado queriendo indicar la fidelidad al Rey, nuestro señor, contra los rebeldes.[54] Bajo sus pies tendrá el río Escalda, figurado como una urna de la que sale agua y peces.

Debajo de esta estructura o planta superior se colocará un entablamento, el cual tendrá un resalto mayor en la parte columnada y menor a la altura de las dos puertas laterales, falsas o ciegas.

Los elementos icónicos de la parte sustentante según el texto ofrecen una disposición distinta del dibujo a pluma. Este cuerpo se podrá adornar con cuatro grandes pilastras, apoyadas en sus pedestales. Se simulará que los sillares (*quadroni*) han sido realizados con la técnica de almohadillado a la rústica. En la clave del arco se exhibirá el escudo imperial y pendiente de él unas guirnaldas.

En el intercolumnio de la izquierda, se colocará una hornacina y en su interior una figura sedente, de bulto redondo, la cual representará la Salud pública, al igual que la imagen tallada en la medalla de Antonino Pío, esto es, una joven que tiene en la mano derecha una copa con la cual da de beber a una serpiente,[55] y en la izquierda, una lanza. El siguiente título estará en el pedestal: SALVS PVBLICA. Sobre dicha hornacina se colocará en una cartela insertada en la pared un emblema formado por una luna creciente y con un lema que encierra la idea de renovación y cambio: REPARAT COELESTIA.

En la hornacina derecha se pondrá una figura sedente que será una personificación alegórica de la Felicidad Pública, coronada con una guirnalda de flores. En la mano derecha llevará un caduceo y en la izquierda una rama de olivo cubierta de frutos.[56] El siguiente título estará en el pedestal: FOELICITAS PVBLICA. Sobre dicha estatua se representará en una cartela un sol naciente con el siguiente lema: ROSEVM NVNC COLIT SVBRIA SOLEM. El texto sugiere que la zona lombarda disfruta ahora de un sol purpúreo.

Del mismo modo se fingirán, a ambos lados de este cuerpo central, la existencia de unas puertas cegadas, en cuyo fondo se colocarán dos estatuas

---

[54] El gesto deíctico tiene una clara intencionalidad política, dadas las relaciones de la Corona hispana con Flandes.
[55] Mattingly & Sydenham [1923] 1976, 4: 35, lám. 5, nº 20.
[56] El motivo de una rama florecida o *broncone* fue utilizado por Lorenzo de'Medici en su panoplia emblemática.

de gran tamaño. En el vano de la izquierda se instalará una figura grande, que representa a Insubria.[57] La estatua tendrá una vestimenta de mujer, con un yelmo sobre la cabeza, ceñido con una corona real. En la mano derecha sostendrá un cetro que simulará ofrecer a la Serenísima Princesa en el acto de entrada. En la mano izquierda llevará una lanza y a sus pies el Po, rey de los ríos, el cual se representará bajo la forma de un viejo recostado con una corona real en la cabeza, al tiempo que vierte agua.[58] En su entorno se pintarán unas espigas con granos y unas ovejas pequeñas. La figura personificada, INSVBRIA, significará que, tras haber transitado por la península, se ha detenido en Lombardía, región llamada Galia Cisalpina. Encima de este arco se ha trazado una corona floral (rosas, flores de cedro, hojas de roble y de olivo) con el lema: ET CIVIBVS SERVATIS ET PROPAGATIS REGIBVS. La expresión remite a la idea de unos súbditos puestos a salvo gracias a unos gobernantes de rancio linaje.

En la puerta cegada de la derecha se instalará una estatua que representa la ciudad de Milán, bajo la forma de un joven armado, ceñido con un yelmo en la cabeza y tocado con una corona de laurel. Tendrá un pie puesto sobre un cúmulo de armas, y el otro, colocado cerca de tres urnas que manan agua y simbolizan los ríos Tesino, Adda y Lambro, los cuales riegan toda la región de esta zona geográfica. Se simulará que la personificación alegórica de la ciudad con un gesto respetuoso de inclinación, quiere ofrecer una corona real con su mano derecha a la Serenísima Princesa, y con la izquierda, un membrillo, fruto que Solón ofrecía a los esposos en Atenas como signo de fidelidad,[59] según se ve en las medallas de Julia Pía y Faustina.[60] Encima de la representación simbólica de MEDIOLANVM se colocará en una cartela una paloma volando con muchas monedas de oro sobre el dorso. El ave de esta imagen simboliza la felicidad y el oro, el período áureo que aportará la Serenísima Princesa. El lema correspondiente es: REDEVNT SATVRNIA REGNA. Esta expresión está inspirada en un famosísimo hexámetro de Virgilio en su cuarta Égloga, v. 6: *iam redit et Virgo, redeunt Saturnia regna*. La idea que subyace en este verso ya fue utilizada por Lorenzo el Magnífico como divisa personal.[61] El lema era "Le temps revient." El retorno de un tiempo áureo

---

[57] Según la tradición, los habitantes de una zona del norte de Italia y del este de Francia descendían de una rama céltica. Su apelativo era *Insubri,* de ahí el topónimo empleado.
[58] Esta es la representación clásica de una corriente fluvial.
[59] Según relata Plutarco 1990 lib. III, 65., Solón aconsejaba regalar membrillos a la esposa por ser un manjar saludable y dejar un suave olor en la boca. Hay muchas leyendas griegas relacionadas con este fruto, el cual estaba consagrado a la diosa Afrodita. Alciato le dedica el emblema 150 de su tratado.
[60] Mattingly & Sydenham 1938, 2: 9 (lam). nº 9.
[61] La ejecución material fue de Andrea Verrocchio, maestro de Leonardo da Vinci.

alcanzó mayor auge tras el asesinato de Giuliano de'Medici en la conjura de los Pazzi (1478).[62]

El programa iconográfico de este arco se divide en dos vectores simbólicos: uno está dedicado a elogiar de manera convencional a la futura reina; el otro ensalza el buen gobierno dispensado a los *Insubri* por la Corona. La probable intención de Mazenta era aprovechar la ocasión para ganar enteros en la esfera del poder local.

El esquema de disposición de los elementos según el dibujo a pluma del manuscrito ofrece cambios notables en el cuerpo sustentante respecto del texto de Mazenta. Esta diferencia quizá se deba a que el autor del diseño fuese otra persona.

Table 4.4 Arrangement of Iconographic Elements in Arch I in the Drawing (Disposición logo-iconográfica del arco I según el dibujo a pluma), by Elisa Ruiz Garcia.

ARCO PRIMERO			
INDIA	SPANIA	ITALIA	FLANDRIA
OPTATOS FRVCTVS PROFERENT		INSCRIPCIÓN	IVXTA RAMOS TVRGEBIT
	Arco central		
ET CIVIBVS SERVATIS ET PROPAGATIS REGIBVS		REDEVNT SATVRNIA REGNA	
SALVS PVBLICA		FOELICITAS PVBLICA	
Arco lateral		Arco lateral	
ROSEVM NVNC COLIT SVBRIA SOLEM		REPARAT COELESTIA	
INSVBRIA		MEDIOLANVM	

Tras la descripción de la única fachada del primer arco, el autor se dirige al Gobernador para sugerirle algunas operaciones convenientes con el fin de que el monumento resalte más y el trayecto del cortejo real se enriquezca con otros ornamentos complementarios. A continuación, se traducen sus palabras. Algunos pasajes resultan algo confusos ya que se trata de un plano urbanístico conocido por el remitente y el destinatario:

---

[62] Este *leit motiv* inspiró a Sandro Botticelli para realizar su bellísimo cuadro titulado *La Primavera*.

Para adornar más sutilmente este primer arco sería una buena solución, a la entrada del puente, que está sobre el foso, poner en el inicio del parapeto dos estatuas sobre sendos pedestales. La primera correspondería al Serenísimo Archiduque Carlos, padre de la Serenísima Princesa; la otra estaría dedicada a la madre, la Serenísima Archiduquesa. Se habrían de poner sus nombres y títulos, esculpidos o pintados, en los pedestales. El Borgo (centro de la ciudad) tendrá que ser engalanado, cubierto y adornado con pinturas decorosas y nobles. Vuestra Excelencia deberá advertir a la persona encargada de esta misión que todo responda al decoro. En cuanto a la Puerta de la Ciudad Interior, la cual se encuentra en el canal llamado Naviglio, se podría ordenar su destrucción, como ya se hizo por obra del gran canciller Figliodoni el aplanamiento de la llamada Porta Tosa y, previamente, la Comasina,[63] porque impedían el engrandecimiento de la ciudad. Esta operación permitiría, si se llevase a cabo la ampliación, que se pudiese ver con solo levantar la mirada las vías principales y los arrabales, todos ellos con la misma orientación. Además, los mármoles grandes y cuadrados, los cuales se encuentran en la llamada Puerta Interior, podrían servir también admirablemente para fabricar con rapidez el arco ya descrito. En cualquier caso, será necesario, antes de que se entre sobre el puente, hacer otro arco que ocupe toda la anchura del Borgo y, al tiempo, unan los dos ángulos que convergen allí a lo largo del Naviglio. Por estar ahí el comienzo de la parte más noble de la ciudad, se podrá colocar en ese lugar con mucha majestuosidad el arco dedicado al poderosísimo Rey, nuestro señor.

Las últimas palabras de este pasaje ya anuncian la que será la segunda construcción efímera.

Descripción logo-iconográfica del arco segundo

Este monumento (Fig. 4.2) es de tipo simple ya que solo tiene un vano central. El programa iconográfico consta de los siguientes elementos simbólicos en la fachada anterior:

Una inscripción.

Nueve personificaciones alegóricas.

Cuatro *tituli*.

---

[63] El nombre pleno es Comascha.

Estudio arqueológico del manuscrito 2908

Nueve emblemas.

Un escudo imperial.

Unas guirnaldas.

Figure 4.2 Guido Mazenta, *The Second Arch* (Arco II). BNEM MS 2908, fol. 23r, pen & ink with light gray wash on rag paper, 30 x 21.5 cm. (credit: courtesy of the Biblioteca Nacional de España).

El arco está dedicado a exaltar la figura de Felipe II en tanto que monarca universal. La clave identificativa del titular se encuentra expresada en una extensa inscripción, en la que se ponderan las cualidades del soberano. Se indica su genealogía, se enumeran sus dominios, se sostiene que el designio divino le otorga reunir bajo una sola corona dominios territoriales distribuidos por todo el orbe, y se le considera como un campeón en materia de defender la fe católica *longe lateque*. El texto se cierra con el reconocimiento de la paz de Italia y la alegría de la ciudad de Milán por el hecho de poder recibir a Gregoria Maximiliana, la futura esposa del príncipe de Asturias, de quienes se espera una augusta descendencia. El tono grandilocuente y adulador del texto queda reflejado en la primera palabra de apertura, donde el rey es calificado de *divus*, un adjetivo que Octavio Augusto otorgó a Julio César tras su muerte. Fue aplicado tardíamente a otros emperadores al tiempo que se institucionalizó el ceremonial de la apoteosis.[64]

Table 4.5 Arrangement of the Iconographic Elements on the Anterior Facade of Arch II (Disposición logo-iconográfica de la fachada anterior del arco II según el texto y el dibujo a pluma), by Elisa Ruiz Garcia.

ARCO SEGUNDO		
IVSTITIA	FIDES	LARGITIO
CVIQVE SVVM	FIDE DEFENSA	EFFVSA LARGITIO
ORIENTE IN POTESTATEM REDACTO	INSCRIPCIÓN	CVM PHOEBO CIRCVIT ORBEM
INDVS SCYTA	SARACENVS	BELGA
CVLTA ALTARIA SERVAT		PRAVITATE EDOMITA
PIETAS		MANSVETVDO
CVM DEO IVNGIT VNVS		VIRTVTIS ENERGIA

En el ático figura el texto epigráfico, trazado en letras mayúsculas doradas sobre un campo negro:

DIVO· PHILIPPO· II· KAROLI· V· IMPERATORIS· FILIO· HISPANICO· INDICO· AFRICO· BELGICO· CVNCTARVM· GENTIVM· PIISSIMO· PARENTI· TOTIVS· ORBIS· POTENTISSIMO· MONARCHAE· NVMINE·

---

[64] Domiciano llegó a nombrarse dios a sí mismo.

DEI· ELECTO· AD· IMPERIA· SPARSA· CONGREGANDA· CATHOLICAMQVE· FIDEM· LONGE· LATEQVE· PROPAGANDAM· MEDIOLANENSIS· CIVITAS· QVOD· QVIETEM· ITALIAE· FOELICISSIMIS· OPTATISSIMISQVE· NVPTIIS· AVGVSTISSIMAM· PROLEM· PROMITTENTIBVS· FIRMARIT· IN· ADVENTVM· SERENISSIMAE· GREGORIAE· MAXIMIANAE· FIDEI· ET· LAETITIAE· PVBLICVM· TESTIMONIVM

Esta zona del monumento se completa con dos paneles laterales, respecto de la inscripción, enmarcados con sendas pilastras, siguiendo la estructura arquitectónica de un orden clásico. El de la izquierda representan un carro "a la antigua" tirado por cuatro elefantes. El lema alude al dominio del Oriente: ORIENTE IN POTESTATEM REDACTO. El de la derecha, un carro guiado por el Sol, evoca el hecho de que el astro no se ponía en los reinos del monarca: "Circunda el orbe junto con el Sol": CVM PHOEBO CIRCVIT ORBEM.

Sobre la cornisa de la techumbre hay tres estatuas. La primera, de izquierda a derecha, es la personificación alegórica de la Justicia. Presenta los atributos tradicionales: corona real, espada, balanza y un colgante en el pecho con la representación de un ojo que mira hacia el cielo.[65] Debajo de la IVSTITIA está escrito un principio jurídico universal, de origen griego y luego adoptado por la cultura romana: "dar a cada uno lo que es suyo": CVIQVE SVVM. La segunda personificación remite a la Fe católica, representada como una mujer vestida de blanco y con una cruz y un cáliz en sus manos. El lema alude a la protección de la religión practicada por el monarca: FIDE DEFENSA. La tercera estatua encarna la virtud de la Liberalidad. La figura femenina de la LARGITIO sostiene un cuenco lleno de monedas que va esparciendo generosamente, acción que subraya el lema: EFFVSA LARGITIO.

Esta parte del monumento se cierra con un entablamento, de friso liso, que da acceso a la planta sustentante. En ella se encuentra un arco central. En las enjutas del mismo hay unas guirnaldas florales y el escudo imperial. A ambos lados del vano central se encuentran unas figuras míticas como pilares. El nombre técnico empleado por Mazenta, *termine*, revela que era conocedor de la literatura emblemática que tanto éxito tenía en esas décadas. Ese vocablo técnico es empleado en este arco, dedicado a elogiar la figura de Felipe II:

L'arco detto si puotrà formare con una porta et due gran [7r] pilastri, ornati nella faccia et nel roverscio, con quattro termini per parte.[66]

---

[65] Este órgano corporal encierra numerosísimos significados simbólicos. La orientación de la mirada indica una disposición sobrenatural.
[66] *Ibid.*, fols. 6v-7r.

La palabra italiana es una traducción sustantivada del nombre propio latino *Terminus*, el cual designaba a la deidad que presidía los límites de los campos.[67] El concepto de acotación agraria era considerado sagrado e inviolable en el mundo clásico. Este ente era representado bajo la forma de medio cuerpo humano acabado por abajo en una especie de pilastra, más ancha por arriba que por la parte inferior. En este caso las figuras son representadas con unas cadenas en las manos para indicar que eran pueblos rebeldes sometidos según describe Vitruvio.[68]

Andrea Alciato recuperó a ese ser divinizado, propio del panteón romano, al tratar el tema de la Muerte, ya que encarnaba particularmente el carácter ineluctable del tránsito. [69]. En el pedestal de la correspondiente figura solía trazarse el siguiente mote: CEDO NVLLI ("No cedo ante nadie"). El carácter enigmático de la frase se ha prestado a diversas interpretaciones. Además del significado indicado, el lema también pudo ser considerado como una afirmación soberbia y altiva. Esta ambigüedad propició un conocido debate en torno al uso que hizo Erasmo de Rotterdam de esta expresión en calidad de empresa personal. En una carta, de lectura obligada, dirigida a Alfonso Valdés, secretario de cartas latinas del emperador Carlos V, explica las razones que le movieron a adoptar ese mote ya que, por estar rondando la cuarentena, sospechaba que la muerte no sería un acaecimiento lejano: *Haec cogitatio ne posset excidere, litteris hoc signum imprimere coepi*.[70] El prestigioso humanista holandés transmite además otra versión mítica sobre el origen de la expresión. Cuando se construyó en el Capitolio el templo dedicado a Júpiter Óptimo Máximo, los cultos de otras advocaciones no fueron allí representados. El dios *Terminus* no aceptó esta prohibición y fue necesario reservarle en el interior del edificio un emplazamiento. En este contexto el argumento expresado por la deidad ofendida: *Concedo nulli*, tenía pleno sentido.

Dejando a un lado un lema que había sido objeto de grandes controversias, es preciso subrayar que el erudito jurisconsulto Guido Mazenta se servirá del vocablo *termine* con un significado puramente arquitectónico. Lo utilizará

---

[67] En el panteón griego se correspondería con una representación parecida del dios Hermes.
[68] Vitruvius 1582, lib. 1,7. En un grabado de esta obra se representan unas figuras similares a las pilastras que están dibujadas en el segundo arco.
[69] Alciato 1581. Es el grabado 157 de la versión canónica.
[70] Erasums 1907, 2: 252: "*Nam hoc prius ignotum indicavit Italus quidam, rerum antiquarum curiosus. Arripui omen, & interpretatus sum admoneri me, non procul abesse vitae terminum: nam id temporis agebam annum circiter quadragesimum. Haec cogitatio ne posset excidere, litteris hoc signum imprimere coepi. Addidi carmen, ut ante dictum est. Itaque ex profano Deo feci mihi symbolum, adhortans ad vitae correctionem: Mors enim vere Terminus est, qui nulli cedere novit. Desiderii Erasmi epistola apologetica de Termini sui inscriptione "Concedo nulli."*

para designar un sostén o apoyo, acabado en la parte superior en forma de un busto humano, al modo que los antiguos figuraban al dios Término.[71] En este arco las cuatro figuras son pilares que representan a poblaciones sometidas. En el dibujo a pluma hay unos epígrafes intitulativos (INDVS, SCYTA, SARACENVS, BELGA) que no se incluyen en la descripción del monumento. Su significado geográfico resulta convencional y simbólico.

En los espacios existentes entre dos pilastras figurativas se distribuyen tres elementos ornamentales sucesivos, según el plan previsto por Mazenta de manera generalizada. El central es una hornacina. En el hueco de la izquierda se ha representado la personificación alegórica de la Piedad, bajo la forma de una joven vestida de blanco, con alas rojas y unas llamas sobre su cabeza. La mno derecha está apoyada en un altar y la izquierda sobre el corazón. La palabra PIETAS no está escrita en el pedestal de la figura, como cabría esperar. Encima hay una cartela que contiene la imagen de un ser biforme expulsando un lobo que intenta devorar a un cordero.[72] Se trata de una referencia a Cécrope, mitad hombre, mitad serpiente, el cual fue el primer rey del Ática. El lema sobrescrito tal vez encierra un significado contrarreformista: CVLTA ALTARIA SERVAT. Debajo de la hornacina hay otra cartela. En ella se representan dos esferas terrestres. Una contiene el mundo antiguo (Europa, África y Asia), la otra, el nuevo (América y la Nueva España).[73] Ambos globos están unidos bajo la acción de la Corona. En la imagen de la cartela se ha reproducido una nube de la que parte un rayo celestial. El significado es parlante: el rey favorece la unidad y el conocimiento de la religión católica con la ayuda del favor divino, como reza el lema: CVM DEO IVNGIT VNVS.

En el lado derecho del vano, y en distribución paralela a la anterior, se encuentra una hornacina que representa la personificación alegórica de la Mansedumbre: una joven que tiene un corderito en sus brazos y va coronada con hojas de olivo. El nombre de MANSVETVDO no figurara en el pedestal. En la cartela superior hay un ciervo que muerde con sus dientes una víbora, imagen que significa la derrota de la maldad según confirma el correspondiente mote: PRAVITATE EDOMITA.[74] En la inferior, se trazan, de

---

[71] Este significado aparece en el *DRAE* como 15ª acepción.
[72] En el texto italiano se lee *dracone*.
[73] Como es sabido, el cartógrafo Martin Waldseemüller, en su mapa *Universalis Cosmographia secundum Ptholomei traditionem et Americi Vespucii aliorumque lustrationes*. Strasbourg: Saint Didié des Vosges, 1507, acuñó el nombre de "América" como denominación para el Nuevo Mundo en honor de Amerigo Vespucci. Resulta curiosa la distinción establecida en el texto entre este topónimo y el de Nueva España.
[74] En la segunda versión de esta entrada real, hecha por Guido Mazenta para la princesa Margarita de Austria (Mazenta 1598, B 2v), la imagen del emblema consistía en un águila o *armiger Iovis* que mataba a la serpiente con su pico y sus garras.

nuevo, dos globos terrestres. Se simula que emerge del uno, el viejo mundo, una especie de caparazón o bien un sarmiento que intenta acercarse al nuevo para atraerlo a la acción civilizadora occidental. Este empeño queda reflejado en el lema: VIRTVTIS ENERGIA. La emblemática desarrollada en las dos cartelas inferiores del cuerpo sustentante fue ideada por Giovanni Ambrogio Mazenta, según manifiesta su propio hermano.[75] La parte inferior del edificio termina en ambos lados del vano con una zona de pilastras y dados simples, a modo de basamento.

Este arco tenía una fachada posterior, la cual está descrita con menos detalles. De hecho, como en el manuscrito no se ha realizado el dibujo correspondiente, la interpretación del texto resulta dudosa. Ahora bien, el significado global de este programa iconográfico es tan transparente que apenas requiere comentario. El propio monarca es el símbolo máximo de la idea de poder y además garantiza la estabilidad de los vastos dominios de la Corona.

Table 4.6 Arrangement of the Iconographic Elements on the Posterior Facade of Arch II (Disposición logo-iconográfica de la fachada posterior del arco II según el texto), by Elisa Ruiz Garcia.

ARCO SEGUNDO		
NISI LACESSITVS PVGNAT	INSCRIPCIÓN	NON PRODERVNT VEPRES
Friso: Escudo real, palmeras, laureles, coronas imperiales y globos terráqueos. Insignias de la Orden del Toisón de Oro.		
	Arco central	
RESTINXIT STELLAS		SANCTIOR ASYLUS
PROVIDENTIA [PHILIPPI]		**SECVRITAS [POPVLI MEDIOLANENSIS]**
PARCIT NON PERDIT		VIGILAT ET CVSTODIT
Pilar		Pilar
(Pintura)		(Pintura)
VICTORIA DE SAN QUINTÍN GALLIS PROFLIGATIS		ENTRADA DEL REY FELIPE II EN LISBOA VLYSSIPONE CAPTA

---

[75] Sobre este controvertido personaje hay abundante bibliografía a causa de su participación en el proceso de dispersión de los manuscritos de Leonardo da Vinci (ed: Bell 2022, Bruzzese c.d.s., y en este tomo).

En el ático se reproducirá el mismo texto epigráfico de la inscripción trazada en la fachada anterior. En los paneles laterales se pondrán los siguientes emblemas: en el de la izquierda, se reproducirá un elefante persiguiendo a un tigre que huye. El lema expresa la idea de que el rey solo lucha si es provocado: NISI LACESSITVS PVGNAT. En el espacio opuesto se dibujará un águila que persigue a un pájaro alcaudón, el cual se refugia en unas zarzas en su intento de huir: NON PRODERVNT VEPRES.[76]

El cuerpo sustentante ofrecerá una disposición similar a la otra fachada. El autor declara que la hornacina de la izquierda estará dedicada a la personificación alegórica de la Providencia, la cual será representada con dos cabezas. En la mano diestra tendrá un timón, en la izquierda, dos llaves. El lema será simplemente la palabra PROVIDENTIA [PHILIPPI]. En la cartela superior se dibujará un sol con algunas estrellas oscurecidas. El lema alude al fenómeno de la potencia del astro luminoso, en referencia al rey: RESTINXIT STELLAS. En la cartela inferior se representará un león que tendrá a sus pies un hombre prostrado.[77] El lema indica la actitud real de perdonar y no causar estragos: PARCIT NON PERDIT.

La hornacina de la derecha estará dedicada a la personificación alegórica de la Seguridad, la cual será representada como una joven, de larga vestidura, con el antebrazo apoyado sobre una columna, y en la otra mano, una palma: SECVRITAS [POPVLI MEDIOLANENSIS]. En la cartela superior se dibujará un altar con el lema SANCTIOR ASYLUS. En la inferior se reproducirá un león recostado en el vestíbulo de un templo con el lema: VIGILAT ET CVSTODIT.

El texto es confuso en la parte final. En la descripción de esta fachada se incluye la ornamentación que se deberá mostrar en el friso: en el centro las armas reales; a los lados, palmas, laureles, coronas imperiales y globos terráqueos. También se menciona el vellocino, esto es, la insignia de la Orden del Toisón de Oro. A continuación, en el texto se dice literalmente que "En la parte central de los pilares se pintará en un color broncíneo la derrota de San Quintín." El lema señala que los galos quedaron vencidos: GALLIS PROFLIGATIS. En la parte opuesta se incluirá en un cuadro la entrada de Su Majestad en Lisboa, hecho verbalizado en el lema: VLYSSIPONE CAPTA. No se indica la colocación de estos emblemas con claridad. Ahora bien, en la entrada que Mazenta hará en honor de la reina Margarita de Austria, al año siguiente,

---

[76] Esta ave es denominada *regulus* en latín y *reatino* en italiano.
[77] En la segunda versión de esta entrada real hecha por Guido Mazenta, la imagen del emblema consistía en un león que acariciaba a un cordero (Mazenta 1598, B 2v).

ambos motivos formarán parte de un conjunto de paneles que fueron colocados exentos, tras el arco y la primera puerta de mármol de la Rocchetta.[78]

Tras la descripción del segundo monumento, el autor propone adornar los márgenes del afluente del Po. A tal fin aconseja realizar unas barandas balaustradas para evitar que los numerosos asistentes al solemne acto de la entrada real caigan al canal. Se alzarán dos estatuas en la cabeza de entrada al puente, que simularán dos ángeles, vestidos de blanco, los cuales llevarán unas teas nupciales, como símbolo del amor y del matrimonio, según una tradición del mundo clásico. La puerta de mármol dentro de dicho puente se podrá adornar con dos columnas y un entablamento. Sobre la cornisa se representarán a las tres Gracias, de tamaño natural, y vestidas con un ropaje muy elegante de color blanco. Dos de ellas estarán unidas por sus manos y en medio se encontrará la tercera. Estas jóvenes esparcirán rosas en honor de la princesa.

Descripción logo-iconográfica del arco tercero

Esta construcción efímera era de capital importancia por estar dedicada a la figura del príncipe de Asturias, futuro Felipe III. La minuciosa descripción de Mazenta así lo indica. Se alzará frente al puente y será colocado al principio del Corso porque en ese lugar tiene su inicio una calle muy larga e importante.[79] Tal disposición resultará majestuosa.[80]

El monumento (Fig. 4.3) es de tipo múltiple ya que presenta tres vanos y será de orden corintio. Contiene los siguientes elementos icónicos:

Una inscripción

Seis personificaciones (cuatro alegóricas y dos reales)

Cuatro emblemas

Dos pináculos

Tres escudos de armas.

---

[78] Mazenta 1598, B 2v.
[79] Este nombre equivaldría a la expresión castellana Calle Mayor.
[80] BNEM MS 2908, fol. 11v: "*Molto a proposito sarà il piantarlo nel principio del Corso perché, restando in faccia al ponte et facendo capo a strada cosi larga, renderà molta maestà et decoro.*"

Estudio arqueológico del manuscrito 2908　　　　　　　　　　　　　　183

Figure 4.3 Guido Mazenta, *The Third Arch* (Arco III). BNEM MS 2908, fol. 24r, pen & ink with light gray wash on rag paper, 30 x 21.5 cm. (credit: courtesy of the Biblioteca Nacional de España).

El plan arquitectónico se resolverá de la siguiente manera. El arco mayor estará en medio de dos columnas redondas en saledizo por cada lado; los dos vanos menores se apoyarán en pilares retranqueados. Habrá un entablamento común para toda esta planta. Sobre ella se proyectará el ático. En el centro de esa superficie se trazará la siguiente inscripción:

PHILIPPO· III · AVSTRIACO · PHILIPPI · II · FILIO· HISPANIARVM · PRINCIPI · MAXIMO · INGENIO · PRVDENTIAE · CONSILIO · SVPRA · AETATIS CAPTVM[81] · ADMIRABILI · CVI · VT · PAR · ESSET · CVM · VIRTVTE IMPERIVM · AMPLISSIMI · ORBES · INVENTI · ET · ADDITI · MEDIOLANVM OVANS[82] · FOELICISSIMO · ADVENTV · SERENISSIMAE · GREGORIAE SPONSAE · OBSERVANTIAE · ET · FIDELITATIS · CAVSSA · DECREVIT.

Mazenta elogia las cualidades políticas que adornan al Príncipe, a pesar de su juventud, y enumera sus inmensos dominios. Al tiempo, reitera el entusiasmo de los milaneses ante la fausta visita de la futura esposa.

El cuerpo en saledizo recibe un tratamiento arquitectónico peculiar. En los espacios internos de las columnas redondas se pondrán en sendas hornacinas unas estatuas del emperador Carlos V y del rey Felipe II de gran tamaño, ambas ataviadas a la antigua usanza, con mantos, coronas imperiales y un globo terrestre y cetro en las manos.[83] Las dos figuras simularán que ofrecen el mundo a la Serenísima Princesa.

A partir de este punto la descripción textual de Mazenta difiere del dibujo. Encima de la estatua de Carlos V se reproducirá en una cartela una esfera celeste, símbolo de la Eternidad, atravesada por un caduceo y una flecha. El proyecto político y su consecución quedan reflejados en el lema siguiente: IMPERIVM SINE FINE DEDI. Sobre la estatua del rey Felipe II, se representará un sarmiento que abrazará el globo terráqueo, imagen que vio en sueños Ciro como un augurio de su imperio, según narra Heródoto. El lema será PROPAGATA GLISCIT ET CONNECTITVR.[84] El significado metafórico de esta planta trepadora resulta evidente: subraya la capacidad de extenderse y enlazarse. En el arco de la puerta principal se pondrá el siguiente epígrafe: FOELIX EST IN VTROQVE PARENTE, en clara alusión a la ascendencia genealógica del Príncipe de Asturias. Tal es el mensaje simbólico expuesto en la cara delantera.

---

[81] Esta expresión literaria así acuñada (SVPRA AETATIS CAPTVM) no es la que figura en la inscripción del dibujo del tercer arco, donde simplemente se dice: SVPRA AETATEM, esto es, una *lectio facilior*.

[82] En el dibujo a pluma va interlineado tras OVANS \aduentu/.

[83] En este caso no se trata de personificaciones alegóricas, sino de retratos idealizados de los dos monarcas más reconocidos de la dinastía. Ambas figuras, a causa de su prestigio, constituyen una especie de reclamo sobre la función que en su día desempeñará el futuro rey. El lema FOELIX EST IN VTROQVE PARENTE subraya el grado de parentesco.

[84] El sintagma *et connectitur* figura en el ms. pero no en el dibujo a pluma.

Table 4.7 Arrangement of Iconographic Elements on the Anterior Facade of Arch III in the Text (Disposición logo-iconográfica de la fachada anterior del arco III según el texto), by Elisa Ruiz Garcia.

ARCO TERCERO	
INSCRIPCIÓN	
Esfera celeste	Esfera terrestre ceñida por un sarmiento
Eternidad	Sueño de Ciro
IMPERIVM SINE FINE DEDI	PROPAGATA GLISCIT ET CONNECTITVR
CARLOS V	**FELIPE II**
Arco central	
Intradós	
FOELIX EST IN VTROQVE PARENTE	

La descripción verbal de Mazenta no coincide con los elementos representados en el dibujo a pluma insertado en el manuscrito en lo que respecta a algunos componentes arquitectónicos e iconográficos. En consecuencia, se describirá la disposición diseñada sin tener en cuenta las explicaciones textuales ya que introducen una discrepancia insalvable entre ambas versiones del proyecto. La distribución de los elementos icónicos es como sigue:

Table 4.8 Arrangement of the Iconographic Elements on the Anterior Facade of Arch III in the Drawing (Disposición logo-iconográfica de la fachada posterior del arco III según el dibujo a pluma), by Elisa Ruiz Garcia.

ARCO TERCERO			
Pináculo **VIRTVS**		**HONOS** Pináculo	
INMORTALITAS ¿?	INSCRIPCIÓN	PERSONIF. SIN IDENTIFICAR	
	Arco central		
PATERNAE VIRTVTIS MEMOR		GENITORI AEQVVM REDDIT OFFICIVM	
CARLOS V		**FELIPE II**	
Arco lateral		Arco lateral	
IMPERIVM SINE FINE DEDI		PROPAGATA GLISCIT	

En la techumbre del ático se muestra, en concepto de ornamentos que coronan toda la arquitectura efímera, los siguientes elementos. En los extremos, dos pináculos; a media distancia, dos estatuas.[85] A la izquierda, la

---

[85] Forma piramidal muy utilizada en la época. Baste con citar la ornamentación herreriana.

personificación alegórica de la Virtud, la cual tiene en sus manos una lanza y una cornucopia. Con su pie izquierdo pisa un yelmo. El *titulus* sería VIRTVS.[86] La siguiente estatua es una personificación alegórica del Honor. Se representará como un joven tocado con un yelmo y con una lanza y un cetro (quizás) en sus manos.[87] Aplasta un caparazón con el pie derecho.[88] El *titulus* sería HONOS.[89]

A ambos lados de la inscripción se han dibujados en los paneles dos figuras alegóricas de difícil identificación ya que no son mencionadas en el texto manuscrito. La de la izquierda parece representar a la Inmortalidad por sus atributos; la de la derecha no ha sido identificada a causa de que el dibujo es muy impreciso.[90] En los extremos están reproducidas unos escudos reales de gran tamaño.

En el cuerpo sustentante la disposición es distinta de los otros casos. En los dos intercolumnios del arco central se pondrán en sendas hornacinas las estatuas de Carlos V y de Felipe II, ataviados a la antigua usanza, con mantos y coronas imperiales. Ambos tendrán un *globus* y un cetro en sus manos. Se simulará que ofrecen el mundo a la Serenísima Princesa.

Encima de la figura del emperador se pondrá en una cartela un aguilucho mirando al sol. La imagen reproduce icónicamente el sentido expresado en el lema: PATERNAE VIRTVTIS MEMOR. Tito Livio menciona esta frase al referir la actitud valiente de un cónsul en recuerdo de su progenitor.[91] El sintagma se convirtió en un tópico.[92] A la izquierda de dicha figura se pintará en una cartela una esfera celeste con un caduceo y una flecha, objetos colocados detrás del globo. Esta imagen encierra el significado simbólico de Eternidad. El lema será el siguiente: IMPERIVM SINE FINE DEDI. El significado de esta secuencia evoca de manera cierta la idea de los inmensos dominios territoriales del emperador.

---

[86] El cual no figura en el dibujo.

[87] El objeto dibujado es de un grosor excesivo. En el grabado 134 del corpus canónico de Alciato se representa a un joven con yelmo que es condecorado con una corona de laurel. En la mano derecha tiene una lanza y el brazo izquierdo, paralelo al cuerpo, en posición de descanso.

[88] En el texto ms. se lee: "*testuggine.*" Este vocablo, de varios significados, se podría interpretar aquí en clave militar. Ahora bien, en el grabado del milanés sus pies descansan sobre el suelo sin ninguna apoyatura. La descripción de Mazenta ofrece variantes.

[89] El cual no figura en el dibujo.

[90] Agradezco la propuesta de Helena Carvajal, quien sugiere que podría ser una representación simbólica de Alejandro Magno.

[91] Livio 2001, lib. VII, 25.

[92] Véase, por ejemplo, su aplicación a Felipe II en: Croeselius 1584, 268.

En la otra hornacina estaría la estatua de Felipe II. En la correspondiente cartela superior se dibujará una cigüeña, que significa la piedad filial y la obligación de igualar a su padre en el cumplimiento del deber (*officium*) como gobernante: GENITORI AEQVVM REDDIT OFFICIVM.[93] A la derecha en una cartela, se representará una esfera terrestre circundada por un sarmiento, imagen que vio en sueños Ciro como augurio de su futuro imperio, según describe Heródoto, como ya se ha dicho. El lema será el siguiente: PROPAGATA GLISCIT. El significado metafórico resulta evidente: subraya la capacidad de esta planta para extenderse y enlazarse. Como se puede comprobar, la versión del dibujo de esta fachada contiene unos mensajes dirigidos en clave al heredero.

Table 4.9 Arrangement of the Iconographic Element on the Posterior Facade of Arch III in the Text (Disposición logo-iconográfica de la fachada posterior del arco III según el texto), by Elisa Ruiz Garcia.

	ARCO TERCERO	
	Ático	
FAMA	INMORTALITAS	FAMA
	INMORTALITATI AVSTRIACAE	
	Escudo de la Casa de Austria	
	LACTEVM VT IMPLEAT ORBEM	
Armas reales	INSCRIPCIÓN	Armas reales
	Cuerpo sustentante	
	Arco central	
	Armas reales	
Arco lateral		Arco lateral
Aguilucho mirando el sol		Cigüeña
PATERNAE VIRTVTIS MEMOR		GENITORI AEQVVM REDDIT OFFICIVM
VIRTVS		**HONOS**

Mazenta también describe la cara posterior del monumento. Como no hay un dibujo del mismo, el texto resulta poco claro. En cambio, la adscripción de los lemas es correcta:

---

[93] En el texto se lee: "jeroglífico."

En la techumbre del ático de esta fachada se colocarán tres estatuas. En el centro la personificación alegórica de la Inmortalidad. Será una figura alada, la cual tendrá en la mano derecha un aro de oro y en la izquierda un ave fénix. El lema será: INMORTALITATI AVSTRIACAE. A ambos lados se alzarán dos figuras de la Fama, vestidas con trajes vaporosos y en sus manos una trompeta y un ramo de olivo.[94] Debajo se pondrá el diseño de un blasón y en su interior las armas simples de la Casa de Austria, en una versión que reduplica la faja blanca heráldica por arriba y por abajo con el fin de evidenciar que los dos contrayentes proceden del mismo linaje hispano-austriaco. El adjetivo *lacteus* evoca la idea de unos dominios regidos por una estirpe cuya divisa es de color blanco nítido y puro. Toda esta parte del programa iconográfico está dedicado *ad maiorem gloriam* de un heredero de sangre *habsbúrgica* y al cual se le recuerda cómo deberá comportarse en el ejercicio del poder. El lema LACTEVM VT IMPLEAT ORBEM evoca la aspiración política de que la Casa de Austria impere en el mundo.

Debajo se trazará el mismo texto de la inscripción epigráfica que figuraba en la cara anterior. A ambos lados se reproducirán las armas reales. A continuación, se colocarán las estatuas de la Virtud y del Honor, ambas afrontadas y con idénticas características a las ya descritas en el cuerpo sustentante.[95] Encima de la estatua de la Virtud se pondrá en una cartela un aguilucho mirando el sol y el lema: PATERNAE VIRTVTIS MEMOR. Sobre la figura del Honor se representará una cigüeña, ave que significa el respeto del hijo hacia el padre. El lema será: GENITORI AEQVVM REDDIT OFFICIVM.

Por último, en las paredes internas del vano central se pintarán en un lado una lira con el lema CONCENTVS EX CONCORDIA,[96] y en el otro, un ramo de almendro florecido, símbolo de feliz augurio y de próspera juventud.[97] El lema será: INDVET IN FLOREM ET RAMOS CVRVABIT OLENTES ("El almendro se vestirá de flores y arqueará los olorosos ramos").[98]

El cotejo entre texto e imagen evidencia que el programa iconográfico de este arco fue modificado, de ahí la falta de correspondencia entre ambos lenguajes, bien durante el proceso de composición del manuscrito, bien por parte del arquitecto o delineante que ejecutó esta propuesta icónica.

---

[94] Sobre esta alegoría: Ovidio 2020, lib. XII, vv. 39-63.
[95] En este contexto los emblemas son aplicables plenamente al futuro Felipe III.
[96] Expresión tomada del lenguaje musical, la cual evoca la idea de armonía.
[97] Es el árbol que renace primero en primavera.
[98] Virgilio 1990, lib. I, v. 188.

Estudio arqueológico del manuscrito 2908

Al producirse el fallecimiento prematuro de Gregoria Maximiliana, esta versión del arco quedó invalidada. Mazenta fue de nuevo encargado para realizar el proyecto de la nueva entrada real. El jurisconsulto y arquitecto amateur redactó un programa iconográfico para la futura reina, Margarita de Austria-Estiria, quien tenía características personales y genealógicas muy similares a las de su hermana, de ahí que el material anterior propuesto fuese retomado y casi copiado en algunas partes. La edición impresa que relata este *apparato* permite establecer un cotejo entre el texto del manuscrito y el del impreso. Todo el material originario fue reutilizado y además estructurado de manera diferente. Se han añadido otros elementos figurativos y textuales. En ningún momento se establece una división entre la fachada anterior y la posterior, lo cual dificulta averiguar la distribución de los elementos indicados, máxime no existiendo en esta edición unos grabados de los arcos.

Descripción logo-iconográfica del arco cuarto

El dedicatario era la persona de Juan Fernández de Velasco, condestable de Castilla y gobernador de Milán. El autor hace un encendido elogio de esta figura, no en vano le había encargado hacer el proyecto arquitectónico e iconográfico de la visita real. El arco honorífico se debería levantar a la entrada de una céntrica plaza. Mazenta considera que se podría hacer de piedra con el fin de que perdurase la memoria del homenajeado.[99] En caso contrario, se realizaría en madera como las restantes construcciones efímeras.

Este arco (Fig. 4.4) contiene los siguientes elementos icónicos:

Una inscripción.

Tres personificaciones alegóricas.

Cuatro emblemas.

Un escudo real sostenido por dos ángeles tenantes.

Otros elementos simbólicos (trofeos, vasijas llameantes, máscaras de leones y guirnaldas).

---

[99] Esta propuesta trasluce la intención del autor de congraciarse con su protector.

Figure 4.4 Guido Mazenta, *The Fourth Arch* (Arco IV). BNEM MS 2908, fol. 25r, pen & ink with light gray wash on rag paper, 30 x 21.5 cm. (credit: courtesy of the Biblioteca Nacional de España).

El monumento es de tipo simple. Estaría formado por un solo vano central y media columna por cada lado, a causa de ser estrecho el lugar de emplazamiento. El entablamento resaltará en saledizo. Sobre la cornisa de la techumbre se colocará la estatua de una figura femenina con alas y vestida de blanco: es la VICTORIA.[100] En su mano derecha tendrá una corona de laurel y en la izquierda una palma. A sus pies habrá un águila. En el pedestal se dibujarán dos troncos de madera cruzados, que evocan la acción de encender un fuego.[101] La idea de centellear mediante frotamiento se expresa en el lema: PVGNANDO COR<R>VSCANT.[102] En realidad, son las aspas heráldicas de Borgoña, dominio relacionado por parentesco con la Casa de Austria.

Table 4.10 Arrangement of the Iconographic Element on the Anterior Facade of Arch IV in the Text (Disposición logo-iconográfica de la fachada anterior del arco IV según el texto), by Elisa Ruiz Garcia.

	ARCO CUARTO	
	VICTORIA	
	PVGNANDO COR<R>VSCANT	
Trofeos de armas	INSCRIPCIÓN	Trofeos de armas
	Arco central	
	Armas reales	
DIVVM DEBENTVR HONORES		VITIS VOMERQVE VIGENT
PAX		ABVNDANTIA
PACATA BVRGVNDIA		ANNONE POPVLO EROGATA
CONCORDI TONO TEMPERAT		BONVM A MALO SEGREGAT

En el ático se exhibirá la inscripción siguiente:

IOANNI · VELASCHIO · COMESTABILI · CASTELLAE · GALLIAE · CISALPINAE · GVBERNATORI · EXERCITVS · IN · GALLIA · ET · IN · ITALIA IMPERATORI · SVMMO · PRINCIPI · OPT · P· P· FVGATIS · HOSTIBVS SEQVANIS · RECEPTIS · MAXIMO · BELLO · INCREDIBILI [15r] CELEBRITATE · CONFECTO · MEDIOLANO · CONSERVATO · SVBLEVATO ET · AVCTO · PROVINCIA · SVMMA· CVM · AEQVITATE · ADMINISTRATA · MEDIOLANENSES · BENEFICIORVM · MEMORES ·

---

[100] En el dibujo no se reproduce el título.
[101] Llamados también aspas de san Andrés.
[102] Este texto no figura en el dibujo.

VT · IN · MAXIMA · LAETITIA · DEBITVM · PRINCIPI · HONOREM · REFERRENT · TRIVMPHALEM · ARCVM · D · D

En el texto se exponen los triunfos bélicos del homenajeado y, sobre todo, su exitosa gestión como gobernador de Milán. La erección del arco suponía un intento de testimoniar los méritos del prócer español.

En la Antigüedad el lugar donde se había derrotado al enemigo era señalado con un trofeo (τρόπαιον), el cual consistía en un artilugio formado con lanzas, armaduras, enseñas militares, armas, etc. Tales serán las muestras ornamentales que se colocarán en los paneles laterales de la inscripción según indica Mazenta.[103] En las enjutas del arco central dos ángeles victoriosos sostienen las armas reales.

En el cuerpo sustentante se colocarán una estatua de la Paz y otra de la Abundancia en las dos hornacinas situadas junto a cada media columna. La estructura de ambos espacios se cierra por los lados extremos mediante una franja vertical, decorada con trofeos, armas, coronas y ornamentos varios.

La primera personificación es la PAX.[104] Será figurada con un ramo de olivo y un caduceo. A sus pies se colocarán unas armas, y un león y un cordero tumbados juntos. El lema será: PACATA BVRGVNDIA.[105] En la cartela superior hay un emblema consistente en un rayo cruzado por un tridente. El lema del dibujo es DIVVM DEBENTVR HONORES. En la cartela inferior hay una trompeta y un instrumento de cuerda. Ambos objetos representan la conciliación de las armas y las letras. El lema es: CONCORDI TONO TEMPERAT.

En la hornacina de la derecha, la personificación alegórica de la Abundancia tendrá en sus manos un manojo de espigas y una cornucopia: ABVNDANTIA.[106] La idea de la distribución de víveres entre los habitantes queda reflejada en el lema ANNONE POPVLO EROGATA.[107]

En la cartela superior hay un emblema consistente en una especie de tonel lleno de uvas. En medio del cual se ha plantado una gavilla de espigas. El lema es: VITIS VOMERQVE VIGENT, esto es, la vid y el arado simbolizan el trabajo fecundo realizado. En la cartela inferior estará representado un tamiz para

---

[103] En el dibujo se han trazado máscaras de leones y sendas guirnaldas florales en los paneles situados a derecha e izquierda de la inscripción.
[104] Este *titulus* no figura en el dibujo.
[105] Este texto no figura en el dibujo.
[106] Este *titulus* no figura en el dibujo.
[107] Este texto no figura en el dibujo.

separar los granos. El lema es: BONVM A MALO SEGREGAT. En la descripción de Mazenta no hay otros elementos ornamentales en esta parte.

Table 4.11 Arrangement of the Iconographic Elements on the Anterior Facade of Arch IV in the Drawing (Disposición logo-iconográfica de la fachada anterior del arco IV según el dibujo a pluma), by Elisa Ruiz Garcia.

		ARCO CUARTO		
Vasija llameante Trofeo		VICTORIA	Trofeo	Vasija llameante
	Máscaras de leones Guirnaldas	INSCRIPCIÓN		Máscaras de leones Guirnaldas
		Arco central Armas reales		
DIVVM DEBENTVR HONORES				BONVM A MALO SEGREGAT
PAX				ABVNDANTIA
CONCORDI TONO TEMPERAT				VITIS VOMERQVE VIGENT

En este caso también hay diferencias. En el diseño figuran en los extremos laterales de la cornisa unas vasijas redondas llameantes, a modo de "fiaccole," y dos trofeos. La disposición textual no es respetada en el dibujo a pluma del manuscrito, amén de otras variantes que se pueden observar comparando ambos esquemas.

A continuación, el autor describe el aparato iconográfico de la fachada posterior del arco de manera confusa. Al no existir una ilustración de esta parte, tan solo se dispone de la descripción textual de Mazenta. Al comienzo de la descripción de este arco explica que: "*et il roverscio si ornarà nel modo appunto che sarà formata la faccia*" (fol. 14v). Más adelante insiste: "*Nell roverscio dell'arco, saranno a[c]canto alla porta poste due figure con il medesimo ordine descritto nella parte anteriore*" (fol. 16r-v). Sin embargo, los emblemas y elementos indicados no reproducen el esquema de la fachada anterior.

El planteamiento de la fachada posterior propone una disposición hipotética de los elementos ornamentales. A ambos lados de la inscripción se colocarían dos máscaras de leones a cada lado. De sus bocas penderían unas guirnaldas llenas de frutos, los cuales simbolizarían la abundancia de bienes existente en Lombardía.

Table 4.12 Arrangement of Iconographic Elements on the Posterior Facade of Arch IV in the Text (Disposición logo-iconográfica de la fachada posterior del arco IV según el texto) by Elisa Ruiz Garcia.

	ARCO CUARTO	
Máscaras de leones		Máscaras de leones
Guirnalda	INSCRIPCIÓN	Guirnalda
	Arco central	
VNDECVNQVE LIBRATVM		NVNC DECIDIT HOSTIS
SACERDOTE "A LA ANTIGUA"		MERCURIO
FOEDERE CVM FINITIMIS FIRMATO		COELO DEMISSVS AB ALTO$
VIRES SAPIENTIAE PARENT		Arco: Dos figuras de Hércules EX ATLANTIS LABORIBVS
	Debajo del arco Escenas bélicas pintadas	
ALTER CAESAR GALLOS VICIT	ALTER FABIVS SAMAROBRINAM BELGIS VRBEM OBSESSAM DVM GALLOS MORATVR PRVDENTISSIMA CVNCTATIONE RESTITVIT	

En la hornacina de la izquierda la representación de un sacerdote,[108] ataviado a la antigua usanza con una piedra en una mano con la cual simularía golpear la cabeza de un cordero. El lema de este emblema sería FOEDERE CVM FINITIMIS FIRMATO. Encima de la figura se ha de colocar un nivel de albañil con el siguiente texto:[109] VNDECVNQVE LIBRATVM. Debajo se pondrá otro emblema: dos leones uncidos por un yugo. El lema elogia la victoria de la inteligencia sobre la fuerza bruta: VIRES SAPIENTIAE PARENT.

En la hornacina de la derecha se representará a Mercurio, apoyado sobre un globo, con las sandalias aladas y portando el caduceo. El lema habitual de esta representación era: COELO DEMISSVS AB ALTO, expresión predicable de un ser de ascendencia divina. Esta deidad simboliza la agudeza y el ingenio.

El emblema superior consistirá en un león que ataca con sus garras a su principal enemigo, el gallo. El lema será: NVNC DECIDIT HOSTIS ("Ahora el enemigo está derrotado)." El significado es transparente. Fernández de

---

[108] En otras fuentes el personaje es un cónsul.
[109] Esto es, una escuadra provista de una plomada que se usa para comprobar la horizontalidad. Este objeto es tomado como símbolo del equilibrio político ejercido por el Gobernador en todas sus actuaciones.

Velasco venció a los galos. Debajo de la estatua se simulará un arco triunfal con dos figuras de Hércules ataviado con la piel del león nemeo y con la clava. El lema será: EX ATLANTIS LABORIBVS, en clara alusión a los famosos trabajos del héroe heleno.[110]

En el grosor de las pilastras bajo el arco se expondrían unas escenas bélicas para ensalzar la figura del Gobernador en su faceta militar (ALTER CAESAR GALLOS VICIT y ALTER FABIVS SAMAROBRINAM BELGIS VRBEM OBSESSAM DVM GALLOS MORATVR PRVDENTISSIMA CVNCTATIONE RESTITVIT). De hecho, se le compara con Julio César y Quinto Fabio Máximo, llamado de sobrenombre Cunctator, cognomen que hace referencia a su táctica militar durante la Segunda guerra púnica.[111]

Como se puede observar, todo el programa iconográfico exalta los méritos bélicos y el buen gobierno ejercido por el Condestable de Castilla, gracias al cual en la región lombarda reina la paz y el pueblo vive en la abundancia.

Al cierre de esta descripción, Mazenta sugiere que también se deberá embellecer la plaza en que se alzará este arco. Será preciso eliminar todos los bancos y tiendas allí existentes. En el centro de la misma se podría levantar una estatua colosal de Felipe II, armado y vestido a la antigua usanza.

Descripción logo-iconográfica del arco quinto

Este monumento estará dedicado de nuevo a la Serenísima Princesa, al igual que el primero. Se instalará sobre los cimientos realizados para la fachada de la catedral o, a ser posible, un poco más adelante, hacia la escalinata. Por ser el lugar más noble y estar situado en el centro de la ciudad, parecería oportuno que el edificio efímero fuese más alto que los restantes. Se trata de un arco de tipo múltiple ya que presenta tres vanos (Fig. 4.5). Contiene los siguientes elementos icónicos:

Una inscripción.

Cinco estatuas de miembros de la Casa de Austria.

Cuatro personificaciones alegóricas.

Cuatro emblemas.

Un escudo imperial sostenido por dos pajes tenantes.

Unas guirnaldas.

---

[110] En el ms. se lee: "ANTLATIS".
[111] Este término significa literalmente "Cauto." Tal apelativo le fue otorgado por Livio 2001, lib. XX 26, 9.

Figure 4.5 Guido Mazenta, *The Fifth Arch* (Arco V). BNEM MS 2908, fol. 26r, pen & ink with light gray wash on rag paper, 30 x 21.5 cm. (credit: courtesy of the Biblioteca Nacional de España).

La descripción de Mazenta explica que la obra será de orden corintio, por ser el estilo más apropiado para la Princesa ya que es también llamado "orden virginal." Ciertamente, en la Antigüedad se utilizaba este tipo arquitectónico en los templos dedicados a mujeres y diosas.

El tratamiento arquitectónico del ático no está indicado por completo en el texto. En el dibujo a pluma del manuscrito se ofrece una interpretación armónica y moderna. Esta parte de la construcción constaría de dos plantas con el fin de que destacase por su altura frente a la imponente mole de la catedral. A tal fin se habría de construir una especie de frontispicio de corte clásico. En su interior dos pajes tenantes sostendrían un enorme escudo de armas imperial. Mazenta indica en el texto que se pondrán cinco estatuas en la parte alta del edificio. En el centro se representará al emperador Rodolfo II, las otras cuatro corresponderán a los archiduques Alberto, cardenal, Ernesto, Massimiano y Matthia. A continuación, el autor expresa la opinión de que quizá sería mejor colocar en su lugar las efigies de cinco santos tutelares de la ciudad por tratarse de un arco emplazado delante de la catedral. Encima del vano central se trazará la siguiente inscripción, hecha con grandes letras mayúsculas de oro sobre un campo negro:

SERENISSIMAE· GREGORIAE · MAXIMIANAE · AVSTRIAE · MATRIMONII · ET · GENERIS · DIGNITATE · INCOMPARABILI · PRAEFECTI · FABRICAE · TEMPLI [18v] · MAXIMI · QVOD · A · FVNDAMENTIS · MAIORES · SVI · EREXERVNT· FOELICES · ET · FAVSTAS · DEPRECANTES · NVPTIAS · ET · DEVOTO · HILARIQVE · AFFECTV · GRATVLANTES · P · P

Al lado izquierdo de dicha inscripción, se pintarán, a modo de emblema, una rosa y un lirio en aspa y ceñidos por una corona real. El lema será: VNVS ODOR SPIRAT. En el lado derecho se reproducirán dos teas nupciales ardiendo, también en aspa, y unidas en el centro por la misma corona. El lema será: ARDENT AMORE MVTVO. Los contenidos de ambas cartelas pronostican un feliz entendimiento de la futura pareja mediante unas representaciones figurativas simbólicas.

En esa misma zona se colocarán cuatro estatuas sobre unos pedestales que quedarán centradas y en saledizo respecto de los capiteles de las columnas del cuerpo sustentante. Representarán a la Caridad, la Fe, la Esperanza, y la Inocencia. La Caridad se pondrá en el centro, a la izquierda. En una mano sostendrá un corazón ardiendo, y en la otra, un niño. La Fe católica estará situada en el centro, a la derecha. Tendrá en sus manos un cáliz y una cruz. En ambos extremos se pondrán las otras dos personificaciones. La Esperanza será figurada con un ancla en la mano izquierda y una rama de árbol florida en la derecha. Sus ojos mirarán al cielo. La Inocencia será una joven virgen coronada de flores y con un corderito a sus pies. Simulará que se lava las manos en un cuenco apoyado en un altar.

El cuerpo sustentante tendrá dos columnas redondas a cada lado de los arcos. En las enjutas del vano principal se colocarán dos medallas con el retrato el de Su Majestad, a la izquierda, y, a la derecha, el del Príncipe. Se imitará el color del bronce. En el friso se pintarán entrelazados lirios, rosas y coronas áureas.

Sobre el arco pequeño, a mano izquierda, se reproducirá en una cartela una madreperla abierta, sobre la superficie del mar, con una perla grande y blanquecina en su interior. Según relatan los naturales del lugar, el molusco se alimenta con el rocío celestial y genera una perla de color más blanco o más oscuro según la calidad del aire sea clara o brumosa. El lema es: DE COELO CIBVS ET CANDOR.[112] En una cartela sobre el arco pequeño, a mano derecha, se pintará una nave varada en el puerto con las velas recogidas y el ancla echada. El lema será: ANCHORA IACTA MIHI.[113]

El esquema de disposición de los elementos ornamentales es como sigue:

Table 4.13 Arrangement of Iconographic Elements on the Anterior Facade of Arch V (Disposición logo-iconográfica de la fachada anterior del arco V), by Elisa Ruiz Garcia.

		ARCO QUINTO			
		RODOLFO II			
	ALBERTO	Armas reales		ERNESTO	
MASSIMIANO					MATTHIA
VNVS ODOR SPIRAT		INSCRIPCIÓN		ARDENT AMORE MVTVO	
SPES		CARITAS	FIDES	INNOCENTIA	
		Arco central			
	Felipe II		Felipe III		
	Arco lateral			Arco lateral	
	DE COELO CIBVS ET CANDOR			ANCHORA IACTA MIHI	

---

[112] Plinio 1998 lib. IX, cap. 35.
[113] Este texto es un hemistiquio de un dístico del poeta Propercio 2017 24, vv. 15-16. El significado de la secuencia subraya el "anclaje" amoroso, cantado por el poeta.

En la fachada posterior se simulará solamente en pintura la misma composición elaborada de bulto redondo en la cara anterior.

El mensaje simbólico de este programa iconográfico ensalza de manera rebuscada y convencional el amor que se profesará la futura pareja. Nada se dice sobre la personalidad de la prometida real, en cambio, se pone el acento sobre su ascendencia genealógica. En ese origen dinástico reside su razón de ser.

La decoración urbana se completará con colgaduras de paños y tapices para cubrir y embellecer la calle hasta la puerta de la propia iglesia catedral. Dicha puerta se adornará con guirnaldas, ángeles y pinturas según el uso.

El templo se deberá adornar de la manera más solemne posible. Entre los pilares del edificio religioso se pondrán unas estatuas de estuco, de tamaño colosal, que representen a los emperadores y otros príncipes de la Casa de Austria, de tal manera que en todos los intercolumnios se coloque una efigie, de una altura de siete brazas, con su pedestal. Las imágenes estarán orientadas hacia la nave central con sus correspondientes inscripciones. La relación de figuras es impresionante. Este árbol genealógico figurativo ensalzará la grandeza de un linaje que ha dominado gran parte del mundo durante décadas:

RVDOLPHVS, AVSTRIACVS IMPERATOR, HABSPVRGI PRINCEPS

ALBERTVS I, RVDOLPHI FILIVS, ROMANVS REX, ARCHIDVX AVSTRIAE

ALBERTVS II, ALBERTI I FILIVS, SAPIENS COGNO [20v] MENTO ARCHIDVX AVSTRIAE

LEOPOLDVS, ALBERTI II FILIVS, ARCHIDVX AVSTRIAE

ERNESTVS, LEOPOLDI FILIVS, ARCHIDVX AVSTRIAE

FRIDERICVS, ERNESTI FILIVS, ROMANVS IMPERATOR, ARCHIDVX AVSTRIAE

MAXIMIANVS, FRIDERICI IMPERATORIS FILIVS, ROMANVS IMPERATOR, ARCHIDVX AVSTRIAE

PHLIPPVS I, MAXIMIANI FILIVS, HISPANIARVM REX, ARCHIDVX AVSTRIAE, DVX BVRGVNDIAE

KAROLVS V, PHILIPPI FILIVS, ROMANVS IMPERATOR, HISPANIARVM REX, ARCHIDVX AVSTRIAE

PHLIPPVS II, KAROLI V IMPERATORIS FILIVS, HISPANIARVM REX, A[R]CHIDVX AVSTRIAE ET MEDIOLANENSIS DVX

PHLIPPVS III, PHILIPPI II FILIVS, HISPANIARVM PRINCEPS, ARCHIDVX AVSTRIAE

En este punto de su informe, Mazenta se dirige al Gobernador y literalmente le dice:

> Salvo que Su Excelencia considere más oportuno colocar [las estatuas] bajo los pórticos de la Corte. Se podrá también colgar en el espacio interior de la cúpula [de la catedral] una gran nube que contendría a unos ángeles entonando salmos apropiados, como sería el *Te Deum laudamus*, acompañados de instrumentos, cuando se produzca la entrada de la Princesa. La puerta del Palazzo Regio y los arcos del pórtico se deberán adornar con estatuas y otros ornamentos, mas no sabiendo lo que Su Excelencia ha considerado en torno a este asunto, no describiré nada a este respecto. Siempre será posible añadir y pensar otros elementos decorativos de acuerdo con el mandato de Su Excelencia, a la cual Nuestro Señor le conceda el colmo de toda felicidad.

Con estas palabras Guido Mazenta termina la descripción de su proyecto arquitectónico e iconográfico y, al tiempo, se despide de su superior de esta manera cortés y cortesana.

Además de estos elementos simbólicos estaban previstas las siguientes estatuas colocadas en el trayecto de la comitiva: dos estatuas de los padres de la Princesa a la entrada de un puente, tras el primer arco; dos ángeles en la entrada de un puente tras el segundo; las Tres Gracias sobre la cornisa de un puente de mármol; una estatua de Felipe II en la plaza; unos ángeles en el interior de la catedral y once estatuas que representaban a ilustres miembros de la Casa de Austria, de colocación dudosa (en la nave de la catedral o en el pórtico del Palazzo Regio).

Coda final

Desdichadamente este proyecto no pudo realizarse por causa de fuerza mayor. La joven prometida, de dieciséis años, era débil y enfermiza. Falleció el 20 de septiembre de 1597,[114] es decir, dos meses después de que Mazenta suscribiese su informe.[115] En nombre de los intereses de alta política de la Casa de Habsburgo en sus dos ramas—hispana y austriaca—se procedió a buscar una solución. La hermana siguiente en edad, llamada Margarita (1584-

---

[114] Hamann 1988, 278.

[115] Resulta sorprendente que dos valiosos investigadores hayan considerado que la protagonista de la entrada real en Milán proyectada y descrita en el BNEM MS. 2908, aquí estudiado, fuese Margarita de Austria en lugar de Gregoria Maximiliana. Quizá no han manejado la fuente primaria ya que también es defectuosa la transcripción de los textos latinos citados y algunos otros datos erróneos. Checa & Díez del Corral 1982, 73-83.

1611), ocuparía el puesto de la fallecida, como si se tratase de una jugada de ajedrez (Fig. 4.6).

Figure 4.6 Juan van der Hamen y León (attr.). *Margarita de Austria–Estiria*. Madrid, Instituto Valencia de Don Juan, oil on canvas, early seventeenth century, 198 x 117 cm., inv. 5998 (credit: courtesy of the Institute Valencia de Don Juan).

De nuevo el gobernador Fernández de Velasco encargó a Guido Mazenta hacer otro proyecto para atender el nuevo compromiso matrimonial. Es una operación apropiada cotejar las dos versiones. La aquí estudiada es mucho más breve. Solo se planificaron cinco arcos. Los textos latinos comprenden las cinco inscripciones de rigor y los emblemas y elemento ornamentales descritos. En cambio, para la entrada real dedicada a Margarita de Austria, se construyeron siete arcos. El aparato textual es mucho más amplio.[116] Se observa que el autor del proyecto reutilizó en gran medida el material que ya había dedicado a la princesa Gregoria Maximiliana, pero cambia la disposición compositiva y, sobre todo, los destinatarios. Introduce un juego combinatorio diferente. El resultado es un producto en extremo árido y sofisticado. Esta evolución del plan primitivo no se debió al paso del tiempo ya que tan solo medió algo más de un año entre uno y otro. En esta ocasión el viaje se hizo y también la entrada real de Margarita de Austria-Estiria en Milán, con fecha de 30 de noviembre de 1598.[117] En la actualidad el hecho es recordado en el arco de piedra de Porta Romana, construcción que en su día fue parte integrante de la muralla española. Este monumento, erigido en la Piazza Medaglie d'Oro, tiene una inscripción conmemorativa de la estancia de dicha reina en la capital lombarda.

Sin duda alguna, esta entrada real tuvo una excelente acogida social. Mazenta, en consecuencia, decidió imprimir el proyecto rehecho y acompañarlo de una breve descripción del acontecimiento.[118] La parte titulada "Entrata reale" es muy interesante ya que contiene una auténtica crónica social muy detallada y completa. El éxito de esta visita provocó que se realizase una traducción al castellano para satisfacer los mentideros de la Corte. El conde Giacomo Mandelo [Mandelli] vertió el texto original de Mazenta a la lengua hispana y lo amplió con datos de su propia cosecha. Además de la descripción del acontecimiento, incluye otro capítulo urbano titulado "Teatro real."[119] Se hizo también otra relación en latín, complementaria de la versión de Mazenta, debida a la pluma de Johann Boch, quien también trató este asunto.[120] Así

---

[116] Trece inscripciones y más de un centenar de *sententiae*.

[117] En el interregno se había producido el fallecimiento del rey Felipe II (13 de septiembre de 1598). Por tal motivo Margarita hizo la entrada en Milán vestida de luto, esto es, con un atavío de color negro.

[118] Mazenta 1598, carece desgraciadamente de los grabados de los correspondientes arcos, por tal motivo los cinco dibujos ofrecidos en el ms. autógrafo madrileño resultan de grandísimo valor testimonial.

[119] Mazenta 1599. MS 22G 201 a Praha (Prague), Acad. Pragensis Regiae Bibliothecae. El texto va introducido por una carta del traductor dirigida a Ruy Gómez de Silva, duque de Pastrana, y otra de Guido Mazenta al conde de Haro, hijo del Condestable de Castilla (6 de diciembre de 1598).

[120] Boch 1602, 64-81.

mismo, se puede citar el relato de Pedro Salazar de Mendoza dedicado al mismo asunto.[121] Estas son las fuentes principales. Hay otras tardías que no aportan nada nuevo, por tal motivo no se mencionan.

En el caso de la entrada que finalmente tuvo lugar, Margarita, la ilustre visitante de Milán, había contraído matrimonio previamente por poderes en Ferrara. El oficiante fue el propio papa Clemente VIII. Todos los datos de ese itinerario desde Graz han sido documentados de manera muy rigurosa por Johann Rainer.[122] La reina permaneció en Milán hasta el mes de febrero de 1599 por razones sanitarias y climatológicas.[123] Desembarcó en tierras valencianas el 26 de marzo de ese año. El día 18 de abril se celebró en Valencia una misa solemne, a la que asistió en compañía de su esposo como recordatorio del sacramento ya recibido el año anterior *per procurationem*. La entrada en Madrid de la interesada también resultó un acontecimiento público. El relato se puede leer en un documento del Archivo Apostólico Vaticano.[124]

Margarita murió a los 26 años, debido a las complicaciones del octavo parto. El investigador J. Rainer cita una frase latina que es antológica y que refleja el espíritu de la *Realpolitik*: "Otras potencias hacen la guerra, en cambio tú, Austria feliz, cásate, pues los reinos que el dios Marte concede a otros, a ti te los otorga la diosa Venus."[125] En definitiva, tras esta sentencia, es preciso denunciar una dramática realidad: las hijas de las casas reinantes eran auténticos vientres cedidos al mejor postor con el fin de que la rama familiar se perpetuase en el poder. El complejo entramado matrimonial de esos linajes estaba motivado por meras razones políticas.

Works Cited

Manuscripts

BAV MS. Vat. Lat. 6852. Felice Feliciano, *Alphabetum Romanum*.
BNEM MS. 2908. Guido Mazenta, *Dell'apparato di trionfi per ricevere in Milano la Serenissima Principessa Gregoria Maximiana* (1597).
BMLF MS. Pluteus 69. 27. Horapolo, *Hieroglyphica*.

---

[121] Salazar de Mendoza 1770, 2: 54-60.
[122] Rainer 2005: 31-54. Este trabajo es de lectura obligada https://dialnet.unirioja.es/servlet/articulo?codigo=1160342.
[123] La zona lombarda estaba azotada por una epidemia.
[124] Archivio Apostolico Vaticano. Segretaria di Stato. Spagna, vol. V, 52. Reinado de Felipe III, filza 623, ff. 553-558. Véase el artículo de Marín Tovar 1999 donde se narra el itinerario hispano.
[125] *Bella gerant alii, tu, felix Austria, nube. Namque Mars aliis, dat tibi regna Venus*. Esta frase está parcialmente inspirada en un verso de Ovidio 2001, ep. 13, v. 84.

BMLF MS. Plut. 17. 31. Gregorius Nazianzenus et Basilius Magnus, *Opera*.

Printed Books and Journals

Alciato 1531
  Andrea Alciato. *Emblematum liber.* Augsburg: Heynricum Steynerum, 1531.
Alciato 1534
  Andrea Alciato. *Emblematum libellus*. Paris: Christianus Wechelus, 1534.
Alciato 1581
  Andrea Alciato. *Emblemata cum commentariis per Claudium Nimoem*. Antwerp: Plantin, 1581.
Alciato 1621
  Andrea Alciato. *Emblemata cum commentariis Claudii Minois. Syntagma de Symbolis*. Padua: Petrum Paulum Tozzium, 1621.
Bell 2022
  Janis Bell. "Giovanni Ambrogio Mazenta's Memorie: Document or Deception?" *De-Coding Leonardo's Codices*. Edited by A. Nova and P. Galluzzo, 163-177. Venice: Marsilio, 2022.
Boch 1602
  Johann Boch. "Mediolanum." In *Historica narratio profectionis et inaugurationis Serenissimorum Belgii principum Alberti et Isabellae Austriae Archiducum*, 64-81. Antwerp: Plantin apud Ioannem Moretum, 1602.
Calvete de Estrella 1552
  Cristóbal Calvete de Estrella. *Felicissímo viaje d'el Poderoso Príncipe don Phelippe, hijo d'el Emperador don Carlos Quinto Máximo, desde España a sus tierras de la baxa Alemaña*. Antwerp: Martin Nucio, 1552.
Checa & Diez del Corral 1982
  Fernando Checa and Rosario Díez del Corral. "Arquitectura, iconología y simbolismo político: La entrada de Margarita de Austria, mujer de Felipe III de España en Milán el año 1598." In *Scenografia barocca. Comité International d'Histoire de l'Art*. Edited by A. Schnapper, 73-83. Bologna: CLUEB, 1982.
Colonna 1499
  Francesco Colonna. *Hypnerotomachia Poliphilii*. Venice: Aldo Manuzio, 1499.
Cresci 1560
  Francesco Cresci. *Essemplare di più sorti lettere*. Rome: Antonio Blado, 1560.
Croeselius 1584
  Johannes Croeselius. *Elogia in duas divisa partes* […]. Ingolstadt: D. Sartorius, 1584.
Erasmus 1906
  Desiderio Erasmo di Rotterdam. *Opus Epistolarum Desiderii Erasmi Roterodami*. Edited by P. S. Allen. Oxford: Oxford University Press, 1906.
Esteban Lorente 1990
  Juan Francisco Esteban Lorente. *Tratado de Iconografía*. Madrid: Istmo, 1990.
Goltzius 1557
  Hubert Goltzius. *Le vive imagini di tutti quasi gl'imperadori* […]. Antwerp: Coppeus van Diest, 1557.

Hamann 1988
   Brigitte Hamann. *Die Habsburger: ein biographisches Lexikon*. Munich: Piper, 1988.
Horapollo 1505
   Horapolo. *Hieroglyphica*. Venice: Aldo Manuzio, 1505.
Livy [Titus Livius] 2001
   Tito Livio. *Décadas*, 3 vols. Translated by José Antonio Villar Vidal. Madrid: Editorial Gredos, 2001.
Mancho Duque 1990
   Maria Jesús Mancho Duque. "Cultismos metodológicos en los *Ejercicios* ignacianos: 'La composición de lugar'." In *Actas del II congreso internacional de hispanistas del Siglo de Oro*. Estudios filológicos, 252. Edited by Manuel García Martín, Ignacio Arellano, Javier Blasc, and Marc Viste, 603-609. Salamanca, Universidad de Salamanca, 1993.
Marín Tovar 1999
   Cristóbal Marín Tovar. "La jubilosa entrada de Margarita de Austria en Madrid." *Anales de Historia del Arte* 9 (1999):147-157.
Mattingly & Sydenham 1923
   Harold Mattingly and Edward Allen Sydenham. *Coins of the Roman Empire in the British Museum*. 6 vols. London: British Museum, 1923-1962.
Mazenta 1598
   Guido Mazenta. *Apparato fatto dalla città di Milano per riceuere la Serenissima Regina d. Margarita d'Avstria*. Milano: P. Pontio, 1598.
Mazenta 1599
   Guido Mazenta. *Apercibimiento hecho en la ciudad de Milán para la entrada de la Serenissima y Cathólica Reyna doña Margarita de Austria. Compuesto por el señor Guido Mazenta y traduzido por el conde Iacomo Mandelo*. Milan: Pandolfo Malatesta, 1599.
Ovid
   Publio Ovidio Nasón. *Metamorfosis*, lib. XII. Translated by José Carlos E. Corte and Josefa Cantó Llorca. Madrid: Editorial Gredos, 2020.
Pallotino 1958
   Massimo Pallotino. "Arco onorario e trionfale." In *Enciclopedia dell'Arte Antica*. Vol. 1, p. 588. Roma: Treccani.
Pliny
   Cayo Plinio Segundo. *Historia natural*, lib.IX. Translated by Antonio Fontán. Madrid: Editorial Gredos, 1998.
Plutarch
   Plutarco de Queronea. *Obras morales y costumbres. Cuestiones romanas*, lib. III. Translated by Antonio Ranz Romanillos. Madrid: Editorial Gredos, 1990.
Propertius
   Sexto Aurelio Propercio. *Elegias*, III. Translated by Antonio Ramírez de Verger. Madrid: Editorial Gredos, 2017.
Ripa 1593
   Cesare da Ripa. *Iconologia o vero descrittione dell'imagini universali* [...]. Rome: Giovanni Gigliotti, 1593.

Rodriguez de la Flor 1995
Fernando Rodriguez de la Flor. *Lecturas de la imagen simbólica*. Madrid: Alianza Editorial, 1995.

Rainer 1599
Johann Rainer. "Tú, Austria feliz, Cásate. La boda de Margarita, princesa de Austria Interior, con el rey Felipe III de España. 1598/1599." *Investigaciones históricas: Época moderna y contemporánea* 25 (2005): 31-54.

Ruscelli 1572-1583
Girolamo Ruscelli. Le Imprese illustri, con espositioni, et discorsi [...], con la Giunta di altre Imprese tutto riordinato et corretto da Francesco Patritio, 4 vols. Venice: Comin da Trino di Monteferrato, 1572-1583.

Salazar de Mendoza 1770
Pedro Salazar de Mendoza. *Monarquía de España*, 3 vols. Madrid: Joaquín Ibarra a costa de B. Ulloa, mercader de libros, 1770.

Valeriano 1575
Pierio Valeriano. *Hieroglyphica sive de sacris Aegyptiorum, aliarumque gentium literis commentarii, a Caelio Augustino Curione duobus libris aucti & multis imaginibus illustrati* [...]. Basel: Thomam Guarinum, 1575.

Vespasiano da Bisticci
Vespasiano da Bisticci. *Le vite*. Edited by A. Greco. 2 vols. Florence: Istituto di Palazzo Strozzi, 1976.

Virgil
Publio Virgilio Marón. *Bucólicas y Geórgicas*. Translated by Tomás de la Ascensión Recio Madrid: Editorial Gredos, 1990.

Virgil
Publio Virgilio Marón. *Geórgicas,* lib. I. Madrid: Editorial Gredos, 1990.

Vitruvius 1582
Marco Vitruvio Polión. *De architectura*, lib. I. Alcalá de Henares: Juan Gracián, 1582.

Waldseemüller 1507
Martin Waldseemüller. *Universalis Cosmographia secundum Ptholomei traditionem et Americi Vespucii aliorumque lustrationes*. Strasbourg: Saint Didié des Vosges, 1507.

Chapter 5

Edición Paleográfica del BNEM MS 2908

Eliza Ruiz Garcia, transcripción y notas

Datos de identificación del manuscrito[1]

El ejemplar es un cuaderno que contiene II + 26 ff. + 2 hojas de guarda. Sus medidas son 30 x 21,5 cm. El cuerpo del manuscrito ha sido confeccionado con un papel de buena calidad. En el primer sector hay dos tipos de filigranas.[2] Los folios 22-26 han sido realizados con un soporte cartáceo de un gramaje superior al resto. La filigrana también es diferente.[3] La pieza presenta una encuadernación de pergamino con hierros dorados y cintas de seda (s. XVII). El texto completo es autógrafo y va firmado y rubricado por Guido Mazenta, quien es el autor del contenido (Fig. 5.1). En el folio IIv figura la data de 22 de julio de 1597. Los folios 22-26 contienen dibujos arquitectónicos, a pluma, de los cinco arcos proyectados para la entrada real de la princesa Gregoria Maximiliana. Se aprecian algunas diferencias entre los datos indicados en ciertas descripciones textuales y su reproducción en los bocetos. Así mismo, la letra empleada en las inscripciones de los dibujos difiere de la mano de Mazenta. Por último, conviene tener en cuenta la disparidad en la calidad del papel y en el diseño de las filigranas. Estos indicios permiten conjeturar que la ejecución material del corpus figurativo no fuese probablemente obra del autor del texto base.

---

[1] Agradezco a la doctora Mª José Rucio, quien está al frente de la Sala Cervantes de la BNE, todas sus gestiones para poder examinar el ms. estudiado, máxime en las circunstancias actuales motivadas por la pandemia.
[2] El motivo diseñado es un varón de pie con un bastón en sus manos en las dos versiones. El motivo se inscribe en una forma circular. El examen realizado con una hoja de luz apenas permite la identificación del tipo de las filigranas.
[3] El diseño consiste en una mano con bocamanga y unos dedos estilizados de los que pende una flor con pétalos. La impronta está orientada hacia abajo. El motivo se inscribe en una forma ovalada.

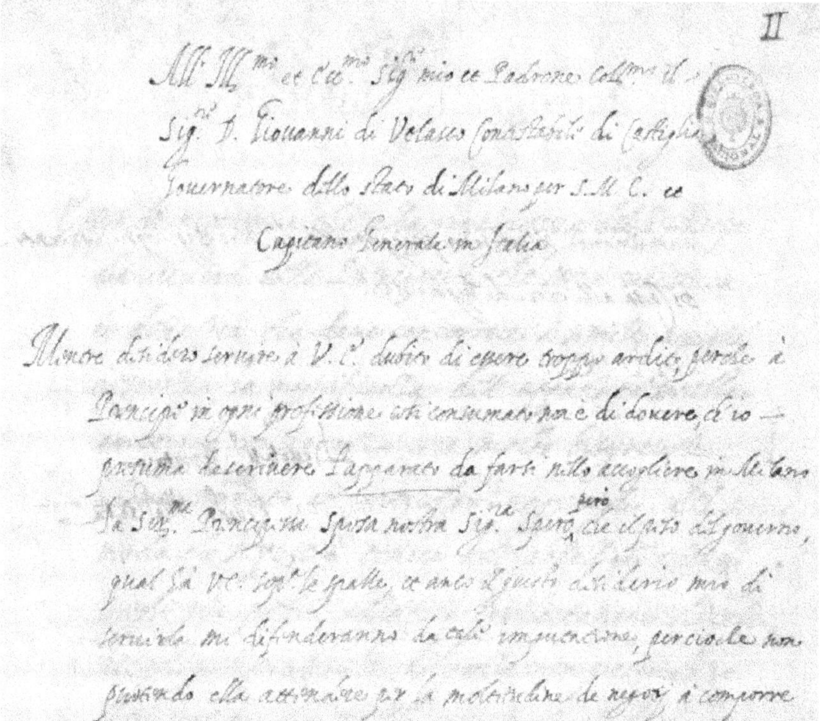

II

All' Ill.mo et Ecc.mo Sig.r mio et Padrone Col.mo il Sig.r D. Giovanni di Velasco Conestabile di Castiglia Governatore dello Stato di Milano per S. M. C. et Capitano Generale in Italia

Illustre desiderio servire à V. E. dubito di essere troppo ardito, perche à Prencipi in ogni professione esti consumati par è di dovere, ch'io presuma descrivere l'apparato da farsi nello accogliere in Milano la Ser.ma Prencipessa Sposa nostra Sig.ra. Spero però che il peso del governo, qual sà V.E. sopra le spalle, et anco il giusto desiderio mio di servirla mi difenderanno da colal imputazione, percioche non potendo ella attendere per la moltitudine de negozi à comporre cotesti simili, ne pretendendo io altro, che rozzamente sozzare l'inventione d'un'opera ch'altri con più sottile lima andrà riducendo al significato perfettione; Hò voluto più tosto far violenza alla timidità mia, col mettermi con questa via in possesso d'essere fra ser. suoi, che dandomi in preda all silentio mancare al debito ch'io le tengo. La supp.co dunque colla benignità sua supplire al mio difetto, et servirsi solamente di quella parte, quale sarà più conforme col gusto di V.E. alla quale essendomi dedicato devoto, et perpetuo Ser.re —

Figure 5.1 Letter of Guido Mazenta, (*Epístola de Guido Mazenta*), BNEM MS 2908, fol. IIr.

Tipología gráfica

Este manuscrito proporciona, además del testimonio histórico narrado, otros valores añadidos. En primer lugar, permite conocer la tipología de la letra utilizada en medios cortesanos, cancillerescos y nobiliarios a partir del último tercio del siglo XVI en Italia. La invención del modelo se debe a un notable calígrafo milanés que fue *scriptor* de la Cappella Sistina y de la Biblioteca Apostolica Vaticana, Giovanni Francesco Cresci. En 1560 publicó un tratado titulado *Essemplare di più sorti lettere* que tuvo una excelente acogida. En esta obra el autor proponía la creación de una cursiva cancilleresca de nuevo cuño. Se trataría de una letra inclinada hacia la derecha, de trazos ligados, con astiles curvados y caídos muy desarrollados. Esta modalidad se distinguiría por sus formas curvilíneas, fluidas y dinámicas. El prestigioso calígrafo también elaboró una interpretación libre del alfabeto capital epigráfico, siguiendo modelos antiguos y renacentistas.[4] El paleográfo Giorgio Cencetti denomina a esta variedad "letra bastarda italiana cancilleresca."[5] Es un producto que refleja las principales directrices del manierismo artístico: ilusión y ficción.

Una segunda aportación consistió en la aplicación del sistema gráfico en tanto que medio de difusión de una causa política. La función social que la escritura puede desempeñar se canaliza mediante el recurso a letrerías de aparato o monumentales, de carácter particularmente solemne, elegante y efectista. Una vía complementaria es la exposición pública de textos en lugares abiertos que permiten una lectura colectiva. Estos recursos verbales o visuales transmiten un mensaje de efecto inmediato. En virtud de de todo ello, los arcos triunfales se convirtieron en espacios gráficos propagandísticos.

Criterios de presentación gráfica

Dada la fecha de composición de este proyecto de Guido Mazenta, algunas palabras ofrecen unas grafías hoy consideradas arcaizantes. Para facilitar la lectura y regularizar ciertas formas escritas con variantes dentro del propio texto, he introducido leves modificaciones en el proceso de transcripción del original autógrafo. Por tal razón esta versión paleográfica se atiene a los siguientes criterios de presentación:

- Eliminación de la forma apocopada y señalada con apóstrofo en el artículo indeterminado masculino ante palabra que comienza por consonante. Ej.: un'quadro > un quadro.

---

[4] Su discípulo Luca Orfei da Fano fue el autor de los elegantísimos epígrafes públicos hechos en Roma durante el papado de Sixto V.
[5] Cencetti 1954, 310.

- Conservación de la forma apocopada y señalada con apóstrofo en el artículo indeterminado femenino. Ej.: un'altra fanciulla.
- Conservación de la grafía antigua. Ej.: più tosto > più tosto
- Unión de algunas voces escritas separadas. Ej.: à punto > appunto.
- Las letras añadidas en las palabras cuya grafía ha sido actualizada van señaladas entre corchetes [x].
- Las letras suprimidas en las palabras cuya grafía ha sido actualizada van señaladas entre corchetes angulares. Ej.: commadamento > co<m>mandamento.
- El uso oscilante de algunas consonantes que alternan formas simples y geminadas en el texto se ha regularizado. Ej.: cità / città > città; mezo / mezzo > mezzo.
- Eliminación de algunos acentos y adición de otros. Ej.: à > a; piu > più.
- Regularización del uso de mayúsculas y minúsculas.
- Actualización de la puntuación.
- Adición de un signo separativo de interpunción (·) en las inscripciones de acuerdo con la tradición latina clásica.
- Las palabras interlineadas van insertas con el signo (\ /)

Guido Mazenta se expresa gráficamente a través de una versión personalizada de la llamada paleográficamente nueva escritura cancilleresca. Su letra discurre fluida y armónica sobre la página. La ausencia de correcciones indica que este ejemplar es un original de presentación, realizado a partir de un borrador. Su alfabeto responde al modelo habitual. Como rasgos idiosincrásicos cabe señalar particularmente un diseño peculiar de la vocal *e* en múltiples ocasiones. El signo se forma con un primer trazo descendente y curvilíneo sobre la caja del renglón, seguido de un segundo golpe de pluma abierto y desarticulado que se funde con la letra siguiente. Este rasgo aparece también en su propia firma (Fig. 5.2). Otra particularidad es la geminación de la vocal *i* en posición final. La primera presenta la forma común, la segunda es una *i* baja que se fusiona con la anterior. Esta variante se encuentra en los siguientes casos:

Verbo *essere*: *sii* (f. 1v, 16v); *siino* (fol. 11v).

Sustantivos: *intercolunnii* (fol. 20r); *negozii* (IIr); *tempii* (fol. 18r).

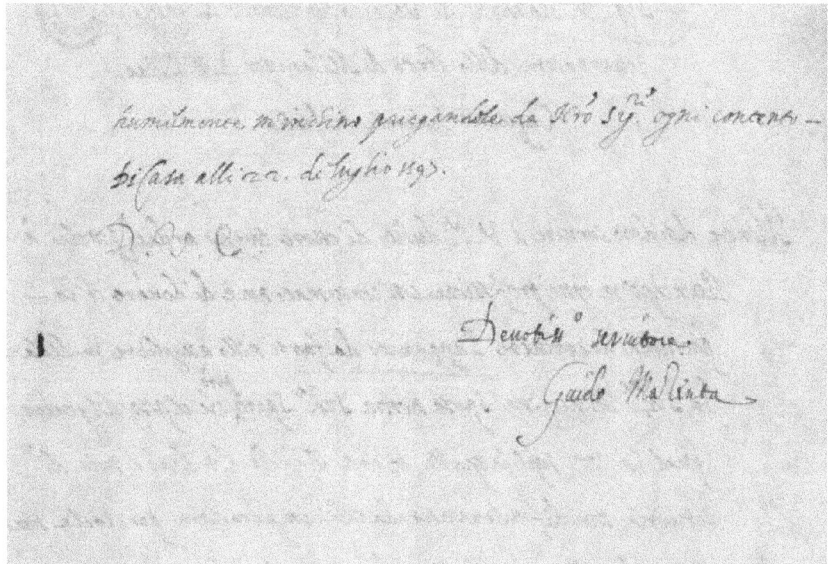

Figure 5.2 Signature of Guido Mazenta (*Firma de Guido Mazenta*), BNEM MS 2908, fol. IIv.

Una tercera singularidad ofrece la consonante *z* cuando aparece geminada en algunos pasajes. Los dos signos adoptan la forma de una doble onda muy desarrollada y fundida.

Works Cited

Cencetti 1954
   Giorgio Concetti. *Lineamenti di storia della scrittura Latina*. Bologna: R. Patron, 1954.

Transcripción del texto de la obra

[Dell'apparato di trionfi per ricevere in Milano
la Serenissima Prencipessa Gregoria Maximiana]

[IIr] All'Illustrissimo et Eccellentissimo signore mio et padrone colendissimo, il signore don Giovanni di Velasco, Contestabile di Castiglia, Governatore dello stato di Milano per Sua Maestà Cattolica et Capitano Generale in Italia.

Mentre desidero servire a Vostra Eccellenza, dubito di essere troppo ardito perché a Prencipe, in ogni professione così consumato, non è di dovere ch'io presuma descrivere l'apparato da farsi nello accogliere in Milano la Serenissima Prencipessa sposa, nostra Signora. Spero \ però/ che il peso del governo, qual ha Vostra Eccellenza sopra le spalle, et anco il giusto desiderio mio di servirla, mi difenderanno da tale imputatione, perciò che non puotendo ella attendere per la moltitudine de negotii a comporre cosette simili, né pretendendo io altro che rozzamente bozzare l'inventione d'un'opera ch'altri, con più sottile lima, andrà riducendo ad isquisita perfettione. Ho voluto più tosto far violenza alla timidità mia, col mettermi con questa via, in possesso d'essere fra servitori suoi, che, dandomi in preda al silentio, mancare al debito ch'io le tengo. La supplico, dunque, colla benignità sua, supplire al mio difetto, et servirsi solamente di quella parte, quale sarà più conforme col gusto di Vostra Eccellenza, alla quale essendomi dedicato divoto et perpetuo servitore. [IIv] humilmente m'inclino, priegandole da Nostro Signore ogni contento. Di casa, alli 22 di luglio 1597.

    D.V.E.

                        Devotissimo servitore

                              Guido Mazenta

[1r] Essendo necessario che alla grandezza del Prencipe, che riceverà della Prencipessa, che sarà ricevuta et della ci[t]tà che deve concorrere a simile attione, responda la magnificenza dell'apparato. Sarebbe anco, per consequenza, cosa molto bisognevole l'havere minuto et particolare ragguaglio del modo che si puotrà tenere nell'abbellire alcuni luoghi più nobili della ci[t]tà per l'occasione di tale accoglimento. Questa diligenza non pretendo io di usare, perché sarebbe cosa molto tediosa et lunga il discorrere sopra ogni impresa et

sopra qualunque ornamento, \però/ lasciando anco da canto il trattato di preparare per lo passaggio medesimo altra ci[t]tà dello stato et anco rimettendomi allo stile antico ne gl'incontri, nel vestito de nobili et nelle precedenze stabilite sino al tempo che entrò la maestà di Karlo V imperatore, solo descriverò, [1v] alla sfuggita et più brevemente che puotrò, gli cinque archi ornati di statue, d'iscrittioni et d'imprese, puoiché cinque soli in sito commodo puotranno essere con maestà collocati, de quali il primo et l'ultimo saranno dedicati alla Serenissima sposa, il secondo alla Maestà del Re, nostro signore, il terzo al Serenissimo Prencipe, et il quarto a Vostra Eccellenza.

Presupponendo, dunque, che sii in questa occasione superfluo il fare un ponte qual'ascenda et descenda dalle mura dalla cit[t]à, per non gettare tanta spesa sotto a piedi, primieramente pongo in consideratione a Vostra Eccellenza se havendo Milano le porte delle mura senza ornamento alcuno, anzi più tosto essendo sfori et rilassi nel muro, che porte convenienti a così \gran/ metropoli, sarebbe a proposito fare il primo arco trionfale non di legno, ma di pietre piantandolo sopra il muro a[l] punto che cinge la [2r] città esteriore, facendolo di ordine dorico et, quanto più si puotesse, conforme alla quadratura et simplicità degli archi antichi romani, ma però tale che respondesse alla forma che si usa nelle porte delle ci[t]tà fortificate alla moderna; questa spesa servirebbe per memoria eterna et ornamento singolare; et per fabricarlo con prestezza, adoperar si potrebbono le pietre cavate per fondar la fa[c]ciata del Duomo, pagando il prezzo alla fabrica giaché hora non se ne vuole servire.

[ARCO I]

Questo primo arco si puotrà ornare con quattro gran colonne, posate sopra i suoi piedestalli, intrecciandole con bugne alla rustica, fingendo dai lati delle dette colonne una porticciola per fianco, ornata pur alla rustica, ma non sforata, havendo a servire il muro, che turarà dette porticciuole, per campo a due gran statue, quali ivi s'appoggiaranno, come più basso si dirà. [2v] Sopra dette colonne et portine caminarà il suo architrave, fregio et cornice, sopra la quale si metterà un dado con un ordine di piedestalli, \alti la metà dell'/ ordine inferiore, dandogli maggior risalto sopra le colonne et minore sopra le portine, et compartendogli dentro tre quadri in questo modo, cioè, il quadro di mezzo havrà dentro in lettere maiuscole dorate in campo nero (non facendosi però di marmo) l'inscrittione seguente:

INGREDERE· LAETA· SERENISSIMA· GREGORIA· MAXIMIANA· MAXIMA· FOELIX· AVGVSTA· AMPLISSIMAM· ITALIAE· VRBEM· CVIVS· FRAEQVENTISSIMVS· CIRCVM· TE· EXVLTAT· POPVLVS· MAIESTATE· PRAESENTIAE· TVAE· TANQVAM· EXPECTATISSIMO· TRIVMPHO· GESTIENS· EN· AVDIS[1]· QVAM· VNANIMES· VIRI· FOEMINAE· PVERI· TE· SOLAM· [3r] TANTO· PRINCIPE· DIGNAM· ORBIS· QVIETEM· IMPERIIQVE· FIRMAMENTVM· APPELLENT· ROGENTQVE· NE· TAM· CITO· TRANSEAS· PARVVM· ENIM· HONOREM· TIBI ·ADHIBERI· NVNC· EXISTIMANT· QVI· MAXIMVM· DEBITVM: ESSE· SCIVNT

Il quadro, a mano dritta, all'inscrittione havrà dentro figurata un'impresa di due palme, cioè, il maschio et la femina, quali, av[v]itticciando gli rami insieme, mostrino lo scambievole amore dei Serenissimi sposi, con il motto: OPTATOS FRVCTVS PROFERENT.

Il quadro, a mano sinistra, haverà dentro un'altra impresa, pure d'una pianta di palma sola, col motto: IVXTA RAMOS TVRGEBIT. Volendo significare che, sì come la palma è sottile nei piedi e si va ingrossando verso i rami da quali nascono i frutti, così la Serenissima Principessa [3v] aggranderà se medesima et l'imperio con la prole sua.

Nell'intercolunnio, alla dritta mano della porta, si collocherà una statua di tutto rilievo sedente, quale rappresenterà la Salute publica, nel modo che si vede scolpita nella medaglia di Antonino Pio, cioè, una fanciulla che nella destra tenga una coppa colla quale porga da bere ad'un serpe, et nella sinistra, havrà un'hasta. Il titolo nel piedestallo sarà: SALVS PVBLICA. Questa figura sarà alta, col piedestallo quanto la metà della colonna, et della sommità della detta figura sino all'architrave sarà posta nel mezzo d'un quadro, incassato nella parete, una impresa di una luna crescente, col motto: REPARAT COELESTIA.

Nell'intercolunnio sinistro, alla porta, sarà posta un'altra fanciulla, sedente come la prima, quale figurerà la [4r] Felicità publica, havendo nella destra un caduceo, nella sinistra, un ramo d'ulivo pieno di frutti, col capo inghirlandato di fiori et col titolo:

FOELICITAS PVBLICA. Sopra il capo della detta figura, nel modo soprascritto, sarà in un quadro finto un sole oriente, col motto: ROSEVM NVNC COLIT [IN]SVBRIA SOLEM.

---

[1] En el texto y en el correspondiente dibujo a pluma se lee la expresión enfática: EN· AVDIS.

Appoggiato al muro della portina finta dalla parte dritta, si porrà un gran colosso,[2] quale dovendosi formare per la Lombardia, detta Gallia Cisalpina, si farà in habito di donna con un'elmo in capo, cinto di corona reale, havendo dominata l'Italia. Havrà uno scettro nella destra, quale fingerà porgerlo alla Serenissima Prencipessa nell'atto che entrarà, et tenendo un'hasta colla sinistra, havrà vicino ai piedi il Po, re de fiumi, quale si figurerà con una mezza figura d'un vecchio cor[i]cato con corona reale in capo, et con una urna versante acqua, intorno al quale [4v] si faranno alcune spiche di grano et alcune figurette picciole di pecore et buoi. Nella sommità della detta porticciuola, sotto la cornice, sarà in un quadro formata una corona con testa di rose, fiori di cedro, foglie di quercia et d'ulivo, col motto: ET CIVIBVS SERVATIS ET PROPAGATIS REGIBVS.

Avanti la porticciuola sinistra, quale anco sarà chiusa, sarà posta la statua di Milano, finta con un giovane armato, con elmo in c[apo] cinto d'alloro. Havrà un piede posto sopra un monte d'armi, et vicino all'altro, havrà tre urne, quali gettando acqua significaranno li tre fiumi Tesino, Adda et Lambro, che irrigano il piano et la città. Fingerà con atto chino di voler porgere con la dritta una corona reale alla Serenissima Prencipessa, et havrà nella sinistra un cotogno, quale per co<m>mandamento [5r] di Solone s'appresentava in Athene alli sposi, per essere geroglifico di fecondità, come si vede nelle medaglie di Giulia Pia et de Faustina. Nello spatio detto, che sarà fra la sommità della porticciuola et la cornice, sarà un altro quadro con dentro figurata una colomba volante con una massa d'oro sopra la schiena, la qual colomba verrà a figurare la felicità e il secolo d'oro apportatoci per la Serenissima Prencipessa, col motto: REDEVNT SATVRNIA REGNA

La sommità di tutto l'edifitio si dovrà ornare con un'altra cornice, quale recinga la fronte et tutti due gli fianchi dell'arco. Sopra la qual cornice si metteran[n]o quattro statue posate sopra il vivo delli pilastri, quali statue saranno chine verso terra, fingendo anco loro di porgere la corona alla Serenissima Prencipessa. La statua di mezzo, a man[o] dritta, sarà la Spagna, armata all'antica con un scettro nella mano sinistra et nella [5v] dritta la corona imperiale; haverà a[c]canto il pie sinistro il Tago, fiume figurato co[n] un'urna che versi acqua; a[c]canto al sinistro, haverà il capo d'un cavallo o[v]vero un coniglio, come si vede nella medaglia d'Adriano. La Italia sarà alla sinistra della Spagna, armata con elmo. Haverà nella mano sinistra un corno di dovitia, et nella dritta la corona reale simplice. Il Po, figurato anch'egli con un'urna, sarà vicino a i piedi con il capo d'un bue et un aratro. L'India sarà messa sopra l'angolo dritto, appoggiata ad un elefante, haverà ricamate le veste di gioie e nel medesimo modo saranno ornate le barde dello elefante;

---

[2] Personificación alegórica de Insubria.

con la dritta porgerà la corona reale, et con la sinistra, una chiave d'oro. La Fiandra sarà sopra l'angolo sinistro, armata con elmo, con l'ombelico scoperto et un avoltorio in testa. Haverà nella mano dritta la corona, come l'altre, et con la sinistra alzerà il deto indice mostrando [6r] voler servare la fede al Re, nostro signore, contro i ribelli. Sotto i piedi haverà il fiume Scaldis, figurato con un'urna, dalla quale usciranno pesci con l'acqua insieme.

Per ornare anco più sotilmente, questo primo arco sarebbe bene all'entrare del ponte, quale è sopra la fossa, mettere nel principio del parapetto due statue sopra due piedestalli, delle quali la dritta fosse formata per il Serenissimo Arciduca Carlo, padre della Serenissima Prencipessa, et l'altra rappresentasse la Serenissima Arciduchessa, madre, con gli loro nomi et titoli, scolpiti o dipinti nei piedestalli.

Il borgo della città haverà anch'egli ad esser tapezzato, coperto et ornato di pitture decenti et nobili, dovendo, chi deputarà Vostra Eccellenza, avvertire che ogni cosa risponda al decoro.

La Porta della Città Interiore, quale si ritrova posta dentro il Navi[g]lio, si puotrebbe ordinare che fosse [6v] gettata a terra, come per opera del gran canzelliere Figliodoni si spianorno quella dimandata Porta Tosa et la Comasina, primieramente, perché restringevano quasi la grandezza della città, quale verebbe come ad ampliarsi se si puotessero vedere con un solo alzar d'occhi gli corsi et gli borghi, tutti nella medesima drittura posti, et anco gli sassi grandi et quadrati, quali sono nelle dette porte interiori, serivebbono per fabricare l'arco già di sopra descritto. In ogni caso, sarà necessario, avanti si entri sopra il ponte, far un altro arco, quale occupi tutta la larghezza del Borgo et insieme congiunga quei dui angoli che si rivolgono al lungo del Navi[g]lio; ivi per esser il principio della più nobile parte della città, si puotrà con molta maestà collocare l'arco dedicato al potensissimo Re, nostro signore.

[ARCO II]

L'arco detto si puotrá formare con una porta et due gran' [7r] pilastri, ornati nella faccia et nel roverscio, con quattro termini per parte, con suoi ornamenti di zoccoli, piedestalli, nicc[h]i[e], fregi, architravi et cornici, finte di colordi marmo et di pietra mista con festoni et maschare colorite di bronzo.

Gli quattro termini saranno ignudi dal mez[z]o in sù, con catene alle mani, significando con questi i popoli ribelli soggiogati, come narra

Vitruvio che si figurorno in un trionfo certi popoli del Peloponesso, detti Carpati.[3]

Sopra il detto ordine di termini, saranno posti tre quadri: uno maggiore nel mez[z]o et due minori dai lati, quali saranno distinti et ornati con gli pilastrelli sopra il vivo dei termini, aggiungendovi il suo dado, base et cimatio. Nel campo di mez[z]o sarà la seguente inscrittione, in lettere maiuscole antiche, adorate, in campo nero [7v]:

DIVO· PHILIPPO· II· KAROLI· V· IMPERATORIS· FILIO· HISPANICO· INDICO· AFRICO· BELGICO· CVNCTARVM· GENTIVM· PIISSIMO· PARENTI· TOTIVS· ORBIS· POTENTISSIMO· MONARCHAE· NVMINE· DEI· ELECTO· AD· IMPERIA· SPARSA· CONGREGANDA· CATHOLICAMQVE· FIDEM· LONGE· LATEQVE· PROPAGANDAM· MEDIOLANENSIS· CIVITAS· QVOD· QVIETEM· ITALIAE· FOELICISSIMIS· OPTATISSIMISQVE· NVPTIIS· AVGVSTISSIMAM· PROLEM· PROMITTENTIBVS· FIRMARIT· IN· ADVENTVM· SERENISSIMAE· GREGORIAE· MAXIMIANAE· FIDEI· ET· LAETITIAE· PVBLICVM· TESTIMONIVM

A[c]canto alla detta inscrittione, nel quadro a mano dritta, sarà dipinto un carro all'anticha, con due ruote, tirato da quattro elefanti, col motto: ORIENTE IN POTESTATEM REDACTO.

Il quadro posto alla sinistra, sarà figurato il carro [8r] del sole con quattro cavalli, col motto: CVM PHOEBO CIRCVIT ORBEM.

Fra gli due termini, quali saranno posti a[c]canto alla porta, si farà una nicc[h]ia con un quadro sotto et un altro sopra. La nicc[h]ia, alla destra, haverà dentro la statua della Pietà, figurata con una fanciulla con ali bianche, vestita di rosso, con una fiamma sopra il capo. Haverá la destra sopra un altare, et la sinistra posta sopra il cuore, et la faccia volta al cielo, con il titolo: PIETAS.

La nicc[h]ia sinistra haverà posto dentro la statua della Mansuetudine, quale fra le braccia terrà cor[i]cato un agnellino et in capo haverà una corona d'ulivo, con il titolo: MANSVETVDO.

[8v] Il quadro posto sopra nicc[h]ia della Pietà haverà dipinto dentro un dracone, simbolo antico dei Re, quale scacciando un lupo, che vorebbe mordere un agnello, posto sopra un altare, lo metta in fuga, col motto: CVLTA ALTARIA SERVAT.

---

[3] Se lee: "Cariati" en la versión impresa de la entrada de la princesa Margarita en Milán, también encargada y realizada por Mazenta 1598, B 2r.

Il quadro posto sopra la detta nicc[h]ia della Mansuetudine haverà dentro dipinto un cervo, quale per forza habbi cavato co[i] denti, fuori d'una caverna, una vipera, col motto: PRAVITATE EDOMITA.

Sotto le dette due nicc[h]ie, puotrebbero figurarsi due imprese, quali diede a Vostra Eccellenza, gli mesi passati, il padre don Giovanni Ambrogio, mio fratello, et sono queste: prima, sotto la nicc[h]ia dritta, si dipingeranno due globi ter[r]estri, uno de quali habbi dentro l'Asia, l'Africa et l'Europa; et l'altro contenga l'America [9r] et la Nuova Spagna, pingendo intorno questi globi uno legame, quale cingendoli insieme ambedue passi per una corona reale, et finisca in una nube dalla quale esca un raggio celeste, col motto: CVM DEO IVNGIT VNVS.

Sotto la sinistra nicc[h]ia, saranno pure dipinti gli medesimi globi terrestri, fingendo una coclea o[v]vero vite piantata nel vecchio mondo, qual finga d'avvicinare a sé il nuovo. Il motto sarà: VIRTVTIS ENERGIA.

Nelle nicchie del roverscio dell'arco saranno messe due altre statue, cioè, la Providenza et la Securità. La Providenza sarà a mano dritta, in una nicc[h]ia figurata con due teste; nella destra terrà un timone, et nella sinistra due chiavi col titolo: PROVIDENTIA.

Nella nicchia sinistra sarà la Securità vestita di lungo [9v] con il capo appoggiato sopra il gomito sinistro, quale riposi sopra una colonna, et nella mano dritta haverà una palma. Il titolo sarà: SECVRITAS.

Nel quadro sopra il capo della Providenza sarà un sole dipinto con alcune stelle oscurate intorno, con il motto: RESTINXIT STELLAS.

Nel quadro sotto la detta statua sarà figurato un leone, qual habbia sotto i piedi un huomo prostrato, col motto: PARCIT NON PERDIT.

Nel quadro sopra il capo della Securità sarà dipinto un altare, col motto: SANCTIOR ASYLUS.

Nel quadro sotto i piedi della soprascritta statua sarà formato un leone sotto il vestibulo anteriore d'un tempio, col motto: [10r] VIGILAT ET CVSTODIT.

Nel quadro sopra alla porta, quale sarà nel roverscio dell'inscrittione, si replicarà la medesima inscrittione qual sarà messa davanti, et nei quadri posti nei fianchi dell'inscrittione si metteranno due imprese seguenti. Nel dritto sarà dipinto un elefante, qual corra dietro ad una tigre che fugga, col motto: NISI LACESSITVS PVGNAT.

Nel sinistro sarà un'aquila, regina degl'u[c]celli, quale vicina a terra cerchi pligliare un u[c]cellino, detto in volgare "reatino" et dai latini "regulus," quale nascondendosi fra un cespuglio di spine, dentro quelle procuri di ricovararsi non puotendo fuggire, col motto: NON PRODERVNT VEPRES.

[10v] Nella cima dell'arco si porranno tre statue; quella di mezzo sarà la Fede, vestita di bianco, quale terrà una croce in una mano et nell'altra un calice, con il titolo sotto i piedi: FIDE DEFENSA.

Le due statue figurate dalle parti saranno la Gustitia, alla dritta, coronata di corona regale, con la spada et la bilancia, \havendo/ un occhio al collo in un monile, con il titolo: CVIQVE SVVM.

Et la Liberalità con un bacile nella sinistra, pieno di danari, quali sparga con la dritta, col titolo: EFFVSA LARGITIO

Nel mezzo del fregio della cornice si metteranno l'armi di Sua Maestà et, nel resto di detto fregio, s'andaranno pingendo palme intrecciate con lauri, corone imperiali con globi terrestri [11r] et con l'aureo vello, o[v]vero, con l'Ordine del Tosone.

Nella grossezza dei pilastri, da una parte si dipingerà in color di bronzo la rotta di san Quintino, col motto: GALLIS PROFLIGATIS. Nella parte opposta, si colorirà in un quadro l'entrata di Sua Maestà in Lisbona, col motto: VLYSSIPONE CAPTA.

Sarà ancora necessario ornare le sponde del ponte sopra il Navi[g]lio, facendoli il suo parapetto de'balaustri acciochè nel passare non cadesse il popolo per il gran concorso nella fossa, mettendo nel principio del parapetto due gran statue quali nel entrare del ponte faranno bel[l]issima vista; et puotranno servire a questo proposito due figure grandi in forma d'angeli vestiti di bianco, quali portino due faci accese, simbolo d'amore et di matrimonio, usando gli antichi [11v] il farle portare avanti alli sposi. La porta dentro il ponte si puotrà rilegare con due colonne et una cornice sopra la quale siino tre Gratie vestite di bianco, due de quali, havendo in mezzo l'altra, con una mano la tenghino et con l'altra spargano rose verso la Serenissima Prencipessa.

[ARCO III]

Il terzo arco de ragione sarà dovuto al Serenissimo Prencipe et molto a proposito sarà il piantarlo nel principio del Corso, perché restando in faccia al ponte et facendo capo a strada così larga renderà molta maestà et decoro. Si puotrà fare con tre porte et di ordine corintio. La porta maggiore sarà in mez[z]o di due colon[n]e rotunde, tutte spiccate dalla parte dell'edificio, et ciascuna delle porte picciole sarà posta nel mezzo di due colonne di basso relievo \et/ sopra tutte correrà la medesima cornice. Sopra la cornice sarà elevato un piedestallo largo quanto sarà il sito, quale occuparà tutto l'edificio ornandolo [12r] con il suo dado, base, architrave, fregio et cornice. Nel mezzo del quale sarà dipinta in una cartella grande l'inscrittione seguente:

PHILIPPO· III · AVSTRIACO · PHILIPPI · II · FILIO· HISPANIARVM · PRINCIPI · MAXIMO · INGENIO · PRVDENTIA · CONSILIO · SVPRA · AETATIS CAPTVM · ADMIRABILI · CVI · VT · PAR · ESSET · CVM · VIRTVTE IMPERIVM · AMPLISSIMI · ORBES · INVENTI · ET · ADDITI · MEDIOLANVM OVANS · FOELICISSIMO · ADVENTV · SERENISSIMAE · GREGORIAE SPONSAE · OBSERVANTIAE · ET · FIDELITATIS · CAVSSA · DECREVIT

Nel intercolunnio delle dette colonne rotunde si meteranno in due nicc[h]ie le statue di Karlo V, imperatore, et del Re, nostro signore, armate all'antica con manti et corone imperiali, col globo terrestre et uno scettro in mano, quali amendue fingeranno di porgere il mondo [12v] verso la \Serenissima/ Prencipessa. Et nell'architrave, quale girerà intorno alla volta dell'arco della porta, si metteranno queste parolle: FOELIX EST IN VTROQVE PARENTE.

Sopra la statua dell'imperatore Karlo, a mano dritta, si dipingerà in uno sfondato una sfera celeste, simbolo della eternità, con un caduceo et una saetta attraversati dietro alla detta sfera, col motto: IMPERIVM SINE FINE DEDI.

Sopra la statua del Re, nostro signore, si formarà una vite, quale in un sogno fu augurio dell'imperio di Cyro, che abracci un globo terrestre facendoli ombra, col motto: PROPAGATA GLISCIT ET CONNECTITVR.

Nel mezzo delle colonne di maggior rilievo, nel roverscio dell'arco, si metteranno le statue dell'Honore et della Virtù, riguardanti l'una all'altra. La Virtù sarà nell'intercollunnio dritto in una nicchia; [13r] terrà nella destra un'hasta, nella sinistra un[a] cornucopia, premendo col piè sinistro una celata. Il titolo sarà: VIRTVS.

L'Honore si metterà nella nicchia sinistra, quale sarà figurato per un giovane con elmo in capo, tenendo un'hasta nella sinistra et uno scettro nella dritta, calcando col piè dritto una testuggine, col titolo: HONOS

Sopra la statua della Virtù sarà dipinto in un quadro un aquilotto che fissi lo sguardo nel sole, col motto: PATERNAE VIRTVTIS MEMOR.

Sopra la statua dell'Honore sarà nell'altra incassatura dipinta una cicogna, gieroglifico della pietà del figlio verso il padre, col motto: GENITORI AEQVVM REDDIT OFFICIVM.

Nel quadro sopra la porta sarà replicata la medesima [13v] inscrittione messa nella fac[c]ia dell'arco. Sopra la sommità dell'edificio saranno tre statue; quella di mezzo rappresentarà la Immortalità, quale haverà l'ali alle spalle, nella destra un cerchio d'oro, nella sinistra una fenice col titolo: IMMORTALITATI AVSTRIACAE.

Quelle dai lati saranno due statue figurate per la Fama con l'ali bianche et i panni soccinti al traverso, facendogli che intorno le gambe leggiermente svolazzino, et nelle mani d'ambedue si dipingerà una tromba et un ramo d'ulivo. Dai lati dell'iscrittione si metteranno l'armi reali et nella grossezza dell'arco si dipingerà in una parte una lira, col motto: CONCENTVS EX CONCORDIA.

Nella parte opposta si formarà una mando[r]la fiorita quale è simbolo di felicissimo augurio et di prospera [14r] gioventù, et fiorisce prima degl'altri arbori, col motto: RAMOS CVRVABIT OLENTES.

Sopra l'inscrittione et sotto il frontespicio sarà messo uno scudo con dentro l'arma simplice di Casa d'Austria, cioè, una fascia bianca, quale curvandosi alquanto per la colmezza d'esso scudo et replicandogli puoi sotto un'altra fascia bianca, volta al roverscio, fingerà la medesima arma radoppiata in maniera che dette due fascie faranno un cerchio bianco, col motto: LACTEVM VT IMPLEAT ORBEM.

[ARCO IV]

Il quarto arco si doverà dedicare a Vostra Eccellenza perché, si come ciascuno ammira il valor suo nell'armi et nelle lettere, congiunto con somma bontà et giustitia, resta ancora la città con obligo di mostrare con publico testimonio la cognitione che ha delle doti dell'animo di Vostra Eccellenza. Questo arco quarto sarà bene collocarlo nell ingresso della piazza, et potendosi, fabricare di pietra, perché [14v] contro l'ingiuria de' tempi stesse in piedi per memoria, sarebbe meglio. Altrimenti si farà di legno, conforme agli altri. L'ordine suo sarà composto per mostrare il componimento di diverse scienze et virtù, de quali è ornata Vostra Eccellenza. La porta haverà solo una mezza colonna per parte, per[4] essere stretto il sito, et il roverscio si ornarà nel modo apunto che sarà formata la faccia. La cornice, fregio et architrave risalteranno alquanto in fuori sopra le colonne, il vivo delle quali sosterrà la tabella per l'inscrittione seguente:

---

[4] Esta preposición está duplicada.

IOANNI · VELASCHIO · COMESTABILI · CASTELLAE · GALLIAE · CISALPINAE · GVBERNATORI · EXERCITVS · IN · GALLIA · ET · IN · ITALIA IMPERATORI · SVMMO · PRINCIPI · OPT · P· P· FVGATIS · HOSTIBVS SEQVANIS · RECEPTIS · MAXIMO · BELLO · INCREDIBILI [15r] CELERITATE · CONFECTO · MEDIOLANO · CONSERVATO · SVBLEVATO ET · AVCTO · PROVINCIA · SVMMA· CVM · AEQUITATE · ADMINISTRATA · MEDIOLANENSES · BENEFICIORVM · MEMORES · VT · IN · MAXIMA · LAETITIA · DEBITVM · PRINCIPI · HONOREM · REFERRENT · TRIVMPHALEM · ARCVM · D · D

Sopra i canti dell'inscrittione si metteranno due haste circondate di trofei d'armi, appese come sono i trofei di Mario in Roma. Sopra il mezzo della detta inscrittione si metterà la statua della Vittoria, finta per una donna con ali et vesti bianche, che con la destra tenga una ghirlanda di alloro et con la sinistra una palma, con un'aquila sotto i piedi, quale nelle zampe tenga pure un ramo di palma, questa sarà sopra una basa con due cartelle nei lati, et nella base saranno depinti due tronchi di legno in croce, quali nel percuoterli insieme, [15v] accendino fuoco, impresa vecchia di Borgogna. Il motto vi si puotrà aggiungere: PVGNANDO CORRVSCANT.

Nelle due nicchie a[c]canto alle colonne si collocherà la statua dell'Ab[b]ondanza nella sinistra, et quella della Pace, nella destra. La Pace sarà figurata con un ramo d'ulivo nella destra et nella sinistra un caduceo, con un monte d'armi sotto uno piede; et dall'altro canto, un leone et un agnello che dormino insieme corcati, col titolo: PACATA BVRGVNDIA.

L'Abbondanza havrà nella destra un mazzo di spiche et nella sinistra un[a] cornucopia, col titolo: ANNONE POPVLO EROGATA.

Sopra la statua della Pace sarà dipinto un fulmine attraversato con un tridente, col motto: DIVVM DEBENTVR HONORES.

[16r] Sotto la detta figura sarà una tromba ligata con una lira, essendo l'una simbolo dell'armi, et l'altra, delle lettere, col motto: CONCORDI TONO TEMPERAT.

Sopra l'Abbondanza si dipingerà un vaso pieno di uve, nel mezzo del quale sii piantato un mazzo di spighe, col motto: VITIS VOMERQVE VIGENT.

Sotto la detta figura si formerà un crivello da nettare il grano, col motto: BONVM A MALO SEGREGAT.

A[c]canto delle dette imprese, verso il muro, se formerà una fascia che relieghi l'edificio et risalti alquanto con dipinti sopra diversi trofei pendenti d'arme, di libri, di corone d'oro et di lauro.

Nell roverscio dell'arco, saranno a[c]canto alla porta [16v] poste due figure con il medesimo ordine descritto nella parte anteriore. Una sarà un sacerdote \vestito all'antica/ con un sasso in una mano, col quale finge di percuotere il capo d'uno agnello posto sopra un altare, col titolo: FOEDERE CVM FINITIMIS FIRMATO.

L'altra sarà la statua di Mercurio col caduceo, con l'ali et coi talari per esser dio delle scienze et simbolo dell'acutezza dell'ingegno, col titolo: COELO DEMISSVS AB ALTO.

Sopra la statua di Mercurio sarà dipinta un'impresa con un leone che sbrani con le ugne il nemico suo capitale, che è il gallo. Il motto: NVNC DECIDIT HOSTIS.

Sotto la detta statua sarà per un'altra impresa dipinto un arco trionfale, quale in due nicc[h]ie finte dentro i pilastri, habbi poste due statue d'Ercole, quale s'appoggi et riposi sopra la clava, coperta dalla [17r] pelle del leone Nemeo, col motto: EX ATLANTIS LABORIBVS. [5]

Sopra il sacerdote soprascritto sarà dipinto un archipenzolo, col motto: VNDECVNQVE LIBRATVM.

Sotto la detta statua saranno designati duoi leoni posti sotto un giogo, col motto: VIRES SAPIENTIAE PARENT.

A[c]canto all'inscrittione saranno due maschere di leoni, per parte simboli della Vigilanza; et dalla bocca di dette maschare penderanno due festoni pieni di frutti, quali anco significaranno l'Abbondanza. Il medesimo sarà nel roverscio. Nella grossezza de pilastri sotto l'arco, saranno dipinte due historie di colore di bronzo, quella che sarà a mano dritta haverà dentro finta un'espugnatione d'una fortezza, di quelle di Borgogna, con sottoscritte queste parole: [17v] ALTER CAESAR GALLOS VICIT.

Nella parte opposta sotto il medesimo arco, sarà dipinta una castrame[n]tatione con dentro un essercito, con queste parole sotto dipinte: ALTER FABIVS SAMAROBRINAM BELGIS VRBEM OBSESSAM DVM GALLOS MORATVR PRVDENTISSIMA CVNCTATIONE RESTITVIT.

La piazza anch'ella si dovrà abbellire, sgombrando tutti gli impedimenti di banchi et di bot[t]eghe; et in mezzo di quella con bel[l]issima vista si puotrebbe mettere un colosso di Sua Maestà, armato e vestito, conforme al modo soprascritto.

---

[5] En el ms. se lee: ANTLATIS.

[ARCO V]

Il quinto arco, dedicato alla Serenissima Prencipessa, sarà posto sopra i fondamenti fatti per la facciata del Duomo, o[v]vero, poco più avanti, verso gli scalini; et perché questo sarà nel più nobile luogo et nel centro della città, sarà ancor bene il farlo più alto di tutti, con tre porte: una grande et due picciole. L'ordine sarà [18r] corinthio, quale molto converrà alla Serenissima Prencipessa, chiamandosi le colonne di detto ordine virginali, essendo più svelte et più ornate delle altre, et havendole dedicate gl'antichi sempre nei tempii fabricate alle dee et alle donne. Il predetto arco haverà quattro pilasti, et ogni pilastro haverà due colonne nel mezzo, di tutto tondo, appoggiate alle sue mezze colonne con i suoi membri coloriti secondo il compartimento di bronzi, di marmi et di misti. Sopra le dette colonne caminerà il piedestallo, alto la metà dell'ordine inferiore. Sopra la porta sarà la inscrittione seguente, pure in campo nero di lettere maiuscole grandi d'oro:

SERENISSIMAE· GREGORIAE · MAXIMIANAE · AVSTRIAE · MATRIMONII · ET · GENERIS · DIGNITATE · INCOMPARABILI · PRAEFECTI · FABRICAE · TEMPLI [18v] · MAXIMI · QVOD · A · FVNDAMENTIS · MAIORES · SVI · EREXERVNT· FOELICES · ET · FAVSTAS · DEPRECANTES · NVPTIAS · ET · DEVOTO · HILARIQVE · AFFECTV · GRATVLANTES · P · P

Nel quadro dritto, a[c]canto all'inscrittione, sarà dipinta per impresa una rosa et un giglio attreversati et cinti con una corona reale nel mezzo, col motto: VNVS ODOR SPIRAT.

Nel quadro sinistro all'inscrittione saranno dipinte due faci ardenti legate anch'elle in croce con la corona medesima che le stringa in mezzo. Il motto sarà: ARDENT AMORE MVTVO.

Nel quadro sopra la porta picciola, a mano dritta, sarà dipinta una madriperla aperta, sopra la superficie del mare, con dentro una perla grossa et candida, quale scrivono i naturali pascersi di ruggiada celeste, et generare le perle più bianche et più [19r] oscure secondo la qualità del aire, o chiaro o turbato. Il motto sarà: DE COELO CIBVS ET CANDOR.

Nel quadro sopra la porta seconda, alla sinistra, sarà dipinta una nave arrivata in porto con le vele calate et gettata l'ancora, con il motto: ANCHORA IACTA MIHI.

Ne[i] due triangoli, quali saranno fra l'architrave che girarà sopra la porta et l'architrave dritto sopra le colonne, si metteranno due medaglie finte di colore di bronzo con dentro l'imagine di Sua Maestà nella dritta, et nella sinistra, quella del Prencipe. Il fregio della cornice si dipingerà con gigli, rose et corone d'oro, quali, attraversate insieme, s'anderanno intessendo et intrecciando l'una con l'altra. Sopra il vivo delle colonne et sopra le cornice si metteranno quattro statue rappresentanti la Fede, la Speranza, la [19v] Carità et l'Innocenza.

La Carità se porrà in mezzo, a mano dritta, quale nella destra terrà un cuore ardente et colla sinistra abbraccierà un fanciullo.

La Fede sarà in mezzo, alla sinistra, con un calice in una mano et nell'altra una croce.

La Speranza sarà figurata con un'ancora nella sinistra et un arboscello fiorito in capo, allargando l'altra mano et gl'occhi verso il cielo.

La Innocenza sarà una verginella coronata di fiori con un agnello a[c]canto a'[6] piedi, et fingerà lavarsi le mani dentro un bacile posto sopra un altare.

Nella sommità dell'edificio si metteranno cinque statue, quella di mezzo sarà della Maestà di Rodolfo II, imperatore, le altre quattro saranno delli Serenissimi Alberto, cardinale, Ernesto, Massimiano et Matthia, arciduchi,[7] o[v]vero più tosto, per esser l'arco avanti la chiesa, si metteranno cinque santi tutelari della città.

Nel roverscio dell'arco sarà finta solamente in pittura, [20r] la medesima architettura che dinanzi sarà formata di relievo, dovendosi al detto arco appendere il panno e i razzi per cuoprire et adobbare la via sino alla porta della chiesa, qual porta anch'ella si ornerà con festoni, angioli et pitture conforme all'uso.

La chiesa dovrà anch'ella ornarsi più solennemente che possibile, sia mettendo un colosso di stucco fra un pilastro e l'altro, quale rappresenti gl'imperatori e altri prencipi di Casa d'Austria, di maniera che nel mezzo di tutti gli intercolun[n]ii ne venghi posto uno, alto braccia sette, col suo piedestallo, voltandoli verso la nave di mezzo et mettendoli sotto l'inscrittioni nel modo seguente, se pure non stimerà Vostra Eccellenza meglio il mettergli sotto i portici della Corte:

---

[6] "o" en el texto.
[7] A partir de aquí y hasta el final del párrafo el texto ha sido añadido en una letra de cuerpo menor.

RVDOLPHVS I AVSTRIACVS IMPERATOR, HABSPVRGI PRINCEPS

ALBERTVS I RVDOLPHI FILIVS ROMANVS REX, ARCHIDVX AUSTRIAE

ALBERTVS II ALBERTI I FILIVS SAPIENS COGNO [20v] MENTO ARCHIDVX AVSTRIAE

LEOPOLDVS ALBERTI II FILIVS ARCHIDVX AVSTRIAE

ERNESTVS LEOPOLDI FILIVS ARCHIDVX AVSTRIAE

FRIDERICVS ERNESTI FILIVS ROMANVS IMPERATOR ARCHIDVX AVSTRIAE

MAXIMIANVS FRIDERICI IMPERATORIS FILIVS ROMANVS IMPERATOR ARCHIDVX AVSTRIAE

PHLIPPVS I MAXIMIANI FILIVS HISPANIARVM REX ARCHIDVX AVSTRIAE DVX BVRGVNDIAE

KAROLVS V PHILIPPI FILIVS ROMANVS IMPERATOR HISPANIARVM REX ARCHIDVX AVSTRIAE

PHLIPPVS II KAROLI V IMPERATORIS FILIVS HISPANIARVM REX A[R]CHIDVX AVSTRIAE ET MEDIOLANENSIS DVX

PHLIPPVS III PHILIPPI II FILIVS HISPANIARUM PRINCEPS ARCHIDVX AVSTRIAE

GREGORIA MAXIMIANA KAROLI ARCHIDVCIS AVSTRIAE FILIA PHILIPPI HISPANIARVM PRINCIPIS VXOR.

[21r] Si puotrà ancora in chiesa appendere all'arco della cuppola una gran nube piena d'angioli, quali entrando la Serenissima Prencipessa cantino salmi a questo proposito, come sarebbe il *Te Deum laudamus,* sonando diversi stromenti. La porta del palazzo et gli archi del portico si dovrebbeno anch'essi ornare con statue et con altri abbellimenti, ma non sapendosi intorno a ciò quello che Vostra Eccellenza habbi deliberato, si lascia il trattarne, perché si puotrà sempre in ogni luogo aggiugnere et pensare nuovi ornamenti secondo che da Vostra Eccellenza sarà commandato, alla quale Nostro Signore conceda il colmo di tutte le felicità.

Abbreviations

ACMMi: Archivio del Capitolo Metropolitano, Milan
    L: Liturgico
AGS: Archivo General, Simancas
    CMC: Contaduría Mayor de Cuentas (3° epoca)
    E: Estado (Milan y Saboya)
AHPMa: Archivo Histórico de Protocolos, Madrid
ASBMi: Archivio Storico dei Barnabiti, Milan
ASC-BTMi: Archivio Storico Civico – Biblioteca Trivulziana, Milan
    D: Dicasteri
    LM: Località Milanesi
ASDMi: Archivio Storico Diocesano, Milan
    Vis: Visitationes
ASFi, Archivio di Stato, Florence.
    DU: Ducato di Urbino
    MP: Mediceo del Principato
ASMi: Archivio di Stato, Milan
    A: Autografi
    CC: Carteggio delle cancellerie dello stato
    F: Famiglie
    FC: Fondi Camerali (parte antica)
    MS: Miscellanea Storica
    N: Notarile (atti)
    P: Popolazione (parte antica)
    PE: Potenze Estere (post 1535)
    PS: Potenze Sovrane (post 1535)
    RC: Registri delle Cancellerie e magistrature diverse
    TAM: Trivulzio, Archivio Milanese

ASMn: Archivio di Stato, Mantua
    AG: Archivio Gonzaga
ASPr: Archivio di Stato, Parma
    CFB: Carteggio farnesiano e borbonico estero
ASTo: Archivio di Stato, Turin
    LMM: Materie politiche per rapporto all'estero. Lettere ministri. Milano
ASVe: Archivio di Stato, Venice
    SD: Senato, Dispacci degli ambasciatori e residenti
AVFDMi: Archivio della Veneranda Fabbrica del Duomo, Milano
    R: Registri
BAMi: Biblioteca Ambrosiana, Milan
BAV: Biblioteca Apostolica Vaticana, Vatican City
BLL: The British Library, London
BMLF: Biblioteca Medicea Laurenziana, Florence
BNEM: Biblioteca Nacional de España, Madrid

Index of Names

Kings and Dukes under first name as usually known; others under last names.

A

Alberi (Alberio, Galberio, Galbesio), Giuseppe, 101, 130
Albert II of Habsburg, emperor, 84
Albert of Habsburg, archduke of Austria, son of Maximilian II, 78, 114, 115, 116, 119, 120, 124, 125, 128, 129, 131, 133,197
Albert V Wittelsbach, duke of Bavaria, 98, 100, 102, 104, 105, 110, 122
Alberti, Leon Battista, 13, 15, 51
Albicante, Giovanni Antonio, 50
Albignani, Giovan Battista, 110
Alciato, Andrea, xxxiv, 41-42, 48, 153, 154, 172
Aldobrandini, Cinzio, cardinal, 133
Alessandro Farnese, duke of Parma, 99, 101, 103, 106
Alfieri, Luigi, xxxii
Alfonso II d'Este, duke of Modena e Ferrara, 120
Alvarez de Toledo, Fernando, III duke of Alba, 79, 84
Anguissola, Delia, 101
Anguissola, Giovanni, 102
Anna of Habsburg Vasa, archduchess of Austria, daughter of Charles II, queen of Poland and Sweden, 118
Anna of Habsburg Wittelsbach, archduchess of Austria, daughter of Ferdinand I, 128
Anna of Habsburg, archduchess of Austria, daughter of Ferdinando II (of Tirol), 129
Anna of Habsburg, archduchess of Austria, daughter of Maximilian II, queen of Spain, 91, 108, 111, 112, 128, 129
Anna Caterina Gonzaga Habsburg, wife of Ferdinand II (of Tyrol), 129
Antonino Pío, roman emperor, 171
Antonio da Ferrara, musician, 82
Appiani, Alessandro, 133
Appiani, Ercole, 121, 133
architectural designer, xxxiv-xxv, 13-14, 18; collection of, xxxi, xxxvii, 9-10, 19-23
Arcimboldi, Giovan Angelo, archibishop of Milano, 92
Arconati, family, 2
Arconati, Galeazzo, xxx, xxxi, 29
Arconati, Giovanni Battista, 2
Aristotele (Aristotle), 12, 41, 48

B

Bagnadore, Pier Maria, 50
Balbi, Lattanzio, 94
Barbavara, Ottaviano, 2
Barberini, Francesco, cardinal, xxxi, xxxii, 27
Barberini, Maffeo. *See* Urban VIII
Barca, Pietro Antonio, 44
Barocci, Federico, 10, 11, 12, 53
Barocci, Simone, 10, 12, 53

Bartoli, Cosimo, 51
Basilio Magno, san, 152
Bassi, Martino, xxxiv, 13, 14, 15, 44-47, 51
Battista da Lonate, 104
Beccaria, Alessandro, 116
Bellini, Giovanni, 24, 26, 27
Bellone (Belloni), Nicolò, 115, 116, 123, 131
Bernasconi, Giuseppe, 43
Bianchi, Ercole, 13, 24, 25
Bianconi, Carlo, 48
Biffi, Giovanni Andrea, 56
Biglia (Bia), Baldassarre, count of Saronno, 125
Blasco, Luis, 123
Boccardi, Giovanni di Giuliano, 152
Boch, Johann, 202
Boltraffio, Giovanni Antonio, 55
Bona, Tommaso, 50
Borgogni, Gherardo, 9, 134
Borja y Centellas, Francisco Tomás, VI duke of Gandía, 120
Borja y Velasco, Magdalena, countess of Haro, 126
Borromeo, Carlo, archbishop of Milano, xvi, xvii, xx, xxi, xxii, xxiii, 5, 10, 104, 105, 107, 122, 126
Borromeo, Federico, archbishop of Milano, xxvii, xxxii, xxxiv, 3-6, 9-10, 15-17, 20, 24, 27, 29, 118-119, 122
Borromeo, Renato, 103, 104, 116
Borsieri, Gerolamo, xxvii, xxxi, 1, 9-10, 18-19, 25, 29, 44-45, 47, 52-56, 122
Boscano, Enrico, 55
Bossi, Gerolamo, 82, 94
Botticcelli, Sandro, 173
Bottigella Mazenta, Caterina Bianca, 41
Bracciolini, Poggio, 151

Bramante, Donato, 55
Bramantino (Bartolomeo Suardi), 44, 56
Brambilla, Francesco, 119, 120
Brambilla, Giovan Antonio, 119
Breughel, Jan, 24, 25, 26
Brivio, Francesco, 97
Brivio, Sforza, 116
Brugora, Galeazzo, 41
Busca, Gabrio, 118
Buzzi, Lelio, 44

C

Cairo, Francesco, 25-6,
Calandra, Silvio, 99, 101
Calvete de Estrella, Juan Cristóbal, 86, 153
Camilli, Camillo, 100
Campi, Antonio, 9, 41
Cantoni, Caterina, 122, 123, 134
Caradosso (Cristoforo Foppa), 55
Caravaggio (Michelangelo Merisi) xvi, xvii, 28
Cardano, Gerolamo, 92
Cardi, Fortunato, 132
Cardi, Giovan Francesco de, stable master of Philip II, 85
Carlo Emanuele I di Savoia, duke of Savoy, 18, 114, 118, 131
Carlos II de Austria-Estiria, archiduque. *See* Charles II of Habsburg
Carnago, Camillo, 98
Caro, Annibale, 100
Casalini, Andrea, 106
Castelletti da Rho, Vittoria, 100
Castiglioni, Alfonso, 100
Castiglioni, Bianca Lucia, 5
Castione, Gerolamo, 96

Index of Names

Catalina Micaela of Habsburg Savoia, *infanta* of Spain, duchess of Savoy, 118
Catena, Vincenzo, 24
Caterina of Habsburg Gonzaga, archduchess of Austria, daughter of Ferdinando I, wife of Francesco III Gonzaga, 89
Cattabene, Ercole, 107
Cencetti, Guglielmo, 209
Cerano. *See* Crespi, Giovanni Battista
Cesare d'Este, duke of Modena e Reggio, 114
Cesare da Sesto, 21
Cesariano, Cesare, 47
Charles II of Habsburg, archduke of Austria, father of Gregoria Maximiliana, 98, 110, 115, 128, 169, 174
Charles V of Habsburg, emperor, xviii, xix, 77-79, 81, 84-85, 88, 99, 101, 107, 109, 111, 115, 117, 157, 162, 166, 178, 184, 186
Chastel, André, 52
Chieppo, Annibale, 132
Christine Oldenburg of Denmark Sforza Vaudemont, duchess of Milano and Lorraine, 7, 9, 78, 108
Ciceri, Cesare, 41
Ciceri, Francesco, 41
Cicerone, Marco Tullio, 42
Cignardi (Cignarca), Ferrante, 114
Ciocca, Giacomo, 96
Ciriaco de Ancona, 151
Cisero, Antonio, 97
Cittadini, Benedetto, 130
Civaleri, Giovan Giacomo, 108
Clarici, Giovan Battista, xxxvii, 39, 53, 110, 117, 118, 126
Clemente VIII (Ippolito Aldobrandini), pope, 120, 203

Coecke van Aelst, Pieter, 50
Colonna, Fabrizio, 81, 82, 97, 88
Colonna, Francesco, 153
Commandino, Francesco, 51-52
Como, Agostino, 16
Conte, Gian Giacomo del, 87
Contile, Luca, 90
Corbetta, Antonio Maria, 44
Corbetta, Giovan Battista, 88
Cosimo I de' Medici, grand duke of Tuscany, 5
Cosimo II de' Medici, grand duke of Tuscany, 118
Crasso, Francesco, 92
Cresci, Giovanni Francesco, 209
Crespi, Giovanni Battista (il Cerano), 4, 21, 23, 26, 44
Cristina di Danimarca. *See* Christine Oldenburg of Denmark
Crivelli, Giovan Francesco, 56
Croeselius, Johannes, 186
Cueva y Tellez-Girón, Gabriel de la, V duke of Alburquerque, governor of Milano, 96, 98
Curione, Celio Secondo, 48
Curzio, Lancino, 55

D

D'Adda, family, 2, 18
D'Ádda, Francesco II, 54
D'Ávalos Gesualdo, Maria, xxii, xxiii
D'Ávalos, Alfonso, marquis of Vasto, governor of Milano, 84, 89, 94, 99, 111
D'Ávalos, Cesare, 103
Dal Pozzo, Cassiano, xxxi, 25, 27
Dal Pozzo, Emanuele, 121
Davide da Spilimbergo, 106
Decio, Agostino, 100
Del Rio, Galeazzo, 123
Della Cesa, Pompeo, 106

Della Guardia, Francesco, 122
Della Porta, Guglielmo, xxix
Della Porta, Teodoro, xxix
Della Quadra, Maurizio, captain, 96, 97
Della Rovere, Camilla, 100
Della Rovere, Giovanni Battista (Il Fiammenghino), 119
Della Somaglia, Francesco, 83, 86
Della Torre, Giacomo Antonio, 131
Della Torre, Giovan Francesco, 101, 102, 103
Dietrichstein, Franz Seraph von, cardinal 131
Domenico, Giacomo de, 126
Domitian, Roman emperor, 176
Doria, Andrea, 79
Doria, Giovan Andrea, 98
Doria, Paolo, 99
Doria, Pelagro, 99
du Faing, Giles, 124

E

Eleanor of Habsburg Gonzaga, archduchess of Austria, daughter of Ferdinand I, wife of Guglielmo Gonzaga, 129
Eleanor of Habsburg, archduchess of Austria, daughter of Charles II, 110, 112
Emanuele Filiberto di Savoia, duke of Savoy, 100, 101, 102, 103
Enriquez de Açevedo y Toledo, Pedro, count of Fuentes de Valdepero, governor of Milano, 121
Enriquez de Velasco y Aragón, Juana, duchess of Gandía, 120, 121
Erasmo de Rotterdam, 178
Ercole da Trezzo, musician, 90

Ernest of Habsburg, archduke of Austria, 94, 96, 97, 98, 197
Esteban Lorente, Francisco, 152

F

Fabio Massimo, Quinto, "*Cunctator,*" 195
Facino, Andrea, 102
Faechia, Pietro, 94
Fanzino, Sigismondo, 86
Fauno, Lucio, 48
Faustina, (medalla), 172
Feliciano de Verona, Felice, 151
Felipe II, rey de España. *See* Philip II
Felipe III, rey de España. *See* Philip III
Ferdinand I of Habsburg, emperor, 77, 80, 107, 128, 129
Ferdinand II of Habsburg (Ferdinando del Tirolo), archduke of Austria, 80, 89, 98, 106, 129
Ferdinand II of Habsburg, emperor, 107, 112
Ferdinand III of Habsburg, emperor, 129
Ferdinand of Habsburg, archduke of Austria, son of Maximilian II, 91
Ferdinando I de' Medici, grand duke of Tuscany, 5, 6, 7
Fernández de Córdoba, Ana, marchioness of Ayamonte, 102, 103
Fernández de Córdoba, Consalvo (Gonzalo), III duke of Sessa, governor of Milano, 13, 87, 95, 97
Fernández de Velasco y Tovar, Juan, V duke of Frias, *condestable* of Castilla, governor of Milano,

xxxiv, 39, 111, 115, 117, 118, 120, 121, 131, 156, 161, 189, 195, 202
Fernández de Velasco, Íñigo, VIII count of Haro, xxxvii, 39, 125-6
Figino, Ambrogio, xxvii, 23, 28, 29, 41
Figino, Francesco, 41
Figino, Gerolamo, xx, xxi
Figino, Giovanni Ambrogio. *See* Figino, Ambrogio
Figino, Giovanni Battista, 48, 57
Figino, Vincenzo, 41
Figliodoni, Danese, 174
Filippo (Felipe) II. *See* Philip II
Filippo (Felipe) III. *See* Philip III
Fiorenza, Giovanni Battista, 130
Fontana, Annibale, 22, 23
Fontana, Domenico, 51
Fontana, Publio, xviii, xix, 50
Foppa, Vincenzo, 56
Fornari, Lorenzo, 96
Fossano, Giovan Pietro, 81
Fossati, Giovanni Battista, 130
Fossati, Giulio, 119
Francesco I Sforza, duke of Milano, 55
Francesco I Vaudemont, duke of Lorraine, 108
Francesco II Gonzaga, marquis of Mantova, 92
Francesco II Sforza, duke of Milano, 77, 78, 156
Francesco III Gonzaga, duke of Mantova, 88, 89
Francesco Maria I della Rovere, duke of Urbino, 39
Francesco Maria II della Rovere, duke of Urbino, 39, 117
Franco, Giacomo, 50
Frederick III of Habsburg, emperor, 84

G

Gaddi, Niccolò, 18
Galilei, Galileo, 53
Galizia, Fede, 134, 135
Galizia, Nunzio, 126, 132, 134
Gallarati, Giovan Pietro, 120, 121, 123
Galli, Giovan Battista, 134
Galliani, Giovan Battista, 10, 18, 53
Gambaloita, Paolo Emilio, 95, 96, 98, 103, 109, 110
Gesualdo da Venosa, Carlo, xxii, xxiii
Giannelli, Domenico, 83
Giorgi, Bartolomeo, 17, 119
Giovan Paolo, carpenter, 96
Giovannelli, brothers, 123
Giovanni d'Austria (don Giovanni). *See* John of Austria
Giovio, Benedetto, 111
Giovio, Paolo, 48, 48, 111
Giuliano de' Medici, 173
Giulio Romano (Giulio Pippi), xviii, xix, 84
Giunti, Domenico, 81, 83, 84, 86, 87, 90
Goltzius, Herbert, 155
Gómez de Silva, Ruy, duke of Pastrana, 202
Gonzaga di Luzzara, Massimiliano, 81
Gonzaga, Alessandro, 82
Gonzaga, Eleonora, 132
Gonzaga, Ferrante, governor of Milano, 81, 82, 83, 85, 86, 87, 88, 89, 90, 92, 93, 94, 101
Gonzaga, Ippolita, 81, 82, 87, 88
Gonzaga, Ottavio, son of Ferrante Gonzaga, 101, 103, 104
Gosellini, Giuliano, 100, 103, 104

Gregoria Maximiliana of Habsburg, archduchess of Austria, xvi-xxiii, xxxv-xxxvi, 39, 107, 110-112, 117, 135, 151, 155, 159, 162, 169-170, 189, 200, 202, 207
Gregorio Nacianceno, saint, 152
Grosso, Michele, 89
Gruytère, Joan, 49
Guarini (Guarino), Battista, 97, 132
Guazzo, Stefano, 80
Guevara y Padilla, Sancho de, governor di Milano, 107, 108
Guglielmo Gonzaga, duke of Mantova, 101
Guglielmo V Wittelsbach. *See* William V Wittelsbach
Guidobaldo II della Rovere, duke of Urbino, 52, 100
Guzmán, Antonio de, III marquis of Ayamonte, governor of Milano, 98, 101, 102, 103, 125
Guzmán, Francisco de, IV marquis of Ayamonte, 125
Guzman, Luis de, 125

H

Hamann, Brigitte, 200
Hamen y León, Juan van der, 201
Henry III Valois, king of France, 102
Heródoto de Halicarnaso, 184, 187
Horapolo, 153

I

Ignacio de Loyola, 155
Isabella Clara Eugenia of Habsburg, *infanta* of Spagna, wife of Albert, archduke of Austria, 78, 119, 120, 125, 128, 129, 131, 133, 134

Isabella d'Este Gonzaga, wife of Francesco II Gonzaga, marchioness of Mantova, 92
Isabella di Capua Gonzaga, princess of Molfetta, wife of Ferrante Gonzaga 82, 84, 88, 90, 92, 93
Isabella of Habsburg Oldenburg, sister of Charles V, wife of Christian II Oldenburg of Denmark, 78
Iter, Lucius, bishop of Coira, 79

J

John of Austria (don Giovanni d'Austria), 99, 100, 101, 102, 103, 104, 105, 106, 110
Juan de Velasco. *See* Fernández de Velasco y Tovar, Juan
Julia Pía, (medal), 172
Julius Cesar, 176, 195

L

Landi, Claudio, prince of Val di Taro, 102
Leonardi, Giovan Giacomo, 52
Leonardo da Vinci, xvi-xvii, xxvii, xxix, xxxiii, xxxv, 15, 21, 27, 29, 55, 152-154, 172, 180
Leoni, Leone, xviii-xix, xxxvi, 83, 88
Leoni, Pompeo, xxviii, xxx, 21, 29
Leto, Giulio Pomponio, 151
Litolfi, Annibale, 79
Lomazzo, Gian (Giovanni) Paolo, xxxiii, 9, 20-23, 41, 56
Lomazzo, Giuseppe. *See* Meda, Giuseppe
Lonati, Pietro Antonio, 99-101, 103-104
Londonio, Antonio, 9

Index of Names

Lorenzo de' Medici, 151, 171-172
Lucrezio Caro, 48
Ludovico Maria Sforza, duke of Milano, xxxv, 55
Luini, Aurelio, 3, 21, 27
Luna, Juan de, 81, 86
Lupo, Battista, 98

M

Madruzzo, Cristoforo, cardinal, 79, 81-82, 88-89
Magoria, Eliseo, 112
Malaspina, Guglielmo, 98
Mancho Duque, Mª Jesús, 155
Mandelli (Mandelo), Giacomo, 202
Manfredi, Muzio, 100
Manrique, Giorgio (Jorge), 104
Mantegna, Andrea, 151
Manuzio, Aldo (the Elder), 56, 153
Manuzio, Aldo (the Younger), 5, 55
Manzoni, Ambrogio, 120, 130
Marazo, Giovan Pietro Maria, 119
Margarita de Austria-Estiria. *See* Margherita of Habsburg, queen of Spain
Margherita of Habsburg (Suor Margherita de la Cruz), archduchess of Austria, daughter of Maria of Habsburg, 107
Margherita of Habsburg, archduchess of Austria, daughter of Charles V, 99, 102, 106
Margherita of Habsburg, queen of Spain, xviii, xix, xxii, xxiii, xxxv, xxxvi, xxxvii, 78, 107, 109-116, 118-130, 132, 133-135, 164, 179, 181, 189, 200-203
Maria Anna of Habsburg, empress, daughter of Filippo III, wife of Ferdinand III, 129, 169

Maria Anna Wittelsbach Habsburg, wife of Charles II, 98, 110, 115, 120, 122, 128
Maria Maddalena of Habsburg de Medici, archduchess of Austria, wife of Cosimo II, grand duchess di Tuscany, 118
Maria of Habsburg, empress, daughter of Charles V, 81, 91, 93-94, 107-109, 112, 123, 128
Mariani, Carlo, 51
Marín Tovar, Cristóbal, 203
Marino, Tommaso, 89, 102
Marliani, Ercole, 125
Marliani, Luigi, 82, 97
Marliani, Ottavia, 95
Marone, Pietro, 50
Massimo, Camillo, cardinal, 18
Matthias of Habsburg, emperor, 77, 107, 129, 197
Maximilian II of Habsburg, emperor, xxxvi, 79-83, 91, 93-95, 97, 107, 111, 128-129, 176, 197
Maximilian III of Habsburg, archduke of Austria, grandmaster of the Teutonic Order, 107, 197
Mazenta, Alessandro, *monsignore*, xxxvii, 3-6, 11-12, 17, 25, 27, 119
Mazenta, Ambrogio. *See* Mazenta, Giovanni Ambrogio
Mazenta, Faustino, 4, 25
Mazenta, Francesco (Ludovico), 28-9, 41-44, 48, 53, 56
Mazenta, Giovanni Ambrogio, xxvii, xxx-xxxii, xxxiv, xxxvii, 3-7, 17-18, 22, 25, 27, 29, 40-43, 48, 55-56, 180
Mazenta, Guido Antonio, marquis, 19, 23, 24, 27
Mazenta, Guido, xvi, xvii-xviii, xix-xxiii xxvii-xxviii, xxxi, xxxiii,

xxxvii, 1-8, 10-14, 16-24, 28-29, 39-43, 110, 112, 117, 119, 135, 151, 154-158, 161-164, 166-167, 170, 173, 175, 177-179, 181-185, 187, 189-190, 192-193, 195-197, 200, 202, 207-208, 210-211
  as iconographer, 154-158; as writer, 158-159; friends of, 3, 5-12; library of, 39-43; patronage, 11-12, 16, 24-25, 28
Mazenta, Lodovico (son of Guido), 4, 25
Mazenta, Lucia, 2
Mazenta, Ludovico (Lodovico), senator, xxxvii, 1-2, 4-5, 40-41, 46, 48
Mazenta, Margherita, 2
Mazenta, Melchiorre, 1, 20, 41
Mazenta, Simone, 1
Meda, Giuseppe (Giuseppe Lomazzo), xx-xxi, 109, 112
Medici, Gian Giacomo de' (il Medeghino), marquis of Marignano, 51, 81, 86
Medici, Giovanni de', 6
Medici, Giuliano de', 173
Medici, Lorenzo de', 151, 171-172
Melzi, Francesco, xx, xxi, 21, 29
Melzi, Ludovico, 97
Melzi, Orazio, 29
Menochio, Giovanni, 118
Merato, Gerolamo, 57
Minaggio, Dionigi, 134
Morazzone (Pier Francesco Mazzucchelli), 26, 27
Morigia, Paolo, xxvii, 1, 19, 23, 41
Morone, Gerolamo, 116
Morosini, Giovanni Francesco, bishop of Brescia, xviii, xix, 50
Muzio, Gerolamo, 88, 93

N

Negri, Cesare, dancer, 98-99, 101, 125, 131

O

Oddi, Muzio (Mutio), xxx, 45, 56
Olgiati, Giovan Maria, 90
Orfei da Fano, Luca, 209
Osio, Matteo, 94
Ottavio Augusto, 176
Ottavio Farnese, duke of Parma, 102, 106
Ovidio Nasone, Publio, 188, 203
Ozeno, Manfredo, 89-90

P

Paggi, Giovanni Battista, 18
Pagliarino, Alessandro, 119
Pagnani, Ercole, 97
Pagnani, Fabio, 82
Paleotti, Gabriele, cardinal, 105
Palladio, Andrea, 13, 51
Pallavicini, Ippolito, 106
Pallavicino, Leone, 49-50
Pallotino, Massimo, 58
Pappo di Alessandria, 52
Paranchino, Bernardo, 120
Pellesini, Giovanni (called Pedrolino), 131
Peñas, Luis de las, 99
Perín del Vaga, (Pietro Bonaccorsi), 21, 157
Perrenot de Granvelle, Nicolas, 89
Petrozzani, Tullio, 132
Philip II, king of Spain, xvi-xviii, xix-xxi, xxxiv, 77-79, 81-94, 99, 103, 105, 111, 115-119, 124, 128, 129, 153, 159, 162, 166, 176, 184, 186, 195, 187, 198

Philip III, king of Spain, xvi, xvii,
    xxxiv, 3, 17, 77, 110, 115, 118, 120,
    128, 131, 155, 160, 176, 182, 184,
    198
Piantanida, merchant, 93
Piatti, Giovanni Antonio, 23
Piccolomini, Alessandro, 88
Pirovano, Francesco, 109
Pirzio, Cesare, 28
Pizza (Pizzi), Tarsia (Tarsia
    Gallina?), embroiderer 134
Plinio, Caio Secondo, 45, 198
Plutarco da Cheronea, 48
Poggio Bracciolini, Francesco, 151
Pozzobonelli, Giuliano, 132
Prata, Antonio Maria, 126
Procaccini, Giulio Cesare, 4, 21, 29
Profondavalle, Valerio, 102, 103,
    126, 130
Properzio, Sesto Aurelio, 198
Proserpio, Gabriele, 57
Pusterla, Camillo, 97
Puteano, Ericio, 3

R

Rainer, Johann, 203
Rainoldi Mazenta, Elena, 4, 134,
    135
Rainoldi, Bernardo, 101
Rainoni, Bartolomeo, 98
Ranuccio I Farnese, duke of Parma,
    116
Rasario, Giovanni Battista, 41
Renata Vaudemont Wittelsbach,
    wife of William V, duke of
    Bavaria, 108
Rho (da Rho), Carlo, 100
Rho (da Rho), Filippo, 100
Rho (da Rho), Francesco
    Baldassarre, 100

Ricetto, Giovan Pietro (Pietro
    Giovannelli), musician, 82
Richino, Francesco Maria, 44
Rinaldi, Tolomeo, 13, 15-16, 132
Ripa, Cesare, xxxiv, 154
Rodríguez de la Flor, Fernando, 152
Rossetti, Edoardo, 90
Rozono, Gerolamo, 93
Rudolph II of Habsburg, emperor,
    94, 96-98, 107, 114, 197
Rusca, Battista, 98
Ruscelli, Girolamo, 154

S

Sacchetti Egidio, 48, 57
Salazar de Mendoza, Pedro, 203
San Clemente, Guglielmo de
    (Guillermo, Guillem de
    Santcliment), 114, 115
Sangallo, Giuliano da, 151
Sanseverino, Galeazzo, 99
Saracchi, Giovanni Ambrogio, 121
Scaccabarozzi, Bernardo, 86
Scala, Andrea, 96
Scala, Giovanni Antonio, 121
Scala, Michele, 96
Schiafenati, Camillo, 131, 132
Secco, Nicolò, 86, 92
Semino, Ottavio, 102, 104
Seneca, Lucio Amelio, 45, 48
Senofonte, 48
Serbelloni, Fabrizio, 125
Serlio, Sebastiano, 51
Sfondrati d'Este, Agata, 44
Sforza, Muzio II, marquis of
    Caravaggio, 125
Sisto V (Felice Peretti), pope, 51
Strada, Giovan Battista, 104
Strozzi, Piero di Benedetto, 152
Strozzi, Roberto, 81

T

Taegio, Bartolomeo, xx, xxi
Taverna, Francesco, 86, 89, 90, 93
Tellez-Girón y Guzmán, Maria, V
 duchess of Frias, 120
Terzaghi, Gian Giacomo, 16
Tibaldi, Pellegrino (Pellegrino
 Pellegrini), 103-104, 108-109
Tito Livio, 186, 195
Tiziano Vecellio (Titian), 7, 23, 88
Todeschini, Giulio, 50
Tornielli, Manfredo, 104
Tortorino, Francesco, 20, 41
Tradate, Giovanni, 121-122
Trezzi, Aurelio, xxxiv, 43-44
Trichet du Fresne, Raphaël, xxxii,
Trivulzio, Bianca, 95
Trivulzio, Carlo Emanuele Teodoro, 95
Trivulzio, Gerolamo, 95
Trivulzio, Gian Giacomo Teodoro, 95
Trivulzio, Giorgio, 19, 116, 119
Trivulzio, Paolo Alessandro, 95
Trivulzio, Teodoro, 125
Truchsess von Waldburg, Otto,
 bishop of Augsburg, 95

U

Urbano VIII (Maffeo Vincenzo
 Barberini), pope, xxxi, xxxii, 5, 6

V

Valdés, Alfonso de, 178
Valeriano Bolzani, Pierio, 155
Valotto, Cristoforo, 96
Vasa, Cristoforo, 118
Vasari, Giorgio, xvii-xix
Vassallo, Lorenzo, 82
Velasco, Iñigo de. *See* Fernández de
 Velasco, Iñigo
Velasco, Juan Fernández de. *See*
 Fernández de Velasco y Tovar,
 Juan
Veronese, Paolo, 26-27
Verrocchio, Andrea, 172
Vespasiano da Bisticci, 152
Vespucci, Amerigo, 179
Vialardi, Giovan Francesco, 81
Viani, Antonio Maria, 132
Vicini, Agostino, 101
Vicini, Francesco, 101
Villa, Battista, 119
Villalpanda, Juan Bautista, xxviii
Vincenzi, Francesco Maria, 10-11
Vincenzi, Guidobaldo, 10-12
Vincenzi, Ludovico, 10-11
Vincenzo I Gonzaga, duke of
 Mantova, 114-115, 132-133
Vinta, Francesco, 77, 79, 91
Virgilio Marone, Publio, 172, 188
Visconti di Fontaneto, Galeazzo, 127
Visconti, Benedetto, goldsmith, 122
Visconti, Bernabò, 54
Visconti, Ermes, 116
Visconti, Galeazzo, 123
Visconti, Gaspare Ambrogio, 19, 55
Visconti, Gaspare, 105, 108
Visconti, Gaspare, archbishop of
 Milano, 13-15, 109
Visconti, Gerolamo, 103
Visconti, Giovanni Battista, 97
Visconti, Giovanni Battista, scholar, 124, 129, 131
Visconti, Giovanni Galeazzo, 54
Visconti, Laura, 19
Visconti, Lavinia, 125
Visconti, Lucia, 1
Visconti, Ludovico (Il Moscatello),
 musician, 82

Visconti, Prospero, 19, 98-100, 102, 104, 108
Visconti, Uberto, 116
Vistarino, Alessandro, 125
Vitali, Alessandro, 12
Vitali, Giovan Pietro, 133
Vitruvius (Marco Vitruvio Pollione), xviii, xix, 14, 46-47, 51-52, 178

W

Waldseemüller, Martin, 179
Wechel, Christian, 153
William (Guglielmo) V Wittelsbach, duke of Bavaria, 108, 122

Z

Zaccolini, Matteo, xxix
Zanchi, Giovanni Battista, 51
Zibramonti, Aurelio, 107

www.ingramcontent.com/pod-product-compliance
Lightning Source LLC
Chambersburg PA
CBHW071348290426
44108CB00014B/1474